정약용의 눈으로 본 지방사회

정약용의 눈으로 본 지방사회

송양섭 엮음

KU PRESS
고려대학교
출판문화원

책을 펴내며

정확한 연도를 기억할 수 없지만 엮은이는 고려대와 충남대의 대학원 수업에서 몇 차례에 걸쳐《목민심서》·《경세유표》등 정약용의 저술을 집중적으로 다룬 바 있었다. 힘든 과정이었지만 강좌에 임한 석 · 박사과정생들은 물론 엮은이에게도 이는 개략적이나마 정약용 연구의 현황을 파악할 수 있는 좋은 기회였다. 학습 차원에서 진행되었던 정약용 읽기는 애초의 의도와는 조금 다른 방향으로 흘러가기 시작했다. 시간이 지나면서 우리는 어렴풋하게나마 새로운 연구의 가능성을 보았던 것이다. 내친김에 더 가 보기로 했다.

거칠게 제기된 문제의식은 개별 연구로 이어졌고 구상 수준에 불과했던 글은 누차에 걸친 세미나를 통해 점차 논문의 형식을 갖추어 갔다. 엮은이 또한 여러 편의 논고를 발표하면서 정약용 연구의 말석에 앉을 수 있었다. 그간의 작업이 어느 정도 마무리되면서 이제 흩어져 있는 연구들을 하나로 모아 단행본의 형태로 출간하는 것도 무의미하지만은 않겠다는 공감대가 생겨났다. 정약용과 함께 했던 우리 모두의 시간을 소박한 형태로나마 공표하기로 한 것은 이 때문이었다.

한국사의 많은 인물 가운데 정약용만큼 학문적 조명을 받은 경우는 흔치 않다. 정약용에 대한 연구는 실학 연구가 각광을 받으면서 본격적으로 진행되었을 뿐 아니라 실학이 하나의 학적 범주로 자리 잡는 데 중심적 역할을 했다고 말할 수 있다. 애민의식이나 도덕적 규범 등 교훈적 가치를 강조하기 위한 것 외에 정약용 저술의 상당수는 실학의 근대성을 증명하기 위한 근거로 활용되었다. 하지만 근자에 이루어진 조선후기사 연구의 진전은 오랫동안 통설적 지위를 누려 왔던 조선 후기 시대상에 대한 심각한 회의를 가져왔고 이는 사상사 분야도 피할 수 없는 상황이 되었다. 실학을 포함한 조선 후기 사회개혁론이 가지는 의미와 성격에 대해서도 이제 근본적인 질문과 맞닥뜨린 것이 아닌가 생각된다. 이러한 여러 조건을 종합적으로 고려할 때 정약용을 포함한 동 시기 사회사상 연구는 이제 새로운 국면에 접어들었다고 해도 좋을 것이다. 이러한 연구사의 흐름에서 이 책이 새로운 고민의 단초가 되었으면 하는 것이 필자 모두의 바람이라면 바람이다.

정약용은 현실의 모순에 정면으로 맞서 자신의 이상을 담은 새로운 제도개혁을 추구하는 데 평생을 쏟아부었다. 이는 그의 학문적 여정에 고스란히 드러나거니와 여기에서 우리는 정치적 불운을 딛고 학문적 실천을 통해 자신의 포부를 펼치고자 분투했던 치열한 지식인을 만날 수 있을 것이다. '일표이서(一表二書)'를 비롯한 수많은 저술에는 당대 사회문제에 대한 고민과 새로운 국가체제에 대한 정약용의 구상이 두루 담겨 있다. 특히 《목민심서》는 정약용의 지방관 경험과 오랜 강진 유배 생활을 바탕으로 생생한 현장감을 담은 구체적인 논의로 채워져 있다. 18세기 이후 광범위하게 유통된 각종 목민서의 계보에서 보면 《목민심서》는 사실상 그 완성 형태라 해도 과언이 아니다. 《목민심서》에는 지방관이 갖추어야 할 규범과 지방행정 전반에 대한 지침이 당대 현실과 관행에 대한 면밀한 검토를 바탕으로 지극히 순속적인 형태로 개진되어 있다.

따라서 정약용, 특히《목민심서》독해에서 우선하는 과제는 그가 살았던 시공간 속에서 그 언설이 어떠한 맥락으로 구성되어 있는지 그 역사성을 살피는 데서 시작해야 하는 것이 아닌가 생각한다. 정약용의 저술은 현실의 구체성을 배경으로 집필 목적에 따라 서로 다른 눈높이를 가지고 있었다. 이러한 점을 감안하지 않을 경우 정약용 읽기는 현실과 괴리된 관념적 해석이나 보수·진보의 단선적 계보화로 이어지기 십상이다. 수령의 통치력은 군현 단위라는 공간적 제약과 제한된 임기라는 시간적 한계를 넘을 수 없다. 이러한 점은《경세유표》등 여타 저술과 구별되게《목민심서》의 내용과 성격을 규정하는 원초적 조건으로 그 내용이 지역의 현실에 맞춘 구체적인 통치의 지침으로 채워질 수밖에 없는 이유이다.

《목민심서》의 내용이 단순히 통치 업무의 기능적 효율만을 위해서가 아닌 그가 품고 있는 방대한 개혁사상의 유기적인 부문을 구성하였다는 점에서 문제는 그리 간단치 않다.《목민심서》는 정약용이 가진 독자적 생각과 18세기 이후 본격화하는 목민학의 전개를 감안하면서 당대 조선 왕조의 지방지배 방식과 향촌사회의 구체적 현실 속에서 그 의미가 새롭게 평가되어야 할 것으로 생각된다. 이 책에는《경세유표》를 집중적으로 검토한 글도 2편 수록하였다.《목민심서》와의 비교를 통해 정약용 구상의 층위와 성격을 음미할 수 있는 기회가 되기를 기대한다.

이 책의 내용을 간략히 소개한다. 1부 '정전론과 재정·군제개혁안'은 정약용이 생각한 국가의 물적 토대를 위한 전제와 재정·호구·군사 문제에 대한 내용으로 구성되었다. 엄기석의 〈정전제론과 병농일치적 군제개혁안〉은 정약용의 군제개혁안이 정전제를 기반으로 한 병농일치 형태였음을 규명하였다. 정약용은 어린도와 방전법을 활용하여 삼대의 정전제를 현실에 맞게 시행하는 방안을 제시하였다. 이러한 정전을 기반으로 군역이 부과되고 군사제도가 운영되었다. 특히 둔전 경영을 통한 군사력 양성방안은 병농일치의 원칙을 통한 실질적 국방력 강화책으로 당대 제도운영 사례를 일정하게 참작한 것이었음을 확인할 수 있다.

최주희의 〈국가재정 인식과 개혁구상〉은 《경세유표》를 통해 정약용이 당대 국가재정의 문제점을 어떻게 인식하고 어떠한 방향으로 개혁하고자 했는지 살펴본 글이다. 정약용은 당시 재정문제의 핵심을 전정에서 찾고 이를 개혁하기 위해 《주례》의 정전제와 1/9세를 도입하고자 하였다. 그러나 정전제만으로는 재정을 충당하기 어려웠기 때문에 균역청을 평부사로 재편해 9부의 세를 통해 임산·해산까지 과세 대상을 확대하고자 하였다. 여기에 환곡의 모곡 20%를 재정수입으로 귀속시키고 환곡의 일부를 전국 18곳의 상평창 비축미로 전환하여 재정물류의 원활함을 꾀하고자 하였다. 정약용의 개혁안은 《주례》의 모델을 바탕으로 하면서도 궁극적으로는 당대 조선의 현실모순을 타개하기 위한 진지한 고민의 소산으로 평가할 수 있다.

송양섭의 〈핵법과 관법, 그리고 호구운영〉은 지방 차원의 호구파악과 운영을 위한 정약용의 구상을 살펴본 글이다. 조선왕조의 호구운영은 일체의 호구누락을 허용하지 않는 핵법을 원칙으로 했지만 실제로는 대강의 총액을 느슨하게 파악하는 관법의 방식이 관행되었다. 정약용은 관법의 현실에서 수령이 취할 수 있는 구체적인 개선책을 제시하였다. 그것은 호적개수의 행정절차를 정비하고 가좌책을 적극적으로 활용하되 입호(立戶)는 가좌책의 가호를 해당군현의 호총에 대응하여 적절한 비례식을 적용하는 형태였다. 이는 당시 호남 지역의 관행을 가져온 것으로 자연호에 가깝게 파악한 가좌를 통해 입호의 근거를 최대한 넓힌 후 지역에 부과된 호총에 대응하는 방식이었다. 수령은 상급관청과의 협의를 통해 호총이 과중해지지 않도록 힘써야 했다. 호적개수와 관련된 일체의 추가징수를 금하고 정보변개를 차단하는 등의 조치도 병행되었다. 다만 이러한 방안에 대해 정약용은 회의적인 입장을 떨치지 못했는데 이는 일개 수령의 권한으로 어찌할 수 없는 현실 때문이었다.

송기중의 〈지방군비의 실태와 군정운영론〉은 지방사회에서 수령이 담당한 군정운영 개선책을 살펴본 글이다. 정약용의 방안은 철저하게 당대의 현실을 바탕으로 제시되었다 정약용은 군현에 부과된 군액을 면리에 공평히 분배하는 것이 수령의 과제라고 보았다. 이를 위해 제역촌의 혁파, 척적(尺籍)개수를 통한 군역의 유래 및 이동 현황의 명확한 파악, 면리의 호총 및 군역의 고헐을 고려한 분배 등 세 가지 방안을 제시하였다. 아울러 대정(代定)을 줄이고 군포계와 역근전을 활용할 것을 제안했다. 이는 군안에 가명을 허용하고 군포는 군포계나 역근전 수입으로 충당함으로써 대정에 따른 향촌사회의 분란을 미연에 방지하는 방안이었다. 향촌 자위를 강화하기 위한 방안으로는 이노대(吏奴隊)의 훈련을 적극적으로 시행하며 정기적인 시험을 통해 백성들이 무예에 관심을 가지도록 해야 한다고 하였다. 지방 차원의 군정운영 현실을 면밀히 검토한 위에 수령이 실현할 수 있는 현실적이고 순속적인 방안이었다.

전상욱의 〈지방재정과 민고운영론〉은 당시 지방관청에 널리 설치된 민고운영과 관련된 정약용의 개선책을 살펴본 글이다. 당시 지방재정의 중요한 축을 차지했던 민고는 많은 문제를 드러내고 있었다. 정약용은 읍례(邑例)에 따른 민고의 빈번한 가하 · 첩징 · 가징 등의 문제를 지적하면서 이에 대한 대안으로《금산현민고절목》을 통해 '양입위출'에 근거한 민고 운영 원칙을 강조하였다. 구체적인 방안으로는 민고수입의 안정적인 확보와 지출항목에 따른 액수의 규제 등을 주장하였다, 식리(殖利)를 통한 여전(餘錢)의 확보, 도서 지역의 공전(公田) 운영, 상품작물 재배를 통한 수입 확충 등 재원의 안정적 확보방안도 함께 제시하였다.

2부 '향촌사회의 현실과 지방통치론'은 지방세력으로서 사족, 상사로서 감사, 예하 실무인력으로서 향리 등과 관련된 수령의 처신과 업무지침을 다루었다. 군현 차원에서 수령이 주관하는 의례의 정비문제도 분석대상이다. 우선 도주경의 〈향촌통치구상과 사족위상강화론〉은 당시 사족의 위상저하에 대한 정약용의 대처방안을 살펴본 글이다. 정약용에게 사족의 위상은 국가의 지방통치에서 매우 중요한 문제였다. 거듭된 자연재해와 부세압박으로 '홍경래 난' 이후 조선 사회가 광범위한 민심이반을 드러내자 정약용은 향촌사회 내 통치와 교화의 협력자로 사족을 지목하고 그 위상을 높일 방안을 강구하였다. 이를 위한 구체적인 전략은 사족다운 사족을 선별한 후 일천즉천법(一賤則賤法)의 복구 등을 통해 노비를 증식하는 것이었다. 사족과 노비는 변란을 대비한 실질적인 물리력으로 조직될 수 있었다. 하지만 사족의 분화와 몰락이 계속되었던 데서 보듯 정약용의 구상과 현실의 간극은 생각보다 넓었다.

임성수의 〈지방관의 위상과 감사론〉은 수령에 대한 지휘감독권을 가진 감사와 관련된 정약용의 구상을 살핀 글이다. 18-19세기 향촌사회에서 수령권이 재지사족을 압도하는 상황에서 감사의 권한도 더욱 강화되었다. 정약용이 지적한 감사의 문제는 영송·순력과 공억(供億)에 소요되는 비용이 과다한 점, 감사와의 원만한 관계를 위한 영주인 역가와 진상가의 문제, 감사의 축재로 인한 폐해 등이었다. 이를 개선하기 위해 정약용은 고제를 회복하여 감사 순행에 대한 접대는 정해진 의례에 따르고 과다한 비용이 소요되는 감사 순행의 권솔을 폐지하는 것이었다. 아울러 수령 규찰을 강화하기 위한 고적법을 보완하면서도 수령에게도 고적장을 올리도록 하여 감사를 견제하는 제도적 장치를 만들도록 하였다. 정약용이 구상한 감사론의 핵심은 감사가 군현의 실질적 통치자인 수령을 규찰하여 행정을 안정시키는 동시에 그 권한을 남용하지 않도록 상호견제하는 것이었다.

이주영의 〈지방행정과 향리관리〉는 지방행정의 실무자로서 향리에 대한 관리방안을 살핀 것이다. 향리는 지방사회에서 벌어지는 각종 문제의 원흉으로 지목되었다. 정부의 입장은 이에 대한 근본적 해결책을 강구하기보다는 능력 있는 수령을 파견하여 이들을 통제하는 것이었다. 정약용은 자신의 경험을 바탕으로 향리제도의 문제점과 향리집단의 속성을 분석하고 현실에서 활용할 수 있을 향리집단의 관리방안을 구상했다. 전면적 제도개혁이 어려운 상황에서 정약용은 이들의 실체를 인정하고 관대한 태도로 이들의 자발성을 이끌어 내고자 하였다. 현실의 관행을 존중하면서도 지방행정과 민의 피해를 최소화하는 방안이었다.

신진혜의 〈군현의례의 위상과 체계정비의 필요성〉은 정약용이《목민심서》〈예전육조〉를 통해 군현 차원에서 수령이 주관하는 의례의 위상과 정비방안을 다루었다. 정약용의 주장은 수령이 가진 의례에 대한 권한을 바탕으로 군현에 질서를 세우고 올바른 통치를 유도하는 데 목적이 있었다. 무속과 관련된 갖가지 민간 신앙이 널리 퍼져 있었던 현실에서 정약용은 왕명의 대행자로서 수령이 유교적 의례 질서를 제대로 구현함으로써 이를 바로잡아야 한다는 입장을 고수하였다.《목민심서》〈예전육조〉 제사조에는 정약용의 의례 인식이 사적인 가례가 아닌 국가의 공적 의례라는 차원에서 현실과 어떠한 방식으로 접목될 수 있었는지 파악할 수 있다는 점에서 의미가 있다.

이상과 같은 내용의 소개에도 불구하고 이 책은 애초에 단행본을 목적으로 한 것이 아니기 때문에 체재 또한 그다지 정제된 형태라 하기 힘들다. 독자 여러분의 꾸짖음이 필요한 부분이다. 그럼에도 불구하고 이 책을 통해 18-19세기 조선왕조의 지방사회에 대한 구체적인 현실을 살피고《목민심서》를 중심으로 한 정약용의 생각은 물론 '실학'의 담론이 가지는 사학사적 의미를 조금은 낯설게 바라볼 수 있는 계기가 될 수 있다면 필자들에게 자그마하나마 위안일 수 있으리라 생각해 본다. 마지막으로 이 책이 출간되기까지 수고로움을 마다하지 않고 원고수발과 교정을 도맡았던 황재영 군(고려대 박사과정 수료)의 헌신에 필자들을 대표하여 심심한 감사의 뜻을 전한다. 책을 아담하게 꾸며 준 고려대학교출판문화원 편집진에 대한 고마움도 빠뜨릴 수 없다. 이 책 이후에도 고려대학교 조선후기사 연구실은 내외의 역량을 모아 후속 작업을 이어 갈 것을 기약한다.

2025년 2월

필자들을 대표하여

송양섭 삼가 씀

차례

1부

정전론과 재정 · 군제개혁안

정전제론과 병농일치적 군제개혁안

엄기석

1. 머리말

조선의 군사제도는 왜란과 호란을 거치며 이전과 다른 형태로 변화하였다.[1] 중앙군은 임진왜란 중 훈련도감의 신설을 시작으로 5군영으로 재편되었고, 지방군은 속오군 체제로 전환되었다. 군사제도의 변화와 함께 병력을 동원하기 위한 군역제도도 바뀌었다. 실제 군역을 부담하기보다 군포 납부로 대신하는 경우가 일반화되었고, 국가에서도 부족한 재정 확보를 위하여 군포 징수를 우선시하기도 하였다. 하지만 이러한 변화는 군사력 부실과 재정 부담이라는 문제를 불러왔다. 왕조 정부는 이러한 문제를 조정하고자 중앙 군영의 설치와 축소, 혹은 폐지를 진행

---

1 조선 후기 '군사사'에 관한 연구 경향에 대해서는 다음을 참고할 수 있다: 김우철, 〈조선후기 군사사 연구의 현황과 과제〉, 2000; 송양섭, 〈조선후기 군역제 연구의 현황과 과제〉, 《조선후기사 연구의 현황과 과제》, 창작과비평사, 2000; 〈2005년 조선후기사 연구의 흐름과 전망〉, 《역사학보》 191(2006); 노영구, 〈최근의 조선시대 군사사 연구 경향과 과제〉, 《교수논총》(국방대학교) 44(2007); 〈2008년 조선후기사 연구 경향과 전망〉, 《역사학보》 203(2009); 이왕무, 〈조선시대 군사사의 회고와 연구 동향〉, 《조선시대사학보》 107(2023).

하였고,[2] 양역변통에 대한 논의도 전개하였다.[3] 그 결과 오랜 논의 끝에 영조 27년(1751) 균역법이 실시되었다. 하지만 균역법은 군포의 부담을 1필로 통일시키는 정도였고, 실제 군사력의 약화와 군역의 과도한 부담은 19세기 이후까지도 근본적인 해결을 이루지 못하였다. 이처럼 지속적인 군사력 약화와 군역 부과 문제를 해결하기 위하여 조선의 위정자와 지식인은 군사제도 정상화와 안정적인 군역 시스템 구축을 위한 다양한 방식의 개혁을 주장하였다. 19세기 초반 대표적인 학자 다산(茶山) 정약용(1762-1836) 역시 당시 군사제도의 문제점을 인식하고 이를 해결하려는 방안을 제시하였다.

정약용의 국가제도 개혁론은 일찍부터 주목을 받았고, 그의 저작을 토대로 다양한 연구가 이루어져 왔다. 특히 정약용이 주장한 국가 개혁 논의의 핵심이라고 할 수 있는 토지제도와 관련된 연구가 활발하게 진행되었다.[4] 이에 비하여 정약용의 군사제도 개혁안에 관한 연구는 상대적으로 미진한 편이지만 그렇다고 성과가 전혀 없는 것은 아니다. 연구 성과를 유형별로 분류해 보면 우선 정약용의 개혁론을 단독으로 서술하기보다는 이른바 실학자들의 군제개혁 논의와 함께 다루었다.[5] 정약용

---

2 이태진, 《조선후기의 정치와 군영제 변천》, 한국학연구원, 1985.

3 정연식, 〈조선후기 '役摠'의 운영과 양역변통〉 서울대학교 국사학과 박사학위논문, 1993.

4 정약용이 주장한 토지제도 개혁은 크게 閭田制와 井田制로 나누어 볼 수 있다. 그중에서도 《경세유표》를 통해 제시한 정전제가 많은 주목을 받았는데, 이에 대한 대표적인 연구 성과는 다음과 같다. 박찬승, 〈정약용의 정전제론 고찰—《경세유표》 전제를 중심으로〉, 《역사학보》 110(1986); 강만길, 〈다산의 토지소유관〉, 《다산의 정치경제사상》, 창작과비평사, 1990; 이영훈, 〈다산의 정전제개혁론과 왕토주의〉, 《민족문화》 19(1996); 조성을, 〈정약용의 토지제도 개혁론〉, 《한국사상사학》 10(1998); 신항수, 〈이익(1681-1763)의 經·史解釋과 현실인식연구〉, 고려대학교 박사학위논문, 2002; 김용섭, 〈조선후기 토지개혁론의 추이〉, 《(증보판)조선후기농업사연구》, 2, 지식산업사, 2007; 이정철, 〈정약용의 전제개혁론의 역사적 맥락〉, 《한국사학보》 47(2012); 안병직, 《경세유표에 관한 연구》, 경인문화사, 2017; 윤석호, 〈정약용 경세학의 국가개혁론과 農者得田〉, 연세대학교 박사학위논문, 2018; 최윤오, 〈다산 정약용의 역사인식과 토지론〉, 《다산과 현대》 12(2019); 〈다산 정약용의 토지개혁론과 현실인식〉, 《동방학지》 190(2020); 김태영, 《다산 정약용의 국가개혁론》, 경희대학교 출판문화원, 2023.

5 강만길, 〈군역개혁론을 통해 본 실학의 성격〉, 《동방학지》 22(1979); 조광, 〈실학자의 국방

의 군사제도 개혁 논의만을 다룬 연구로는《민보의(民堡議)》에 관한 연구가 대표적이다.[6] 이 밖에도 정약용의 저술인《목민심서》와《경세유표》에 나타난 군제개혁안의 내용을 분석한 연구도 있다.[7] 기존 연구에서 공통으로 다루고 있는 사항은 정약용이 병농일치(兵農一致)에 관한 내용을 주장하였다는 점이다. 다만 그 내용은 정약용의 저술에 드러난 주장을 피상적으로 검토하였을 뿐 운영 원리에 관한 논의까지는 나아가지 못하였다. 실제 정약용의 병농일치적 형태의 군사제도 개혁안은 결국 그가 구상한 국가 개혁론의 핵심 사안인 '정전제'를 기반으로 하고 있었다.[8] 그렇다면 정약용이 주장한 군사제도 개혁안이 정전제와 어떻게 유기적으로 연결되는지에 대한 분석이 필수적이라고 할 수 있다.

이 글에서는 위와 같은 기존 연구 성과에 관한 문제 인식을 바탕으로 정약용의 군사제도 개혁안을 검토할 것이다. 특히 정약용이 구상한 정전제론과 이를 바탕으로 구현하고자 하였던 병농일치적인 군제 개혁안의 내용을 연결해서 확인하고자 한다. 이를 위해 먼저 정약용의 군사제도 개혁안의 바탕이 되는 정전제론에 대한 특징을 살펴보도록 하겠다. 정약용의 정전제에 관한 연구는 이미 많은 선학들의 성과가 있지만, 이 글에서는 정전제 운영 과정에서 이루어지는 노동 동원의 방식을 중점적으

의식〉,《한국사론》9(1985); 서태원, 〈실학자의 군사 제도 개혁론〉,《한국실학사상연구》, 2, 혜안, 2006.

6 정경현, 〈19세기 새로운 국토방위론—다산의《民堡議》를 중심으로〉,《한국사론》4(1978); 정하명 · 이충진, 〈정약용의 군사방위체제관과 '民堡議'〉,《군사》3(1981); 최진욱, 〈정약용의 民堡防衛論의 성격〉,《사학연구》87(2007); 하명준, 〈조선후기의 향촌방위실정과 民堡論〉,《역사교육》114(2010).

7 조정기, 〈다산의 군정론〉, 〈논문집〉(창원대학교) 9-2(1987); 조성을, 〈정약용의 군사제도 개혁론〉,《경기사학》2(1998); 김문식, 〈정약용의 대외 인식과 국방론〉,《다산학》4(2003); 김기승, 〈다산 정약용의 부국강병형 국가 개혁 사상—《경세유표》를 중심으로〉,《한국사학보》19(2005); 송기중, 〈《목민심서》를 통해 본 다산 정약용의 지방 군정론〉,《역사와 실학》67(2018).

8 정약용과 마찬가지로 유형원의 군사제도 개혁안에도 병농일치적인 성격이 있으며, 유형원이 주장한 공전제와 연관 구조 및 작동 원리를 분석한 연구가 있어 참고된다. 송양섭, 〈반계 유형원의 兵農一致論과 군사제도 개혁안〉,《한국실학연구》4(2020).

로 확인해 보고자 한다. 이어서 정전제를 바탕으로 한 군역의 부과는 어떠하였는지, 동원된 군사는 어떠한 방식으로 구성하고 유지하였는지 알아보도록 하겠다. 정약용이 주장한 군사제도 개혁안의 또 다른 특징이라면 둔전의 활용을 강조한다는 점인데, 그가 구상한 둔전의 조성과 운영 방법에 대해서도 논의하여 보고자 한다. 이어서 군사 조직은 어떻게 구성하고자 하였는지 확인해 보겠다. 정약용이 생각한 군사 조직은 중앙의 경우 3군영을 중심으로 '둔전군(屯田軍)', 지방은 거점별로 둔전군과 일반 정전제를 통해서 동원된 '정전군(井田軍)'으로 나누어 볼 수 있다. 각각의 편제 방식과 군역 부과의 내용이 무엇이었는지 알아보고, 이와 함께 정약용이 주장한 정전제와 어떠한 상관성을 가지는지 살펴보고자 한다.

정약용이 구상한 군사제도의 개혁론은 단순히 이상적인 고제(古制)의 회복만을 주장한 것은 아니었다. 앞으로 살펴볼 정약용의 개혁안은 18세기 후반 19세기 초반 조선의 정치 · 사회적 현실을 반영하면서도 이상적인 사회를 구현하고자 하는 당대 지식인의 고민을 담고 있을 것이다[9] 이 글을 통해서 현실과 이상의 사이에서 타협을 찾고자 하는 정약용 개혁안의 의미를 구체화해 볼 수 있을 것이라 기대한다.

2. 정전제론과 '병농일치' 실현 계획

1) 정전의 구획과 과세

(1) 정전의 구획과 운영

국가재정의 확충과 민생의 안정은 조선의 위정자와 재야 지식인이라면

---

9 정약용의 경세학에 바탕을 둔 국가 개혁 논의에 대한 일련의 분석과 최근 연구 성과의 정리에 대해서는 최윤오, 〈총론—다산 정약용의 열린 경세학과 다산학의 과제〉, 《다산 경세학 연구》, 사암, 2023 참고.

공통적으로 가지고 있는 문제의식이었다. 이 문제를 해결하고자 조선 사회에서는 가장 중요한 생산 수단인 토지를 바탕에 둔 개혁론이 다양하게 제기되어 왔다. 정약용 역시 자신의 현실 인식을 바탕으로 한 '전제론(田制論)'을 제시하였다. 논의의 핵심은 중국 삼대(三代)의 토지제도인 정전제를 현실에 구현하는 일이었다.

정전제의 기본 형태는 국가가 토지를 정전(井田)으로 구획하여 농민들에게 똑같은 크기의 사전(私田)을 분배하고 공전(公田)을 공동 경작시켜 공전에서 생산되는 수확물을 수취하는 것이다.[10] 하지만 토지에 대한 사적 소유가 일반화된 현실에서, 국가가 개별 소유권을 무시한 채 일괄적으로 정전을 구획하여 분배한다는 것은 사실상 불가능한 일이었다. 정약용 역시 토지의 사유화가 정전제 시행의 가장 커다란 어려움이라고 판단하였다.[11]

주목할 부분은 정약용이 토지 사유화의 폐단을 강제로 해결하려 하지 않았다는 점이다. 대신 정전제의 시행을 위해서는 우선 세수(稅收)의 대상이 되는 공전, 즉 전체 토지의 1/9을 국가가 확보해야 한다고 하였다. 이를 실현한다면 정전제의 절반을 이룬 것이나 다름없다고도 하였다. 공전을 확보하는 방법으로 정약용은 우선 공전의 조성을 위한 재원을 마련하고,[12] 토지를 정(井) 자 모양으로 구획해서 사전과 공전을 구분하며, 마련된 재원을 바탕으로 공전을 확보하는 계획을 제시하였다. 이

---

10 《孟子》, 〈滕文公章句〉 上.

11 《經世遺表》 卷5, 〈田制〉 1. 정약용은 정전제의 본 모습을 구현하기가 당장은 어렵기 때문에 장기간의 시간을 갖고 추진해야 한다고 보았다. 즉 단계별로 정전제를 시행하자는 의견인데, 부분적인 정전제를 실시한 후에 점차 그 시행 범위를 확대하여 삼대의 정전제를 완성하고자 하는 의견이었다. 박찬승, 앞의 논문, 1986 참고.

12 《經世遺表》 卷6, 〈田制考〉 6; 정약용은 공전 마련에 필요한 재원을 확보하는 방법을 구체적으로 제시하였는데 ① 서울과 지방의 留庫錢을 공전 매입 자금으로 활용하고, ② 서울과 외방의 將臣 · 藩臣 · 帥臣 · 牧臣의 봉록을 2/10로 줄여서 이를 이용하며, ③ 여러 도의 금 · 은광을 개발하여 공전 매입 자금으로 이용한다는 것이었다. 또한 국가에서 정전제를 실시하고 九一稅를 시행한다면 토지를 소유하고 있는 백성들이 감격하여 자신의 토지를 기부할 것이라고 보았다. 《經世遺表》 卷7, 〈田制〉 9.

어서 구획된 토지를 근거로 공전의 경작을 위한 노동력과 군역의 부과 기준을 마련하고자 하였다.[13]

그런데 토지의 구획 과정에서 민전에 대한 국가의 강제력은 불가피하였다. 이미 소유와 경작권이 명확한 토지 위에 정자 형태로 인위적인 구획을 진행하고, 그중 1/9 크기의 공전을 국유화하려면 국가의 공권력 개입은 불가피했다. 하지만 국가는 이를 실행할 명분과 권한이 없었다.

이 문제의 해결을 위해 정약용은 다소 관념적이지만 토지의 공적 지배권을 강조하는 왕토사상을 주장하였다. 왕토주의 사상은 사적인 토지 소유가 인정되는 현실에서 사실상 관념적인 논리에 불과했다.[14] 즉 실질적인 소유권을 강제하지 못하고, 국가의 공적 지배권을 강조만 한 형태라고 할 수 있다. 그럼에도 명분상으로나마 국가의 토지에 대한 통제권을 사적인 소유권의 우위에 둘 수는 있었다.[15]

토지에 관한 권리 관계를 정리하였다면 다음은 실제 정전을 어떻게 구획하고 공전을 확보하는가가 일이었다. 이에 대하여 정약용은 정전으로 시행할 만한 땅은 전주(田主)의 허가 여부를 신경 쓰지 않고 구획하여야 한다고 주장하였다. 다만 토지의 소유권을 부정하지는 않았기 때문에 정전을 구획한 후 설정된 공전의 매입 가격은 후하게 치러야 한다고 하였다.[16]

---

13 《經世遺表》 卷7, 〈田制〉 9.

14 정약용은 토지에 대한 이념적인 공적 지배권을 주장하기 위하여 일시적인 점유자 혹은 경작자라는 의미로 田主를 '時占', 作人을 '時作'이라고 바꾸어 표현하였다(《經世遺表》 卷6, 〈田制考〉 6; 이영훈, 〈朝鮮佃戶考〉, 《역사학보》 142(1994)).

15 정약용의 왕토주의가 실제적인 것이라는 주장이 있다. 해당 연구에 따르면 정약용에게 있어서 국왕 주권의 가장 중요한 근거는 추상적인 원리나 조화의 질서가 아닌 토지와 재물이며, 이를 근거로 실체적인 왕토주의가 주장되었다. 그러나 형상이 있는 왕토주의라 하더라도 농촌의 현실을 인정하는 순속적인 정약용의 태도와 모순적인 부분이 있다. 그럼에도 정약용이 왕토주의를 포기하지 않은 이유에 대해서 우선 정약용은 왕토주의가 아니면 백성에 대한 지배권을 가지는 군왕의 권리 자격이 손실될 것을 우려하였으며, 동시에 정전제의 개혁 주체인 국왕의 권한을 강화시키기 위한 것이라고 하였다(이영훈, 앞의 논문, 1996, 97-103쪽).

16 《經世遺表》 卷7, 〈田制〉 9.

정전제의 실행을 위한 토지의 구획과 공전의 확보가 이루어졌다면, 다음은 수세의 기준을 세우고 공전의 경작을 위한 노동력을 분급하는 일이었다. 문제는 공전을 제외한 나머지 사전에 대한 소유 · 경작 관계를 정자 형태에 맞추어 통합하고 분할하는 등의 정리 작업이 없었다는 점이다. 그 결과 한 사람의 경작지가 온전한 사각형 형태의 사전 1구(區)라는 원리적인 모습이 아닌, 한 구역 내에서 복합적인 소유 · 경작 관계가 발생하였다. 정약용은 복잡한 사전 내 관계 위에 부과 기준을 설정하고자 사례별로 방식을 달리하는 해결책을 제시하였다. 먼저 살펴볼 내용은 1정 내의 사전 8구가 한 사람의 소유인 경우이다.

> 다만 시점(時占)에게는 엄격히 8부(夫)를 선별하여 8구(區)를 나누어 주고 매 1부가 2구를 농사짓지 못하도록 한다면 이것이 정전이다. 이에 이 8부로 공전(公田)을 함께 농사지어 하나같이 옛 법처럼 하니, 가을이 되면 공전의 곡식을 수확해서 그것을 공동으로 바치고 다시 조세와 잡역이 있어서 이 8부를 침해함이 없다면 9분의 1을 거두는 것이다.[17]

위에서 제시된 자료에서 볼 수 있듯이 1정 내 사전 8구를 한 사람이 소유하는 경우 시점(時占=전주)은 농민들에게 경작권을 분배할 때 1부(夫)당 1구(區)의 원칙을 지키도록 하였다. 이는 정전제의 원리적인 방식을 따르는 것이라고 할 수 있으며, 공전 경작은 마찬가지로 원칙에 따라 1부마다 전체 공전의 1/8을 담당하면 되는 방식이었다. 그러나 문제는 앞서 살펴본 바와 같이 기존 토지에 대한 권리가 유지되었기 때문에 실제 1정의 사전 8구에 대한 소유권이 한 사람에게만 있지 않았다는 점이다. 정약용은 이 문제의 해결을 위해 먼저 1정 내 사전 8구의 권리 관계를 단순화하는 작업을 제시하였다.

---

17 《經世遺表》卷7, 〈田制〉9.

만약 8구(區)의 전지가 본래 여러 사람의 소유라서 정전을 구획할 때 한 귀퉁이가 정전에 들어가거나, 또는 한 귀퉁이가 모자람이 있다면 팔도록 해서 방형(方形)을 만들거나 사서 완전한 구역을 만든다. 공동 의견으로 가격을 정하되 대략 평균을 따른다.[18]

실제 불규칙한 모양의 배미로 구분되는 토지의 구획 위에 바둑판 모양의 정자 틀을 인위적으로 대입시킨다면 '口' 형태의 사전 1구 안에 두 사람 이상의 소유관계가 발생할 수밖에 없다. 정약용은 이를 해결하고자 위에서 설명하는 것과 같이 '口' 형태의 틀에서 벗어난 것은 팔고, 부족한 토지는 사도록 하여 한 사람의 경작지를 최대한 '口' 형태의 사전 1구로 만들고자 하였다. 또한 이 과정에서 발생하는 매매가는 공동의 의견을 따르거나 평균 가격으로 진행하여 갈등이 발생하지 않도록 하였다. 그러나 하나의 토지 구역에 관계되는 소유주가 매매할 능력이 없거나 의사조차 없다면 토지의 정리는 시행할 수가 없었다.

만약 한 구역 안에 반은 갑의 전지이고 반은 을의 전지인데 갑과 을이 모두 가난해서 모두 사서 합치지 못할 경우 두 사람이 함께 경농하도록 한다.[19]

결국 정약용은 위에서 보는 것처럼 경지의 정리가 불가능할 경우 기존의 소유 형태에 맞추어 1구 안에 다수의 사람이 경농하는 것을 인정하였다. '口' 형태의 사전 1구를 1명에게 나누어 주고 균등한 노동력을 분급하는 원리적인 정전제에 비하면 복잡한 형태라고 할 수 있다. 그렇지만 실제로 정약용이 주장한 기존 토지 권리를 부정하지 않는 정전제가 적용된다면 마지막에 제시한 모습이 많았을 것으로 생각된다.

18 《經世遺表》卷7, 〈田制〉9.

19 《經世遺表》卷7, 〈田制〉9.

정약용이 제시한 정전제는 관념적인 왕토주의 사상을 바탕으로 국가의 공적 지배력이 우위에 있도록 하였다. 다만 기존에 형성된 토지에 관한 권리 관계를 부정하지 않았다.[20] 이는 전면적인 정전제 시행이 아닌, 정전제 시행을 위한 최소한의 공전 확보와 정전 구획이라는 한계가 있는 결과라고도 할 수 있다. 이처럼 제한적이고 복잡한 형태임에도 불구하고 정약용은 기존의 소유 · 경작 관계를 인정하면서도 정전제의 원칙에 최대한 가깝게 수세 방식을 설정하고 했음을 보여 준다. 이는 새로운 양전(量田) 방식이었고, 경작지에 비례하는 수세 체계였다.

(2) 어린도의 활용을 통한 수세 기준 마련

정전제 방식으로 토지 구획을 완료하였다면 다음은 이를 바탕으로 수세하는 단계이다. 정전제에서 국가가 실제 수취하는 대상은 공전을 경작하기 위한 노동력이었다. 일반 정전제의 모습이라면 1정에서 수취해야 하는 대상은 사전 1구(區)당 1명, 총 8명의 노동력이다. 그리고 이들이 지급받은 토지의 양이 같으므로 공전을 경작하는 데 필요한 노동력 중 1/8씩을 담당하는 것이 원칙이다. 그러나 앞서 설명한 정약용이 제시한 정전제라면 사전 8구에 대한 소유관계가 균일하지 않았다. 이 때문에 토지를 경작하는 사람은 8명 이상 혹은 이하일 수 있고, 이들이 경작하는 토지의 양도 각각 달랐다. 결국 국가가 노동력을 분급하는 문제가 복잡해질 수밖에 없었다. 이를 해결하기 위하여 정약용은 사전의 경작 양에 따라서 공전 경작에 필요한 노동력을 나누자는 의견을 제시하였다.

---

20 정약용이 제시한 토지개혁론의 소유 관계에 대한 연구는 여러 선학들의 관심사였다. 정약용의 정전제론이 토지의 국유화를 인정하였다는 의견(강만길, 앞의 논문, 1990; 김태영, 앞의 책, 2023)이 있는 반면 이와 반대로 토지에 대한 사적인 소유를 인정하였다는 연구도 있다(이영훈, 앞의 논문, 1996). 단언할 수 없는 문제이지만, 정약용의 전제론이 토지 국유를 지향하였던 것은 분명하나 그것을 전제로 한 것은 아니라고 생각한다. 오히려 현실을 인정한 상태에서 점진적인 정전제를 이루고자 하였으며(박찬승, 앞의 논문, 1986, 115쪽), 그 과정에서 시행 초기 단계에는 사적인 토지 소유를 인정한 것이라고 할 수 있다.

무릇 공전(公田)에서 역을 조정하는 일은 모두 1백 부분으로 나누고, 농부 중에 5묘를 농사짓는 자는 5율을 내고, 7묘를 농사짓는 자는 7율을 내며, 50묘를 짓는 자는 50율을 낸다.[21]

정약용이 제시한 노동력 분급 방법은 사전의 경작량을 100분율로 나누고 이에 비례하여 공전 경작에 필요한 노동력을 부과하는 방식이었다. 예를 들어 천정(天井) 소속의 갑부[1부=100묘]가 있고 여기에서 농부 A가 20묘를 경작한다고 하면, 그가 부담하는 노동량은 갑부에 할당된 전체 공전 경작에 필요한 노동력 1/8 중에서, 100묘 중 20묘에 해당하는 1/5이 될 것이다. 결과적으로 농부 A는 전체 공전 경작의 1/40, 즉 2.5%에 해당하는 경작을 담당하면 된다고 볼 수 있다.[22]

문제는 실제 사전의 경작민 수나 경작하는 양이 모두 천차만별이라는 점이다. 결국 복잡한 토지 권리 관계를 한눈에 파악하고, 효과적으로 수세 대상을 지정하는 방법이 필요하였다. 이를 해결하는 방법으로 정약용이 제시한 방식은 새로운 토지대장을 만드는 것이었다. 정약용은 당시 사용하던 양안(量案)으로는 자신이 구상한 정전제가 적용된 토지 소유 구조를 담아 내기가 쉽지 않다고 판단하였다. 이를 해결하기 위하여 정약용은 기존의 양안을 대체하는 방식으로 당시 중국에서 사용하고 있던 어린도(魚鱗圖)에 방전법(方田法)이 결합한 형태의 토지대장을 만들어 내었다.

정약용은 어린도와 같이 그림 형태로 토지를 파악하지 않는다는 점을 기존 조선에서 활용하던 양안의 문제점으로 지적하였다.[23] 이를 해결하기 위해서라도 도면을 활용하여 복잡한 토지의 소유 현황을 한눈에 파

---

21 《經世遺表》 卷8, 〈田制〉 10.

22 정약용은 토지의 구획을 정자 형태로 하지 못한다면 노동력의 분급이 어려우므로 이를 대체하여 경작하는 소요되는 종자의 양에 따라 노동력을 분배하는 방식을 제시하기도 하였다. 《經世遺表》 卷8, 〈田制〉 10.

23 《經世遺表》 卷9, 〈田制別考〉 2.

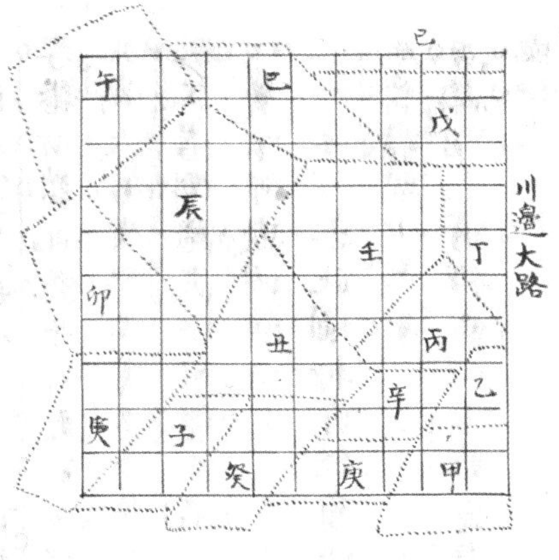

〈그림 1〉 정약용이 구상한 어린도(魚鱗圖)(《경세유표(經世遺表)》 권8, 〈전제(田制)〉 10 재인용)

악할 수 있는 어린도법의 사용을 주장하였다. 하지만 어린도법만으로는 정전제로 구획된 토지를 나타내기가 부족하였다. 어린도법은 실제 토지에 나타난 경계와 권리 관계를 나타낸 것이므로 정자 형태로 구분하고 이를 바탕으로 과세의 양을 정하는 정전제의 방식을 적용하기에는 한계가 있었기 때문이다. 이러한 문제에 대하여 정약용은 어린도에 방전법을 적용하는 방식을 제안하였다.[24] 즉 어린도를 통해서는 기존 토지에 대한 권리 관계를 명확하게 하고, 그 위에 방전법을 적용하여 정전제 방식의 수세를 적용할 수 있게 한 것이다. 정약용이 구상한 어린도와 방전법의 결합 형태는 《경세유표》에도 직접 그림으로 나타나 있다.

〈그림 1〉을 살펴보면 우선 점선으로 실제 토지 경계인 배미를 나타냈는데, 이는 실제 토지의 구획 모습을 그린 어린도라고 할 수 있다. 이 위

24 실제로 방전법은 1701년(숙종 27) 황해도 관찰사 兪集一(1653-1724)이 시도하였다가 실패한 양전 방식이었다(김동일, 〈1701년 황해도 방전법의 양전 과정〉, 《조선시대사학보》 90(2019); 최윤오, 〈《목민심서》에서 《경세유표》로의 전환—양전제와 방전법을 중심으로〉, 《학림》 45(2020) 참고). 정약용은 《경세유표》의 〈전제별고〉를 통해 방전법의 적용 방식을 좀 더 구체적으로 서술하였는데, 유집일이 주장한 방전법에서 제시된 사방 1리가 1정이 되는 방식을 어린도에 적용하고자 하였다(《經世遺表》 卷9, 〈田制別考〉 3). 또한 정약용은 방전법을 삼대의 제도로 인식하였으며, 방전법을 사용한다면 정전의 뜻을 살릴 수 있을 것이라 생각하였다(최윤오, 〈다산 정약용의 어린도설과 정전제〉, 《한국민족문화》 56(2015), 27-30쪽).

에 실선의 방전 구획을 씌우게 되는데, 이를 통해 정전제의 실행을 위한 어린도와 방전법이 결합된 토지대장이 완성되는 것이다. 정약용은 토지 소유의 파악을 쉽게 하고자 그림뿐만 아니라 토지의 소유 현황을 그림 말미에 기록으로 남겨 놓도록 하였다.[25] 지도와 목록이 결합된 형태의 양안으로 한눈에 수세 대상과 양을 파악할 수 있도록 한 것이다.

정약용의 정전제는 사전에 대한 사적인 소유를 기반으로 하였고 이 때문에 원리적인 정전제에 비하여 수세의 기준이 복잡하였다. 정약용은 이 문제의 해결을 위하여 어린도와 방전법이 결합된 양전을 만들어 수세의 기준 즉, 공전에 필요한 노동력의 분배를 명확히 하고자 하였다. 그리고 이러한 수세의 원칙은 군역의 부과에도 같은 방식으로 적용되어 나타났다.

2) '병농일치'의 실행과 둔전의 분급

(1) 군역의 부과와 병농일치적 편성

16세기 중엽부터 번상하는 정병에 대하여 포를 대신 납입하면 군역을 면제시켜 주는 방군수포법이 나타났다. 이에 따라 병농일치를 지향하던 조선 전기의 개병제가 점차 무너지게 되었다. 여기에 더하여 군영이 확대되면서 국가재정에 부담으로 다가왔고, 민인들에게는 군역의 증대라는 문제가 발생하였다. 결국 군역 부과 과다 혹은 불균 문제가 심각한 사회적 문제로 인식되었으며, 이를 해결하기 위한 다양한 개혁안이 제시되었다.[26] 그중에는 토지를 기반으로 하여 농민과 군사를 일치시키는 병농일치 형태의 군사제도 개혁 방법도 있었다.[27]

---

25 《經世遺表》 卷8, 〈田制〉 10.

26 김종수, 〈17세기 軍役制의 推移와 改革論〉, 《한국사론》 22(1990), 171-190쪽 참고.

27 토지를 기반으로 한 병농일치적인 군사개혁론은 磻溪 柳馨遠의 의견이 대표적이다. 그는

정약용 역시 병농일치를 기반으로 하는 군사제도 개혁안을 제안하였다. 정약용의 병농일치론은 정조 23년(1799)에 지은 〈전론(田論)〉에서부터 확인된다. 〈전론〉은 정약용의 전제론 중 여전제(閭田制)를 설명하는 글이다. 여기에서 그는 여(閭) 단위의 공동 경작과 병농일치제의 시행을 주장하였다.[28] 다만 이 방법에서 서울의 군사 양성은 군포를 거두는 방식을 폐지할 수 없다고 하였다. 이는 군포가 설정되지 않았던 원리적 병농일치제와는 다소 차이가 있는 방식이었다.

정약용의 병농일치적 군사제도 개혁안은《경세유표》단계에서 정전제와 결합하며 구체화되었다. 정약용의 정전제를 기반으로 하는 병농일치제의 내용을 구체적으로 살펴보면, 우선 일반적인 군역 부과의 대상은 정전을 지급받은 농부였다.[29] 문제는 이들에게 어떠한 방식으로 군역을 부과하는가였다. 원리적인 모습의 정전제라면 사전 1구역[畉]의 농부가 1명이므로 1정당 사전 8부에서 1명씩, 8명을 동원하는 방식으로 단순하다.[30] 하지만 앞서 살펴본 것처럼 정약용의 정전제에서는 사전 8부에 대한 기존의 권리 관계를 인정하였기 때문에 공전에 대한 노동력 분급만큼이나 군역 부과 역시 복잡한 양상을 보일 수밖에 없었다. 이 문제의 해결을 위하여 정약용이 제시한 방법은 공전의 경작 방식과 마찬가지로 군역 부과도 경작량을 기준으로 하는 것이었다. 다음은 정약용이 정전제에서 실제 군역 부과를 어떻게 하는지에 대해 설명한 내용이다.

'公田制'를 실행하고 이를 기반으로 경작자 1명에게 1頃[40마지기)의 땅을 나누어 주는데 매 4경마다 군인 1명씩을 내게 하며, 나머지 3명은 보인이 되도록 하는 방식을 주장하였다. 자세한 내용은 송양섭, 앞의 논문, 2020, 276-281쪽 참고.

28 《與猶堂全書》文集 卷11, 〈田論〉 7.

29 정약용의 경우 '農者得田'의 원리에 따라 농지를 지급받을 수 있는 사람은 실제 농사를 짓는 농부만 가능하였다(《經世遺表》卷6, 〈田制〉 5). 뿐만 아니라 실제 군역에 필요한 전투력을 발휘할 수 있는 것 역시 농부라고 생각하였다. 지속적인 노동을 통하여 신체의 건강함을 유지할 수 있을 것이라 여겼기 때문이었다(《經世遺表》卷8, 〈田制〉 12); 정약용 정전제의 '농자득전' 원리에 대해서는 윤석호, 앞의 논문, 2018 참고.

30 《經世遺表》卷8, 〈田制〉 10.

> 사전(私田) 8부에 농사하는 사람이 8명만 있는 것은 아니다. 초관이 1부의 여러 농부 중에서 건장한 자를 선발하고 대오에 충당하며, 그 복장과 기계는 1부에서 힘을 합쳐 보급한다.[31]

우선 사전 1부에 농사를 짓는 사람이 1명 이상인 경우 지휘관인 초관(哨官)이 1부의 여러 농부 중에서 가장 효율적으로 군사적인 능력을 수행할 수 있는 사람을 선발한다. 이때 반드시 사전 1부당 1명의 농부가 선발되며, 나머지 선발되지 못한 농부는 일종의 보인(保人) 역할을 담당하게 하였다. 문제는 군사적인 능력이 있어서 선발하려는 농부의 경작지가 정전 구획상 여러 부에 속해 있을 경우이다. 이에 대한 해결책도 토지가 기준이었다.

> 혹여 한 사람의 농부가 갑부(甲畉)를 취하여 30묘를 농사짓고, 을부(乙畉)를 취하여 40묘를 농사하는데 양 부(畉)에서 서로 다투어 이 농부를 정졸로 만들고자 한다면, 많은 것을 쫓아서 을부의 정졸이 되게 한다. 만약 한 사람의 농부가 양 부를 취하여 각각 20묘씩을 농사짓는 경우 제비를 뽑아서 결정한다.[32]

위를 살펴보면 한 사람의 경작지가 갑부와 을부, 복수의 부에 속해 있다면 해당 경작자는 갑부와 을부에서 모두 군역 대상자가 되는 문제가 발생한다. 정약용은 이러한 상황의 해결 방법으로 소속된 경작지가 큰 부 쪽의 군역을 담당하면 된다고 하였다. 즉 경작지에 비례하여 부에 대한 구속력이 높아지는 것이다. 다만 경작지의 양이 같다면 제비를 뽑아 결정하도록 하였다. 이상의 선발 방식을 예시를 들어 설명해 보도록 하겠다.

---

31 《經世遺表》 卷8, 〈田制〉 12.

32 《經世遺表》 卷8, 〈田制〉 12.

〈그림 2〉는 앞서 설명한 정약용의 〈그림 1〉의 어린도처럼 실제 경작지 형태에 방전 구획을 올린 그림이다. 점선은 실제 구획인 배미이고 실선은 방전법을 적용하여 정전의 구획을 만든 것이다.[33] 갑부에는 이씨·장씨·김씨의 소유 혹은 경작지가 포함되어 있는데, 초관은 이 중에서 가장 건장한 사람을 병사로 선발할 수가 있다. 을부의 경우 장씨·정씨·김씨의 토지가 있고, 마찬가지로 초관은 이 중에 한 명을 군역 대상으로 삼으면 된다. 이때 장씨는 갑부와 을부의 경작 영역이 걸쳐 있으므로 양쪽 영역의 군역 선발 대상이 되었다. 정약용이 제시한 방법에 따르면 장씨가 갑부와 을부의 군역 대상으로 동시에 선발되는 경우 장씨는 을부에 경작하는 토지가 더 많기 때문에 을부를 대표하여 군역에 종사해야 한다. 혹은 장씨가 갑부와 을부에서 경작하는 토지가 같은 경우 제비뽑기를 통해서 부를 선택하면 된다. 정약용은 이처럼 공전의 공동 경작을 위한 노동력의 분급과 마찬가지로 군역 역시 토지의 소유·경작량에 따라 부과하는 방식을 채택하였다. 이상의 방식대로 군역 부과 문제

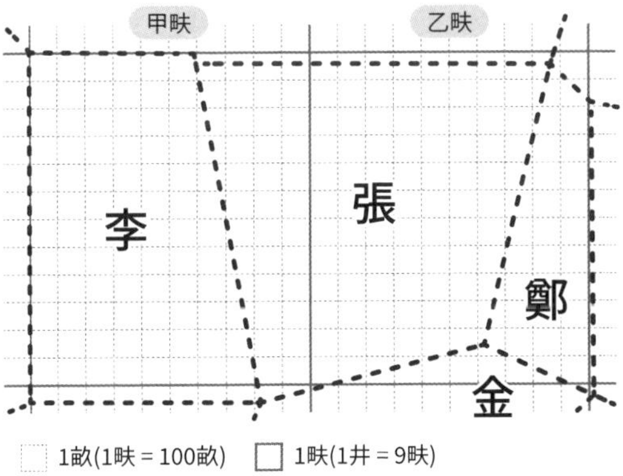

〈그림 2〉 정약용(丁若鏞)이 구상한 어린도(魚鱗圖)의 예시

33 실제로는 〈그림 2〉보다도 더 많은 경계가 존재하고 복잡한 소유·경작 관계가 있을 테지만 설명을 위해 단순화시켰다. 그리고 1명이 배미로 구분된 다수의 필지를 복수로 소유하거나 경작할 수도 있지만, 이 글에서는 편의상 배미로 구분되는 한 구역이 한 사람의 소유지 또는 경작지가 되는 것으로 전제하고자 한다.

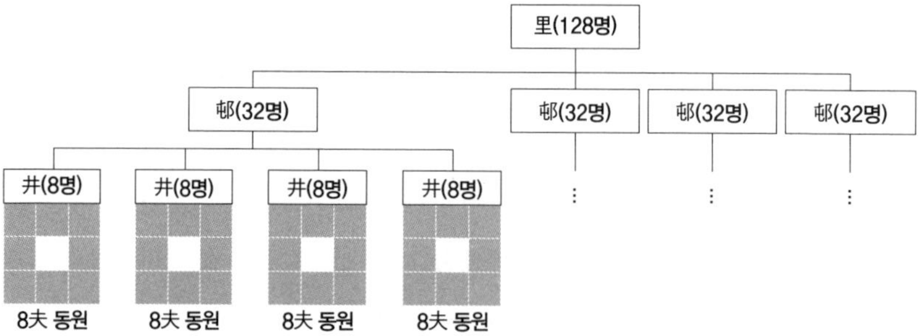

〈그림 3〉 정전제의 군역 동원

를 해결하였다면, 다음은 이들을 군사 조직으로 편제하는 일이다.

> 경계를 마쳤다면 8부(夫)로 대오를 편성한다. 4정은 1둔, 4둔은 1리가 되는데 정마다 8부이면 1리는 128명이다. 그들을 10대로 편성하면 정졸이 100명, 화병이 10명, 대장이 10명, 기총이 5명, 교련관이 2명, 초관이 1명이다. ○1리는 1구이다. 융마(戎馬) 1필, 치거(輜車) 1대, 소 2마리를 내어서 사려에 대비한다. ○1대마다 궁수 2명, 총수 2명, 창수 2명, 당파수 2명, 낭선수 2명이 있다.[34]

앞서 살펴본 정전제를 기반으로 하는 군사 동원의 방식은 1부당 1명씩, 1정의 경우 공전을 제외한 사전 8부에서 8명을 징발하는 형태였다. 그리고 4정을 1둔, 4둔은 1리로 편성하는데 1리당 구성원은 8부×4정×4둔으로 총 128명이 된다. 이는 〈그림 3〉과 같다.

부-정-둔-리의 행정 단위를 바탕으로 동원된 128명의 군사는 다시 군사적인 목적에 따라서 재편하였다. 1리에서 동원한 128명을 10대로

---

34 《經世遺表》 卷8, 〈田制〉 12.

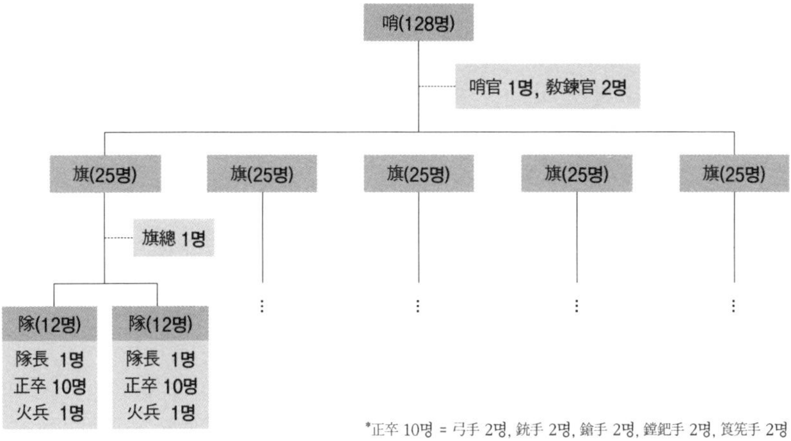

〈그림 4〉 정전제의 군사 조직과 편성

나누어 편성하는 방식이었다. 1대는 정졸(正卒)인 궁수·총수·창수·당파수·낭선수 2명씩에 대장(隊長)·화병(火兵)을 추가하여 총 12명으로 구성하였다. 그리고 2대를 1기로 편성하고, 다시 5기를 1초로 조직하는데 이들을 지휘하는 8명의 기총·교련관·초관을 추가하여[35] 총 128명을 하나의 군사 편제인 1구로 만들도록 하였다. 정전에서 동원된 군사를 군사 조직으로 재편한 모습은 〈그림 4〉와 같이 나타낼 수 있다.

여기에서 주목할 수 있는 내용은 〈그림 3〉과 〈그림 4〉에서 볼 수 있듯이 행정과 군사의 편제가 같은 공간과 인원으로 구성된다는 점이다. 즉 16개의 정에서 동원한 128명을 행정 단위인 리(里)에서 군사 조직인 초(哨)로 전환하는 일을 추가 인원이나 별도의 이동 없이도 가능하게 만든 것이다. 이는 정약용이 주장하는 병농일치가 실현된 모습이라 할 수 있다.

정약용은 정전제에 따라서 구획된 경작지를 기준으로 군역을 부과하

35 지휘관급인 교련관과 초관은 時占, 즉 전주에서 뽑는데 이 역시 사전의 竝作制를 인정하고 전주가 갖고 있는 실질적인 향촌사회에서의 지위를 인정한 것으로 생각된다. 《經世遺表》 卷8, 〈田制〉 12.

는 방식을 제시하였다. 이러한 방법을 통하여 동원된 군사는 행정 단위와 군사 조직이 공간적으로 일치하는 병농일치적인 형태로 편제되었다. 다음 단계는 조직된 군사를 훈련시켜 군사력을 유지하는 일이었다. 문제는 정약용이 구상한 현실적 정전제하에서는 농민에 대한 토지의 분급이 이루어지지 못하였고, 이 때문에 국가가 군역을 부과할 수 있는 명분이 없었다는 점이었다. 정약용은 이 문제의 해결을 위하여 당시 군·아문의 재정을 위하여 설치되었던 둔전에 주목하였다.

(2) 둔전 설치와 운영 방법

정약용은 기존의 유명무실한 군역 문제를 해결하고자 정전제 원리에 따라 구획한 토지를 바탕으로 농민을 군사화하고, 편성·운영하는 계획을 제시하였다. 원리적인 정전제의 경우 토지를 매개로 국가와 농민 사이 관계가 형성되고, 국가는 토지를 받은 농민에게 군사 훈련 등 군역 의무를 지게 할 수 있었다. 하지만 정약용의 정전제는 토지 지급이 선제되지 않았기 때문에 군역의 부과가 불가능하였다.

> 지금은 16정 128명으로 편제하여 1초를 만들어서 군려(軍旅)에 대비해야 한다. 다만 예전에는 전지가 모두 왕전(王田)이므로 왕이 강하고 힘 있는 자를 선발하여 그 전지를 맡기고, 대사마에게 명하여 춘하추동으로 교열하도록 하였다. 지금은 전지가 모두 사전(私田)이니 진실로 옛 법을 쓰고자 한다면 백성들이 "왕이 우리에게 덕을 베풀지 않았는데 어찌 우리가 고달프겠는가?"라고 하여 서로 원망하고 방자하여 순종하기를 즐기지 않으니 장차 어찌 되겠는가?[36]

위의 제시문과 같이 국가가 민인에게 지급하는 토지가 없는 상황에서, 정전제 방식에 따라 동원되었다고 하더라도 일반 민인에게 실질적

---

36 《經世遺表》 卷8, 〈田制〉 12.

인 군사력을 기대하기란 쉽지 않았다. 하지만 국가가 대내 · 외의 적을 방비하고 보위력을 유지하기 위해서는 군대 조직이 반드시 필요하였다. 정약용은 이러한 군사력 부재에 따른 문제를 해결하는 방법으로 국가에서 운영하는 둔전을 이용하고자 하였다. 즉 실제 군사가 되는 인원에게 둔전을 지급하여 이를 기반으로 생활하는 둔전군을 양성함으로써 군사력을 복원하려 한 것이다.

조선은 일찍부터 군수와 재정의 보용을 위하여 둔전제를 실시하였다.[37] 임진왜란 이후부터 군수 조달의 방식으로 둔전 경영을 주목하였고, 전쟁이 끝난 이후에도 국방 경비의 증가를 해결하고 더불어 군 · 아문의 재정 확보를 위하여 둔전을 설치하고 활용하였다.[38]

정약용은 이러한 둔전 제도가 현실에서는 군영 장관이나 둔전 관리인의 사재 축적용으로 변질되었음을 지적하였다.[39] 동시에 둔전의 본래 목적인 군수 조달 기능을 회복시키고자 하였다.[40] 둔전을 시행하는 데에 있어서 첫 번째로 시급한 문제는 군사에게 지급할 둔전을 마련하는 일이었다. 이에 대하여 정약용은 기존에 설치되어 전국에 흩어져 방만하게 운영되고 있는 군영의 둔전을 각 고을에 소속시켜 지방군을 위한 둔

37 조선 전기의 둔전에 관한 연구는 이경식, 《(증보판)한국중세토지제도사》, 서울대학교 출판문화원, 2012 참고.

38 송양섭, 《조선후기둔전연구》, 경인문화사, 2007, 1-3쪽; 31-38쪽.

39 《經世遺表》 卷8, 〈田制〉 12.

40 《經世遺表》 卷8, 〈田制〉 12; 둔전은 원래 且戰且耕의 원칙에 따라 운영된 군수 목적용 토지였다. 그리고 국역 체제의 운영을 통하여 확보된 노동력을 둔전의 경작에 투입하는데 이에 따라 둔전은 국역 편제 및 운영과 뗄 수 없는 관계에 있다(송양섭, 앞의 책, 2007, 14-15쪽). 다만 정약용은 조선 후기 국역이 점차 조세화되었기 때문에 둔전을 통한 실질적인 군역의 회복을 주장한 것으로 생각된다. 둔전이 갖는 본래의 군수 조달이라는 목적은 18세기 후반 장용영의 둔전 활용 정책에 일부 나타난다. 정조는 장용영의 둔전을 군병들에게 경작을 맡기거나 기존 둔전의 경작민을 군병으로 만드는 두 가지 방식을 통해서 병농일치의 모습을 이루고자 하였다. 하지만 실제 장용영 둔전이 모두 병농일치 형태를 보인 것은 아니었으며 오히려 둔전을 병작제 형태로 운영하는 경우가 많았다. 송찬섭, 〈정조대 장용영 둔전의 설치와 운영〉, 〈논문집〉(방송통신대학교) 32(2001), 100-103쪽; 김준혁, 〈정조시대 장용영 외영의 병농일치 군제개혁 구상과 둔전경영〉, 《한국사연구》 168(2015), 101-106쪽 참고.

전으로 활용하고, 경기 인근에 있는 것은 군영에 집중시켜 중앙군의 둔전으로 만들도록 하였다. 기존의 둔전을 재편성하는 것 외에도 공전 조성 때와 마찬가지로 도성 인근의 토지를 매입한다거나, 치수를 통하여 조성한 새로운 경작지를 둔전으로 삼는 방법 등을 제시하였다.[41] 확보한 둔전의 경우 다른 토지와 마찬가지로 정전으로 구획하도록 하였다. 둔전의 구획은 중앙과 지방의 차이가 있었는데, 우선 중앙군을 위한 둔전의 정비는 다음과 같은 방법을 제안하였다.

> 왕궁에서 사방 30리가 되는 지역은 곧 사방 60리가 되는 땅이다. 안쪽 사방 10리는 왕성이고, 나머지 사방 10리가 되는 곳은 35곳이다(6×6=36). 우리나라 근교는 모두 큰 산과 큰 하천이어서 평평한 땅이 많지 않다. 그 반 이상을 제외하고 경계를 정리하여 전지로 만들면 대략 사방 10리가 되는 곳은 16곳 정도가 되니, 그 나머지는 모두 농사하지 못하는 땅이다. 사방 10리가 16곳이면 그 전지는 14,400부이니 옛적에 6수(遂) 이내는 모두 10분의 1법을 썼으므로 매 전지 1,000부 중 900부는 군전(軍田), 100부는 공전(公田)이 된다.[42]

정약용은 왕성 사방 60리의 전지 가운데 왕성과 산림・하천을 제외한 경작지를 모두 정전으로 구획하고 둔전으로 활용하고자 하였다. 이를 부로 환산하면 14,400부가 되는데, 6수(遂) 지역은 십일세(什一稅)를 적용하였기 때문에[43] 토지의 1/10인 1,440부를 공전으로 삼았다. 둔전의 구획에서도 공전을 설정한다는 것은 중앙군을 위한 둔전 역시 정전제의 원리에 따른다는 것을 의미하며, 군사는 군역 이외에도 공전의 공동 경작

---

41 《經世遺表》 卷8, 〈田制〉 12.

42 《經世遺表》 卷8, 〈田制〉 12.

43 《經世遺表》 卷5, 〈田制〉 1; 정약용의 경성을 중심으로 한 공간 구조 방식에 대해서는 윤석호, 앞의 논문, 2018, 261-265쪽 참고.

을 통해 전세를 납부하여야만 하였다.

정전제의 원리로 구획된 둔전은 다시 세 부분으로 나눌 수 있다. 《경세유표》 권2, 〈정관지속(政官之屬)〉에서 설명하고 있는 중앙의 3군영인 도통영(都統營, 훈련도감) · 좌어영(左御營, 어영청) · 우위영(右衛營, 금위영)에 각각 분급하며 동쪽은 좌어영, 남쪽은 도통영, 서쪽은 우위영에 소속시켜서 둔전을 지급하도록 하였다.[44] 그리고 둔전은 공전을 제외한 나머지 사전 12,960부를 병과별로 분배하였는데 보졸(步卒)은 8,326부, 기병(騎兵) · 기사(騎士)은 4,185부, 장관(將官)의 경우는 449부를 지급받았다.[45] 다음은 병사들에게 토지를 지급하는 방식에 관하여 병과별로 설명한 내용이다.

> 보졸은 한 사람마다 1부의 전지를 주는데 가까운 곳에서 1기가 각 1촌을 이루며(1기는 36명) 3기는 1초가 되어 각 1리를 이루고(1초는 108명), 5초는 1사가 되어 1방을 이룬다. 매 9부가 공전 1부를 같이 농사하여 10분의 1 제도를 준수하고 스스로 1부를 경작하여 희료(餼料)로 한다.[46]

먼저 보졸은 기-초-사 단위로 편성되어 한 사람당 1부의 둔전을 지급받았다. 그리고 매 9부가 하나의 정에 소속되어 공전 1부를 공동 경작하고 10분의 1세를 납부하도록 하였다. 별도의 봉록은 없었으며, 대신 지급받은 사전 1부를 경작하여 그 수확물을 급료로 하였다. 이처럼 보졸의 경우에는 농업과 군역이 동시에 가능하였지만, 기사와 기병 그리고 장관은 그렇지 못하였다. 이들은 상시로 군사적인 업무를 담당하였으므로 농업의 병행이 불가능하였기 때문이다. 그렇다면 이들에게는 군역에 따

44 《經世遺表》 卷2, 〈政官之屬〉.

45 《經世遺表》 卷8, 〈田制〉 12.

46 《經世遺表》 卷8, 〈田制〉 12.

른 별도의 봉록이 지급되어야 했다. 그런데 정약용의 정전제를 적용한 둔전제 구상에서는 기사 · 기병 · 장관에게도 보졸과 마찬가지로 둔전을 지급하는 방식이 채택되었다.

> 기사와 기병은 한 몸에 18가지 무예를 갖추어야 해서 기사·기창·비도·무삭을 하는데 날래고 재빨라야 하므로 농부가 될 수 없다. 비록 군전을 주더라도 사람을 빌려서 경작하고 그 10분의 5를 취하여 희료(餼料)로 한다. 2부 반을 주는데 1부는 사람의 희료로 하고 1부 반은 안마의 비용으로 한다.[47]

기사와 기병의 경우 군사 업무로 경농을 할 수 없지만 생활을 유지하고 말을 기를 수 있는 재원이 필요하였다. 정약용은 기병 · 기사에게도 보졸과 마찬가지로 군역에 대한 1부의 둔전을 지급하도록 하였다. 다만 농업 활동이 불가능하므로 나누어 준 토지는 사람을 고용해서 경작하고 수확물의 1/2을 일종의 지대로 수취하여 생활을 영위하도록 하였다. 그리고 일반 보졸과 달리 기마 유지를 위한 재원으로 1.5부의 토지가 추가로 지급되어 총 2.5부의 토지를 받도록 하였다. 다음은 장관에 대한 설명이다.

> 장관은 파총·초관·기패관·교련관 등이다. 나머지 전지 449부에서 10분의 5를 거두어 그 희료(餼料)를 보충한다. 전지의 남고 모자람은 지금 정할 수 없으므로 상세히 논하지는 않겠다.[48]

장관은 파총 · 초관 등 상급 지휘자를 말한다. 이들은 군사 행정 업무와 훈련 등의 실시로 기사 · 기병과 마찬가지로 농업을 병행할 수 없었

---

47 《經世遺表》 卷8, 〈田制〉 1.

48 《經世遺表》 卷8, 〈田制〉 12.

〈표 1〉 중앙군 둔전 지급안과 경영 방법

병종	액수(畉)	병력(명)	1인당 畉	경영형태	세율	수입원
步卒	8,326	8,326	1	自作	1/10	둔전 경영
騎兵	4,185	1,674	2.5	竝作	1/10	1/2 지대→ 희료
將官	449	–	–	竝作	1/10	1/2 지대→ 희료

을 것이다.[49] 정약용은 장관 역시 둔전을 지급하되 기사 · 기병처럼 사람을 고용해서 경작하고 수확물의 절반에 해당하는 양을 지대로 수취하여 이를 군역에 대한 희료로 활용하도록 하였다. 다만 장관 1인당 지급되는 토지의 수를 구체적으로 언급하지 않았다. 다른 병과와는 다르게 장관의 수가 정확하게 정해지지 않았기 때문이다. 이상 설명한 중앙군의 병과 유형별 둔전 지급과 경영 방법을 정리하면 〈표 1〉과 같다.

정약용은 중앙뿐만 아니라 지방에도 둔전을 설치하여 지방을 방어하는 군사의 재정으로 활용하고자 하였다. 지방에서 둔전을 마련하는 방법은 다음과 같다.

> 생각하건대 여러 도에 있는 5영 둔전, 여러 관청의 둔전과 호절(戶絶)된 전지, 제방을 막아 만든 전지, 도랑을 내어 만든 전지는 모두 마땅히 군전(軍田)에 속하게 해야 한다. 또 혹여나 부유한 백성이 자기 전지를 바쳐서 무공을 도모한다면 군전을 만들기가 어렵지는 않을 수 있다. 다만 군전은 외촌에 있는 것은 불가하니 모름지기 성 앞 전지와 서로 바꿔야 하는데 이것이 힘든 일이다.[50]

지방의 둔전 조성은 기존 군영과 관청의 둔전 · 호절지 · 개간지 등과 더불어 민인들이 자발적으로 바치는 일종의 원납전(願納田)으로 마련하는 방식이었다. 그리고 정약용은 거점별로 군사력을 집중하고 거주지와

49 조성을, 앞의 논문, 1998, 144쪽.

50 《經世遺表》 卷8, 〈田制〉 12.

근무지가 동일한 병농일치의 모습을 구현하기 위하여 사방으로 흩어져 있는 둔전을 군사 거점 주변으로 옮겨 조성하도록 하였다. 이는 외방의 둔전과 국가에서 매매 등으로 확보한 거점 주변의 민전을 바꾸는 방식으로 진행하고자 하였다.

《경세유표》에는 지방에 조성된 둔전을 어떻게 지급할 것인지에 관한 구체적인 언급이 없다. 다만 지방은 중앙에 비해 훈련과 근무 강도가 낮기 때문에 둔전 1부를 1명에게 온전히 지급할 필요는 없으며, 1부를 4명 혹은 2부를 5명에게 지급하는 방식을 적용해야 한다고 하였다.[51] 또한 이 지역은 6수 밖의 지역이므로 중앙의 둔전과는 다르게 1/9에 해당하는 토지를 공전으로 구획하고 여기에서 발생한 수확물을 수세하였을 것이다.

정약용은 실제 군사력의 복원과 유지를 위하여 둔전을 활용하고자 하였다. 그가 제시한 둔전제는 다른 토지와 마찬가지로 정전제에 따라 구획한 형태였다. 국가가 군역 대상자에게 토지를 지급한다는 점에 있어서, 이는 정약용이 생각하는 이상적인 정전제의 모습에 가까운 형태라고도 할 수 있다. "삼대의 법에 천하의 전지는 모두 둔전이었다"라는[52] 정약용의 언급을 생각해 본다면 원리적인 방식의 정전제 모습을 한 둔전은 정약용이 지향하는 정전제 구현의 출발점이라고 하여도 과언이 아닐 것이다.[53]

---

51 《經世遺表》 卷8, 〈田制〉 12.

52 《經世遺表》 卷8, 〈田制〉 12.

53 이와 비슷하게 明末淸初의 경세가인 黃宗羲는 둔전의 활용이 정전제 시행의 단초가 될 것이라 하였다. 그 이유는 둔전이 국가에서 주는 授田인데 이 토지가 전체 토지의 1/10이므로 이것을 확대한다면 정전제가 시행 가능하다고 보았기 때문이다(《明夷待訪錄》, 〈田制〉 2). 즉 국유지를 활용한 정전제의 시행이 전체 토지에 대한 정전제 시행의 단초가 된다는 것인데, 정약용 역시 둔전의 활용을 통하여 군사 재원의 마련뿐만 아니라 정전제 확대 시행을 염두에 두었을 것으로 생각된다. 정약용의 둔전 활용 논의와 유사한 결로 18세기 말 학자인 李德履(1725-1797)가 저술한 《桑土志》에서도 둔전을 활용한 실질적 군대의 운용을 설명하고 있어서, 이 시기 둔전 활용에 대한 인식을 간접적으로 확인해 볼 수 있다(손균익, 〈《상두지》의 둔전론—둔전의 조성과 둔졸의 운용을 중심으로〉, 《한국실학연구》 40(2020)).

이상 정전제의 시행을 통한 병농일치 방식, 그리고 실질적인 군사력의 기반이 되는 둔전 설치와 이를 활용한 군사 재원의 마련 방법을 살펴보았다. 이처럼 군사제도의 인적 · 물적 자원이 갖추어졌다면 다음은 실제 국가와 정권의 보위를 위한 군사 조직의 체계를 구성할 차례이다. 정약용이 구상한 군사제도의 규모와 편제 방식은 어떠한 내용이었는지에 대해서 다음 장을 통하여 살펴보도록 하겠다.

3. 군사제도 개혁과 운영 방식

1) 중앙군—삼영(三營) 중심의 도성수비체제

(1) 중앙 3군영 개편안

임진왜란 이후 조선의 중앙군은 기존 5위(衛) 체제에서 훈련도감을 비롯한 5군영으로 변화하였다. 하지만 군영의 확대가 계속되면서 재정 운영에 부담이 되었다. 이후 대내외적인 위기가 점차 사라지면서 숙종 연간부터 중앙 군영 규모를 감축하는 정책이 시행되었다. 중앙군은 훈련도감과 어영청 · 금위영을 중심으로 하는 3군문 체제로 정비되었고, 도성 주위의 방어를 담당한 총융청과 수어청은 축소되었다.[54] 정조 연간에는 유수부 체제가 확립되면서 도성 방어 체제가 새롭게 정비되었다. 정조 연간 중반에는 장용영이 신설되어 기존 3군문의 중요성이 감소하는 현상이 발생하기도 하였다.[55] 19세기에 들어서면 중앙 군영의 군사적인 기

54 노영구, 〈중앙 군영과 지방군을 통해 본 조선후기 국방체제의 변화 양상〉, 《장서각》 33(2015), 77쪽.

55 김준혁,〈조선 정조대 장용영 연구〉, 중앙대학교 박사학위논문, 2007; 이왕무, 〈화성축조와 장용영 창설〉,《한국군사사》, 7, 경인문화사, 2012; 조낙영, 〈조선후기 유수부 재정연구—강화 · 광주 · 화성유수부를 중심으로〉, 서울대학교 박사학위논문, 2015; 방범석, 〈장용영의 편제와 재정운영〉,《한국사론》 62(2016); 박범, 〈정조대 장용영의 군제와 재정운영〉, 고려대학교 박사학위논문, 2018.

능이 약화되었던 것으로 판단된다. 특히 상번군이 중심이었던 금위영과 어영청은 군역의 상번을 축소하는 대신 군포를 수세하는 방식으로 전환하였다. 이러한 현상은 순조 이후에도 지속되었고 금위영과 어영청의 실질적인 군사력이 줄어드는 요인으로 작용하였다.[56]

이처럼 19세기 초반 군영의 규모와 실제 군사력이 축소되는 상황에서 정약용은 중앙 군영의 군사적인 기능을 정상화할 필요성을 제기하였다. 먼저 그는 기존 5군영에 관하여 비상시에 세워진 것이므로 이를 평상시에 운영한다는 것은 바람직하지 않다고 보았다. 이러한 비정상적인 군영 운영이 재정 낭비만 초래한다고 보았다. 정약용은 이를 해결하고자 3군영을 중심으로 한 중앙군의 개편을 주장하였다.[57]

> 지금 수어청은 이미 혁파하였고, 총융청도 없애는 것이 마땅하다. 그 두어 초는 북한산성에 소속시키고, 나머지 장관은 3군문에 자리가 나기를 기다렸다가 차례대로 전보시켜 오직 훈련도감·어영청·금위영 세 영문만을 남겨 두고서 큰 나라의 3군 제도를 따라야 한다.[58]

정약용은 이미 수어청이 사라졌기 때문에 총융청 역시 혁파하여 3군영의 모습으로 중앙군을 운영해야 한다고 하였다. 그리고 훈련도감은 도통영, 어영청은 좌어영, 금위영은 우위영으로 이름을 바꾸어 상시적인 군사 조직에 맞게 운영되어야 한다고 주장하였다. 이들 중앙 3군영

---

56 이태진, 앞의 책, 1985, 314-315쪽. 조선 후기 대내외적인 위기 상황이 없는 상황에서 군문에 할당된 재원을 국가 경비로 활용하는 모습에 주목한 연구가 있다. 이들 연구에서는 국가의 군역 부담 완화와 군문 재원의 경비 이전을 통해 일반 민인의 부담을 줄이겠다는 왕조의 민본이념이 실현되고 국가 재정의 공공성이 재고되었다고 판단하였다. 송기중, 〈[총론] 조선후기 중앙 군문의 재정운영〉, 《역사와 현실》 102(2016) 참고.

57 정약용은 병조의 속아문이 혼재되어 통일적이지 않으므로 三司·三局·三衛·三營으로 정리하여 운영해야 한다고 주장하였다. 《經世遺表》 卷2, 〈政官之屬〉.

58 《經世遺表》 卷2, 〈政官之屬〉.

〈표 2〉 중앙 3군영의 규모

군영	騎士	騎兵	步卒	합계
統禦營	2哨	9哨	25哨	3,996명(약 4,000명)
左禦營	2哨	–	25哨	2,997명(약 3,000명)
右禦營	2哨	–	25哨	2,997명(약 3,000명)
합계	449명	999명	8,325명	10,000명

의 역할에 대해서는 도성의 수비와 더불어 비상시에 왕의 친병(親兵) 역할을 해야 한다고 하였다.[59] 정약용이 생각한 중앙군의 조직과 규모를 구체적으로 정리하면 〈표 2〉와 같다.

정약용은 〈표 2〉에서 볼 수 있듯이 중앙군의 규모를 1만 명 정도로 편성하고자 하였다. 이 중에 훈련도감을 대신하는 도통영이 가장 큰 규모인데 기사 2초와 기병 9초, 보졸 25초로 약 4,000명으로 구성하였다. 그리고 좌어영과 우위영은 각각 기병 없이 기사 2초와 보졸 25초로 구성하여 약 3,000명씩으로 편성하는 계획을 세웠다.[60] 정약용은 당시 국력으로 중앙군은 1만 명 정도의 규모가 적당하며, 이보다 증가시켜서는 안 된다고 하였다. 다만 시간이 지나 국력이 강성해진다면 중앙군을 증가시킬 수 있다고 하면서 변경할 수 있는 여지를 남겨 두었다.[61]

1만 명 규모의 3군영 중앙군은 앞 장에서 살펴본 바와 같이 왕성 사방 60리 지역에 편성된 둔전, 그중에서도 사전 12,960부를 병과 유형에 따라 분급받아 생활하는 둔전군이었다. 그리고 이들 중앙군은 기존 속오법(束伍法)의 군사 조직을 적용하여 편제하였다.[62] 정약용이 계획한 중

59 《經世遺表》 卷8, 〈田制〉 12.

60 《經世遺表》 卷2, 〈政官之屬〉.

61 《經世遺表》 卷2, 〈政官之屬〉.

62 속오법의 도입은 임진왜란 중에 군대를 모아 놓고 훈련시킬 수 없자 향촌에서 농한기 중에 군병을 훈련시키고 가까운 영에 소속시키기 위함이었는데 거주지를 중심으로 편성되었기 때문에 상번하여 나타나는 폐해와 농사일에 전념하지 못하는 문제를 방지하는 기능도 있었다(서태원, 《조선후기 지방군제연구—영장제를 중심으로》, 혜안, 1999, 33-35쪽). 이러한 거주지를 중심으로 하는 속오법의 방식은 병농일치의 논리와도 상통하는 것이었다. 유

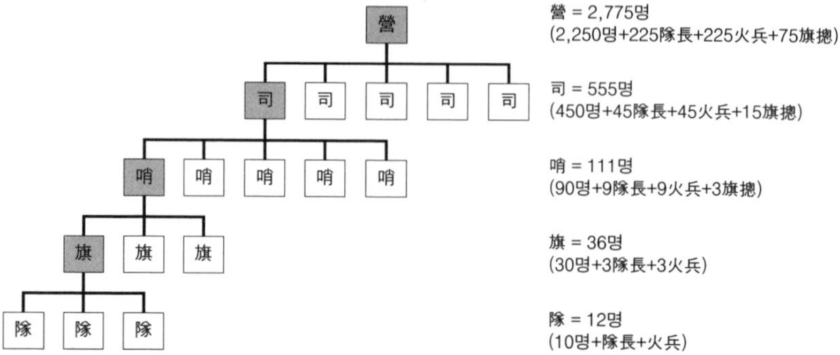

〈그림 5〉 중앙 둔전군 편제 방식

앙군의 조직 방법은 〈그림 5〉와 같이 정리할 수 있다.

〈그림 5〉에서 볼 수 있듯이 중앙군의 편제는 '대(隊) - 기(旗) - 초(哨) - 사(司) - 영(營)'의 방식으로 조직되었다. 우선 최하위 단위인 대는 일반 병사 10명과 대장, 화병을 포함하여 12명으로 구성하였고, 다음 기는 3대를 합하여 36명으로 편제하였다. 초는 3기에 지휘관인 기총 3명을 합하여 111명으로 하였다.[63] 그 이상의 단계부터는 별도의 지휘관 추가 없이 1사는 5초=555명(111×5), 1영은 5사=2,775명(555×5)으로 조직하였다.[64]

정약용이 제시한 중앙군의 편제 방식은 앞서서 〈그림 4〉로 설명하였던 정전제의 군사 조직과 비교해 볼 수 있다. 우선 편제의 기초 단위가 같은 속오법으로 대 - 기 - 초로 기본 구성되었음을 알 수 있다. 최하위 단

형원 역시 공전제 기반 위에 속오법을 채용해서 토지와 군병이 결합된 군사조직을 만들어 병농일치의 실현을 이루고자 하였다(송양섭, 앞의 논문, 2020, 281쪽).

63 초 단위는 3기 즉 12정에서 동원한 군사에 기총 3명을 포함하여 111명으로 구성된다. 실제로 기총은 초의 편제 단위부터 나타나는데 기총은 기 단위의 장교이기 때문에 기 단위부터 편성되어야 한다. 하지만 정약용의 중앙군 편제 단위에서는 3기가 모인 초 단계부터 기총이 등장한다. 그 이유에 대해서는 구체적인 서술이 없어서 확인할 수 없지만 정졸 · 화병 · 대장은 보졸에서 동원하며 기총 이상부터는 병과가 달라 둔전의 지급에 차이가 나는 장관 혹은 기사 · 기병에서 동원하였으므로 둔전의 편성이 다르기 때문에 상위 단계부터 별도로 서술한 것으로 추측이 된다.

64 《經世遺表》 卷2, 〈政官之屬〉.

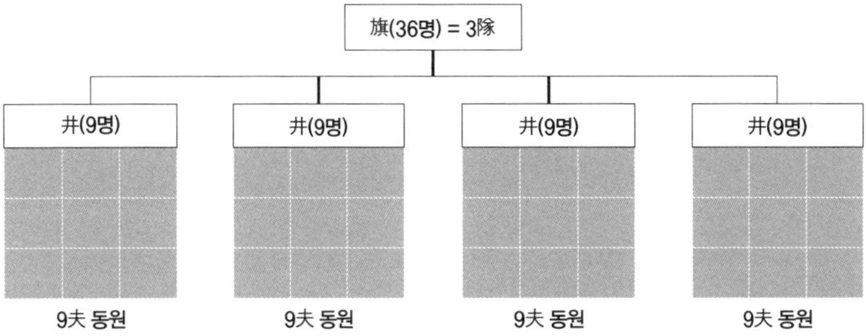

〈그림 6〉 중앙 둔전의 병력 동원과 편성

위인 대의 편성 인원이 12명인 점도 동일하다. 그런데 중앙의 둔전군은 3대=1기 · 3기=1초인 반면에 앞의 정전제 편제에는 2대=1기 · 5기=1초로 구성되어 차이가 난다. 구성 인원도 1초당 중앙군은 111명이지만 정전제 단위에서는 128명으로 중앙군보다 인원이 많다.

이처럼 같은 속오법 체제의 군사 조직임에도 불구하고 중앙의 둔전군과 일반 정전제에서 동원한 군사의 조직 단위에 차이가 나는 이유는, 결국 중앙 둔전군의 동원과 조직 기반이 되는 둔전이 일반 정전제와는 다르게 중앙의 수(遂) 지역에 있기 때문이다. 즉 중앙 둔전군의 경우 1/10세가 적용되는 구역에서 군역이 부과되므로 1정에 8명의 동원이 아닌 9명을 동원하는 방식에서 차이가 나는 것이다. 그렇다면 일반 정전제에서 별도의 이동이나 재편 없이도 구획한 토지 기반 위에서 128명을 동원하고 군사 조직으로 재편하였듯이, 중앙의 둔전군 역시 토지를 기준으로 병사를 동원하고 편제하는 병농일치 방식이었음을 알 수 있다. 이 내용은 〈그림 6〉을 통해 정리할 수 있다.

〈그림 6〉에서 살펴볼 수 있듯이 일반 정전제와 다르게 중앙의 둔전군은 6수 지역의 1/10세를 적용하여 1정이 10부로 구성되므로, 1정당 8명이 아닌 9명의 군사를 동원할 수 있다. 그리고 1정당 9명씩 구성된 4

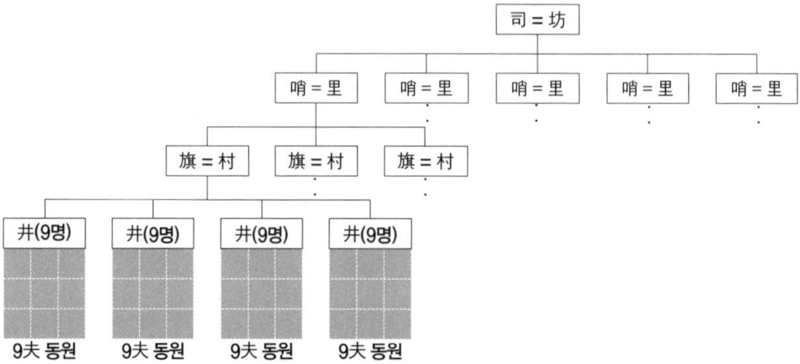

〈그림 7〉 중앙 둔전군의 행정 편제

정을 묶으면 36명이 동원되는데, 이는 중앙 둔전군의 편제 방식인 3대=1기 36명과 같게 된다. 즉 4정에서 동원한 인원을 3대의 군사 조직으로 재편한 것이다. 이를 행정 단위와 연계하였을 때 병농일치의 모습은 더욱 확실하게 나타난다.

〈그림 7〉과 같이 4정을 묶은 군사 단위 1기는 행정 단위의 1촌이 된다. 그리고 3기를 묶은 1초는 1리, 5초를 묶은 1사는 1방이 되는 것을 보여 준다.[65] 이는 1/9세 지역의 정전제 조직과 마찬가지로 중앙의 둔전군 역시 군사 단위와 행정 단위가 일치되었음을 알 수 있다. 결국 중앙의 둔전군을 편제하는 방식도 생활 단위와 군사 조직을 일치시키는 병농일치적인 모습이었다.

정약용이 제시한 중앙군은 3군영을 중심으로 약 1만 명 정도의 규모였다. 이들은 둔전을 지급받는 둔전군이었으며, 사적 소유지를 기반으로 편성된 정전제 군사와 마찬가지로 토지를 기반으로 편제된 병농일치적인 형태였다. 다만 이들은 일반 정전제에서 동원·편성된 군사와 다른 점이 있었다. 둔전군에게는 실제 토지가 국가로부터 지급되었기 때문에 그만큼의 실질적 군역 부과가 이루어졌다. 그 방법이 어떠하였는지는 다

65 《經世遺表》 卷8, 〈田制〉 12.

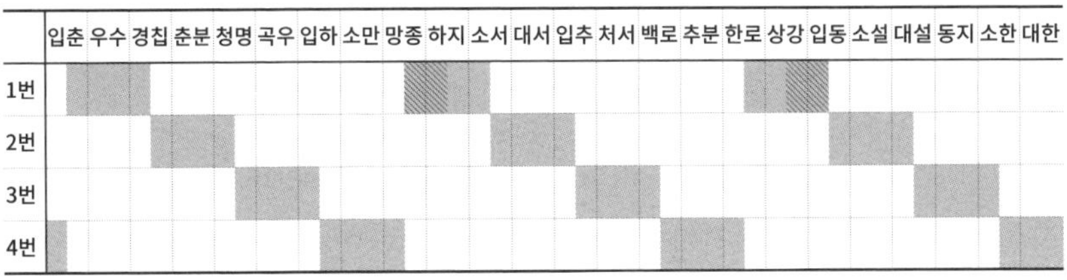

〈그림 8〉 중앙 둔전군 步卒의 1년 복무 방식

음 절을 통하여 살펴보도록 하겠다.

(2) 중앙 '둔전군'의 입번 방식

정약용이 제시한 3군영 중심의 중앙 둔전군은 국가로부터 지급된 둔전을 바탕으로 생활을 영위하였다. 그러므로 국가는 이들에게 일정 기간의 군역을 부과할 명분을 갖고 있었다. 둔전군의 근무 방식은 병과마다 차이가 있는데 먼저 3군영에 소속되어 있는 8,325명의 보졸은 4번으로 나누어 근무하게 하였다.

〈그림 8〉을 보면 하나의 번당 약 2,080명 정도의 보졸이 두 절기, 즉 1개월씩 근무를 하도록 하였으며 근무가 끝나면 나머지 3개월은 지급된 둔전을 경작하였다. 4개월을 주기로 군역과 농경을 병행하는 병농일치적인 제도였다.[66] 그리고 이들의 역할은 궁성 수비와 도성의 치안 유지, 그리고 장군 · 별장 등의 수종군(隨從軍)이었다.[67] 나머지 기병 · 기사와 장관의 경우 별도의 언급은 없지만 이들은 직업 군인이었기 때문에 복무 기간은 장번(長番)하는 형태였을 것이다. 이들은 상시 근무를 하였고, 이

66 〈표 3〉의 빗금 친 부분에 해당하는 芒種 이후 15일과 霜降 이후 15일은 모내기와 추수 기간이기 때문에 농번기에 속한다. 이때 상번하는 경우 농업에 지장을 줄 수 있으므로 정약용은 매일 25닢으로 사람을 고용하여 농사일을 대신하도록 하였다. 그리고 그 비용은 모두 해당 군영에서 해결해 주도록 하였다(《經世遺表》 卷8, 〈田制〉 12). 하지만 雇價 지급 등에 필요한 군영의 재정 마련 방법에 대해서는 별도 언급이 없었다.

67 《經世遺表》 卷8, 〈田制〉 12.

에 따라 토지를 경작할 수 없으므로 앞 장에서 살펴보았듯이 지급받은 둔전을 일종의 병작제로 운영하고 지대를 수취하였다.

정약용은 기존 군사제도 운영 방식 중에서 특히 지방에서 중앙으로 상번하는 제도를 문제시하였다.[68] 그러므로 중앙군을 위한 둔전을 왕성 인근 60리 안에 편성하도록 하였고, 이를 통해 매번 지방에서 서울로 상번할 때 발생하는 폐단이 줄어들기를 기대하였다. 더 나아가 둔전을 중심으로 하는 정주군(定住軍) 형태의 군사제도를 정착시켜 국가 재정의 낭비와 군사력의 약화를 막고자 하였다.

이처럼 정약용의 군사제도 개혁안에서 제시한 1만 명의 중앙 둔전군은 국가로부터 둔전을 지급받았고, 이에 상응하는 도성의 방어와 치안 유지라는 실질적 군역을 부담해야만 하였다. 보졸의 경우 4개월을 주기로 1개월을 군역에 종사하고 3개월은 둔전을 경영하는 병농일치적 형태의 군역이 부과되었다. 기사 · 기병과 장관은 직업 군인으로 상시 근무하고 지급된 둔전에서 지대를 수취하여 수입으로 삼도록 하였다.

2) 지방군 — 거점 방어와 정전군(井田軍) 운영

(1) 지방 거점 '둔전군' 설치

앞에서 살펴본 것처럼 정약용은 중앙뿐만 아니라 지방의 방어를 위한 둔전군 설치도 주장하였다. 지방에 흩어져 있는 둔전을 읍치나 전략적인

68 《經世遺表》 卷8, 〈田制〉 12; 상번제 폐단에 대한 논의는 실제 정책 입안 과정에서도 꾸준하게 제기되었던 일이다. 예를 들어 영조대 균역법의 제정 과정에서 趙顯命(1690-1752)의 양역변통절목에 어영청과 금위영의 군액을 경기민으로만 충당하고자 하였는데 중앙군의 약화를 우려한 영조의 반대와 군사와 보인을 새로 차출해야 한다는 부담으로 실현되지는 못하였다(정연식, 앞의 논문, 1993, 231쪽). 이후 순조 8년(1808)에는 화성 축성의 재원 마련을 위하여 停番하고 수포하였던 군사의 정번 기간이 끝나자 이를 상번시키지 않고 어영청과 금위영의 군액을 적은 수이지만 도성의 상주민으로 충당하여 상번 문제를 해결하고자 하였다(육군사관학교 한국군사연구실, 《한국군제사—근세조선후기편》, 육군본부(1977), 233쪽).

요충지에 집중시키고, 이를 바탕으로 생활을 영위하며 지방의 거점을 방어하는 지방 둔전군을 운영하고자 하였다.[69]

이들은 중앙군과 마찬가지로 둔전을 받았으며 이를 바탕으로 군역과 경농을 동시에 수행하였다. 정약용은 지방 둔전군의 규모나 조직에 대해서 구체적으로 서술하지 않았다.[70] 다만《경세유표》의 권3-4에서 서술하고 있는 지방 통치 개혁안에 맞추어 중경(中京)과 서경(西京), 12성(省)과 10로(路), 그리고 여러 군현에 지방 둔전을 설치하고, 군대를 양성하고자 한 것으로 보인다.

> 중경(개성)·서경(평양)에는 각 기병 2초(222명)·보졸 10초(1,110명)를 두고, 여러 도의 감사 이하 큰 주와 여러 군과 현에도 각각 차등 있게 군사를 기르는데 마땅히 성을 둘러서 5리나 10리 이내에 군전(軍田)을 설치하고 양성해야 한다.[71]

우선 개성과 평양에 해당하는 중경과 서경에는 각각 기병 222명과 보졸 1,100명을 두도록 하였다. 중경과 서경에 다른 지역보다 많은 수의 군사를 배치한 것은 당시 북방에 대한 대외적인 위기의식에서 비롯된 결과라고 추측된다.[72] 지방 둔전군의 설치는 중경과 서경 외에 각 지방의 행

---

69 김문식, 앞의 논문, 2003, 146-150쪽.

70 정약용은 지방 둔전군에 대하여 "군제편에 자세히 기록하였으므로 지금은 생략하겠다"라고 하여 〈田制〉편에서는 별도의 설명을 생략하고 있다. 하지만 군제편에 해당하는 '夏官修制'에는 〈武科〉와 〈鎭堡之制〉만을 서술할 뿐 군사 규모나 조직, 유지 방법 등에 관한 내용이 없다. 이는《경세유표》가 미완성 원고인 '邦禮艸本'이기 때문에 발생하는 한계라고 생각된다.《경세유표》저술의 미완에 대한 의미는 최윤오, 2023, 앞의 논문 참고.

71 《經世遺表》卷8, 〈田制〉12.

72 《경세유표》에서는 청과 일본, 혹은 몽고의 침입과 같은 외부 세력에 대한 위기의식이 직접적으로 나타나지는 않는다. 다만 정약용의 다른 저작을 살펴보면 청과의 국경선 문제를 거론한다거나 요동 지역으로의 진출을 언급하는 등 북방의 청에 대한 경계심은 있었을 것으로 파악된다. 실제로 조선의 지식인들 사이에서 청 세력이 약화되어 가고 있다는 인식이 18세기 말부터 등장하면서 19세기에 심화되었는데, 정약용의 북방 강역과 요동 지역에 대한 언급 역시 이러한 청조의 변화와 위기의식에서 비롯된 것이며 이는 북방을 염두에 둔 국방력 강화의 개혁안으로 나타났다고 생각된다(노대환, 〈19세기 전반 지식인의 대청 위기

정 중심지에도 이루어졌는데 감영과 병영, 그리고 군현별로 차등 있게 지정하였다. 그 내용을 구체적으로 살펴보면 다음과 같다.

> 지금 12성(省)의 감사에게 병졸 1천 명씩을 양성하도록 하고, 10로(路)의 병마사는 병졸 1천 명씩을 양성하도록 한다면 벌써 2만 2천명이나 된다. 큰 주에서는 3초씩, 여러 군에서 2초씩, 여러 현에서는 1초씩을 양성한다면 또한 수만 명에 이를 것이니 어찌 큰 나라의 3군 제도뿐이겠는가?[73]

위의 서술에서 12성(省)의 감사라고 언급한 것은 《경세유표》 권3의 〈군현분예(郡縣分隸)〉에 기존의 8도를 12성으로 분할하는 개혁안이 적용된 것이다.[74] 그리고 위에서 10로(路)의 병마사라 하였는데 《경세유표》의 〈고적지법(考績之法)〉에서 경기(京畿; 奉天省) · 사천성(泗川省) · 영남성(嶺南省) · 황서성(潢西省) · 송해성(松海省) · 패서성(浿西省) · 현토성(玄菟省) · 무남성(武南省)에 병마사가 있다고 하였으므로,[75] 병마사의 수는 8명이 정확한 것으로 보인다.[76] 정약용은 이들 12명의 감사와 8명의 병마사에게 별도로 약 1,000명씩을 양병하도록 하였다.

다음은 군현별 지방 둔전군의 수인데 이는 정확하게 제시되어 있지 않다. 다만 정약용은 대주(大州)는 3초, 그리고 군 단위는 2초, 현 단위에서는 1초씩을 양병하자고 하였다. 대주와 군 · 현이 정확히 무엇을 가리키는지는 자세하게 알 수는 없지만 《경세유표》의 〈군현분등(郡縣分等)〉을

인식과 북학론〉, 《한국학보》 20-3(1994)).

73 《經世遺表》 卷2, 〈政官之屬〉.

74 《經世遺表》 卷3, 〈郡縣分隸〉 참고.

75 《經世遺表》 卷4, 〈考績之法〉.

76 정약용의 지방 행정 개편안인 《經世遺表》 卷4, 〈考績之法〉에는 병마사 외에도 水軍使가 경기 · 사천성 · 영남성 · 황서성 · 송해성에 1명씩, 무남성에 2명이 있으므로 총 7명의 군사 지휘관이 추가로 있다. 다만 정약용의 군제 개편안에 수군에 대한 언급이 많지 않고, 병마사라고 지칭하였으므로 수군 지휘관은 제외하도록 하겠다.

〈표 3〉 지방 둔전군의 지역별 구성 인원

구분	단위 수	병력	합계
감사(省)	12	1,000명	12,000명
병마사	8	1,000명	8,000명
2京(中京 · 西京)	2	騎兵 2哨+步卒 10哨=1,332명	2,664명
大州	약 27	3哨=333초	약 8,991명
郡	약 73	2哨=222초	약 16,206명
縣	약 159	1哨=111초	약 17,649명
합계			약 65,510명

통해서 유추해 볼 수는 있다. 정약용은 군현의 등급을 나누는 서술에서 서북 2도인 청서성(淸西省)과 패서성(浿西省)을 제외한 나머지 10개 성의 경우 민호와 전결의 합계가 25,000 이상일 경우 대주가 된다고 하였고, 서북 2도는 사람이 드물고 평탄한 전지가 적기 때문에 민호와 전결의 합이 11,000 이상일 때 대주로 구분해야 한다고 하였다. 그리고 군은 서북 2도를 제외한 곳은 민호와 전결의 합이 1만 이상, 서북 2도는 8,000 이상에 해당한다고 말하였다.[77]

이를 바탕으로 정약용이 〈군현분등〉에서 제시한 각 군현의 민호와 전결 수를 기준으로 계산하면 대주는 약 27개이고, 군은 약 73개, 현은 약 159개로 추정해 볼 수 있다.[78] 이때 대주는 3초(333명), 그리고 군은 2초(222명), 현은 1초(111명)의 둔전군을 양성해야 한다고 하였으므로 계산하면, 전체 대주에 소속된 군사는 9,000여 명, 군은 16,000여 명, 현은 17,000여 명 정도로 추정된다. 이상 지방 둔전군의 규모에 관한 내용은 〈표 3〉으로 요약해 볼 수 있다.

지방 둔전군의 예상 총합은 〈표 3〉에서 볼 수 있듯이 65,000여 명으로 추정된다. 실제 지방군을 담당하던 속오군의 규모가 인조 연간 초반 10만 명 내외였다가 효종 대의 적극적인 군액 확보 정책에 따라 20만 명

77 《經世遺表》 卷4, 〈郡縣分等〉 참고.

78 《經世遺表》 卷4, 〈郡縣分等〉 참고.

으로 증가하였던 것에[79] 비하면 정약용이 제시한 65,000여 명의 수는 규모가 크게 줄어든 모습이다. 하지만 그렇다고 군사력이 줄어든 것은 아니다. 오히려 정약용은 "지금 작은 현의 속오군이 모두 5-6초 이상인데 양성은 하지 않고 군적에만 편입되어서 모두 허명일 뿐이다"라고 하면서[80] 기존 속오군이 실제 군사적 기능을 하지 못하고 있음을 지적하였다. 그렇다면 상대적으로 축소된 규모이지만 실제 군역이 부과되는 지방의 둔전군은 이전보다 더 나은 군사력을 갖추었을 가능성이 있다. 군액 면에서도 둔전군의 수가 적다고 하지만, 둔전 외 일반 정전에 편성된 군사까지 고려한다면 군액은 오히려 증가한 셈이다.

정약용은 동원된 지방 둔전군의 군역 부담에 관한 내용도 중앙 둔전군에 비해서는 자세하게 언급하지 않았다. 다만 중앙의 둔전군에 비하여 그 군역의 정도가 약하다고 하였다. 이는 지방 둔전군의 경우 상번하는 번거로움이 없으며, 낮에 훈련하거나 밤에 경계하는 일이 드물기 때문이라고 하였다. 이에 따라 지급되는 둔전 역시 1명당 온전한 1부가 아니라, 그 1/4에서 2/5 정도로 축소된 규모의 둔전을 받아 생활하는 형태여야 한다고 하였다.[81]

중앙의 둔전군에 비하여 지방 둔전군에 관한 정약용의 설명은 구체적이지 않다. 다만 지방제도와 관련된 개혁 방안을 다룬 〈군현분예〉와 〈군현분등〉을 참고하여 지방 둔전군의 규모를 파악할 수 있으며 그 수는 대략 65,000여 명으로 계산된다. 이는 기존에 지방군을 담당하였던 속오군보다 축소된 규모였다. 하지만 둔전 지급을 통한 실질적인 군역 부과와 일반 정전제를 기반으로 편제된 군사까지 고려해 보면 지방군의 군사력과 규모가 줄어든 것은 아니었다. 또한 지방 둔전군 역시 중앙과

---

79 김우철, 《조선후기 지방군제사》, 경인문화사, 2000, 127쪽.

80 《經世遺表》 卷2, 〈政官之屬〉.

81 《經世遺表》 卷8, 〈田制〉 12.

마찬가지로 둔전을 경영하며 군역을 담당하는 병농일치적 형태였을 것으로 생각된다.

(2) 정전군(井田軍)에 대한 군역 부과

정약용의 군사제도 개혁안에서 지방에는 둔전군만 편성되어 있는 것이 아니었다. 전국의 토지를 정전제 방식으로 구획하면서 편제된 군사인 일종의 '정전군(井田軍)'이[82] 있었기 때문이다. 정전군은 앞서 살펴보았듯이 정전으로 구획된 토지 1부당 1명이 동원되었으며, 8부=1정(8명), 4정=1둔(32명), 4둔=1리(128명)의 방식으로 편성되었다.[83] 다만 이들에게는 토지 지급이 선행되지 않았으므로 국가가 일방적으로 군역을 부과할 수 없었다. 이에 대해서 정약용은 정전군에 대한 최소한의 군역 부과 방식을 설명하였다.

> 마땅히 편제하여 군적을 만들고 대오를 알도록 해야 하는데, 중동(中冬)에 소속 리에서 하루를 교열하게 하며 큰 법만을 알도록 할 뿐이다. (그리고) 현관과 병영에서는 털끝만큼도 간섭하지 않은 연후에야 복장이 선명하고 기계가 예리할 것이며, 그 앉고 서며 나아가고 물러나는 법이 있을 것이다.[84]

정약용은 일반 정전 1부당 1명씩 동원된 군사의 경우 군적에 편입시키고 군사 조직으로 재편하도록 하였다. 이때 편제된 정전군은 실제 군역이 없는 대신 중동(中冬)에 리(里) 단위로 하루만 교열하도록 하는 방안

---

82 정약용이 주장한 군사제도의 개혁안에서는 둔전을 받은 둔전군과 둔전 지급 없이 편제된 군사로 나뉘게 된다(조성을, 앞의 논문, 1996, 147쪽). 둔전을 받은 군사 조직에 대해서는 앞서서 '屯田軍'이라고 표현하였기 때문에, 구분을 위하여 둔전을 분급받지 않은 체 군역을 부과받은 군사에 대해서는 '井田軍'이라는 용어를 사용하기로 한다.

83 《經世遺表》 卷8, 〈田制〉 12.

84 《經世遺表》 卷8, 〈田制〉 12.

을 제시하였다. 훈련의 내용은 자신의 소속만을 확인하는 수준이면 된다고 하였다. 결국 정약용은 사적인 토지 소유를 바탕으로 한 정전제의 운영에서 다수의 농민에게 실질적인 군역 부과는 어렵다고 판단하였다. 다만 최소한의 군역을 부과하여 명분상으로나마 병농일치를 시행하고자 한 것으로 보인다.

정약용이 정전군에 대하여 실질적인 군역 부과를 포기한 것은 당시 지방의 속오군이 훈련받지 않은 데에서도 기인한 것으로 추측된다. 실제 속오군의 조련(操鍊)은 현종대부터 점차 축소되었다.[85] 대신 속오군은 관문취점(官門聚點)이라 하여 각 읍의 관문 또는 각 진의 진문에서 점고를 받는 방식을 취하였다. 이는 정약용이 언급한 정전군의 1년 1회 교열과 매우 유사한 모습이다. 즉 정약용은 분명히 원리적인 형태의 정전제의 시행과 이를 통한 병농일치를 지향하였지만 현실적인 문제를 간과하지 않은 채 현상의 내용을 개혁안에 포함하였다. 나아가 이를 통해 자신의 개혁안에 현실성을 강화한 것으로 생각된다.

정약용은 둔전 외의 일반 토지에도 정전제를 통하여 병농일치를 구현하고자 하였다. 다만 토지의 분급이 선행되지 않았으므로, 이는 결국 군역의 부과를 제한하는 원인이 되었다. 정약용은 토지 분급이 전제되지 않은 정전군에 대한 사실상의 군역 부과를 포기하고 연 1회 점고라는 최소한 의무만을 부여하고자 하였다. 이는 현실에서 속오군이 관문취점하는 형태와 매우 유사하였으며, 정약용 개혁안의 현실성을 보여 주는 내용이라 할 수 있다.

---

85 《조선왕조실록》과 《비변사등록》의 기사를 종합하여 보면 현종대 合同 操鍊의 경우 40-60%, 營將 巡歷은 6.7-20% 정도로 조련의 정지가 나타났던 것으로 파악되는데 이는 시간이 지날수록 심화되어 정조대에는 합동 조련의 정지 비율이 87.5-95.8%, 영장 순력은 58.3%-62.5%로 급증하게 된다(김우철, 앞의 책, 2000).

4. 맺음말

정약용의 군사제도 개혁은 다른 사회경제 개혁안과 마찬가지로 정전제의 원리 위에 구상되었다. 동시에 정전제를 바탕으로 하는 병농일치제를 지향하였다. 정약용의 정전제론은 공전을 우선 확보하고 사전에 대해서는 사유를 인정한 체 정전 형태로 구획하는 방식이었다. 이는 복잡한 수세 방식을 불러왔지만, 정약용은 이 문제를 어린도와 방전법을 결합한 양안을 만들어 해결하고자 하였다. 군역의 부과는 소속된 정전의 부가 기준이 되었다. 군사 조직의 편제 역시 정전으로 구획된 토지를 바탕으로 하여 별도의 공간 이동 없이 가능하게 만들었다. 일반 토지에 대한 정전제 구획 외에 정약용은 실제 군사력의 바탕이 되는 둔전을 도성 인근과 지방의 거점에 조성하고자 하였다. 정약용 둔전제에서는 대체로 1인에게 같은 크기의 전지 1부를 지급하고자 하였다. 이는 정약용이 지향하던 원리적인 정전제의 형태에 가까웠다.

전반적인 군사제도의 개편안 역시 정전제를 기반으로 하였다. 1만 명 규모의 중앙 둔전군은 소속된 둔전과 군사 조직이 동일한 인원 구성과 공간 배경을 갖게 하였다. 둔전군은 토지를 지급받았으므로 1년에 3개월 정도의 실질적인 군역이 부과되었다. 이처럼 토지에 결속된 형태의 둔전군은 정약용이 구상한 정전 기반의 병농일치를 실현한 모습이었다. 지방 둔전군 역시 각 거점마다 마련된 둔전을 기반으로 하였다. 다만 중앙 둔전군보다 군역의 정도가 약하였으므로 둔전은 차등적으로 지급되었다. 둔전 외 정전에 편성된 일종의 정전군은 토지를 지급받지 못하였으므로 1년에 하루씩 점고를 받는 방식을 취하였다.

정약용이 계획한 군사제도 개혁안의 특징을 정리해 보면 다음과 같다. 먼저 같은 병농일치제를 주장하였던 유형원 등과는 다르게 개인의 토지 소유와 같은 현실적인 권리를 부정하지 않고서 개혁 논의를 진행하였다는 점이다. 정약용의 정전제론이 실제로 사적 소유권을 인정하였는지에 대한 여부는 더욱 세밀한 고찰이 필요하다. 하지만 적어도《경세유표》의 '정전의(井田議)'에서 서술한 내용은 사전의 경우에 한정하여 살펴보면 이미 형성되어 있던 토지에 대한 권리 관계를 인정하는 모습을 보인다. 소유 · 경작권의 다소 여부로 군역 부과를 결정한다거나, 전주(田主)인 시점(時占)을 일반 병사가 아닌 교련관 등으로 우선 선발하는 내용은 그가 현실에서 부정하기 어려운 권리를 개혁안에 적용한 결과라고 할 수 있다. 정약용의 개혁안이 원리적인 형태의 정전제 실현을 지향한 것은 분명하다. 다만 그는 현실을 부정하지 않았으며, 오히려 현상에 주목한 개혁안을 서술하였다. 이는 기존 토지 · 군사개혁안과는 다른 점이었다.

실제 정약용의 개혁안은 현실의 상황을 염두에 둘 뿐만 아니라, 국가적 제도와 개선 사항을 충분히 반영하고 있다. 이것이 정약용 군사제도 개혁의 두 번째 특징이다. 사례를 살펴보면 중앙 둔전군과 유사하게 경기 인근의 농민만을 중앙 군영에 소속시키는 정책은 이미 영조 연간에 제시되었던 사항이었다. 정전군에 대한 소극적인 군역 부과도 이미 관문취점이라는 방식으로 일반화된 형태였다. 그렇다고 정약용의 개혁안이 이미 시행된 것들을 반복하는 무의미한 내용은 아니다. 오히려 정약용이 제시한 논의는 현실의 '개선안'을 수용하고 여기에 정전제의 시행과 같은 이상적인 방법을 추가한 '개혁안'이라고 할 수 있다.

마지막으로 살펴보아야 하는 부분은 현실에서 나타나는 여러 제도와 개선의 목표가 정약용 개혁안의 지향과 유사하다는 점이다. 예를 들어 정약용이 주장한 병농일치의 성격은 장용영 운영 과정에서 둔전을 활용하는 형태에서도 나타난다. 이는 현실의 제도가 정약용의 개혁안과 방향성이 크게 다르지 않다는 점을 보여 준다. 결국 현실과 정약용의 개혁안은 그 원리와 지향이 사실상 동일하다고 할 수 있다. 그렇다면 정약용이 왜 정전제와 병농일치를 주장하였는지에 대한 대답도 가능하다. 그가 제시한 '개혁안'은 고제(古制)의 복구라는, 현실과 매우 동떨어지고 고리타분한 내용이 아니었다. 오히려 현실과 제도 · 현상 등을 공유하고, 시대의 보편적 지향을 함께하는 '실용적 개혁안'이었기 때문에 정약용은 정전제와 병농일치를 주장하였다고 할 수 있다.

이상 살펴본 정약용의 군사제도 개혁안은 단순히 현실과 타협한 것일 뿐 아니라, 시대의 흐름을 함께하는 내용이었다. 이는 정약용의 군사제도 개혁안에 한정하여 생각할 부분은 아니다. 정약용의 국가제도 개혁안 전반에서 나타나며, 더 나아가 당대 지식인들에게서 공통적으로 나타나는 특징일 수 있다. 이와 같은 논의의 특성과 원인을 구체화하고, 18-19세기 조선 사회에서 의미를 재평가하는 일은 앞으로의 과제로 남겨 두겠다. ■ 《조선시대사학보》(조선시대사학회) 79(2016).

참고문헌

《經世遺表》.

《牧民心書》.

《與猶堂全書》.

《孟子》.

《明夷待訪錄》.

강만길, 〈군역개혁론을 통해 본 실학의 성격〉, 《동방학지》 22(1979).

______, 〈다산의 토지소유관〉, 《다산의 정치경제사상》, 창작과비평사, 1990.

김기승, 〈다산 정약용의 부국강병형 국가 개혁 사상—《경세유표》를 중심으로〉, 《한국사학보》 19(2005).

김동일, 〈1701년 황해도 방전법의 양전 과정〉, 《조선시대사학보》 90(2019).

김문식, 〈정약용의 대외 인식과 국방론〉, 《다산학》 4(2003).

김용섭, 〈조선후기 토지개혁론의 추이〉, 《(증보판)조선후기농업사연구》, 2, 지식산업사. 2007.

김우철, 〈조선후기 군사사 연구의 현황과 과제〉, 《조선후기사 연구의 현황과 과제》, 창작과비평사, 2000.

______, 《조선후기 지방군제사》, 경인문화사, 2000.

김종수, 〈17세기 軍役制의 推移와 改革論〉, 《한국사론》 22(1990).

김준혁, 〈조선 정조대 장용영 연구〉, 중앙대학교 박사학위논문, 2007.

______, 〈정조시대 장용영 외영의 병농일치 군제개혁 구상과 둔전경영〉, 《한국사연구》 168(2015).

김태영, 《다산 정약용의 국가개혁론》, 경희대학교 출판문화원, 2023.

노대환, 〈19세기 전반 지식인의 대청 위기인식과 북학론〉, 《한국학보》 20-3(1994).

노영구, 〈최근의 조선시대 군사사 연구 경향과 과제〉, 《교수논총》(국방대학교) 44(2007).

______, 〈2008년 조선후기사 연구 경향과 전망〉, 《역사학보》 203(2009).

______, 〈중앙 군영과 지방군을 통해 본 조선후기 국방체제의 변화 양상〉, 《장서각》 33(2015).

박범, 〈정조대 장용영의 군제와 재정운영〉, 고려대학교 박사학위논문, 2018.

박찬승, 〈정약용의 정전제론 고찰—《경세유표》, 〈전제〉를 중심으로〉, 《역사학보》 110 (1986).

방범석, 〈장용영의 편제와 재정운영〉, 《한국사론》 62(2016).

서태원. 《조선후기 지방군제연구—영장제를 중심으로》, 혜안, 1999.

______, 〈실학자의 군사 제도 개혁론〉, 《한국실학사상연구》, 2, 혜안, 2006.

손균익, 〈《상두지》의 둔전론—둔전의 조성과 둔졸의 운용을 중심으로〉, 《한국실학연구》 40(2020).

송기중, 〈[총론] 조선후기 중앙 군문의 재정운영〉, 《역사와 현실》 102(2016).

______, 〈《목민심서》를 통해 본 다산 정약용의 지방 군정론〉, 《역사와 실학》 67(2018).

송양섭, 〈조선후기 군역제 연구의 현황과 과제〉, 《조선후기사 연구의 현황과 과제》, 창작과비평사, 2000.

______, 〈2005년 조선후기사 연구의 흐름과 전망〉, 《역사학보》 191(2006).

______, 《조선후기둔전연구》, 경인문화사, 2007.

______, 〈반계 유형원의 兵農一致論과 군사제도 개혁안〉, 《한국실학연구》 40(2020).

송찬섭, 〈정조대 장용영 둔전의 설치와 운영〉, 〈논문집〉(방송통신대학교) 32(2001).

신항수, 〈이익(1681-1763)의 經 · 史解釋과 현실인식연구〉, 고려대학교 박사학위논문, 2002.

안병직, 《경세유표에 관한 연구》, 경인문화사, 2017.

육군사관학교 한국군사연구실, 《한국군제사—근세조선후기편》, 육군본부, 1977.

윤석호, 〈정약용 경세학의 국가개혁론과 農者得田〉, 연세대학교 박사학위논문, 2018.

이경식, 《(증보판)한국중세토지제도사》, 서울대학교 출판문화원, 2012.

이영훈, 〈朝鮮佃戶考〉, 《역사학보》 142(1994).

______, 〈다산의 정전제개혁론과 왕토주의〉, 《민족문화》 19(1996).

이왕무, 〈화성축조와 장용영 창설〉, 《한국군사사》 7, 경인문화사. 2012.

______, 〈조선시대 군사사의 회고와 연구 동향〉, 《조선시대사학보》 107(2023).

이정철, 〈정약용의 전제개혁론의 역사적 맥락〉, 《한국사학보》 47(2012).

이태진, 《조선후기의 정치와 군영제 변천》, 한국학연구원, 1985.

정경현, 〈19세기 새로운 국토방위론—다산의 《民堡議》를 중심으로〉, 《한국사론》 4(1978).

정연식, 〈조선후기 '役摠'의 운영과 양역변통〉, 서울대학교 박사학위논문, 1993.

정하명 · 이충진, 〈정약용의 군사방위체제관과 '民堡議'〉, 《군사》 3(1981).

조광, 〈실학자의 국방의식〉, 《한국사론》 9(1985).

조낙영, 〈조선후기 유수부 재정연구—강화 · 광주 · 화성유수부를 중심으로〉, 서울대학교 박사학위논문, 2015.

조성을, 〈정약용의 군사제도 개혁론〉, 《경기사학》 2(1998).

______, 〈정약용의 토지제도 개혁론〉, 《한국사상사학》 10(1998).

조정기, 〈다산의 군정론〉, 〈논문집〉(창원대학교) 9-2, 1987.

최윤오, 〈다산 정약용의 어린도설과 정전제〉, 《한국민족문화》 56(2015).

______, 〈다산 정약용의 역사인식과 토지론〉, 《다산과 현대》 12(2019).

______, 〈다산 정약용의 토지개혁론과 현실인식〉, 《동방학지》 190(2020).

______, 〈《목민심서》에서 《경세유표》로의 전환—양전제와 방전법을 중심으로〉, 《학림》 45(2020).

______, 〈총론—다산 정약용의 열린 경세학과 다산학의 과제〉, 《다산 경세학 연구》, 사암, 2023.

최진욱, 〈정약용의 民堡防衛論의 성격〉, 《사학연구》 87(2007).

하명준, 〈조선후기의 향촌방위실정과 民堡論〉, 《역사교육》 114(2010).

국가재정 인식과 개혁구상

최주희

1. 머리말

다산 정약용은 정조대 중앙의 청요직을 거치면서 정조의 정책노선을 체득하는 한편, 금정찰방, 곡산부사와 같은 외관직을 역임하며 민정의 실상을 몸소 체험하였다.[1] 그가 관직활동을 하던 시기(1789-1800)는 정조가 선왕과 사친에 대한 의리론을 재확립하고 노론 시파와 남인을 국정운영에 참여시켜 탕평정국을 조성해 간 시기로 평가되고 있다.[2] 또한 재정적 측면에서는 '집권적 재정운영'이 가시화된 시기로,《부역실총》을 비롯한 재정 총서류들이 간행되어 세입을 총액 단위로 파악하고 관리하는 시스템이 완성되어 간 시기로 이해된다.[3] 총액 단위로 올라오는 정규 세입을

1 박석무,《다산 정약용 평전》, 민음사, 2014.

2 정조대 정치 상황에 대해서는 다음의 논문을 참고할 수 있다. 박광용, 〈조선후기 탕평 연구〉, 서울대학교 박사학위논문, 1994; 김성윤, 〈조선후기 탕평정치 연구》, 지식산업사, 1997; 유봉학,《정조대왕의 꿈》, 신구문화사, 2001; 최성환, 〈정조대 탕평정국의 군신의리 연구〉, 서울대학교 박사학위논문, 2009.

3 18세기 후반 총액제적 재정운영에 대해서는 다음의 논문을 참고할 수 있다. 송양섭,〈《부역실총》에 나타난 재원파악 방식과 재정정책〉,《역사와 현실》70(2008); 손병규, 〈조선후기

바탕으로 왕실과 중앙각사의 경비를 지출하는, 비교적 안정된 재정시스템이 갖추어진 것이다. 이에 반해 지방에서는 중앙정부의 묵인하에 부세상납과 지방경비의 보충을 위해 민고와 계방, 은여결 등 자체적인 재정운영의 폭을 넓혀 간 시기이기도 하다.[4]

문제는 이처럼 비교적 안정된 재정시스템이 구축되었음에도 불구하고 19세기 들어 재정부족 현상이 조정에 보고되고 있었다는 점이다. 본문에서 자세히 언급하겠지만, 19세기 재정운영상에 나타나는 문제는 18세기 후반의 재정구조를 별다른 변통 없이 유지시킨 데에서 비롯된 것이기도 하다. 정약용의 재정개혁론은 더 이상의 변통이 기획되지 않는 시기에 중앙재정의 위기 상황을 진단하고, 돌파구를 찾는 노력에 다름아니었다.

주지하다시피 정약용이 장기와 강진으로 유배된 시기는 정순왕후의 수렴청정으로 벽파가 부상하고 남인과 노론 시파가 정계에서 도태되었다가, 순조 친정 후 김조순을 위시한 시파세력이 회복되어 이른바 안정적인 세도정치기를 형성해 가던 시기였다. 순조대 비변사 회의가 특별한 사유 없이 자주 취소되던 상황은 시급한 국정현안이 없었다기보다, 비변사 회의를 통해 당파의 입장을 관철시켜야 할 필요가 줄어들었기 때문은 아닌지 고민해 볼 필요가 있다. 문제는 이러한 정치적 매너리즘이 정치면에서뿐만 아니라 중앙재정에서도 가시화되고 있었다는 점이다.

정약용은 '일표이서'를 통해 정조대에서 순조대로 넘어오는 시기에 중앙에서 포착하지 못하는 민정의 실상을 고발하는 한편, 이상적인 왕정을 실현하기 위한 개혁안을 층위를 달리하여 설파하였다. 정약용의 개

비총제 재정의 비교사적 검토〉, 《역사와 현실》 81(2011); 〈조선의 《부역실총》과 명 · 청의 《부역전서》〉, 《역사와 현실》 81(2011); 손병규 · 송양섭 엮음, 《통계로 보는 조선후기 국가경제—18-19세기 재정자료의 기초적 분석》, 성균관대학교 출판부, 2013.

4 손병규, 〈조선시대 국가경제의 운영원리〉, 《조선시대사학보》 42(2007); 《조선왕조 재정시스템의 재발견—17-19세기 지방재정사 연구》, 역사비평사, 2008.

혁론은 주례적 모델을 기초로 하고 있기는 하지만, 왕조가 구축한 시스템과 사회 변화상을 전면 부정하는 것이 아닌, 현실적인 조정안으로서 기획되었다. 그러므로 정약용의 개혁론을 이해하기 위해서는 그가 딛고 있는 현실사회 즉, 정조대 구축된 정치, 경제시스템이 순조대에 어떻게 계승되었고, 이 과정에서 나타난 문제점이 무엇이었는지 따져볼 필요가 있다.

그간 정약용의 개혁사상은 '실학 담론' 차원에서 논의가 이루어져 왔다. 실학의 개념에 대한 많은 논의가 있어 왔지만, 실학을 특징 짓는 중요한 속성은 여전히 '현실개혁'일 것이다. 다만, 그의 개혁노선이 어떠한 방향성을 갖는지에 대한 정확한 진단 없이, 현실비판의 논리만을 그대로 좇아가거나 근대적 징후로 포착되는 몇몇 언설에 주목할 경우, 정약용의 개혁안을 자칫 과대평가하거나 혹은 저평가하는 우를 범할 수 있다. 이러한 문제의식하에 본고에서는 18세기 후반에서 19세기로 넘어오는 시기의 재정 상황을 진단하고, 이를 기반으로 정약용이 전제개혁안이 갖는 재정적 성격을 검토해 보고자 한다.

정약용의 토지개혁론은 크게 여전론과 정전론으로 구분된다. 정약용은 사환기의 〈전론(田論)〉(《시문집》 수록)에서 민간에 토지를 균등 분배하는 여전론을 주장한 것과 달리, 유배기의 《경세유표》〈전제(田制)〉에서는 사전(私田)의 8부(夫)가 국가의 공전(公田)을 공동경작하고 구일세를 납부하는 정전제를 제안하였다. 정약용의 정전제에 대해서는 다수의 연구들이 발표됐는데, 김용섭은 8부의 사전(私田) 경작을 독립자영농의 농업경영으로 해석하고, 정전제를 구일세를 적용하는 수준의 개혁안으로 평가하였다.[5] 이에 대해 박찬승은 《경세유표》〈전제〉 12편 중에서 1-4편은 정전제 도입을 기반으로 국가적 토지 소유를 주장한 데 반해, 9-12편에

5 김용섭, 《한국근대농업사연구—농업개혁론 · 농업정책》, 일조각, 1984.

서는 지주전호제의 현실을 받아들여 구일세법(九一稅法)을 강조한 것으로 보았다.[6]

한편 김태영은 정약용이 공전을 확대함으로써 전국의 전지를 '왕토'로 모두 회복하고, 그 바탕 위에 온전한 고법(古法)으로서의 '정전제'를 시행하고자 한 것으로 보았다. 또한 정전제의 기초 위에 부공제를 시행하여 국가 세수(稅收)를 확충하는 한편, 만민을 9직으로 편성하는 균직론(均職論)을 제시한 것으로 이해하였다.[7] 한편 이영훈은 정약용의 전제개혁론이 사환기와 유배기 사이에 변화한 점에 주목했다. 사환기에는 대토지 소유와 병작제를 폐지하고 공동생산과 분배를 지향하는 균산적 개혁론을 주장한 반면, 유배기 향촌생활을 목도하면서 왕토주의에 입각한 균세적 정전제론으로 선회하였다고 본 것이다.[8]

이처럼 정약용의 정전제를 지주전호제의 현실을 감안한 (농민의) 사적 토지소유론으로 볼 것인지, 왕토주의에 입각한 국가적 토지소유론으로 볼 것인지에 대해서는 공전(公田)과 사전(私田) 개념, 구일세(九一稅)에 대한 성격을 둘러싸고 다소의 견해 차이가 있다. 그러나 정약용이 민간의 사적 토지 소유를 '시점(時占)'으로 규정하고[9] 농민에게 토지를 고르게 배분하는 균전제를 비판한 점을 고려하면,[10] 그의 전제개혁론은 왕토주의를 지향하였다고 볼 수 있을 것이다. 또한 정전제를 기반으로 증세(增稅)와 균세(均稅)를 도모하고 병농일치(兵農一致)를 실현하는 데 궁극적인 목표를 두고 있었다고 하겠다. 그러면 정약용은 전제개혁론을 제안할 당시 지방의 전정운영과 중앙의 재정운영 실태는 어떻게 파악하고 있었을까.

6 박찬승, 〈정약용의 정전제론고찰〉, 《역사학보》 110(1986).

7 김태영, 〈다산의 정전제론〉, 《다산 정약용 연구》, 사람의 무늬, 2012.

8 이영훈, 〈다산의 정전제개혁론과 왕토주의〉, 《민족문화》 19(1996).

9 《경세유표》 권7, 지관수제, 전제 9.

10 《경세유표》 권6, 지관수제, 전제 4.

손병규는 정약용이 지방재원의 철저한 파악과 징수를 강조하면서도 한편으로 지방에서 통용되어 오던 관행을 어느 정도 수용하였음을 강조하였다.[11] 송양섭 역시 정약용이 향촌에서 자행되는 무분별한 부가세 징수와 방납 행위, 은여결 문제를 지적하면서도 한편으로는 향촌사회에 작동하고 있는 관행을 인정하는 방향으로 개혁안을 모색했다고 보았다.[12] 정약용은 향리에 의해 자행되는 중간수탈을 통렬히 비판하고, 가좌책, 경위표와 같은 부세행정의 매뉴얼을 작성하여 수령이 이를 관리, 감독케 하는 원칙을 세우면서도 부세자원인 호구와 전토를 파악함에 있어 관법(寬法)으로 행할 것을 당부하였다. 다만, 두 논문 모두 지방재정 위주로 개혁론을 검토하였기 때문에 중앙재정을 포괄한 전체적인 구상을 담기에는 한계가 있다.

이에 대해 안병직은《경세유표》의 〈전제(田制)〉와 〈부공제(賦貢制)〉, 그리고 〈창름지저(倉廩之儲)〉에 담긴 정약용의 개혁론을 전반적으로 개관하였다. 그는 정약용의 부세개혁의 목적을 첫째, 국가의 인민에 대한 무절제한 수탈을 제거하기 위함이며, 둘째, 국가의 재정수입을 제대로 확보하기 위함이라고 지적하였다.[13] 그의 논의에 대체로 동의하지만, 정약용이 이러한 개혁안을 설파하게 된 19세기 재정현실에 대해서 보다 깊이 있게 천착할 필요가 있다고 생각한다. 왜냐하면《경세유표》상에 국가재정의 핵심을 이루는 전제와 부공제의 논의 수준이 크게 차이가 나는 데다가 역역(力役)에 대한 규정은 부공제에서 짧게 언급하는 대신 환곡제에는 상당한 분량을 할애하고 있기 때문이다. 이러한 논의의 편중은 정약용의 개혁안이 갖는 한계일 수 있지만, 한편으로 당대 재정 현실을

---

11 손병규, 〈정약용의 재정개혁론—지방재정에 대한 현실인식론을 중심으로〉,《한국실학연구》 27(2014).

12 송양섭, 〈《목민심서》에 나타난 다산 정약용의 '인시순속'적 지방재정 운영론〉,《다산과 현대》 7(2014).

13 안병직, 〈다산의 田賦改革論〉,《다산 정약용 연구》, 사람의 무늬, 2012.

감안한 것이기도 하다. 본고에서는 이 점을 중점적으로 다루고자 한다.

한편 최윤오는 정약용이 19세기 토지모순을 해결할 수 있는 방안으로서 제시한 어린도(魚鱗圖)의 제작과 방전법(方田法) 시행에 주목하였다. 그는 정약용의 토지개혁론에서 방전법은 정전의, 정전제, 여전제를 실현하기 위한 준비단계로 보았다.[14] 최윤오의 지적대로 방전법은 정전제를 조선 사회의 현실에 맞게 적용하기 위해 고안된 토지개혁안으로, 《경세유표》의 〈전제〉와 《목민심서》의 〈전정〉·〈세법〉을 연결하는 중요한 역할을 맡고 있다. 다만, 《경세유표》〈전제〉의 논리구조 속에서 정약용이 방전법과 어린도설을 구상하게 된 배경에 있어서도 보완 설명이 필요하다.

이에 본고에서는 《경세유표》의 〈전제〉와 〈부공제〉, 〈창름지저〉 및 《목민심서》 호전을 중심으로 정약용이 19세기 전반의 재정상황을 어떻게 진단하고 있었으며, 이것이 《경세유표》와 《목민심서》의 개혁안에 어떻게 반영되었는지 살펴보기로 하겠다. 이러한 논의가 소기의 성과를 거둘 경우, 정약용의 개혁론이 어떠한 시대적 조건에서 기획된 것인지 이해를 도울 수 있으리라 생각하며, 아울러 《경세유표》와 《목민심서》의 논리적 구조를 이해하는 데에도 실마리를 제공할 수 있으리라 생각한다.

2. 19세기 전반 중앙재정의 실태

《경세유표》와 《목민심서》는 정약용의 개혁안을 보여 주는 직접적인 논고로, 순조 17-18년 무렵에 작성되었다. 따라서 정약용의 개혁 방향을 명확히 이해하기 위해서는 두 저작이 작성될 무렵 중앙의 재정구조와 수취제도의 운영양상을 먼저 검토할 필요가 있다. 주지하다시피 19세기는

---

14 최윤오, 〈다산 정약용의 어린도설과 정전제〉, 《한국민족문화》 56(2015).

세도정치기로 대변되는 정치구조의 모순과 부세운영의 문란상이 보고되는 시기였다. 그럼에도 19세기 이러한 문제점이 촉발된 구조적 요인에 대해서는 설명이 부족하다. 지금부터는 18세기 후반부터 19세기 전반에 이르는 재정구조가 어떠한 방식으로 중앙의 세입부족과 부세행정의 문란을 야기하였는지 19세기 전반 주요 재정조치를 중심으로 설명하기로 하겠다. 이러한 작업은 정약용이 저술한《경세유표》와《목민심서》의 행간을 보다 입체적으로 이해하는 계기가 될 것이다.

정조 사후 중앙의 재정은 그다지 좋지 못한 상태였다. 호조에서 국장을 치를 경비가 부족해 삼도감의 물력을 장용영에 부담시켰을 뿐 아니라, 호조에서 1년 동안 쓸 경비마저 장용영에서 가져다 쓰도록 하였다.[15] 순조 2년(1802) 무렵에는 조정 신료들의 동의하에 정조의 호위군대이자, 내탕의 기능을 담당하였던 장용(내)영이 혁파되었다.[16] 장용영이 혁파되자 장용영 내영의 재원은 호조를 비롯한 중앙아문에 급대되었으며,[17] 군액은 훈련도감과 병조에 귀속되었다. 장용영의 혁파는 노론 시파를 견제하기 위한 정략적인 조치였지만, 장용영의 재원이 중앙의 재정관서와 군문에 환수되면서 호조를 비롯한 각 아문의 가용자원이 늘어나게 되었다.[18] 장용영의 혁파로 인해 중앙아문에서는 일시적으로 재정적 특수 효과를 누렸지만, 그 효과는 오래가지 못했다. 정순왕후 철렴 후 순조의 친정체제로 접어들면서 재정, 군사제도 현황을 종합적으로 파악할 수 있는《만기요람》이 편찬되었으나, 중앙의 재정부족을 타개할 이렇다 할 혁신

15 《비변사등록》191책, 순조 즉위년 12월 12일.

16 《승정원일기》1846책, 순조 2년 1월 20일.

17 《비변사등록》193책, 순조 2년 10월 1일, 장용영에 소재한 銀 · 米 · 木 · 布 구처 별단을 살펴보면, 천은 8,541냥 9전, 정은 3,809냥 9전, 전문 137,166냥 7전 9푼, 미(米) 11,280석 2두 4승 2홉 9작, 목 427동 21필 14척 9촌 5푼, 포 62동 40필 32척 4촌에 이른다. 장용영 혁파의 재정적 효과에 대해서는 다음의 논문을 참고할 수 있다: 박범, 〈1802년 장용영의 혁파와 영향〉,《역사와 현실》107(2018).

18 《승정원일기》1850책, 순조 2년 4월 10일.

적인 조치는 취해지지 않았다.[19] 그러나 그것은 순조가 무능해서라기보다, 왕조국가가 구상할 수 있는 대변통이 18세기에 마무리되고 총액제적 재정운영이 안정화단계에 접어든 점에서 원인을 찾을 수 있다.

주지하다시피 대동·상정법으로 일컬어지는 공물변통이 광해군 즉위년(1608) 경기 지역을 시작으로 18세기 초 황해도 상정법에 이르기까지 확대 시행되었다.[20] 또한 17세기 말부터 군액 감축과 납포 수취 기준을 개선하는 양역변통 논의가 이어지는 가운데 영조대 중반《양역실총》의 간행(1748)과 균역법 시행(1750)으로 일단락되었다.[21] 공물(요역)과 역으로 대표되는 수취체제가 임란 이후 대동·균역법과 같은 변통안으로 개선되면서, 현물공납은 토지세로 흡수되고 납포군은 군포 부담이 2필에서 1필로 줄어들었다. 18세기부터는 전세수취에 있어서 경차관 답험을 대신해, 당해의 풍흉을 가까운 몇 해 전과 비교하여 수세실결을 정하고 급재(給災)를 내리는, 이른바 전세비총이 시행되었다.

문제는 이러한 변통의 효과가 순조대 재정상황에 장기적인 세입부족을 야기하였다는 점이다. 선혜청에서 대동세를 일괄 수취하게 되면서 왕실과 각사에서 필요로 하는 물품을 지방에 과외 징수할 수 있는 여지가 차단되었다. 이제 선혜청은 한정된 세수로 중앙경비를 지탱해야 하는 부담을 안게 되었다. 선혜청이 취할 수 있는 방안은 지방재정으로 할애된

---

19 《만기요람》의 편찬배경과 의의에 대해서는 다음의 논문을 참고할 수 있다: 문광균, 〈1808년 《만기요람》의 편찬과 그 의미〉, 《역사와 현실》(한국역사연구회) 107(2018).

20 흔히 대동법은 한 세기에 걸쳐 전국에 시행된 것으로 알려져 있지만, 도별 명칭이나 시행 방식에 있어서는 다소 차이를 보인다. 경기는 광해군 즉위년(1608) 京大同 방식으로 기획되어 선혜법으로 불렸으며, 강원도는 인조 2년(1624) 강원대동법 시행 이후 상정법(1710)이 추가 시행되었고, 함경도(1666)와 황해도(1708)는 토질이 척박한 지역 사정을 고려하여 처음부터 상정법이 시행되었다. 이에 대해서는 다음의 논문을 참고할 수 있다: 최주희, 〈17세기 광해군대 경기선혜법의 시행과 선혜청의 운영〉, 《한국사연구》 176(2017); 전상욱,〈조선후기 강원도 지역의 공납제 개혁과 大同·詳定法 시행〉, 고려대학교 박사학위논문, 2022; 엄기석, 〈조선후기 황해도 詳定法 시행과 지방재정〉, 동국대학교 박사학위논문, 2023.

21 정연식,《영조대의 양역정책과 균역법》, 한국학중앙연구원출판부, 2015.

대동유치미를 줄이고 중앙 상납분을 늘리는 것이었으며,[22] 이는 결과적으로 지방재정의 부담을 낳았다. 영조대 시행된 균역법 역시 중앙과 지방재정에 부담이 되기는 마찬가지였다. 감필급대는 중앙군문에서 수취하던 군포수입을 절반으로 줄이는 조치였다. 균역법의 시행으로 중앙군문에서 잃게 되는 수입은 100만 냥에 달했지만, 균역청에서 급대해 주는 양은 47만 냥에 그쳤다.[23] 이마저도 지방재정으로 활용되던 어염선세와 은여결을 끌어온 것이었으므로, 균역법 시행 이후 지방관아에서는 환곡, 잡역세 등 부족한 재원을 충당할 자구책을 마련해야 했다. 요컨대, 18세기 이후 대동법이 8도에 확대 시행되고, 감필급대가 행해지면서 백성들의 가시적인 과세부담은 줄었지만, 중앙재정은 한정된 수입으로 중앙경비를 지탱해야 하는 '재정긴축의 장기화'가 지속되었다.[24]

호조는 영조 14년(1738)부터 이미 선혜청의 재원을 대여해 썼으며, 영조 36년(1760)부터 정조 2년(1778) 무렵까지 호조에서 빌려 쓴 액수가 55만 석에 달하였다. 당시(정조 2년) 선혜청제조였던 홍국영(1748-1781)은 선혜청이 어려운 이유가 호조의 가입(加入)에 있다고 보고하였다.[25] 이처럼 중앙의 최고 재정아문이 경비부족으로 인해 선혜청의 재원을 정기적으로 빌려 쓰던 상황에서 정조대부터는 중앙의 전곡아문과 군영에 비축된 시재액을 매년 1월 15일 총액단위로 파악하기 시작했다.[26] 중앙재정의 전체 보유고를 총액으로 파악하고 위급 시 관서 간 재원 이획을

22 安達義博, 〈18 · 19世紀 前半の大同米 · 布 · 錢の徵收 · 支出と國家財政〉, 《朝鮮史研究會論文集》 13(1976).

23 송양섭, 〈균역법 시행과 균역청의 재정운영〉, 《영조의 국가정책과 정치이념》, 한국학중앙연구원출판부, 2012.

24 이러한 상황을 '긴축재정의 장기화'로 명명한 바 있다. 이에 대해서는 다음의 논문을 참고할 수 있다: 최주희, 〈1826년 《예식통고(例式通攷)》의 편찬과 왕실재정의 정비 노력〉, 《역사와 현실》 107(2018).

25 《정조실록》 권6, 정조 2년 11월 20일(병오).

26 박석윤 · 박석인, 〈조선후기 재정의 변화시점에 관한 고찰—1779년(정조 3년)에서 1881년(고종 18년)까지〉, 《동방학지》 60(1988).

통해 재정 경직성을 타개하고자 한 것이다.[27] 이러한 재정 관리 방식은 19세기까지 지속되었다. 그러면 순조대 재정상황은 실제로 어떠하였을까? 아래의 기사를 살펴보자.

> 예로부터 재물을 다루는 논의는, 수입을 헤아려 지출을 하고 경비를 줄여 남도록 하여 잇대어 쓸 수 있도록 해야 한다는 것에 지나지 않습니다. 지금 호조에서 지출할 돈과 곡물의 숫자를 상고해 보면, 2년의 수입이 거의 1년의 지출을 감당하지 못하여 그때마다 구획해서 겨우 메워 왔는데, 전에는 그러했으나 지금은 더욱 심합니다. 경신년(1800)부터 신사년(1821)까지 22년간 세입의 돈과 곡물을 들어 돈으로 따져 모두 계산해 보면 도합 13,839,140냥으로, 병신년(1776)부터 정사년(1797)까지 22년간의 총계 14,402,375냥의 숫자에 비하여 563,235냥이 감소하였는데, 금은과 포목은 이 수에 포함되지 않습니다. 또 경신년에서 신사년까지 22년간 지출한 돈과 곡물을 돈으로 따져 모두 계산해 보면 도합 20,259,522냥으로, 병신년에서 정사년까지 22년간의 총계 18,971,604냥의 숫자에 비하여 1,287,918냥이 증가하였습니다. 지금 22년간의 세입이 22년 전보다 감소한 것이 이와 같이 많은 것은 비록 일마다 절약한다고 해도 지출을 다스리지 못할까 두려운데 도리어 또 증가하고 있습니다. 지금 텅 비어 위급함을 늦었다고만 하니 국가재정이 애통함은 더 이상 말할 수가 없습니다. 또 경상비용으로 쓰는 재화와 곡물은 모두 토지에서 거두는 상세(常稅)에서 나오고 있는데, 실결로 말하면 법전에 있어 거두어들여야 할 것들을 모두 그대로 두고, 경신년 이후에 새로 면세된 것만도 2,868결이나 되니, 이는 땅은 더 이상 개간되지 않았는데 비용은 더욱 커진 것입니다. 재해 입은 전결로 말하자면 경신년에서 신사년까지 재해로 면세해 준 것이 도합 1,396,109결인데, 병신년에서 정사년까지 재해로 면세한 것보다 259,594결이 더 증가하였으니,

27 특히 호조의 정기, 비정기적인 재원 이획[加入]에 대해서는 다음의 논문을 참고할 수 있다: 임성수, 〈17 · 18세기 호조 '가입(加入)의 전개와 추이〉, 《역사와 현실》 94(2014); 〈《탁지전부고》를 통해 본 호조의 재원 파악 방식과 재정구조 변화〉, 《민족문화연구》 59(2013).

이는 해마다 치우치게 흉년이 든 것이 아닌데도 조세는 항상 줄어들었습니다. 계속 이러하다면 세를 면제하고 재해로 감하고 나면, 국가의 용도에 사용할 남는 전결이 없게 될 것입니다.[28]

위의 기사는 겸호조판서 심상규(1766-1838)가 순조에게 보고한 내용이다. 심상규는 서용보(1757-1824)와 함께 앞서 소개한《만기요람》을 제작한 인물이다. 그는 세수가 줄어드는 시기에 국상까지 치르게 되어 경용의 부족액이 432,000여 냥에 달한다고 보고하였다. 순조 21년(1821) 당시 정조의 비인 효의왕후(1754-1821)의 국상을 치르게 된 것이다. 그런데 심상규는 여기서 그치지 않고 정조연간의 수입, 지출의 누계를 함께 보고하여 순조대 재정문제의 심각성을 환기시키고 있다.

정조대는 즉위년부터 재위 21년까지를, 순조대는 즉위년부터 바로 전해인 1821년까지를 대상으로 하였다. 〈표 1〉은 위의 기사에서 언급한 주요 수치를 정리한 것이다. 정조 22년간과 순조 22년간을 비교해 보면, 세입은 줄어든 데 반해 세출은 세입의 두 배 이상 늘어나 재정적자가 장기간 누적되어 온 것을 확인할 수 있다. 여기에 출세실결의 감소를 부추기는 면세결이 순조대에 2,868결이 늘고, 급재결의 누적치도 정조대보다 259,594결가량 증가하였다.

정조대 역시 22년 동안 지출이 수입에 비해 4,569,229냥 초과된 것으

---

28 《비변사등록》 210책 순조 22년 10월 16일, "所以自古理 財之論 不過曰量入爲出 惜費存羸 以爲可繼之限節 今乃鉤稽度支錢穀支會之數 二年之入 幾不當 一年之出, 輒費區劃, 僅以塗抹, 前猶或然, 今尤爲甚 試以庚申至辛巳二十二年歲入錢穀折錢摠計 則合爲一千三百八十三萬九千一百四十兩 以比丙 申至丁巳二十二年摠計一千四百四十萬二千三百七十五兩之數 所減爲五十六萬三千二百三十五兩 而金銀木布 不在此數 又以庚申至辛巳二十二年用下錢穀折錢摠計 則合爲二千二十五萬九千五百二十二兩 以比丙申至丁巳二十二年摠計 一千八百九十七萬一千六百四兩之數 所加爲一百二十八萬七千九百十八兩 今夫二十二年之間 入之減於二十二年之前者 如此之多 則雖件件事 事節省 其出猶懼不濟 而反又加之 今之缺闕危迫 尙云晩矣 而國計哀痛 無可復言矣 且經用財穀 皆出於土田常稅 而以言乎實結 則在法典應爲收還者 竝皆仍置 而庚申以後新免稅 又爲二千八百六十八結 是則地不加闢而費 則愈廣也 以言乎災結 則庚申至辛巳劃下 合爲一百三十九萬六千一百九結 而試比丙申至丁巳劃下亦加二十五萬九千五百九十四結 是則年非偏荒 而稅則常縮也 若此不已 免稅與災頉之外 將無餘結可資國用矣."

〈표 1〉 정조-순조대 호조의 재정상황

	정조(1776-1797)	순조(1800-1821)	차액
세입[米·錢]	14,402,375냥	13,839,140냥	563,235냥 ▽
세출[米·錢]	18,971,604냥	20,259,522냥	1,287,918냥 ▲
면세결	-	-	2,868결 ▲
급재결	1,136,515결	1,396,109결	259,594결 ▲

* 금·은·포·목 제외. 상기 수치는 세입·세출액은 작전가(作錢價)임.

로 누적 집계되었으나, 순조대 전반기의 적자폭은 이보다 1,851,153냥이 많은 6,420,382냥으로 집계되었다. 〈표 1〉의 지출증대 요인에 대해서는 순조 재위 21년(1821) 무렵까지 지출요인을 일일이 따져 볼 필요가 있다.

앞서 효의왕후 국장에 대해서 언급하였지만, 순조대 전반(1800-1821) 선왕인 정조부터 정순왕후(영조 비[妃], 1745-1805), 혜경궁 홍씨(정조 사친, 1735-1816), 효의왕후(정조 비[妃], 1753-1821)까지 흉례만 네 차례가 치러지고, 출합한 은언군(사도세자의 자[子], 1754-1801), 화완옹주(1738-1808), 화령옹주(1753-1821) 역시 이 무렵에 사망함에 따라 장례비용 지급이 늘어난 효과를 무시할 수 없다. 영조와 정조대 왕실 구성원들이 순조대 전반에 명을 달리하면서 재궐한 왕실구성원에 대해서는 삼도감 설치와 상장례 물력 조달에 따른 비용을, 출합한 왕실 자손에 대해서는 장례비용을 호조에서 지급하였다.[29] 여기에 순조의 가례(1802)와 숙선옹주의 길례(1804), 효명세자의 가례(1819)가 이어지면서 왕실 혼례비용 역시 추가경상비로 지출되고 있었다. 국왕 및 왕세자, 왕세손의 가례에는 가례도감이 따로 설치되었으며, 그 밖의 왕자손 길례에도 호조에서 예식과 출합비용을 마련해 주었다. 그러나 순조대 지출증대를 단순히 왕실의례 비용에서만 찾을 수는 없다. 국가행정비용의 증대는 제도 운영이 장기지속되면서 나타나는 필연적인 효과이며, 특히 조선왕조는 대동법의 시행

29 19세기 왕실의례의 전담기구 역할을 하였던 도감 운영에 대해서는 다음의 논문을 참고할 수 있다(나영훈, 〈조선시대 都監의 성립과 변천〉, 한국학중앙연구원 박사학위논문, 2017).

으로 국가경비 운영을 급가체제로 전환시켰기 때문에 지출비용의 증대를 수반할 수밖에 없었다.[30] 반면 세입부족의 문제에 대해서는 기존 연구와 정약용의 언급을 통해 구체적인 논의가 가능하다.

정약용 역시 《경세유표》와 《목민심서》에서 국가경비가 늘어나는 문제에 대해서는 구체적으로 언급하지 않은 반면, 국가세입의 근간이 되는 전정의 문란에 대해서는 신랄하게 비판하였다. 다음 장에서는 정약용이 당대 전정(田政)의 실상을 어떻게 인식하고 있었는지 살펴보기로 하겠다.

3. 다산 정약용의 전정(田政) 인식

정약용은 《경세유표》의 전제 1-4편에서, 사전(私田)의 8부(夫)가 공전(公田) 1부를 경작하는 정전의 구획 원리를 설명하는 한편, 토지의 권한을 백성에게 부여하는 균전제를 비판하였다. 한편 전제 9-12편에서는 정전제의 현실적인 시행을 위해 정부에서 공전을 매입하여 구일세(九一稅)를 적용하는 수정안을 제시하였다. 여기서 정전제 시행 논의가 공전의 매득과 구일세의 적용으로 선회하게 되는 논리적 연결고리는 전제 5-8편이 담당하고 있다. 5편에서는 중국의 토지제도를 고증하였으며, 6-8편에서는 방전의(邦田議)를 시작으로 우리나라 토지제도에서 결부제의 시행 연원과 공법 시행 이후 전분 · 연분의 적용 과정, 경자양전 이후 시기결의 감소 양상을 다양하게 검토하였다.

이를 통해 정약용이 인식한 전정의 문제를 정리하면 첫째, 전분 6등 · 연분 9등의 형해화로 인한 세율 저하, 둘째, 은여결과 급재에 따른

30 이에 대해 최주희는 정조대 문효세자와 순조대 효명세자의 장례비용을 비교해 검토한 바 있다(최주희, 〈조선후기 왕세자 상장례의 재원마련방식과 지출구조—墓所都監의 운영을 중심으로〉, 《규장각》 55(2019)).

시기결 감소로 요약할 수 있다. 정약용은 이 양자의 문제로 인해 향촌사회의 서리들이 전정을 농단하는 사태가 지속되었음을 논증하였다. 이에 본 장에서는 전제 6-8편을 중심으로 정약용의 전정 인식을 19세기 재정 상황과 대입하여 비판적으로 검토해 보기로 하겠다.

1) 결부제와 전분·연분 적용의 혼란

정약용은 우리나라의 토지제도가 경묘법이 아닌 결부제를 적용하는 문제점을 다음과 같이 언급하였다.

> 전지를 측량한다는 것은 천하의 큰 일이다. 중국에서는 경묘(頃畝)로써 전지를 경계했으니 이것은 형체가 있는 크고 작은 것을 살펴 한 것이고, 우리나라는 결부(結負)로써 전지를 경계했으니 이것은 형체가 없는 기름짐과 메마름을 살펴 한 것이다. 전지를 측량할 적에 뇌물이 가만히 오가서 온갖 간사한 짓이 생겨나 비록 우와 직이 감독하더라도 그 간사함을 밝혀 낼 수 없을 것이다. 법에는 '20년 만에 개량한다'로 되어 있으나, 지금 백 년이 되어 가도록 개량하지 않음은 무슨 이유인가? 개량하게 되면 아전들의 농간이 일어나고 아전의 농간이 일어나면 백성의 저주가 일어나며 백성의 저주가 일어나면 관원의 비방이 일어나서 죄벌이 따르게 되므로 개량하는 것은 오직 아전만이 원할 뿐 백성과 관원은 모두 즐겨하지 않는다. 또 숨겨진 결수가 밝혀지게 될까 두려워 아전도 꺼린다. 이것이 백 년이나 되어도 개량하지 않는 이유이다.[31]

토지의 실면적이 아닌 생산력을 기준으로 토지면적을 구획하는 결부

31 《경세유표》 권6, 전제고 6.

〈표 2〉 전분 6등의 척수(尺數)와 실면적

전품	경국대전		정약용의 측정값	
	양전척(ⓐ)	실면적(ⓑ) (*결당 경묘법 환산)	양전척(ⓒ)	실면적(ⓓ) (*결당 경묘법 환산)
1등전	4尺 7寸 7分 5釐	38畝	4尺 7寸 7分 5釐	38畝
2등전	5尺 1寸 7分 9釐	44畝 7分	5尺 7寸 3分	60畝 8分
3등전	5尺 7寸 3釐	54畝 2分	6尺 6寸 8分 5釐	83畝 6分
4등전	6尺 4寸 3分 4釐	69畝	7尺 6寸 4分	106畝 4分
5등전	7尺 5寸 5分	95畝	8尺 5寸 9分 5釐	129畝 2分
6등전	9尺 5寸 5分	152畝	9尺 5寸 5分	152畝

제를 시행함으로써 토지를 측량할 때 향촌 서리들이 개입하여 농민들이 개량에 피해를 보는 데다가, 서리들 역시 은결이 들통날까 두려워하여 개량을 피한다는 것이다. 이 때문에 20년에 한 번 개량해야 하는 원칙과 별개로 100년이 지나도록 양전이 시행되지 않는다고 하였다. 이어서 정약용은 세종대 공법(貢法)을 시행하면서, 1결당 주척을 달리하여 전품을 6등으로 나눈 방식에 어떠한 문제가 있었는지 조목조목 지적하였다. 〈표 2〉는《경국대전》에 실린 양전척과 경묘법에 따른 각등 전의 면적을, 정약용이 오류를 바로잡고 다시 계산해 놓은 수치이다.

정약용은 원전(《경국대전》)에 기재된 6등의 척수(尺數)를 지금 사용하지는 않지만, 척수의 계산에 문제가 있음을 지적하였다. 그는 각 등전의 척수 비율이 일정하지 않은 점을 지적하면서 1등전의 1/5에 해당하는 9촌 5분 5리를 2등전에서 6등전까지 더해 주는 방식으로 척수를 조정하였다. 이렇게 조정한 척수를 원전과 비교해 본 결과 2-5등전에 이르는 척수가 더 적게 책정되어 있는 점을 발견하였다. 또 1등전의 척수를 1만 척으로 보면 38묘가 되는데, 6등전은 이에 네 배가 되는 152묘가 되는 점을 감안하여 2-5등전의 토지면적도 비율을 새로 따져 계산하였다.

이를 위해 정약용은 1등전 38묘의 세 배가 되는 114묘를 5등분하여 1/5에 해당하는 22묘 8분을 2-5등전에 더해 가는 방식으로 각 등전의 면적을 조정하였다. 이렇게 되면 각 등전의 차이가 22묘 8분으로 동일해진다(평비례). 이를 원전과 비교해 보면 2-5등전까지 척수와 실면적 모두 적게 책정되어 있음을 알 수 있다. 정약용은 이러한 법이 무엇을 근거로 해서 나왔는지 알 수 없다고 비판하면서 인조대 갑술양전 당시 기존의 수등이척(隨等異尺)을 개정하여 이등동척(異等同尺)으로 바꾼 조치를 높이 평가하였다.[32]

또한 《속대전》 〈양전〉조에 명시된 이등동척(異等同尺) 방식에 대해서도 논하였다. 《속대전》 〈양전〉조에는 "무릇 전지는 모두 1등척으로 측량하는데, 2등 이하의 척은 지금은 쓰지 않는다"고 하면서, 1등 전지를 측량하는 자로 각 등을 순차적으로 낮춰 결부를 측정하도록 하였다(解負).[33] 예컨대, 1등전의 면적 1부에 적용된 척수는 2등전의 8속 5파, 3등전의 7속, 4등전의 5속 5파, 5등전 4속, 6등전은 2속 5파로 적용하였다. 또한 1등전의 자[尺]를 1결(=사방 10,000척)로 기준하여, 2등전에 0.8501, 3등전에 0.7011, 4등전에 0.5507을 곱하면(2등전=8,501척, 3등전=7,011척, 4등전=5,507척), 원전의 각 등급의 척수에 부합한다고 하였다. 정약용은 《속대전》의 규정처럼 6등의 전지에 같은 자를 쓰면 척도 헷갈리지 않고, 또 각 등전에 차등을 두는 방식을 쓰면 세액을 부과하는 것도 어렵지 않

---

32 중국의 1묘의 실면적은 평방 6,000周尺으로, 1등전 38묘는 평방 228,000尺(주척 6,000척×38묘)이 되며, 정방형 한 면의 척수는 開方値(제곱근)로 약 477.5尺이 된다. 그런데 조선에서는 결부제를 적용하여 1결=10,000尺(평방)의 量田尺을 사용하였기 때문에 1결 한 면의 척수 100尺이 周尺 477.5척에 상응하게 된다(양전척 100척=주척 477.5척). 따라서 1등전의 양전척은 〈표 2〉와 같이 척수가 4尺 7寸 7分 5釐가 된다. 이와 같이 하면 2등전의 경우에도 44.7묘의 실면적은 주척 6,000척을 곱한 값 268,200척(주척 6,000척×44.7묘)이 되며, 정방형 한 면의 척수는 개방치로 약 517.9척(양전척 100척=주척 517.9척)이 된다. 이를 양전척으로 환산하면 2등전 척수는 다시 위의 〈표 2〉와 같이 5척 1촌 7분 9리가 되는 것이다. 주척에 따른 전분 6등의 실면적과 결부제하에서 양전척 척수의 비율을 계산하는 방식은 다음의 논문을 참고할 수 있다(이영훈, 〈《田制詳定所遵守條劃》의 제정연도—同尺制에서 異尺制로의 이행설 검토〉, 《고문서연구》 9·10, 1996, 94쪽 참조). 이를 통해 보면 《경국대전》의 각 등전 척수가 어떻게 책정된 것인지 알 수 있지만, 각 등전의 실면적을 어떻게 계산한 것인지는 조금 더 따져 볼 필요가 있다.

33 《속대전》 권2, 호전 양전.

다고 하였다. 다만, 각 등전의 척수를 곱한 것이 원전의 척수에 부합한다는《속대전》의 설명은 이해하기 어렵다고 하였다.

이처럼 각 등전마다 척수를 달리하여 토지를 구획하는 수등이척제(隨等異尺制)는 공법 시행 당시 그대로 준용되었을지 의심스러울 정도로 복잡하고 까다로운 방식이었다. 정약용은 이러한 문제를 개선하기 위해 인조대 갑술양전 이후 1-6등의 전지에 같은 자를 사용하기 시작했고(동척제), 효종 4년(1653)에는 준수책자가 반포된 것으로 보았다.[34] 그러나 실제 토지의 비옥도는 두렁 하나를 사이에 두고도 소출이 몇 배 차이 나기 때문에 일률적으로 적용하기 어려운 데다, 부세 수취 과정에서 서리들이 비옥도를 조작하는 농간을 부리는 문제점 역시 온존해 있었음을 지적하였다. 이와 더불어 정약용이 주목한 전정의 또 다른 문제는 전분 6등과 연분 9등이 문란하게 적용되고 있는 점이었다. 다음의 내용을 살펴보자.

> 우리나라의 6등 전세는 비록 옛법은 아니나, 역시 공법의 부류이다. 이미 공법을 쓰면서도 연분을 살피니 어찌 법제가 되겠는가? 전등(田等)으로 하면 1등이 1결, 2등은 85로, 3등은 70으로 해서 이미 철썩 같은 문안이 정해졌고, 연분으로 말하면 9등에 4두, 8등에 6두, 7등에 8두로 하여 또 철석같은 한계가 그어져 있다. 두 가지 법이 서로 합치하지 않음은 모순, 예조와 같아서, 함께 시행해서 어그러지지 않을 이치가 결코 없다. 지금, 연분 9등의 명목으로 전분 6등에다 덮어씌우니, 어찌 균일하게 될 수가 있겠는가? 전등으로 하면 6등 전지에는 모두 4두를 거두는데(1결에 4두를 징수한다), 연분으로 하면 9등 전지라야 단지 4두를 징수하게 된다.

34 宮嶋博史는 정약용의 이러한 설명을 근거로, 동척제의 최초 시행을 갑술양전기로, 전제상정소준수조획의 제정을 효종 4년(1653)으로 보았으며, 이를 통해 조선 후기 국가의 토지 파악이 보다 용이해지고 심화된 것으로 보았다(宮嶋博史,《朝鮮土地調査事業史の研究》, 東京大學東洋文化研究所, 1991). 반면 이영훈은 전제상정소준수조획의 제작 시기를 효종 4년(1653)이 아닌, 전제상정소가 운영된 세종 25년(1443)에서 성종 6년(1475) 사이, 세조 7년(1461)으로 추정하고, 동척제가 조선 전기 공법 시행 단계에서부터 이미 적용되고 있었음을 논증하였다(이영훈, 앞의 논문, 1996, 3장 참조).

전등을 주로 하면 연분이 헛것이 되고, 연분을 주로 하면 전등이 거짓 설치한 것이 된다. 그러므로 두 가지 중에 요량해서, 무릇 1결의 전지에 혹 4두를 징수해서 전등하는 법에 따르고, 혹은 6두를 징수해서 연분하는 규례를 따른다. 비록 한 도가 모두 풍년이어서 1두의 쌀값이 서 돈이라도 6두 외에는 더 징수하지 못한다. 10두 이상 20두까지는 헛자리로 되었을 뿐이라 영구토록 이용하지 않으니, 이것은 두 법을 아울러 쓰고자 한 것이나 실상은 두 법을 모두 쓰지 않은 것이다. 법을 이와 같이 제정하고서도 경용(經用)에 일정한 제도가 있고 부렴(賦斂)에 일정한 액수가 있고자 하니 어려운 일이다.[35]

정약용은 공법(貢法) 시행 당시 제정한 전분 6등과 연분 9등이 동시에 적용하기 어려운 세법이라고 언급하였다. 연분은 당해 풍흉을 10으로 나누어, 10분의 충실한 상지상년(上之上年)에는 20두를 거두고, 9분의 상지중년에는 18두를, 8분의 상지하년에는 16두를 거두는 방식으로, 마지막 2분의 하지하년은 4두를, 1분은 면세하는 수취제도이다. 《속대전》에는 "모든 전지는 해마다 9월 보름 전에 수령이 살펴서 연분의 등급을 정하고 관찰사가 다시 살펴서 계문하면 의정부와 육조에서 함께 논의하고 다시 아뢰어 세를 징수한다"고 하였다. 그러나 정약용은 그해의 풍흉을 아홉으로 구분하여 수세하는 방식 자체에 문제를 제기하였다. 풍년이 든 해라 하더라도 여러 고을과 여러 마을을 자세히 살펴보면 풍흉이 들쭉날쭉이기 때문에 풍흉을 고려하여 전총을 계산할 경우 과세가 불공평해질 수밖에 없다는 것이다. 또 옛 문헌을 상고해 보아도 전분을 9등으로 한 예는 있어도 연분을 9등으로 적용한 것은 듣지 못했다고 하면서, 연분 9등의 적용을 비판하였다.

결부제하에서 전등을 구분한다는 것은, 1결당 세율은 같지만 실면적

35 《경세유표》 권7, 지관수제, 전제 7.

은 전품에 따라 달라진다는 뜻이다. 따라서 전품이 낮을 경우 상대적으로 면적이 넓어질 뿐 1결에 거두는 세액은 동일하게 책정되는 것이다. 반면 연분 9등은 1결에 적용하는 세율을 풍흉에 따라 매년 조정하는 제도로 전세수취율을 결정짓는 것은 사실상 '전분'이 아닌 '연분'이었다. 그런데 16세기 이래 연분은 4-6두로 하향 평준화되었기 때문에,[36] 향촌에 풍년이 든다고 해도 이것이 곧바로 수취율의 상승으로 이어지지 않고 있었다. 그렇기 때문에 정약용은 결부제의 본뜻에 의거한다면 법에, "무릇 1결에 몇 두의 세를 징수한다"라고 적어야 하고, 세액에 차등을 두려면 법에, "무릇 1결에 거두는 세액은 연분의 상하를 보아서 한다"라고 적는 것이 마땅하다고 하였다.[37]

정약용은 이처럼 세종대 공법 시행에 근본적인 문제를 제기하는 한편, 조선 후기 전분 6등과 연분 9등의 적용이 문란하여 국세를 효과적으로 수취하지 못하는 문제를 꼬집었다. 본래 전분 6등은 전품에 따라 척수를 달리하여 토지면적을 측량함으로써 각등마다 실면적이 달라지기는 하지만 결당 세액은 고정되는 것이 원칙이었다. 그러나 앞서 살펴본 바와 같이 인조대 갑술척을 사용하여 같은 자로 토지를 측량하게 되었다고 하더라도, 각 등전의 척수 계산이 복잡하여 토지구획이 불편한 문제가 따랐다. 한편 연분 9등은 매년 풍흉에 따라 세율을 달리하여 부과하는 수취제도로 세율이 최고 20두에 달했지만, 16세기 이후로는 연분이 하지중에서 하지하로 고정되어 결당 4-6두의 세가 적용될 뿐이었다. 더욱이 18세기 이후 비총제가 시행되면서 경차관이 지방의 풍흉을 답험하는 시스템 자체가 생략되고, 몇 해 사이의 풍흉을 비교하여 급재를 내리는 방식으로 전정이 운영되면서 전분과 연분은 큰 의미를 갖지 못하게 되었다. 이에 대해 정약용은 중앙정부가 연분 9등을 전분 6등과 혼동하여 하

36 박종수, 〈16 · 17세기 전세의 정액화 과정〉, 《한국사론》 30(1993).

37 《경세유표》 권7, 지관수제, 전제 7.

〈표 3〉 강진현의 전결세와 잡역가 수취액

①1결(結斂)		②1석(石斂)		③전결(碎斂)	
세미	**6두**	**가승미**	**1두**	**창작지미**	**2석**
삼수미	**1두 2승**	**곡상미**	**8승**	**호조작지미**	**5석**
대동정미	**12두**	**창역가미**	**6승**	**공인역가미**	**5석**
결전	**5전**	**하선입창가미**	**7홉 5작**	기선감리양미	20석
치계시탄가미	4두	◎ 부가미	1두	대동기선감리양미	20석
耳錢	1푼	부가가급미	8승	㉠ 경주인역가미	60석
규장각책지가	3푼	간색미	1승	㉡ 영주인역가미	90석
대동미감축미	7승	낙정미	4승	㉢ 진상첨가미	90석
㉤ 書員考給租	4두	타석미	1승	병영주인역가미	14석
㉥ 坊主人勤受租	2두	원인정미	2승	㉣ 호방청부족미	132석
㉦ 雇馬租	20, 23-24두	대동부가미	1두	신관태가전	300여 냥
㉦ 雇馬錢	10푼	부가가급미	8승	구관태가전	600여 냥
不米 *치계시탄가미의 부족분	9승	대동간색미	1승		
		낙정미	1승		
		타석미	1승		
		치계시탄색락미	1승 6홉		
계	50두 8승 5전 14푼	계	6두 1승 3홉 5작	계	438석 900여 냥

* 굵은 테두리 선은 법전에 명시된 세목임.

** 환곡은 계산에서 제하였음.

지하년의 세율인 결당 4두의 세를 수취하는 것 이상의 과세를 하지 않음으로써 결과적으로 국가 세입이 줄어드는 문제를 초래한 것으로 보았다.

한편 전세로 거두는 4두 외에 백성이 납부하는 세금은 잡다한 명목으로 늘어나고 있었기 때문에 정약용은 정당한 세액 위에 몇 두를 증액해서 과세의 명분을 바르게 해야 한다고 주장하였다.[38] 이와 관련하여 정약용이 《경세유표》〈전제〉 7에서 제시한 강진현의 결세와 잡역조를 정리하면 〈표 3〉과 같다.

〈표 3〉에서 국세로 납부하는 공식 세목은 ① 1결당 과세하는 세미 6두, 삼수미 1두 2승, 대동미 12두, 결전 5전뿐이다. 규장각책지가로 특

38 《경세유표》 권7, 지관수제, 전제 7.

별히 상납하는 값이 있기는 하지만, 나머지는 모두 지방관수로 쓰이는 항목들이다. ②는 ①을 거둘 때 발생하는 수수료, 잡비로 1석당 자연스럽게 붙는 추가징수분이다. 반면 ③은 국세를 상납할 때 발생하는 운송역가와 각종 주인 역가, 신구관에게 지급하는 태가(駄價)로 이루어져 있다. ③은 본래 대동저치미에 포함되어야 하는 것이 원칙인데, 강진현에서는 표에서 보듯이 전결에 추가징수하고 있다. 정약용은《목민심서》에서 ①을 1결을 기준으로 거둔다 하여 결렴(結斂)이라 하고, ②는 상납할 세곡 1석마다 거둔다 하여 석렴(石斂)이라 하였으며, ③은 전결에 쪼개어 부과한다고 하여 쇄렴(碎斂)이라 하였다.[39]

정약용은 이 중 ㉠ 경주인역가, ㉡ 영주인역가, ㉢ 진상첨가미, ㉣ 호방청전관미, ㉤ 고급조, ㉥ 근수조, ㉦ 고마조 · 전, ㉧ 경강선부가미를 반드시 없애야 하는 명목으로 규정하였다. 이에 대해서는《경세유표》전제 7편에 자세히 실려 있어 상술하지는 않기로 한다. 다만, 위 〈표 3〉을 통해 중앙에서 강진현에 부과하는 세액은 ① 결당 미 19두 2승, 전 5전에 불과하였으며, 이를 상납하기 위해 법전 상에 규정된 부가세만 ② 수수료 잡비조로 석당 1두 2승 7홉 5작, ③ 운송역가조로 12석을 추가로 바쳐야 했다. 그런데 정약용은《목민심서》에서 이를 국납(國納)으로 분류하였다. 그에 따르면, 수령이 도리(都吏)와 아전을 모아 금년 세액을 의론하여 계판을 작성할 때 세목을 국납(國納), 선급(船給), 읍징(邑徵)으로 구분하는데, 이것(국납)은 법전에 명시되어 중앙에서 허용한 세목이지만, 나머지는 모두 향촌에서 자의로 징수하는 것들이라는 것이다.[40]

정약용은 이에 대해 "비용이 이러하면 거두는 것을 증액함이 마땅한데, 어찌하여 지부(支部)에서는 이런 여러가지 비용을 계산하여 세액을 바로 늘리지 않고 도리어 자잘한 명목을 만들어 향리의 손에 맡겨서 증

39 《목민심서》6부, 호전육조, 세법 하.

40 《목민심서》6부, 호전육조, 세법 하.

세하는 구멍을 열어 주는 것인가?"라고 반문하였다.[41]

정약용은 〈표 3〉의 복잡다기한 세목이 발생하게 된 근본적인 이유 역시, 전분과 연분이 제대로 적용되지 않아 정부의 세입이 충분히 확보되지 않은 데 있다고 보고 경비에 필요한 부분을 정당한 세액으로 부과해야 한다는 입장을 피력했다. 결국 향촌에서 자행되는 중간수탈을 바로잡기 위해서는 토지의 경계를 바루고, 세액을 현실에 맞게 조정하는 대책이 마련되어야 했던 것이다. 다음 장에서는 정약용이 지적한 재정부족의 또다른 이유를 은여결과 급재를 중심으로 살펴보도록 하겠다.

2) 은여결과 급재의 확대

정약용은 《경세유표》〈전제고 6〉에서 경자양전 당시 8도 원장부결수와 순조 3년(1803) 무렵 각도 시기결수를 종횡표로 제시하여 시기결이 점차 줄어드는 문제점을 지적하였다.[42] 종횡표를 통해 정약용은 숙종 46년(1720) 전국 단위 원장부결수가 1,391,733결로 회복되었으나, 백 년이 못되는 기간 동안 시기결이 60만 결이나 줄었다고 평가하였다.

정약용은 이수광의 《지봉유설》을 전거로 인조 12년(1634) 갑술양전 당시 8도의 결총을 1,537,494결 21부로, 이듬해인 인조 13년(1635) 시기결수를 865,537결 45부로 파악하였다.[43] 또 서문중(1634-1709)의 《조야기문》을 근거로 숙종 9년(1683) 원장부결수를 1,312,860결로 집계하였다. 그런데 정약용이 인용한 수치를 신뢰할 수 있을지는 비슷한 시기 다른 문헌자료와 비교해 볼 필요가 있다.

---

41 《경세유표》 권7, 지관수제, 전제 7.

42 《경세유표》 권6, 지관수제, 전제고 6.

43 《경세유표》 권6, 지관수제, 전제고 6.

유형원(1622-1673)은 《반계수록》에서 임란 전과 선조 36년(1603)의 원장부결수를 각각 1,515,581결과 951,785결(평안도 제외)로 산출하였다. 이를 《경세유표》와 비교하면(①·②) 《반계수록》의 수치가 《경세유표》보다 임란 전은 56,336결, 선조 36년은 6,632결가량 더 많게 나타나기는 하지만, 전반적으로 비슷한 수준을 보인다. 반면 인조 12년(1634) 8도 전결수를 1,537494결로 파악한 것은 검토의 여지가 있다(③). 갑술양전 당시 양전은 삼남에만 행해졌고, 이때 집계된 삼남의 원장부결수는 895,490결이다. 삼남 이외의 지역에 계묘양전(1603)의 수치를 대입하여 전체 총계를 내면 갑술양전(1634) 당시 원장부결수는 최소 130만 결 이상이었을 것으로 예상된다.[44] 그러나 정약용이 인용한 숙종 9년(1683) 원장부결수 1,312,860결과 경자양전(1720) 당시 원장부결수 1,391,733결을 신뢰한다면(⑤, ⑥) 인조 12년(1634) 1,537,494결의 원장부결수는 과하게 책정된 값으로 보인다.

숙종 46년(1720) 원장부결수는 경자양전 당시 삼남에만 양전을 시행하였기 때문에 현재로서는 비교치가 없어 정약용이 《국조휘언》에서 인용한 수치를 그대로 수용할 수밖에 없다(⑥).[45] 다만, 《만기요람》에 기재된 순조 7년(1807) 원장부결수가 1,456,592결이고, 경자양전 이후 전국 단위 양전이 시행되지 않은 점을 고려하면,[46] 정약용이 《국조휘언(國朝彙言)》에서 인용한 원장부결수는 신뢰할 수 있는 수치로 이해된다. 마지막으로 정약용이 비변사의 계해년(1803) 장적을 근거로 산출한 시기결(⑦)

---

44 임성수, 〈17-18세기 전반 隱結·漏決·餘結의 존재양태와 정부대응의 변화〉, 《역사학보》 234(2017), 202쪽.

45 기존 연구에서도 경자양전의 원장부결수를 정약용이 《국조휘언》에서 인용한 8도 시기전결표 수치로 파악하였다(송찬섭, 〈숙종대 재정 추이와 경자양전〉, 《역사와 현실》 36(2000), 134쪽).

46 경자양전 이후 도별 양전은 더 이상 행해지지 않고, 군현에서 중앙정부의 승인을 받아 읍양전을 행하거나 진전을 조사하여 시기결로 전환시키는 査陳量田이 행해져 원장부결수는 일정 규모를 유지하였다는 것이 통상적인 설명이다(오인택, 〈18세기 중·후반 査陳의 실태와 성격〉, 《부산사학》 31(1996), 86쪽).

〈표 4〉《경세유표》상의 원장부결수 · 시기결수 추이

단위: 結(負 이하 생략)

구분	임란 전	1603년	1634년	1635년	1683년	1720년	1803년
시기결수				④ 865,537			⑦ 845,894
원장부 결수	① 1,459,245	② 945,153	③ 1,537,494		⑤ 1,312,860	⑥ 1,391,733	

* 1603년 계묘양전 당시 원장부결수는 평안도를 제외한 결수임.

** 임란 전, 1603년, 1634년, 1635년 수치는 이수광의 《지봉유설》을 전거로 인용하였음.

*** 1683년은 서문중의 《조야기문》을 전거로 인용하였음.

**** 1720년은 《국조휘언》을 인용하고, 1803년은 비변사에 보고된 계해년 장적을 토대로 작성하였음.

역시 《만기요람》에 기재된 1807년 시기결총 840,714결과 비슷한 액수로 확인된다. 문제는 정약용의 지적처럼 경자양전 이후 시기결이 급속히 줄었는가 하는 점이다.

시기결은 당해 경작되어 수세 가능하다고 판단된 토지를 일컫는다. 원장부에서 능원묘위전과 궁방전, 아문둔전 등의 면세결을 비롯해 오랫동안 묵어 경작할 수 없는 유래진잡탈전을 제외한 실결수가 시기결이 된다(시기결=원장부결수-(면세전답+유래진잡탈)). 따라서 시기결이 줄어드는 이유는 면세전답과 유래진잡탈에서 찾아야 한다.

우선 면세결에 있어서는 앞서 〈표 1〉에서 순조대에만 2,868결이 늘어난 상태였다.[47] 정약용 역시 면세결이 늘어나는 문제를 지적하면서[48] 궁

---

47 실제로 동 시기 급재결과 비교해 보면, 면세결의 증가 수치는 비교적 크지 않았던 것으로 생각된다. 궁방전만 두고 보더라도, 정조는 즉위 직후 병신정식을 제정하여 규정 외의 궁방전을 호조로 귀속시킴으로써 60,000여 결의 궁방전을 34,000결로 줄인 바 있다(박준성, 〈17 · 18세기 宮房田의 확대와 所有形態의 변화〉, 《한국사론》 11(1984) 참조). 〈표 1〉의 면세결 증가분(2,868결)이 궁방전과 아문둔전을 포괄한 수치임을 고려하면, 순조 22년간의 증가 수치는 급재결 259,594결에 비해 현저히 적은 규모였다.

48 정약용은 《목민심서》에서 토지의 결총을 ① 元結, ② 免結, ③ 羡結, 이 세 가지로 구분하였다. 원결은 본읍 원래의 총결수로 양안에 실려 있는 원결수이다. 면결은 대개장에 실린 잡탈면세전으로, 宮房田 · 屯田 · 驛田 · 衙祿田 · 吏復田 · 學田 · 院田 · 관아대지 · 사찰대지 · 津夫田 · 站夫田 등의 면세되는 전지와 舊陳田 · 今陳田, 成川覆沙 · 未移秧災減田 등 금년에 전세가 면제된 전지를 일컬었다. 마지막으로 羡結은 은결과 여결을 가리킨다(《목민심

장토와 둔토가 해마다 증가하여 원전(原田)의 세로 국가에 납부되는 것이 해마다 줄어든다고 지적하였다.[49]

이와 더불어 향촌 아전들의 불법 탈세 창구인 은여결을 시기결이 줄어드는 주요인으로 지목했다. 향촌에서 아전들이 은여결을 만드는 방식을 소개하면, 첫째, 양전할 때 각 토지에 1속(束), 2속(束)을 덧붙이고 끝에는 실제 국세로 납부할 총액만 기재하여 남는 세를 가로채는 방식이다. 둘째는 속전(續田)과 신기전(新起田)을 찾아낸 후 중앙에 일부만 보고하고 나머지는 사사로 문적을 관리하여 수취하는 방식이다. 셋째는 폭우와 급류에 휩쓸려 상한 토지를 중앙에 부풀려 보고하고, 실제 탈이 나 세를 면해 준 토지 외에는 그대로 수세하여 세를 가로채는 방식이다. 넷째는 큰 흉년이 들어 진적(陳籍)에 든 마을에 아전이 불법으로 족징을 하는 것이다. 다섯째는 농사짓는 사람이 바뀔 때 전부(佃夫)의 명의를 옮기는 사이에 아전이 세액을 증가시키는 방식이다. 여섯째는 방임(坊任)과 토호가 미워하는 자들의 세를 늘리면 아전이 이를 그대로 받아들인다는 것이다.[50]

정약용이 나열한 은여결은 향촌의 아전이 탈세를 위해 불법으로 누락시키거나 붙여서 수세한 토지이다. 그는 특히 향촌에서 자의적으로 전품이 높은 토지를 은결로 만들어 세미를 거두어 팔아먹거나, 재상(災傷)으로 만들고 잡세를 거두어 영주인역가 · 경주인역가 · 진상첨가 · 관수 · 영수 등에 활용하는 실상을 고발하였다. 또한 양안상에 수세실결로 잡힌 토지라 하더라도 향촌의 서리들이 마음만 먹으면 얼마든지 은결에 포함시켜 국세 부과 대상에서 제외시킬 수 있는 상황을 비판하였다. 이

서》 호전 6조, 세법 하). 정약용은 면(세)결을 궁방전, 아문둔전과 같은 공식적인 면세결과 유래진잡탈, 급재결, 은여결까지 포괄한 것으로 보았다.

49 《목민심서》 호전 6조, 전정.

50 《경세유표》 권7, 지관수제, 전제 8.

러한 은여결의 증식과 향촌 서리의 포흠 역시 비총제의 시행으로 중앙정부의 답험이 시행되지 않으면서 야기된 문제였다.

다만, 원장부결수에서 파악되지 않는 은여결의 경우, 세수 감소에 영향을 끼친 것은 분명하지만, 정약용의 우려와 같이 은여결이 19세기 들어 급속히 늘어났다고 볼 수는 없다. 18세기 후반에서 19세기 전반까지 《탁지전부고》상에 기재된 원장부결수와 유래진잡탈, 면세결, 급재결의 추이를 살펴보면, 원장부결수는 145만 결 수준을 유지하는 가운데, 유래진잡탈은 40만 결에서 43만 결까지 소폭 상승세를 이어 가는 한편, 면세결 역시 19만 결에서 20만 결로 소폭 상승세를 보이고 있다. 반면 급재결은 순조 14년(1814) 80,341결로 순조 4년(1804) 53,876결에 비해 26,465결가량 가파르게 증가하였다.[51] 1814년이 극심한 가뭄 피해가 있던 시기라는 점을 고려해야 하겠지만, 〈표 1〉에서 순조 재위 22년 동안 급재결이 증가한 누적치가 259,594결로 파악된 점을 감안하면, 19세기 전반 세입 부족의 원인이 어디에서 발생하였는지 직접적으로 보여 준다. 즉, 순조 20년 무렵 중앙정부의 세입이 줄어든 원인은 정약용이 지적하는 것처럼 시기결이 줄어든 문제라기보다, 시기결에서 매년 차감되는 급재결의 증가에서 찾아야 한다. 호조에서 거두는 수세실결은 그해 경작가능한 시기결에서 급재결을 제외한 나머지에 해당하기 때문에(수세실결=시기결-급재결), 비총에 따라 매년 정해지는 급재결은 전세수입에 직접적인 영향을 끼칠 수밖에 없었다.

급재는 재해를 입은 토지에 대해 당해 전세를 면제해 주는 조치이다. 본래 전세 수취는 호조에서 연분사목을 반포하면, 수령이 재실진기(災實陳起)의 상황을 도에 보고하고, 감사가 이를 순심한 후 경차관이 내려와 복심하는 절차를 거쳤다. 그러나 1730년 무렵부터 호조에서 당해 풍흉

51 임성수, 〈18세기 후반-19세기 전반 호조의 수입구조 변화와 그 영향〉, 《역사와 현실》 90(2013), 170쪽 〈표 2〉 참조.

과 비슷한 해의 실총을 검토하여 각도에 실총과 재총을 배분하고 이에 따라 수세하는, 이른바 비총제가 시행되었다.[52] 호조에서는 사목재를 반포하여 각도에 급재결수를 제한하였으나, 각도 감사는 재실분등장계를 올려 추가 급재를 번번이 요구하였다. 심지어 풍년이 들어 우심, 지차읍보다 초실읍이 많은 해에도 각 읍의 재정 상황을 들어 급재를 요구하였다.[53] 그런데 19세기에는 호조에서 사목으로 내려 주는 재결(事目災)은 점차 줄어드는 데 반해, 각도감사가 추가로 요구하는 가청재가 늘어나고 있었다. 《만기요람》의 1807년 전결 상황을 살펴보면, 전체 원장부결수 1,456,592결 중 수세실결은 시기결 840,714결에서 급재결 29,895결을 뺀 나머지 810,819결로 집계된다. 이중 급재결의 구성을 살펴보면, 사목재보다 가청재가 두 배 이상 많게 나타난다.[54]

호조에서 공식적으로 인정하는 사목재보다 각도 감사가 추가로 요청

---

52 이철성,〈18세기 전세비총제의 실시와 성격〉,《한국사연구》81, 1993.

53 《비변사등록》197책, 순조 6년 10월 1일;《비변사등록》205책, 순조 16년 10월 21일;《비변사등록》207책, 순조 18년 11월 7일;《비변사등록》209책, 순조 20년 10월 16일

54 〈각주 표1〉 1807년 8도·4도 전결수

단위: 結

道		元帳簿田畓	時起結	實結	災結	
					事目災	狀請災
8도	경기	85,967	40,244	37,544	200	2,500
	호서	256,528	126,333	120,833	1,500	4,000
	호남	340,103	216,600	204,760	3,000	8,840
	영남	337,128	205,304	201,553	2,500	1,251
	해서	132,211	73,548	68,548	800	4,200
	관동	41,151	11,712	11,569	50	93
	관서	119,635	85,190	84,910	280	-
	관북	117,746	-	66,539	0	-
4부	수원부	11,821	5,762	5,318	30	414
	광주부	5,858	2,831	2,752	10	69
	개성부	4,013	-	3,166	-	-
	강화부	4,431	3,480	3,327	158	-
계		1,456,592	840,714	810,819	8,528	21,367

* 출전:《만기요람》

하는 가청재수가 더 많다는 것은 감사가 재결을 확보하기 위해 적극적으로 노력하였음을 뜻한다. 정조대 이후 정부세입이 감소하자 호조에서 사목으로 반포하는 급재결수를 줄이게 되었고, 이에 대한 반작용으로 각도에서 가청재를 신청하여 급재결수를 일정액 이상 확보하려는 경향이 강화된 것이다.[55]

애초에 비총제는 경차관의 답험으로 인해 지방민의 피로가 쌓이고 행정상의 번거로움이 발생하는 것을 줄이기 위해 시행된 제도였지만 비년급재(比年給災)가 정착되어 지방의 실질적인 작황상태를 중앙정부가 관리, 감독하지 않게 되면서 정부의 세수 감소는 물론, 중앙정부에서 승인한 급재의 혜택이 재해를 입은 경작자에게 돌아가지 않는 폐단이 야기되었다. 정약용은《목민심서》에서 향촌사회의 급재가 어떻게 정해지는지 신랄하게 비판하였다. 아래의 기사를 살펴보자.

> 이른바 위재(僞災)라는 것은 이러한 것이다. 가을에 추수할 즈음에 서원(書員)이 간평(看坪)하러 나아가면 마을의 부유한 자는 곡식이 잘 익은 그의 논밭을 가리키면서 "저것이 내 땅이다. 자네와 더불어 방납하면 어떻겠는가?"하고 돈 8냥(시가에 따라 혹은 7냥 혹은 9냥이 되기도 한다)을 주면 드디어 이에 부민의 온 땅을 전재(全災)로 정한다. 또 두리번거리며 다른 데에 가서도 모두 이런 방법을 쓴다. 가난한 농민의 땅은 혹 모내기는 했으나 이삭이 패지 않고, 혹 이삭은 팼으나 열매가 영글지 않아 그 농민이 자기의 전지를 가리키며 울먹여 말하기를, "부디 내 땅을 재결(災結) 장부에 올려 주시오" 하면 서원은 말하기를, "너의 농사가 비록 흉작이기는 하나 막대기로 휘저으니 소리가 난다. 그러니 재결로 정할 수 없다"라고 하고 그 농부의 농토 중에서 10부만 재결로 올리는데 이를 일러 내재(內災)라고 한다. 또 두리번거리며 다른 데에 가서도 이러한 방법을 쓴다. 수령에게 복명함에 수령은 "너의 면

---

55 19세기 사목재의 감소와 가청재의 증가에 대한 검토는 임성수의 논문을 참고할 수 있다(임성수, 〈조선후기 호조의 전세 부과와 給災 운영 변화〉,《한국문화》78(2017)).

은 초실(稍實)하거늘 어찌하여 재결이 이렇게 많은가?"라고 말하고 따라서 재결을 줄여 깎고 또 깎고 재삼 깎으면 이에 가난한 농가의 흉작 든 땅은 모두 깎이어 재결 속에 남아나는 것이 없고 부유한 자의 곡식이 잘 익은 땅은 털끝만큼도 요동이 없으니 이를 일러서 위재(僞災)라고 하는 것이다.[56]

정약용의 지적대로 19세기 중앙정부가 답험이 아닌 비총의 방식으로 급재결수를 운영하였고, 재결을 고을에 분배하는 권한이 수령과 하급 서리에게 돌아가 재해를 입은 토지의 농민은 그대로 세를 바쳐야 하는 고통을 겪었다. 반면 토질이 좋은 땅을 가진 부호들은 방납에 참여하는 대신 자신의 땅을 전재(全災)로 인정받아 과세를 피함으로써 결국에는 국세의 손실을 낳는 문제를 초래하였다. 그럼에도 비총제하에서 중앙정부가 위재(僞災)를 파악하는 일은 쉽지 않았다.

무릇, 거짓 재상[僞災]은 적발해 낼 수가 없다. 나의 선친은 벼슬이 여러 차례 올라서 진주목사가 되었고, 이지광(李趾光)은 여러 번 승진해서 충주목사가 되었으며 이인섭(李寅燮)은 여러 번 승진해서 나주목사가 되었다. 세 사람은 서로 벗해서 사이가 좋았으며 모두 선치(善治)한다고들 했는데, 일찍이 잔치 자리에서 이야기하기를 "다른 일은 밝게 할 수 있으나 거짓 재상만은 알아낼 수가 없었다" 했으니, 나는 이것으로 거짓 재상은 적발해 낼 수가 없음을 알았다.[57]

요컨대, 정약용이 《경세유표》와 《목민심서》를 집필하던 순조 재위 전반 20여 년의 기간 동안 중앙의 재정 상황은 면세결과 유래진잡탈, 급재결의 증가로 수세실결이 크게 감소하는 상황이었다. 그런데 중앙정부에서 승인한 급재를 마을에 적용하는 것은 향촌의 서리들이었기 때문에,

56 《목민심서》 호전 육조 2, 세법 상.

57 《경세유표》 권7, 지관수제, 전제 8.

급재는 백성에게 혜택으로 돌아가지 못하고 부호와 향리의 탈세 창구가 되었다. 이 때문에 정약용은 경자양전 이후로 정부 차원에서 양전을 시행하지 않아 시기결이 줄어들고, 비총제의 시행으로 향촌의 풍흉을 정확히 진단하지 못한 점을 총체적으로 비판한 것이다.

지금까지 《경세유표》의 전제 6-8편을 통해 정약용이 파악한 19세기 전정의 문제점을, 첫째, 결부제와 전분 · 연분 적용의 혼란, 둘째, 은여결과 급재의 확대로 정리하고, 두 가지 요인이 국가 세입을 어떻게 잠식하였으며 한편으로 향촌 서리들의 가렴을 확산시켰는지 검토하였다. 그러면 정약용은 이러한 전정의 문란상을 어떻게 해결하고자 했을까? 다음 장에서는 《경세유표》 〈전제〉의 내용을 통해 이 점을 검토하도록 하겠다.

4. 전정 개혁을 위한 토지구획 정비

정약용은 〈정전의(井田議)〉에서 경묘법(頃畝法)에 따라 토지를 재구획하고 어린도(魚鱗圖)를 작성하되 공전은 반드시 방형(方形)이 되도록 하여 작황을 파악하고 수세를 용이하게 하기 위해서였다.[58] 결부제에서 경묘법으로의 전환을 토지개혁의 기초로 삼은 것이다. 그는 100묘의 면적을 1부(畉)로 삼고, 8부가 함께 공전을 농사토록 하면 토지의 기름지고 메마름을 논할 필요가 없고, 전분 6등 · 연분 9등은 분간할 필요가 없다고 하였다.[59] 다만, 정전의 9부 중 1부를 공전으로 만들고, 공전을 다시 9등으로 나누어 구일세(九一稅)를 거두는데, 각 등전마다 수세액에 차등을 두었다. 이렇게 하면 오로지 토지의 전품을 고려해 차등수세하게 되므로,

58 《경세유표》 권8, 지관수제 전제 10, 정전의 2. 다만, 정전을 구획하고 남는 자투리땅은 비율을 계산하여 1/9을 공전으로 설정하도록 했다.

59 《경세유표》 권7, 지관수제 전제 9, 정전의 1.

畉 私田	畉 私田	畉 私田
畉 私田	**畉 公田**	畉 私田
畉 私田	畉 私田	畉 私田

1等	1부 = 租	4,000두
2等	1부 = 租	3,200두
3等	1부 = 租	2,400두
4等	1부 = 租	2,000두
5等	1부 = 租	1,600두
6等	1부 = 租	1,200두
7等	1부 = 租	1,000두
8等	1부 = 租	800두
9等	1부 = 租	600두

〈그림 1〉 정전(井田)의 수취 방식과 구일세(九一稅)의 적용

전분 · 연분 적용의 혼란을 막을 수 있다는 것이다. 또 어린도를 작성하여 토지를 전체적으로 파악하게 됨에 따라 지방 향리들이 자의로 운영하던 은여결이 모두 어린도에 드러나게 된다고 하였다.

그러면 정전제의 시행이 전세 수입에 미치는 효과는 어떠하였을까? 〈그림 1〉은 정약용의 논의를 바탕으로 정전을 가상으로 구획하고, 공전에 수취하는 구일세[耡粟]를 정리한 것이다.[60]

정약용은 〈정전의(井田議)〉에서 정전을 전국 토지에 전체적으로 구획하지 못하더라도 어린도를 통해 구일세를 수취할 수 있는 공전(公田)을 회복하고자 하였다.[61] 이를 위해 중앙과 지방에 비치된 유고전(留庫錢)을 모으고, 관료에 지급하는 봉전(俸錢)을 더는 한편, 여러 도의 금 · 은광을 채굴해서 공전을 매입한 후 사전의 8부로 하여금 공전 1부를 공동 경작하여 세를 납부하게 하는 구일세의 시행을 주장하였다.[62] 〈그림 1〉에서 사전 8부는 공전을 경작할 역부를 차출하기 위해 가상으로 구획한 토지

60 《경세유표》 권8, 지관수제, 전제 10 정전의 2.

61 《경세유표》 권8, 지관수제, 전제 10 정전의 2.

62 《경세유표》 권7, 지관수제 전제 9, 정전의 1.

이며, 실제 국가에서 경계를 바루고 부세를 적용하는 토지는 실선으로 표시된 공전에 제한되었다. 정약용은 공전 1부(=100묘)를 토지의 비옥도에 따라 9등으로 나누고 조 4,000두에서 조 600두로 차등 수세하는 방안을 제시하였다.

그는 공전에 대해 9등전에 해당하는 기내(畿內)와 호남의 토지에 조속을 부과하였을 때 수취할 수 있는 액수를 산출하여 결부제하에서의 수취액과 비교하였다. 경기를 예로 들자면, 1정(井)의 토지에서 거둘 수 있는 수취액은 결부제하에서 최대 108두인데 반해, 정전제에서는 240두로 산출되어 결부제보다 132두를 더 거둘 수 있다고 하였다.

기내전지의 메마른 땅 80두락에서 거두는 세미는 결부제하에서 24두이다.[63] 정전 1부(100묘)를 40두락의 땅으로 계산하면, 정전 1부에 해당하는 토지의 세미는 12두가 된다. 따라서 1정(井) 규모의 토지에 농민들이 바치는 세는 미(米) 108두(12두×9부)가 된다. 그런데 정전제하에서는 공전의 9등 1부에만 조 600두(미 240두, 〈그림 1〉 참조)를 부과하므로 132두나 많은 세를 거두게 된다는 것이다(미 240두>108두).

한편 백성의 입장에서 공전의 공동경작은 과세부담을 낮추는 효과를 불러일으켰다. 정약용은 기내 전지 1결당 납부는 세액(防稅)이 조 100두이므로 9부에 바치는 방세는 450두가 되며(9부를 4.5결로 파악, 40두락=0.5결=1부), 지주에게 바치는 것이 조 400두이므로, 9부의 땅에서 애초에 바쳐야 하는 국세 · 지대가 총 조 850두가 된다고 하였다. 그런데 정전제하에서는 공전의 조속 600두만 바치면 되니, 백성들이 바치는 것은 250두가 줄게 된다는 것이다.

정전제가 시행되면 공전은 국가소유지이므로 지대를 상정할 수 없게 된다. 따라서 8부는 공전에서 공동 경작한 조 600두의 조속만 바치면 된

---

63 《경세유표》 권8, 지관수제, 전제 10, 정전의 2. 정약용은 전세 · 대동미 · 삼수미 · 결전 · 잡비를 모두 통계하면 24두가 된다고 하였다.

〈표 5〉 결부제와 정전에서의 조세 수취액(경기 사례)

※ 결부제하에서 기내전지의 세율(9등전) : 80斗落 = 정전 2畉(*1畉=40두락) ⇒ 세미 24두(전세 · 대동 · 삼수미 · 결전 · 잡비) : 정전 1부(40두락) = 세미 12두 ⇒ 9부×12두 = 세미 108두 ∴ **결부제 세미 108두 〈 정전제 조속 미 240두(조 600두)**

다. 반면, 결부제하에서는 중앙에 상납하는 국세와 지방관아에서 부과하는 잡역세를 모두 바쳐야 했기 때문에 농민은 국세와 지방잡역세를 포괄한 조 850두를 바쳐야 했다. 지주에게 바치는 지대 400두를 감안하지 않으면, 결부제하에서 농민이 바치는 조 450두보다, 정전제하에서 농민이 바치는 조속의 양(600두)이 더 많다. 그러나 정전제를 시행하면 지주에게 바치는 조 400두는 사라지게 되므로, 국가의 세입은 늘어나는 반면, 농민의 부담액은 감소하게 된다는 것이다.[64]

호남의 경우, 메마른 전지 40두락이 1결이 되고 여기서 거두는 세미는 24두이다. 앞서 언급한 대로 40두락이 정전의 1부에 해당하므로, 9부의 토지에서 내는 쌀은 결부제하에서 216두(24두×9부)가 된다. 이를 정전제하에서 공전 1부의 조속인 조 600두(미 240두)와 비교해 보면, 경기보다 그 차액이 적기는 하지만, 역시 정전제하의 수취액이 더 높게 나타난다(세미 216두 < 조속 미 240두). 백성의 입장에서 볼 때에도 정전의 조속이 결부제보다 유리하기는 마찬가지였다. 농민들의 1결당 납부하는 세액(방세)이 조 100두라고 하면, 9결에 바치는 세액이 조 900두(9부를 9결로 파악, 40두락=1결=1부)이고, 지주에게 바치는 조는 최소 400두가 되므로 호남 백성이 내야 하는 조세와 지대의 합은 조 1,300두가 된다. 정전제하에서는 메마른 전지(9등전)에 부과된 조 600두(미 240두)만 내면 되므로,

64 다만, 이러한 계산에는 약간의 오류가 감지되는데, 정약용은 결부제하에서 지주에게 바치는 지대를 1부(0.5결)당 최소 조 400두라고 하였기 때문에, 9부(1정)의 농가에서 바치는 지대 역시 3,600두(400×9)가 되어야 한다. 호남의 경우에도 정약용은 지대에 있어서는 9부가 아닌, 1부가 바치는 400두로 계산해 놓았다.

私田 1,111畉 11畝	私田 1,111畉 11畝	私田 1,111畉 11畝
私田 1,111畉 11畝	**公田 1,111畉 11畝**	私田 1,111畉 11畝
私田 1,111畉 11畝	私田 1,111畉 11畝	私田 1,111畉 11畝

1. 수취액
조속: 租 1,777,776(米 47,407석)
: 1두락 40부 × 1부(40두락)
= 租 1,600부 × 1,111,11묘
= 租 1,777,766두(米 71,111곡)

2. 지출액
: 71,111곡
- 국세 : 60,000곡
- 잡비 : 1,111곡
- 지방관수 : 10,000곡

〈그림 2〉 나주 지역 정전(10,000畉)의 조속 수취사례

조 700두(미 280두)가 감해지는 효과를 얻게 된다는 것이다.[65]

정약용은 이처럼 공전에서 구일세를 거둘 경우 국가의 세입은 늘어나는 데 반해 백성의 부담은 줄어들 것으로 내다봤으며, 토지를 9등전으로 나누어 세액을 고정시킴으로써 전분 6등 · 연분 9등의 혼란을 없애고 여러 명목의 잡세 역시 사라질 것으로 기대하였다. 그러면 구체적으로 조속이 중앙과 지방에 어떻게 할당되는지 나주의 사례를 가지고 다시 설명해 보기로 하겠다. 〈그림 2〉는 나주의 전답에 정전제를 시행하였을 때 공전에서 거둘 수 있는 수취액의 실례를 제시한 것이다.

나주의 전답 3만 결 중 실제 수세하는 토지는 20,000결이다. 20,000결을 40만 두락의 토지로 환산하면, 정전 10,000부가 된다(*정전 1부=40두락). 따라서 1/9에 해당하는 공전은 〈그림 2〉에서 보듯이 대략 1,111부

---

65 이 부분에서 정약용은 정전제하의 수취액이 호남의 경우 사실상 부족해지게 되는 점을 정확히 설명하지 않았다. 정약용의 계산에 따르면, 경기의 경우, 결부제하에서 9부(4.5결)의 농가가 바치는 세는 450두로 공전의 조속 600두보다 적은 데 반해, 호남의 경우 결부제하에서 9부(9결)의 농가가 바쳐야 하는 세는 조 900두로, 공전의 조속 600두(미 240두)보다 조 300두가 줄어든 셈이 된다. 따라서 호남의 경우 공전의 조속 규정대로 걷게 되면(〈그림 1〉 참조), 중앙에 바치는 세미(미 216두)는 보전할 수 있지만, 지방관수를 포함한 지방의 잡비를 충당할 세액은 부족해지게 된다. 이와 관련해 〈그림 2〉에서 보듯이 정약용은 공전에서 수취한 조속 중 국세를 6만 곡으로 할당한 데 반해, 지방관수와 잡비는 11,111곡으로 적게 책정해 두었는데 위와 같은 계산 방식하에 불필요한 지방경비를 대폭 감축하려한 의도로 해석된다.

11묘가 된다. 1부에 거둘 수 있는 수취액을 5등전의 1,600두로 산정할 때, 1,111부 11묘에 거둘 수 있는 세액은 조 1,777,776두가 된다. 이는 쌀로 환산하면 47,407석이고, 곡(=10두)으로는 71,111곡에 달하는 양이다. 정약용은 이렇게 거둔 조속을, 60,000곡은 중앙에서 국세로 상납하고, 1,111곡은 상납에 따른 운송, 수수료로 쓰도록 하였다. 그리고 마지막으로 10,000곡에 대해서는 수령의 월름(月廩), 향관(鄕官) · 이교(吏校) · 조예(皁隸) · 노비(奴婢)의 월료로 지출하며, 경주인 역가(役價)와 영주인(營主人) 역가 그리고 삭선진상가로 쓰게 하였다. 이외에도 몇 곡은 순영에 이문(移文)하는 각가(脚價)로, 몇 곡은 사객지응미와 신구관 쇄마가로 쓰게 하였다. 이를 통해 볼 때, 공전의 조속은 오로지 국세와 지방관수, 기타 잡비로만 쓰이도록 고안되었음을 알 수 있다.

다만, 경기 지역은 전결이 척박하여 애초에 수세율을 낮게 책정하였기 때문에 정전제 시행 후 조속의 수취액이 더 컸던 반면, 호남은 결부제하에 수세율을 높게 책정해 놓았기 때문에 공전의 조속과 큰 차이가 나지 않았다. 이 때문에 정약용은 "기전(畿田)에서 나라 수입이 증가되는 것은 남도(호남) 전지보다 많고 민간 부담이 경감(輕減)되는 것은 남도 전지보다 적다. 이것은 남방은 결을 만들던 당초에 중한 쪽을 따랐고, 기전은 결로 만들던 당초에 경한 쪽을 따랐기 때문이다"라고 하여 지역별로 공전의 수세 효과에 대해 차이가 있음을 지적하였다.[66] 그럼에도 정약용은 정전제의 시행이 궁극적으로 중앙에 바치는 세는 늘리고, 백성들의 부담은 줄여 줄 것이라 자부하였다. 그렇기 때문에 "9등 한 부에는 곡식이 600두를 넘지 않는데, 지금 결부법과 비교하면 공가(公家)의 세입에 보탬이 많다. 백성은 오직 공전의 농사를 도울 뿐이고 다시 쌀을 바치지

66 이에 대해 정약용은 경기민의 과세부담을 줄여 주기 위해 왕성 80리 안에는 9부 1정이 아닌, 10부를 1통으로 하여 1/10세를 거두는 안을 제안했다(《경세유표》 권8, 지관수제, 전제 10, 정전의 2).

않으니 이렇게 함으로써 나라와 백성이 함께 힘을 펴게 되고 오직 중간에서 속이고 숨기던 사람들의 소굴이 온통 파괴되어, 도망치고 숨을 데가 없게 된다"고 한 것이다.[67]

정약용이 정전제를 구상하던 시기는 중앙정부에서 더 이상 국가 차원의 양전을 기획하지 않는 시기였다. 비총제하에서 전세수입을 늘리기 위해서는 기본적으로 수세실결을 충분히 확보하는 것이 급선무였음에도 불구하고, 앞서 살펴본 대로 파행적인 급재의 운영과 궁장토·둔전·은여결과 같은 면세결의 증대로 실결을 늘릴 방도를 찾기 어려웠다. 이에 정약용은 주대의 정전제를 도입하여 민간의 토지 시점(時占)을 허용하는 대신, 공전을 적극 매입하고 이를 통해 안정적인 세수확보를 모색하였다. 그러나 경기와 호남의 사례에서 보았듯이 국가의 세곡을 책임지는 호남의 경우, 공전(9등전)의 수취액이 결부제하에서보다 낮게 책정되었기 때문에 정전제만으로는 국가 세입을 안정적으로 충당하기에는 부족한 면이 있었다. 이에 정약용은 재정개혁안을 정전제 시행에 그치지 않고 평부사를 통해 새로운 세원을 발굴하고자 하였으며, 환곡을 적극적으로 활용하는 방식을 고수하였다. 이에 대해서는 다음 장에서 상술하기로 하겠다.

5. 세입 확충을 위한 개선방안

1) 평부사(平賦司)의 설치와 부세자원의 발굴

정약용은 총 7편으로 구성된 〈부공제(賦貢制)〉에서 부와 공의 개념을 〈주

67 《경세유표》 권8, 지관수제, 전제 10, 정전의 2.

례〉에서부터 되짚어 정리하고 있다. 그는 "《주례》에 대사도가 9등으로서 천하의 지정(地征)을 마련하고, 또 9등으로 천하의 재부(財賦)를 거두었으니 지정(地征)이란 우공(禹貢)에서 말한 전(田)이고, 재부(財賦)란 우공에서 말한 부(賦)"라고 하였다.[68] 전은 토지에서 나는 세인데 반해 부는 별도로 거두는 세라는 것이다. 그런데 선유들이 부를 토지에서 내는 것으로 잘못 주석하여 부를 잘못 이해하게 되었다고 지적하였다. 그는《주례》의 천관총재에 9부의 성격을 다음과 같이 고찰하였다.

《주례》 천관총재에 부(賦)는 1. 방중지부, 2. 사교지부, 3. 방전지부, 4. 가초지부, 5. 방현지부, 6. 방도지부, 7. 관시지부, 8. 산택지부, 9. 폐여지부로 구성되어 있다. 방중지부에서 방도지부까지는 왕성에서부터 거리의 원근에 따라 이름 붙인 것으로, 여기에는 부가지정(夫家之征)과 택전지정(宅廛之征), 옥속지정(屋粟之征)을 부과하였다. 부가지정은 가호에 부과하는 세로, 부포(夫布)를 거두었는데, 6축(畜)과 수레 · 가마[車輦]를 기준으로 빈부를 9등으로 가려 징수하였으며, 택전지정은 이포(里布)라 하여 원림(園林)과 채소 · 과일로 빈부를 비교해서 9등으로 나누어 수취하였다. 한편 옥속지정은 '직공'이라 불렸는데, 우 · 형 · 포 · 목 · 공 · 상 · 빈첩으로 그 빈부를 비교해서 9등으로 나누어 거두었다. 이처럼 부가지정과 택전지정, 그리고 옥속지정은 모두 백성에게 부과하는 부(賦)였으며, 그 기준은 6축과 수레 · 가마(부가지정), 원림과 채소 · 과일(蔬果, 택전지정), 9직(옥속지정) 등으로, 토지에 부과하지 않고 개별 가호의 재산 정도를 감안하여 호구에 부과하는 세였다. 그렇기 때문에 정약용은 과거에도 호구에 부했던 것은 경전에 분명한 문구가 있다며, 택전지세는 지금의 호조(戶調)이고, 부가지정은 지금의 구전(口錢)이라고 하였다.[69] 한편 옥속지정은 일반적인 호에 부과하기보다는, 직공에 따라 생산하는 물품을 공물

68 《경세유표》 권10, 지관수제 부공제 1.

69 《경세유표》 권10, 지관수제, 부공제 2.

로 바치는 부로 보았다.

반면, 관시지부와 산택지부, 폐여지부는 일반 백성에게 부과하지 않고 관부(官府)와 도비(都鄙)에게 부과하였다. 관시지부는 사관(司關)과 사시(司市)가 상인(商人)과 전인(廛人)에게 부하는 것이며, 산택지부는 산우씨가 우전(虞畋)에 부하고 택형씨가 어염에 부하는 것이다. 또 관부와 도비에서 백성에게 금옥(金玉)과 피백(皮帛)을 부하는 것을 폐여지부라 하였다. 정약용은 관시지부를 상세(商稅)와 같은 것으로, 산택지부는 소금 · 차의 전매와 같은 것으로 보았다. 폐여지부는 관물을 관리하면서 이익을 취하는 것으로 간주했다.

정약용은 정전에서 거두는 조속 외에 관시에서 거두는 상업적인 이익과 산택에서 나는 임산 · 해산 · 광물자원을 부세의 근간으로 상정하고, 이를 국가에서 관리하여 세수로 활용하고자 했다. 그는 '천하의 전지는 모두 왕의 전지이며, 천하의 재물은 모두 왕의 재물이며, 천하의 산림 · 천택은 모두 왕의 산림 · 천택이었다. 그런 다음 왕이 그 전지를 백성들에게 널리 주며, 왕이 그 재물을 백성들에게 널리 주며, 왕이 그 산림 · 천택에서 나는 것을 백성에게 널리 주었는데, 이것이 '옛 선왕의 뜻'이라고 하였다.[70] 이같은 맥락에서 부공제를 개선하고 했는데, 호조에 평부사를 신설하고, 부가지정 · 택전지정 · 옥속지정과 같이 호구에 거두는 부와 시장 · 산림 · 천택에 거두는 부로 세입을 충당하고자 했다. 아래 〈표 6〉은《경세유표》상의 부를 정리한 것이다.

19세기 부세가 대부분 지세화되는 경향 속에서 정약용은 이처럼 개별 가호에 세를 부과하는 방안을 적극 검토하였다. 경전을 통해 호구에 세를 부과하는 근거를 치밀하게 고증한 것은 향촌사회에서 무분별하게 자행되는 호렴(戶斂)을 의식한 것이라 하겠다. 정약용은 6축, 수레 · 가마

70 《경세유표》 권11, 지관수제, 부공제 5.

〈표 6〉《경세유표》의 부(賦) 구성

9부		부의 내용	과세 대상
6부	방중 · 사교 · 방전 · 가초 · 방현 · 방도	부가지정	호구(口錢)
		택전지정	호구(戶調)
		옥속지정	호구(職貢)
3부	관시 · 산택 · 폐여	관시	상인 · 전인
		산택	우전(虞畋), 어염
		폐여	금옥 · 피백

과 같은 가호의 재산 정도를 엄밀히 따져 호구세를 국가 세수로 확보하는 한편, 그 밖에 이익이 창출되는 시장과 산림, 천택은 국가의 관리 체계하에 세금을 수취하는 창구로 활용하고자 하였다. 이에 부세를 창출할 수 있는 선세 · 염철 · 광야(金 · 銀 · 銅) · 목재 · 차(茶 · 漆 · 竹) · 술(酒)에 부과한 세의 연혁을 고찰하였다. 다만, 각각의 부세자원을 조선에서 어떻게 수취할 것인지에 대한 구체적인 방법까지 거론하지는 않았다. 다만, 앞서 언급했듯이 9부(賦)의 수취를 관장하는 기관으로 '평부사'의 설치를 적극적으로 제안하였다.

균역법의 조목을 읽어 보니, 우리 영조대왕께서 이 법을 창설할 때에 선포한 전교는 그 지극한 정성과 독실했던 뜻이 천지와 귀신을 충분히 감동시켰고, 그 영단을 내린 말씀은 만부(萬夫)라도 빼앗지 못할 용기가 있었으니, 왕자(王者)의 기상이 이처럼 성대하여 참으로 크게 일을 할 만한 임금이셨다. 그러나 이때 정사를 맡은 신하는 두려워서 벌벌 떨며, 다만 백성의 원망이 자기 몸에 돌아올까 두려워하였다. 그리하여 그들이 세운 조례들은 모두 이럭저럭 때워 넘긴 것이어서 법제로 되지 않았다. 구전(口錢)과 택세(宅稅)는 감히 엄두도 내지 못했고, 또 솔밭[松田]·대밭[竹田]·옻숲[漆林]·닥숲[楮林]·과원(果園)과 6축 같은 것은 도무지 의논조차 하지 않았다. 여러 고을 은결을 조사해서 밝혀냈다는 것도 또한 하나를 들춰내는데 백은 누락되어, 헛된 명목만 있을 뿐 실상은 없었다. 지금은 마땅히 위로 우공(禹貢)과 《주례》의 본법을 상고하고, 아래로 한·당·송·명의 남긴 제도를 고찰해서, 9부(賦)

를 제정하여, 민역(民役)을 고르게 하는 것은 그만둘 수가 없다. 그런 까닭에 균역청을 별도 아문으로 세우고 명칭을 평부사라 해야 한다고 생각한다.[71]

정약용은 《경세유표》 지관호조의 관제개혁 부분에서 균역청을 평부사로 재편하는 안을 제시하였다. 위의 인용문에서 정약용은 균역법 시행 당시 백성의 원망을 우려하여 호에 부과하는 구전(口錢)과 택세(宅稅)는 물론 산림자원, 가축 등에 수세하는 방안에 대해 전혀 의논하지 못했기 때문에 세수는 줄어들고, 민역은 고르지 못하다고 평가했다. 그는 균역법 시행 이후 '감필급대'를 수행하던 균역청을 평부사로 바꾸어 각종 부세자원을 발굴해 부족한 경비를 충당하는 기구로 확대 강화하고자 했다. 그렇다고 해서 중앙에서 필요로 하는 경비를 무분별하게 늘린다는 것이 아니라, 9부의 용도를 미리 정해 놓고 그에 맞게 수취하도록 했다. 예컨대, 관시지부는 왕에게 바치는 음식[饌膳]와 의복에 대비하고, 방중지부는 빈객에 대비하며, 사교지부는 말먹이[稍秣]에 대비하도록 했다. 또 가초지부는 비반(匪頒)에, 방전지부는 공사(工事)에, 방현지부는 폐백(幣帛)에, 방도지부는 제사에 대비하도록 했다. 한편 산택지부는 상기(喪紀)에 대비하며, 폐여지부는 사여에 대비하도록 했다.[72]

정전에서 거두는 조속으로 전세와 대동미, 결전, 잡비와 같은 국세를 대신하는 것과는 별도로 부족한 세입을 호에 차등 배분하는 한편, 시장·산림·천택을 국가의 관리하에 두고 부세를 거두어 경비를 보충하고자 한 것이다. 그리고 이렇게 거둔 부세를, 용도를 구분하여 지출함으로써 과다한 경비지출을 사전에 예방하고자 하였다.

마지막으로 정약용은 〈부공제〉 7에서 우리나라의 부공제에 대해 고찰하고 있다. 그는 우리나라 법에는 공(貢)은 있어도 부(賦)는 없다고 단

---

71 《경세유표》 권1, 지관호조 2, 교관지속.

72 《경세유표》 권10, 지관수제 부공제 1.

정하며, 관청에 공상하는 물품은 모두 군현에서 토공으로 거두어 바친다고 하였다. 이어서 토공이 대동법으로 바뀌게 된 연혁을 자세히 소개하고 있다.[73] 정약용은 대동법에 대해 긍정적으로 평가하면서도 기강을 진작시키고, 향촌의 토호세력을 억제하는 데에 한계가 있음을 지적하였다. 대동법의 시행으로 서울 관서에 벌어지는 점퇴와 방납의 문제가 일정 부분 해소되었지만, 향촌의 방납기구인 민고에서 벌어지는 문제에 대해서는 이렇다 할 해결책이 강구되지 않는 점을 비판하였다. 이에 민고절목을 작성하여 지방의 하부단위까지 부세행정을 중앙에서 관리, 감독해야 한다는 주장을 펼쳤다. 정약용의 지적은 대동법 시행 이후 지방재정에서 나타나는 문제점을 정확히 짚은 것이었다.

이처럼 정약용은 평부사의 설치와 부세 개편을 통해 재정을 보충할 새로운 부세자원을 발굴하고, 이와 더불어 향촌에서 자행되는 부세 행정의 문제점도 개선하고자 하는 의지를 내비쳤다. 다음 절에서는 조선 후기 가장 문제시되고 있던 환곡에 대해 정약용이 어떠한 개혁안을 제시하고 있었는지, 〈창름지저〉를 중심으로 살펴보기로 하겠다.

2) 창름(倉廩)의 확대 운영을 통한 재분배시스템 강화

정약용은 경전사, 직공사, 평부사를 통해 공전의 조속 외에 새로운 부세자원을 개발하여 수취하고자 하였다. 이와 더불어 환곡의 운영도 전면 개선하고자 하였다.《경세유표》의 〈창름지저〉 1-3편은 제목으로 봐서는 창고운영에 관한 것처럼 보이지만, 사실상 환곡에 관한 개혁안을 담고 있다. 정약용은 〈창름지저 1〉에서 중국의 의창과 사창, 상평창에 대한 연원을 추적하고, 〈창름지저 2〉에서는 우리나라의 창고 운영의 흐름을 시

73 《경세유표》 권10, 지관수제 부공제 7.

기별로 정리하는 한편, 의창 및 사창 운영 방안을 제안하였다. 마지막으로 3편에서는 〈상평창조례〉를 제시하여 환곡을 보완하기 위한 조적(糶糴)의 활용 방안을 모색하였다.

주지하다시피 조선 후기 환곡은 18세기 초 500만 석에서 1760년경 930만 석가량으로 대폭 상승하여 1769년에 이미 1,010만 석가량에 달하였으며, 1797년에는 938만 석으로 줄었다가 1807년 무렵 다시 1,000만 석에 달하였다.[74] 이렇게 환총이 증가하게 된 것은 회록법(會錄法)의 시행으로 모곡의 일부가 원곡으로 흡수되었기 때문이지만, 한편으로 중앙의 재정관서와 감영 등에서 각도에 환곡을 새롭게 창설한 때문이기도 하다. 정약용 역시 조선 후기 환곡이 늘어나게 된 이유를 다음과 같이 지적하였다.

> 우리나라 의창곡은 본래 관포(官布)로 매입한 것이고 민호에 배정하던 전조(前朝)의 법과 같지 않았다. 또 창을 설치한 것은 오로지 백성을 진제하기 위한 것이었고 한 낱알의 곡식도 나라 경비를 보충하기 위한 것은 아니었다. 그런데 만력 왜란 이후 국고는 텅 비었고 군수는 호대(浩大)하였다. 이리하여 상평·진휼 두 창고 이외에도 층층색색으로 더 설치한 것은 모두 호조 및 여러 영문과 아문에 수용하는 바였다. 창름을 설치한 것은 본래 백성을 구제하기 위한 것이었으나 지금은 오히려 백성에게 거두기 위한 것이 되어서 세운 뜻이 아주 달라졌다.[75]

정약용의 지적대로 조선 전기 의창은 진제의 성격을 띠었다. 그러나

---

74 오일주는 조선 후기 환총의 변화상을 첫째, 영조대(1725-1776) 환곡이 급격히 증가한 시기, 둘째, 정조대-순조대(1776-1834) 환곡이 1,000만 석 가량 유지된 시기, 셋째, 순조 초에서 1862년까지 환곡이 점차 감소하는 시기, 넷째, 1862년 이후 社還條例의 시행으로 환곡의 양이 급격히 줄고 부세기능이 혁파되는 시기로 보았다(오일주, 〈조선후기 재정구조의 변동과 환곡의 부세화〉, 《역사와 실학》 3(1992), 〈표 12〉·〈표 13〉·〈표 14〉, 82-84쪽 참조).

75 《경세유표》 권12, 지관수제 창름지저 1.

앞서 설명한 대로 원곡 외에 이자곡을 징수하지 않았기 때문에, 시간이 지날수록 원곡을 회수하는 과정에서 모손분이 발생하고, 원곡의 회수율도 떨어져 곡량이 점차 감소하는 문제를 안게 되었다. 이에 모손분을 채운다는 명분하에 이자곡을 수취하는 관행이 생겨났고, 이를 지방 관아에서 자체경비로 사용하게 되면서 의창곡은 춘대추납에 이자곡을 징수하는 환자의 성격을 띠었다. 임진왜란 이후 국고가 비고 군량 마련이 시급해지면서 상평창과 진휼창 외에 호조와 여러 아문에서 창고를 설립하여 이자곡의 일부를 정규재원으로 흡수하는 회록법(會錄法)이 확대되었다. 이에 창고는 대민구제기구라기보다 재정기구로서의 성격이 강조되었다. 다만 정약용이 언급한 상평창과 진휼창은 조선 전기 상평창과 의창이 아닌, 조선 후기 재정기구로 운영된 상평청과 진휼청을 뜻한다.

조선 후기 상평청은 임진왜란 이후 명사신 방문에 따른 칙수 비용 마련을 위해 무역(貿易)과 주전(鑄錢)을 행하던 권설아문이었다.[76] 진휼청 역시 기민에게 곡식을 대여하거나 죽을 지급하기 위해 설치된 권설아문으로 중종 6년(1511) 무렵 실록상에 명칭이 처음 등장한다. 이러한 상평청과 진휼청의 운영에 극적인 변화가 나타난 것은 인조 26년(1648) 무렵이었다. 당시 비변사에서는 진휼을 마친 후 진휼청을 상평청으로 개칭하고 진휼청의 남은 곡식을 상평청에서 관리하도록 하였으며, 선혜청 당상과 낭청이 상평청의 재원을 관리하도록 하는 상평청사목(常平廳事目)을 반포하였다.[77] 이후 상평청은 효종 원년(1650) 호조구관곡의 모곡 3/10을 상평청에서 회록하면서 정규재원을 확보해 나갔다. 한편 진휼청은 상평청

76 정약용은《비국요람》을 인용하여, 국초에 상평창을 설치해서 경기에 다섯 참의 칙수를 관장했다고 설명하였으나(《경세유표》 권12, 지관수제, 창름지저 1), 실록기사를 살펴보면 상평창이 국초부터 이러한 기능을 담당하였을지는 의문이다(최주희, 〈조선후기 宣惠廳의 운영과 中央財政構造의 변화—재정기구의 합설과 지출정비과정을 중심으로〉, 고려대학교 박사학위논문, 2014, 1장 참조).

77 《備邊司謄錄》 12책, 인조 26년 6월 13일.

이 상설아문화된 이후에도 여전히 기근 시에만 운영되는 임시관서로 존재하다가 현종 12년(1671) 기근이 심각해지자 상설아문화되었으며, 재원 마련을 위해 환곡을 운영하였다.[78]

상평청, 진휼청뿐 아니라 호조를 비롯한 중앙아문과 지방감영들도 18세기 이후 각도에 환곡을 자체적으로 설치하고 모곡을 수취함으로써 재정의 부족분을 만회해 갔다. 이러한 환곡운영의 실상을 파악할 수 있는 자료로는 순조 8년(1808) 서영보·심상규에 의해 편찬된 《만기요람》 〈환총(還總)〉을 들 수 있는데, 정약용이 가경 정묘년(1807)의 환총 규모를 제시한 내용과 비교해 보면, 정확히 일치하는 것을 알 수 있다.

〈부표 1〉에서 경기를 비롯한 8도와 4도 유수부의 환총을 살펴보면, 호조·선혜청·균역청·상진청·비변사·총융청·훈련도감·화성부·개성부·강화부·통영·통어영·감영·병영·수영 등 중앙아문과 군문, 유수부 그리고 감영에서 각도마다 환곡을 설치하고 있음을 확인할 수 있다. 이 중 호조와 선혜청, 균역청은 조선 후기 3대 재정아문으로 18세기 후반 정규재원을 가장 많이 확보하고 있는 아문임에도 불구하고[79] 〈부표 1〉에서처럼 각도에 환곡을 유치하여 추가재원을 확보하고 있다.

그러면 이러한 환총으로 얻을 수 있는 모곡 수입은 어느 정도였을까? 〈부표 1〉에서 8도·4도의 환총은 9,995,599석으로 집계되며 이 중 5,394,954석은 절반을 유치하고 절반은 분급하였으며(반류반분), 338,781석은 1/3을 분급하고 2/3는 유치하였으며, 반대로 503석은 2/3를 분급하고 1/3을 유치하였다. 또 118,243석은 1/4을 유치하고 3/4은 분급하였으며, 80,450석은 정식(定式)대로 분급하고, 3,958,255석은 전수를 분급하였다(盡分). 나머지 100,194석은 개색(改色)하고 4,219석은 모

78 상평청과 진휼청이 17세기 상설아문화되어 가는 과정은 문용식의 글을 참고할 수 있다(문용식, 《조선후기 진정과 환곡운영》, 경인문화사, 2000, 20-44쪽).

79 송양섭, 〈균역법 시행과 균역청의 재정운영〉, 《영조의 국가정책과 정치이념》 한국학중앙연구원출판부, 2012, 171쪽, 〈표 8〉 18세기 말 중앙과 지방 각급기관의 재정수입과 비중 참조.

두 유치하였다(全留).[80] 이를 고려하여 1807년 환곡의 분급액수를 계산하면 6,857,676석이 되며(개색과 정식조 제외, 소수점 이하 절사), 모곡의 수취율을 1할로 잡을 때(간색미, 낙정미 등 제외) 1807년 당시 예상되는 모곡 수취액은 약 685,767.6석이 된다.[81] 《만기요람》상의 주요 중앙관서의 수입액을 쌀로 환산하면 799,129석으로 집계되는데,[82] 이를 감안하면 당대 이자수익은 중앙세입의 약 85.8%에 상당하는 규모이다. 이처럼 환곡의 모곡수입은 중앙관서의 정규수입에 버금가는 규모였기 때문에 중앙아문과 감영 등에서는 구관곡을 창설하여 자체적으로 모곡을 수취하는 노력을 계속해갔다.

문제는 각도에 설치된 환곡을 살펴보면, ① 한 관서의 구관곡이 여러 지역에 중복되어 설치되는 경우가 많고, ② 한 관서에서 구관하는 환곡의 종류 역시 잡다하며, ③ 환곡을 분급하는 방식도 곡식마다 반류반분(半留半分)에서 1유(留) 2분(分), 1유(留) 3분(分), 진분(盡分) 등 다양하게 적용되고 있는 점이다. ④ 또 벼와 도정한 쌀 외에 기장, 콩, 보리, 팥 등 다양한 잡곡을 섞어 지급하고 있었기 때문에 곡부를 관리하는 것이 복잡하였다. 마지막으로 〈표 1〉에는 명시되어 있지 않지만 1할의 모곡을 거두는 것 외에 간색미 · 낙정미 · 타점미를 1석당 2-3두까지 추가로 거두는 문제가 야기되고 있었다.[83] 이 같은 환곡운영상의 문제점은 기본적으

80 《萬機要覽》 財用篇 6, 還總.

81 박이택은 《穀摠便攷》(1797)를 바탕으로 1797년의 곡총을 9,380,654석으로 집계하고, 이 중 당해 분급액 6,699,499석에서 수취한 모곡수입을 67만 석과 가입 61,130석을 합한 73만 석을 환곡재정에서 발생한 총수입으로 산출하였다(박이택, 〈17,18세기 환곡에 대한 제도론적 접근—재량적 규제체계의 역할을 중심으로〉, 《조선후기 재정과 시장—경제체제론적 접근》, 서울대학교출판부, 2010, 184-185쪽).

82 이영훈, 〈19세기 서울재화시장의 동향—안정에서 위기로〉, 《동아시아 근대경제의 형성과 발전— 동아시아자본주의 형성사 1》, 中村哲 · 박섭 엮음, 신서원, 2005.

83 《경세유표》 권12, 지관수제, 창름지저 1. 한편, 정약용은 《목민심서》 호전 6조, 제3조 곡부에서 환곡의 문제점을 ① 穀名이 어지러운 점, ② 衙門이 어지러운 점, ③ 石數가 어지러운 점, ④ 耗法이 어지러운 점, ⑤ 巡法이 어지러운 점, ⑥ 分留가 어지러운 점, ⑦ 移貿가 어지러운 점, ⑧停退가 어지러운 점으로 정리하였다. 이에 대해 《다산시문집》에 실린 〈환향의〉

로 중앙아문과 군문이 8도에 구관곡을 개별적으로 창설하고 각자 모곡(耗穀)을 수취하는 관행을 용인한 데서 비롯된 것이었다.

〈부표 1〉을 살펴보면, 경기에는 화성부와 개성부, 강화부의 구관곡이 있고, 광주부에는 화성부구관곡이 있다. 공충도에는 광주부 구관곡이, 경상도에는 화성부와 광주부구관곡이 설치되어 있으며, 전라도에는 화성부구관곡이, 평안도에는 화성, 광주, 개성부구관곡이 각각 설치, 운영되고 있었다. 한 관서의 구관곡을 살펴보더라도, 여러 명목의 환곡이 임의로 책정되어 있다. 예컨대 환곡이 가장 많은 경상도의 경우 비변사구관곡은 총 31종에 이르며, 이를 분급하는 방식도 반류반분(半留半分)에서 진분(盡分)에 이르기까지 다양하였다. 정약용은 "무릇 폐막을 구제할 때에는 모두 모곡(耗穀)으로 돌리는데, 균역청, 진휼청, 준천사의 지용과 추조, 경조 및 5부의 서리, 조례 등의 요포, 공해, 성첩의 영선(營繕), 전선, 집기의 준비도 모두 모곡으로 한다"[84]고 지적하면서 환곡을 무작정 늘

에서 일곱 가지로 개선안을 제시하였다. 첫째, 오직 벼 · 기장 · 콩 · 보리 · 팥 등의 다섯 가지로 곡물의 종류를 정리하여 문부를 간결하게 할 것을 주장하였다. 둘째, 여러 아문의 명칭을 없애고 곡식의 명색만 남겨 두도록 하였다. 여기서 곡식의 명색만 남겨 둔다는 것은 곡부를 관리하는 관서(호조와 감영)를 통일하겠다는 뜻이다. 셋째, 석수의 어지러움에 대해서는 온 나라의 곡식 문서를 통계하고 호구의 총수에 맞추어 매호에 正穀 2석과 雜穀 1석을 받아서 국가에서는 오직 모곡만 받아 쓰도록 하였다. 넷째, 모곡 수취에 있어서는 2석(1석=10두)마다 3두를 거두어 간색미와 낙정미, 營米를 따로 거두는 폐단을 없앨 것을 제안하였다. 다섯째, 순법에 있어서는 여러 번에 걸쳐 환곡을 나누어 주는 것을 금하여 백성들이 환곡을 분급받느라 시간을 낭비하고 아전들에게 수수료를 강탈당하는 문제를 개선하고자 하였다. 여섯째, 分留에 있어서는, 백성들은 묵은 곡식을 원치 않으므로 창고에 많은 곡식을 비축해 두지 말고 곡식이 부족할 경우, 상평곡을 활용할 것을 제안하였다. 일곱째, 곡식을 사들이고 파는 조적법을 세워 풍년과 흉년에 곡식의 양을 조정하는 상평창 설치론을 주장하였다. 그런데, 〈환향의〉에서 제시한 몇 가지 개선안은《경세유표》권12, 지관수제 창름지저에서 논의한 내용과 다소 어긋나는 점이 확인된다. 그 하나는 모법에 관한 것인데, 〈환향의〉에서는 2석당 3두를 모곡으로 수취하도록 하였으나,《경세유표》에서는 원곡의 2할을 모곡으로 수취하도록 한 점이다. 다른 하나는 분류법에 관한 것으로, 〈환향의〉에서는 창고에 곡식을 많이 남겨 두지 말라고 하였으나,《경세유표》에서는 반류반분의 원칙을 분명히 하고 있다. 이같은 서술상의 차이가 저작 시기와 관련이 있는지는 정확치 않으나, 본고에서는 환총을 전체적으로 분석한《경세유표》의 논의를 중심으로 정약용의 창고운영론을 검토하였음을 밝혀 둔다.

84 《경세유표》 권 12, 지관수제, 창름지저 1.

리는 관행을 비판하였다. 그리고 이와 같은 문제를 개선하기 위해 다음과 같이 제안하였다.

> 관할하는 법이 이와 같이 어지러우니 지금에 만약 법을 세운다면 서울에는 오직 호조가 주관하고 외방에는 오직 감영에서 주관하며 무릇 모를 받아서 쓰고자 하는 자는 모두 호조와 감영에 관유(關由)하고 감히 현에 바로 관유하지 못하도록 한다면 명령이 여러 갈래로 나가는 폐단이 조금은 그칠 것이다.[85]

즉, 환곡의 운영을 중앙아문은 호조에서 주관하고 외방은 감영에서 주관하여 모곡의 수취와 배분을 호조와 감영으로 일원화하는 방안을 기획한 것이다. 환곡의 분급 방식에 있어서도 정약용은 "어느 아문 소관인가를 묻지 말고 무릇 곡식이라고 하는 것은 반은 남겨 두고 반만 분배하는 것을 천경지의(天經之義)로 삼아 변동해서는 안 된다"고 하였다. 또 "1/10로 이식을 거두면 여러 아문의 곡식에 일정한 법을 적용할 수 있게 되어 간사한 서리의 농간을 막을 수 있으므로 그 명칭을 식곡(息穀)이라 하여 실상을 드러냄이 마땅하다"고 하였다.[86] 이처럼 정약용은 1,000만 석에 달하는 당대 환총의 운영 방식에 대해 전반적으로 비판하면서 이를 운영하는 방안을 다음과 같이 제시하였다.

〈표 7〉은 정약용이 8도·2도의 호구와 환총을 다시 산출한 것이다. 정약용은 환곡을 분급받을 호총을 원호총 중에서 148,000호 정도 줄여놓았다. 그는, 우리나라 민호가 경성 5부(35,800호)를 제외하면 대략 165만 호인데, 수십 년 이래 서도 지방에서 지방민들의 폭동이 있었고, 남방에서는 기사년(1809)과 갑술년(1814)에 흉년을 겪었으며, 관북은 탐관오리의 학정에, 관동은 암흑 상태에 방임해 두었기 때문에 백성의 생

---

85 《경세유표》 권 12, 지관수제, 창름지저 1.

86 《경세유표》 권12, 지관수제, 창름지저 1.

〈표 7〉 정약용의 환곡분급표

지역	호총(戶總)	원호총(元戶總)	곡저(穀貯)
경기	12만 호	13만 9천 호	96만 석
호서	21만 호	22만 9천 호	168만 석
호남	31만 호	32만 9천 호	248만 석
영남	38만 호	40만 5천 호	304만 석
관동	6만 호	7만 5천 호	48만 석
해서	11만 호	12만 4천 호	88만 석
패서	22만 호	24만 호	176만 석
관북	8만 호	9만 2천 호	64만 석
개성부	5천 호	8천 호	4만 석
강화부	5천 호	7천 호	4만 석
계	150만 호	164만 8천 호	1,200만 석

활이 곤핍해져 50년 전의 호총을 그대로 따를 수 없기 때문이라고 하였다.[87] 여기에 1807년 당시 환총 1,000만 석을 1석=10두로 환산하여 1,500만 석으로 총계한 뒤, 이 중 1,200만 석을 8도의 민호 150만 가호에 분급하는 것으로 가정하고 매호당 8석을 배분하여 반류반분으로 운영하는 안을 내놓았다.

정약용은 결부로 토지면적을 파악하는 방식과 1석을 15두로 환산하는 방식은 우리나라에만 있는 잘못된 법이라고 지적하고,[88] 환총 1,000만 석을 1석=10두로 계산하여 1,500만 석으로 재산출하였다. 그리고 환자로 운영되는 1,200만 석의 곡식에 대해서는 대미(大米)·소미(小米)·조(租)·속(粟)·대맥(大麥)·대두(大豆)로 곡종을 제한하고, 그 액수도 대미 100만 석, 소미 100만 석, 벼 300만 석, 조 300만 석, 대맥 200만 석, 대두 100만 석, 기타 잡곡 100만 석으로 구분해 놓았다. 이 1,200만 석의 곡식을 150만 호에게 반류반분(半留半分)의 방식으로 분급하면 호당 4석 즉, 40두를 평균 지급하게 되어 환호에 배정되는 환곡이 고르게

87 《경세유표》 권12, 지관수제, 창름지저 3.

88 《경세유표》 권12, 지관수제, 창름지저 3.

될 것이라는 설명이다.

예컨대, 광주(廣州) 지역을 사례로 들면, 15,000호에 환총 12만 석 중 10만 석(대미 40,000석, 벼 40,000석, 소미 5,000 석, 조 5,000석, 대맥 5,000석, 대두 5,000석)을 분급하고, 대미 10,000석, 벼 10,000석은 별도로 상평창에 저장해서 조적하도록 하였다. 그런데 이때 주목할 점은 군현 창고에서 양곡을 민호에게 일일이 배분하는 것이 아니라 마을[里] 단위로 곡식을 분급하게 하였다는 점이다. 정약용은 호마다 4석을 배분한다고 가정할 경우, 충실한 호는 환호에 누락되어 빈잔호에게 환곡이 편중되고, 호당 각종 곡식을 나누어 줄 경우 장부가 어지러워지며, 호가 계승되지 않고 끊길 경우 인징 · 족징이 일어날 것이라고 지적하였다. 이에 환곡을 나누어줄 때에는 마을 밖에 이장(里長)이 문부(文簿)를 상고하여 양곡을 나누어주되, 가난한 호는 각자 제 자루에 곡식을 받아 제집으로 돌아가게 하면, 관아에서 나누어 주는 것과 다름이 없을 것이라 하였다.

요컨대, 정약용은 환곡운영에 있어서 ① 중앙아문과 감영에서 개별적으로 운영하던 구관곡을 없애고, ② 8도와 2도의 가호수를 감안하여 호당 8석의 환곡이 배분될 수 있도록 환총을 조정해 놓았다. 또 ③ 기존의 결환(結還), 호환(戶還), 통환(統還)의 잡다한 환곡 분급 방식을 호(戶)로 통일하고, ④ 이를 관리하는 것도 호조(戶曹)와 감영(監營)으로 일원화하여 모곡의 수취와 관리체계를 정비하는 안을 내놓았다. ⑤ 기존의 1석을 10두로 환산하여 1,200만 석의 원곡을 확보한 후 반류반분으로 운영하도록 했으며, 간색미 · 낙정미 · 타석미 등의 부가 경비는 없애고 2할의 모곡[羨穀]을 거두어[89] 감리(監吏)와 노예(奴隸)의 급료로 지급할 것을 제안하였다. 이렇게 운영할 경우 모곡은 반류반분의 원칙에 따라 120만 석(석당 2두)에 달하게 되었다. 모곡의 총량만 보면 수취액이 많게 여겨

89 《경세유표》 권12, 창름지저 3, 정약용은 모곡을 羨穀으로 명칭을 정정하였다.

질 수 있으나, 이전에는 10분의 1의 모곡 외에 간색미 · 낙정미 · 타석미 등을 추가로 거둠으로써 사실상 걷는 것이 10분의 4-5에 달하였기 때문에 결코 많은 액수가 아니라는 것이다.[90] 다만, 이러한 환곡 분급 방식은 호내 구수와 호별 경제력을 고려하지 않은 것이기 때문에 리(里) 단위에서 반류반분의 원칙에 따라 호당 4석을 일관되게 나누어 줄 경우 빈호에게 부담이 될 수 있었다. 정약용도 이러한 문제점을 인지하고 가난한 호에는 비록 많은 부담이 될 수 있을 것이라고 우려하면서도, 온나라 백성이 고루 내는 것이기 때문에 원망이 없을 것이라는 다소 애매한 서술을 남겼다.[91]

마지막으로, 정약용은 1,500만 석 중 1,200만 석을 8도 · 2도에 배분하여 반류반분의 환곡을 그대로 운영하는 가운데, 나머지 300만 석을 상평창곡으로 돌려 조적의 방식으로 운영하도록 했으며 이를 위해 상평창조례(常平倉條例)를 제안하였다.[92]

정약용은《경세유표》의 지관수제에 중국의 의창과 사창, 상평창의 설립 연혁을 자세히 검토해 놓았다. 정약용에 따르면, 의창 · 상평창 · 사창은 모두 중국에서 시행된 제도로, 상평창은 중국 한나라 때 이회(李悝)와 경수창(耿壽昌)의 건의로 창설되었으며, 의창은 수나라 때 공부상서 장손평의 제안으로 처음 설립되었다고 한다. 사창 역시 수나라와 당나라 때 여러 주에 설치되었으나 송대 주희가 복건성 숭안현에 사창을 운영하면서 이것이 주자의 유법으로 후대에 전파되어 민간 진휼기구의 표본이 되었다는 것이다.

정약용은 중국의 의창 · 사창 · 상평창의 연혁을 정리하면서, 한 · 위대에 창곡을 출납할 때 상평 · 조적의 법은 있었으나 지금의 환자(還上)

---

90 《경세유표》 권12, 창름지저 3.

91 《경세유표》 권12, 창름지저 1.

92 《경세유표》 권12, 상평창조례.

와 같은 법은 없었으며, 당대 통용되던 환자의 법은 사창제도에서 비롯된 것으로 보았다.[93] 또 당대 중국의 경우, 조적으로 운영되는 상평창과 화적창을 경비의 근본으로 삼고, 환곡으로 운영되는 사창과 의창은 진제를 대비하는 창고로 구분하였다. 반면 조선의 경우, 의창을 비롯한 위의 창고들은 오로지 백성을 진제하기 위해 설립된 것이었고 경비를 보충하기 위한 것이 아니었으나, 왜란 이후 국고가 비고 군수가 늘어난 탓에 대부분 환곡으로 운영되기 시작했으며, 그 양도 19세기 전반에 이르러 1,000만 석에 이르게 된 것으로 보았다. 이에 앞 절에서 살펴본 것처럼, 1석=10두의 환산율로 당대 환총을 1,500만 석으로 조정하고 이 중 300만 석을 상평창에 보관해 조적하는 안을 모색하였다. 〈표 8〉은 정약용이 환총 300만 석을 상평창곡으로 전환하여 8도에 조적하게 한 방안을 표로 정리한 것이다.

정약용은 8도의 주요 교통요지에 상평창을 설치하고 조적(糶糴)하는 방안을 제안했다. 그는 중국의 각 성에서 상평창을 설치해 7할의 곡식을 남겨 두고 3할의 곡식을 팔되(糶三七存), 습하고 건조한 정도에 따라 조적하는 비율을 달리하는 방식을 소개하면서,[94] 환곡 중 300만 석을 상평곡으로 전환해 운영하는 방안을 제시하였다. 그에 따르면, 가을에는 곡식이 헐하고 봄에는 곡식이 비싸지는 것이 해마다 비슷하여 간사한 아전이 관아의 곡식을 팔아 이익을 취하고 있으니 상평을 시행하는 것은 불가하지 않다고 하면서 편부를 따져 환곡을 돕는 바탕이 되게 해야 한다는 견해를 피력하였다.[95]

그런데 정약용이 상평창을 설치하자고 제안한 곳의 일부는 이미 진휼창이 운영되고 있었다. 예컨대, 호남의 나리포창과 제민창, 영남의 포항

93 《경세유표》 권12, 창름지저 1.

94 《경세유표》 권12, 지관수제, 상평창조례.

95 《경세유표》 권12, 지관수제, 상평창조례.

〈표 8〉 정약용의 상평창 설치안

지역	장소	창고수	곡총
경기	서강	1창	30만 석
	남양 해협	1창	20만 석
호서	서산 포구	1창	25만 석
	은진강 어구	1창	25만 석
호남	임피 포구	1창(나리포창)	20만 석
	나주 포구	1창(제민창)	20만 석
	순천 포구	1창(제민창)	10만 석
영남	진주 포구	1창(가산창)	10만 석
	창원 포구	1창(마산창)	10만 석
	김해 포구	1창(울산창)	10만 석
	연일 포구	1창(포항창)	10만 석
	낙동간 나루터	1창	10만 석
관동	강릉 포구	1창	10만 석
해서	연안 포구	1창	10만 석
패서	강서 포구	1창	20만 석
	안주 포구	1창	20만 석
관북	덕원 포구	1창(원산창)	20만 석
	함흥 포구	1창	20만 석
총계		18창	300만 석

창, 그리고 관북의 원산창이 그것이다. 나리포창은 숙종 46년(1720) 공주와 연기의 접경 지역에 설치되어 곡식과 해산물을 무판하는 역할을 했으며, 경종 2년(1722) 나주로 옮겨진 후에는 제주 기민을 구제하는 역할을 맡았는데, 영조 12년(1734) 다시 임피로 옮겨진 후에도 제주민의 구제 역할을 이어 갔다.[96] 제민창은 영조 39년(1763) 좌의정 홍봉한이 설치를 건의하여 영남 사천에 6만 석, 호남 순천(좌창)·나주(우창)에 각각 3만 석, 호서 비인에 3만 석을 비축하여 인근 고을의 진제를 담당하도

96 《경세유표》 권12, 지관수제, 창름지저 1. 나리포창의 운영에 대해서는 정형지의 논문을 참고할 수 있다(정형지, 〈조선후기 교제창의 설치와 운영—18세기 나리포창 사례를 중심으로〉, 《이대사원》 28, (1995)).

록 한 창고이다.[97]

연일의 포항창은 영조 8년(1732)에 경상감사 조현명의 건의로 강원·함경도의 백성을 구제하기 위해 설치된 창고이다. 경상도에 흉년이 들면 동쪽 해안 고을을 진대하고 함경도에 흉년이 들면 남관(함경도의 마천령 이남)으로 곡식을 옮겨 진제하도록 했다.[98] 원산창은 숙종대 함경도의 내노(內奴)가 바친 베로 곡식을 사서 여러 고을에 쌓아 두고 진제하던 것을 영조 13년(1737) 원산으로 옮기고 흉년이 들면 도민에게 곡식을 분급하여 진제하도록 한 창고이다.[99]

정약용은 이러한 대규모의 진휼창을 조적의 방식으로 운영하여 각도의 환곡을 보충하도록 했다. 다만, 중국의 상평창처럼 창고에 남겨 두고 조적하는 곡식의 비율을 명확히 제시하지 않고 일을 담당하는 관료가 형편에 맞게 조절하도록 했다.[100]

정약용은 진휼보다 재정보용의 성격을 띠는 환곡의 문제를 신랄하게 비판하면서도, 중앙정부에서 파악한 환총을 줄이는 방안을 꾀하지 않았다. 오히려 청국의 상평창 액저표(額貯表)와 일본국 여러 주의 곡저표(穀貯表)를 제시하면서 창고곡을 정액으로 비축하여 관리하는 방안을 제시하였다.[101] 따라서 정약용이 환자제(還上制)를 정비하고 상평창을 신설하려 한 것은 단순히 진휼기능을 회복하는 데 목적이 있었다기보다 재정물류를 효과적으로 관리하여 중앙과 지방의 경비를 효과적으로 보충함으로써 국가재분배체계를 안정적으로 운영하기 위함이었다고 할 것이다.

한·위 시대에도 경용(經用)과 진제(賑濟)를 오로지 상평에 의뢰했으니 상평은 과연

97 《경세유표》 권12, 지관수제 창름지저 1.

98 《경세유표》 권12, 지관수제 창름지저 1.

99 《경세유표》 권12, 지관수제 창름지저 1.

100 《경세유표》 권12, 지관수제, 상평창조례.

101 《경세유표》 권12, 지관수제, 창름지저 2.

좋은 법이다. 사창(社倉)이 비록 수·당대에 생겨났으나 민간이 사사로이 저축하는 데 불과했고, 상평법이 주가 되었다. (…) 또 고려에서 우리나라 초기까지 상평창에 대한 말이 사서에 끊이지 않았으니 상평청을 회복하지 않으면 안 된다. 그러나 봄에 나누어 주었다가 가을에 거두는 것이 이미 《주례》에 기재되었고 사창과 의창제도가 명·청대에 끊이지 않았으니 환자(還上)를 전폐하고 상평으로 만든다는 것도 통하지 않는 논의이다. 비록 구전(口錢)과 호포(戶布)를 창설하더라도 군포를 대신 충당하기에 족할 뿐이니 무엇으로 환자를 보충하겠는가?[102]

정약용은 상평창을 회복하지 않으면 안 된다고 하면서도, 춘대추납의 환자를 완전히 폐지하고 상평을 시행하는 것에 있어서는 반대하고 있다. 그는 환자가 이미 《주례》에 기재될 만큼 무리한 법이 아닌데도 현실에는 제대로 관리되고 있지 않아 백성들이 피해를 입는 것이라고 하면서 상평만이 좋고 폐단이 없는 법이라고 할 수 없다고 하였다.[103] 오히려 정약용은 인용문 마지막 구절에서 보듯이 구전과 호포세를 추가 징수하더라도 부족한 군포 급대에 충당될 뿐이므로 환곡의 모곡 수입을 대신할 세원을 마련하기 어렵다는 인식을 내비치고 있다. 그렇기 때문에 환곡을 보완하는 장치로서 상평창곡을 보조적으로 운영하고자 했던 것이다.[104]

요컨대, 정약용은 기존의 환곡제 틀을 그대로 유지하는 가운데, 환곡의 분급과 모곡 수취 방식의 전면적인 개편을 꾀하는 한편, 유통기지에 상평창을 설치하여 비축곡을 추가 마련함으로써 궁극에는 환곡을 보완

---

102 《경세유표》 권12, 지관수제, 창름지저 2.

103 《경세유표》 권12, 지관수제, 창름지저 1.

104 반계 유형원은 공전제하에서 1/10의 전세를 거두어 중앙과 지방 경비로 쓰도록 하고, 남은 세입과 기존의 환곡을 상평창에 옮겨 두어 전란과 기근에 대비하도록 했다. 또한 상설 포자를 지원하고 관아 경비를 보충하는 데에도 상평창곡을 활용하도록 했으며, 각 면에 사창을 조성할 때에도 상평창에서 원곡을 빌려 쓰도록 했다. 이처럼 유형원은 환곡을 대신해 상평창-사창 시스템을 향촌사회에 안정적으로 구축함으로써 공전제에 기반한 국가의 공적 물류체계를 재편하고자 했다(최주희, 〈반계 유형원의 救荒論〉, 《한국실학연구》 44(2022) 참조).

하는, 안정적인 곡물저장시스템을 마련하고자 하였다. 이러한 정약용의 창고운영론은 조선 후기 백성을 구제하기 위해 설치된 다양한 진휼창들이 경비보용의 수단으로 활용되는 측면을 통렬히 비판하면서도, 국가재정의 측면에서 이를 근본적으로 개혁하기 어렵다는 현실적인 판단에 입각한 것이었다.

6. 맺음말

지금까지 《경세유표》의 〈전제〉와 〈부공제〉, 〈창름지저〉를 중심으로 다산 정약용의 중앙재정개혁안을 살펴보았다. 정약용은 《주례》를 모델로 중앙관제를 6관체제로 정비하고, 정전제적 토지질서하에 부세체계를 정비함으로써 민산(民産)과 국용(國用)을 진작시키는 개혁방안을 제시하였다. 정약용이 《경세유표》와 《목민심서》를 집필한 19세기 전반은 정조대 구축된 '집권적 재정운영의 틀'이 큰 변동 없이 유지되는 가운데, 수세실결의 감소로 중앙 재정의 부족현상이 가시화되던 시기였다. 정약용의 전제개혁안은 당시 토지 사유화 경향이 심화되는 가운데, 향촌에서 급재결을 불법적으로 늘리고, 궁장토 · 둔토 등 면세결을 확대해 가는 상황을 타개하기 위한 방안으로 모색되었다.

정약용은 중앙에 경전사를 설치하여 경묘법에 따른 경지구획을 정리하고, 사전 매입을 통해 구일세를 적용할 공전을 확보하고자 하였다. 공전에서 수취한 조속을 경기와 호남에 적용해 본 결과 수치상에 차이가 나기는 했지만 전반적으로 전세 수입을 늘릴 수 있을 것으로 기대하였다. 또한 8부의 사전을 경작하는 농민들로서도 지주에게 바칠 지대를 고려하지 않게 되어, 백성들의 과세부담 역시 줄어들게 될 것이라고 전망하였다. 그러나 조속의 실제 수취액을 따져 보면, 전세액을 파격적으로 늘릴 수 있을지 장담하기 어려운 측면이 있었다. 이에 정약용은 평부사를 설치하여 부세자원을 발굴하고 가난한 백성에게 잡역이 편중되는 현실을 개선하고자 하였다. 우선 재산을 고려하여 6부의 호구에 부가지정, 택전지정, 옥속지정을 차등 과세하는 한편, 시장과 산림 · 천택을 국가의 관리하에 두고 관시지부, 산택지부, 폐여지부를 부과하는 안을 모색하였다. 특히 그는 정전을 경작하지 않는 백성들도 9직(職) 내에서 직을 부여받고, 옥속의 부세를 바쳐야 하는 점을 강조하였다. 이는 토지를 가진 농민에게만 부세가 집중되는 현상을 개선하기 위한 조치이나, 다른 직에 속한 백성들이 항산을 갖고 부세를 상납하기에는 분업체계가 발달하지 않은 조선의 현실에서 불완전한 대안일 수밖에 없었다. 더욱이 9부의 과세방침이 구체적으로 제시되지 않아 본고에서 세입의 효과를 논하기도 어려웠다. 그럼에도 불구하고 정약용이 제시한 부공제는 부세가 토지에 집중되는 당대의 현실을 통감하고 새로운 수취 자원을 발굴하고자 노력했다는 점에서 의미가 크다.

마지막으로 창고운영론은 정약용이 제시한 가장 현실적인 대안이라 할 수 있다. 그는 향촌에서 자행되는 환곡의 폐단을 신랄하게 비판하면서도, 한편으로 환곡창과 상평창의 운영을 확대하여 진휼과 재정보용에 활용하는 방안을 제안하였다. 그가 제안한 창고운영방안은 환정의 모순을 개선하기 위함이지 환곡 자체를 폐기하려는 것은 아니었다. 정약용의 환곡제 개선방안은 19세기 초 조선왕조가 전국에 비축한 1,000만 석의 환곡을 그대로 용인하는 가운데, 운영상의 폐해를 개선하는 차원에서 모색되었다.

정약용은 중앙관서와 지방감영에서 자의적으로 운영하는 잡다한 환곡을 정비하여 호조와 지방감영에서 일원적으로 관리하고, 반류반분의 원칙하에 2할의 모곡을 수취하여 중앙경비와 지방관수에 보용하도록 하였다. 이와 더불어 환곡의 일부를 상평창곡으로 각도에 분치하여 환곡을 보조하는 기능을 담당하도록 하였다. 이처럼 정약용의 창고운영론은 중앙재정의 상당부분을 환곡에 의존하고 있던 당대의 상황을 고려한 자구책으로서, 〈전제〉·〈부공제〉와 함께 지관수제의 주요 장으로 구성되었다.

한편《경세유표》에는 18세기 들어 전국에 확대 시행된 대동법에 대해서는 운영 상의 문제점이나 개선방안을 따로 언급한 것이 없다. 영조대 단행된 균역법에 있어서는 감필의 의의보다, 급대재원으로 확보한 어염세의 활용에 보다 큰 관심을 표하였다. 향촌에서 문제를 일으키고 있던 환곡에 대해서는 현상유지 차원의 개선안을 발표하였다. 이것은 정약용이 체감한 19세기 현실상황의 반증이기도 하다.

요컨대, 정약용의 재정개혁방안은《주례》의 차용과 고제(古制)의 인용을 바탕으로 작성되어 현실과 다소 괴리되어 보이는 듯하지만, 실상은 19세기 당대를 현실감 있게 고민한 데서 나온 개혁방안이었다고 평가할 수 있을 것이다. ■《충청학과 충청문화》(충남역사문화연구원) 25(2018).

〈부표 1〉 8도 · 4도의 환총(1808)

지역	환총	구관처	세부 내역
경기	517,499석 (감영곡 비율 18.5%)	호조구관	100,325석
		균역청구관	125,644석
		상진청구관	137,320석
		비변사구관	26,416석
		총융청구관	3,500석
		화성부구관	19,985석
		개성부구관	2,000석
		강화부구관	6,528석
		감영구관	95,781석
화성부	48,266석	환향미	48,266석
광주부	71,177석	호조구관	6석
		상진청구관	4,910석
		비변사구관	153석
		화성부구관	300석
		광주부구관	65,808석
개성부	39,226석	호조구관	809석
		상진청구관	2,059석
		비변사구관	27,819석
		본부구관	8,539석
강화부	43,122석	호조구관	40,525석
		본부구관	2,597석
공충도	866,136석 (감 · 병 · 수영곡비율3.5%)	호조구관	65,186석
		균역청구관	122,478석
		상진청구관	135,410석
		비변사구관	385,871석
		총융청구관	12,369석
		사복시구관	54석
		광주부구관	6,251석
		통영구관	18,377석
		통어영구관	2,207석
		감영구관	108,815석
		병영 · 수영구관	8,514석
경상도	2,302,277석 (감 · 병 · 수영곡 비율 22.3%)	호조구관	265,559석
		선혜청구관	224,044석
		균역청구관	248,700석
		상진청구관	512,658석
		비변사구관	422,929석
		사복시구관	2,029석

경상도		화성부구관	10,000석
		광주부구관	5,000석
		감영구관	496,903석
		통영구관	96,247석
		병영 · 수영구관	18,208석
전라도	2,089,579석 (감 · 병 · 수영곡 비율 18.8%)	호조구관	34,184석
		선혜청구관	130,147석
		균역청구관	336,383석
		상진청구관	837,603석
		비변사구관	228,163석
		병조구관	4,333석
		훈련도감구관	3,835석
		화성부구관	13,658석
		통영구관	108,149석
		감영구관	379,153석
		병영 · 수영구관	13,971석
황해도	753,024석 (감 · 병 · 수영곡 비율 18.3%)	호조구관	37,089석
		선혜청구관	5,133석
		균역청구관	55,930석
		상진청구관	124,326석
		비변사구관	361,703석
		훈련도감구관	18,485석
		광주부구관	2,826석
		통어영구관	2,878석
		평산구폐조	6,568석
		감영구관	122,479석
		병영 · 수영구관	15,607석
강원도	367,207석 (감영곡 비율 21.2%)	호조구관	25,875석
		균역청구관	34,600석
		상진청구관	90,714석
		비변사구관	138,010석
		감영구관	78,008석
함경도	1,609,397석 (감 · 병영곡 비율 32.9%)	호조구관	181,861석
		상진청구관	191,836석
		비변사구관	704,921석
		감영구관	478,705석
		병영구관	52,074석
평안도	1,288,689석 (감 · 병영곡 비율 31.8%)	호조구관	176,622석
		균역청구관	180,318석

평안도		상진청구관	118,997석
		비변사구관	329,856석
		병조구관	36,452석
		형조 · 한성부구관	5,881석
		화성부구관	5,000석
		광주부구관	5,529석
		개성부구관	20,000석
		감영구관	346,504석
		병영구관	63,530석
총계	9,995,599석		

참고문헌

《經世遺表》.
《牧民心書》.

《萬機要覽》.
《備邊司謄錄》.
《續大典》.
《承政院日記》.
《朝鮮王朝實錄》.

김성윤, 《조선후기 탕평정치 연구》, 지식산업사, 1997.
김용섭, 《한국근대농업사연구—농업개혁론 · 농업정책》, 일조각, 1984.
김태영, 〈다산의 정전제론〉, 《다산 정약용 연구》, 사람의 무늬, 2012.
나영훈, 〈조선시대 都監의 성립과 변천〉, 한국학중앙연구원 박사학위논문, 2017.
문광균, 〈1808년 《만기요람》의 편찬과 그 의미〉, 《역사와 현실》(한국역사연구회) 107(2018).
문용식, 《조선후기 진정과 환곡운영》, 경인문화사, 2000.
박광용, 〈조선후기 탕평 연구〉, 서울대학교 박사학위논문, 1994.
박범, 〈1802년 장용영의 혁파와 영향〉, 《역사와 현실》 107(2018).
박석무, 《다산 정약용 평전》, 민음사, 2014.
박석윤 · 박석인, 〈조선후기 재정의 변화시점에 관한 고찰—1779년(정조 3년)에서 1881년(고종18년)까지〉, 《동방학지》 60(1988).
박이택, 〈17, 18세기 환곡에 대한 제도론적 접근—재량적 규제체계의 역할을 중심으로〉, 《조선후기 재정과 시장—경제체제론적 접근》, 서울대학교출판부, 2010.
박종수, 〈16 · 17세기 전세의 정액화 과정〉, 《한국사론》 30(1993).
박준성, 〈17 · 18세기 宮房田의 확대와 所有形態의 변화〉, 《한국사론》 11(1984).
박찬승, 〈정약용의 정전제론고찰〉, 《역사학보》 110(1986).
손병규, 〈조선시대 국가경제의 운영원리〉, 《조선시대사학보》 42(2007).
______, 《조선왕조 재정시스템의 재발견—17-19세기 지방재정사 연구》, 역사비평사, 2008.

손병규, 〈조선의 《부역실총》과 명 · 청의 《부역전서》〉, 《역사와 현실》 81(2011).
______, 〈조선후기 비총제 재정의 비교사적 검토〉, 《역사와 현실》 81(2011).
손병규 · 송양섭 엮음, 《통계로 보는 조선후기 국가경제—18-19세기 재정자료의 기초적 분석》, 성균관대학교 출판부, 2013.
손병규, 〈정약용의 재정개혁론—지방재정에 대한 현실인식론을 중심으로〉, 《한국실학연구》 27(2014).
송양섭, 〈《부역실총》에 나타난 재원파악 방식과 재정정책〉, 《역사와 현실》 70(2008).
______, 〈균역법 시행과 균역청의 재정운영〉, 《영조의 국가정책과 정치이념》, 한국학중앙연구원출판부, 2012.
______, 〈목민심서〉에 나타난 다산 정약용의 '인시순속'적 지방재정 운영론〉, 《다산과 현대》 7(2014).
송찬섭, 〈숙종대 재정 추이와 경자양전〉, 《역사와 현실》 36(2000).
안병직, 〈다산의 田賦改革論〉, 《다산 정약용 연구》, 사람의 무늬, 2012.
엄기석, 〈조선후기 황해도 詳定法 시행과 지방재정〉, 동국대학교 박사학위논문, 2023.
오인택, 〈18세기 중 · 후반 査陳의 실태와 성격〉, 《부산사학》 31(1996).
오일주, 〈조선후기 재정구조의 변동과 환곡의 부세화〉, 《역사와 실학》 3(1992).
유봉학, 《정조대왕의 꿈》, 신구문화사, 2001.
이영훈, 〈다산의 정전제개혁론과 왕토주의〉, 《민족문화》 19(1996).
______, 〈《田制詳定所遵守條劃》의 제정연도—同尺制에서 異尺制로의 이행설 검토〉, 《고문서연구》 9 · 10(1996).
______, 〈19세기 서울재화시장의 동향—안정에서 위기로〉, 《동아시아 근대경제의 형성과 발전—동아시아자본주의 형성사 1》, 中村哲 · 박섭 엮음, 신서원, 2005.
이철성, 〈18세기 전세비총제의 실시와 성격〉, 《한국사연구》 81(1993).
임성수, 〈《탁지전부고》를 통해 본 호조의 재원 파악방식과 재정구조 변화〉, 《민족문화연구》 59(2013).
______, 〈18세기 후반-19세기 전반 호조의 수입구조 변화와 그 영향〉, 《역사와 현실》 90(2013).
______, 〈17 · 18세기 호조 가입(加入)의 전개와 추이〉, 《역사와 현실》 94(2014).
______, 〈17-18세기 전반 隱結 · 漏決 · 餘結의 존재양태와 정부대응의 변화〉, 《역사학보》 234(2017).
______, 〈조선후기 호조의 전세 부과와 給災 운영 변화〉, 《한국문화》 78(2017).
전상욱, 〈조선후기 강원도지역의 공납제 개혁과 大同 · 詳定法 시행〉, 고려대학교 박사학위논문(2022).
정연식, 《영조대의 양역정책과 균역법〉, 한국학중앙연구원출판부, 2015.

정형지, 〈조선후기 교제창의 설치와 운영—18세기 나리포창 사례를 중심으로〉, 《이대사원》 28(1995).

최성환, 〈정조대 탕평정국의 군신의리 연구〉, 서울대학교 박사학위논문, 2009.

최윤오, 〈다산 정약용의 어린도설과 정전제〉, 《한국민족문화》 56(2015).

최주희, 〈조선후기 선혜청의 운영과 중앙재정구조의 변화—재정기구의 합설과 지출정비 과정을 중심으로〉, 고려대학교 박사학위논문, 2014.

______, 〈17세기 광해군대 경기선혜법의 시행과 선혜청의 운영〉, 《한국사연구》 176(2017).

______, 〈1826년 《예식통고(例式通攷)》의 편찬과 왕실재정의 정비 노력〉, 《역사와 현실》 107(2018).

______, 〈조선후기 왕세자 상장례의 재원마련방식과 지출구조—墓所都監의 운영을 중심으로〉, 《규장각》 55(2019).

______, 〈반계 유형원의 구황론〉, 《한국실학연구》 44(2022).

宮嶋博史, 《朝鮮土地調査事業史の研究》, 東京大學東洋文化研究所, 1991.

安達義博, 〈18－19世紀 前半の大同米・布・錢の徵收・支出と國家財政〉, 《朝鮮史研究會論文集》 13(1976).

핵법과 관법, 그리고 호구운영

송양섭

1. 머리말

'호구증(戶口增)'이 수령칠사(守令七事)의 하나로 들어가 있었던 데서 보듯 호구의 파악과 운영은 지방관에게 부여된 핵심적인 임무 중 하나였다. 스스로 지방관을 역임했을 뿐 아니라 오랜 유배생활 동안 지역사회의 현실을 생생하게 목도한 정약용에게 호구파악과 호적개수는 대단히 심각하고도 중요한 문제였다. 실제《목민심서》호전의 적지 않은 부분이 이와 관련된 내용으로 채워져 있거니와 정약용은 호구(戶口)야말로 '모든 부(賦)와 요(徭)의 근원'으로 '호적이 균평한 후라야 부역이 균평해지'고 호적이 '한번 그릇되면 온갖 일의 두서가 모두 뒤집히고 어지러워진'다고 하면서 그 중요성을 강조해 마지않았다.[1]

3년을 단위로 이루어지는 호적대장의 개수는 '한 현의 중대한 정사

1 《목민심서》호전 6조 호적.

(一縣之大政)'[2]로 중앙으로부터 시달된 지침에 따라 수령의 주관하에 이루어졌다. 하지만 그것이 중앙의 명령에 대한 기계적인 집행은 아니었다. 군현 내부의 호구파악은 향촌사회 내부의 오랜 관행에 의해 이루어졌고 군현별 호총은 도(道)로 취합되어 중앙에서 종합되었다. 그러한 점에서 군현 차원의 호구파악과 운영은 왕조 호정(戶政)의 근저를 이루는 핵심적인 부문이라 해도 과언이 아니었다.

그간 단성·대구·울산 등 호적대장에 대한 방대한 데이터베이스의 구축으로 호구와 호적, 그리고 이를 둘러싼 다양한 문제에 대해 괄목할 만한 연구사의 진전이 있었음은 주지하는 바다. 이를 통해 호적대장에 나타난 호구·직역 등이 현실의 자연가호나 신분을 그대로 투사한 것이 아닌 국가적 차원의 인적·물적 자원 확보를 위해 일련의 가공을 거쳐 확정된 결과물이라는 점이 많은 연구자들의 지지를 얻기에 이르렀다.[3] 하지만 호구의 파악과 편제의 구체적인 실상에 대해서는 여전히 많은 부분이 미해명의 과제로 남겨져 있는 것도 사실이다. 이는 근본적으로 자료의 부족에서 연유하거니와 이 같은 현실에서 《목민심서》에 담겨 있는 호적개수, 호구파악, 호의 편제 등과 관련된 생생한 정보는 연구자들의 관심을 끌기에 충분했다. 하지만 호구운영의 실상을 전해 주는 중요한 근거로 빈번하게 활용되면서도 정작 《목민심서》 호적조의 주장이 어떠한 맥락과 지향을 가졌는지에 대한 본격적인 검토가 없었던 점은 다소 의외가 아닌가 생각된다.

《목민심서》에 나타난 정약용의 구상이 향촌사회의 현실과 밀착되어

---

2 《목민심서》 호전 6조 호적.

3 조선 후기 호적에 대한 근자의 연구현황과 쟁점에 대해서는 다음 논고가 참조된다. 송양섭, 〈조선후기 신분·직역 연구와 '직역체제'의 인식〉, 《조선시대사학보》 34(2005); 권내현, 〈조선후기 호적·호구의 성격과 새로운 쟁점〉, 《한국사연구》 135(2006); 권내현, 〈조선후기 호적에 대한 이해—논쟁과 쟁점〉, 《한국사연구》 165(2014); 손병규, 〈산 자와 죽은 자의 기재—호적과 족보에 대한 인구역사학의 관점〉, 《조선시대사학보》 79(2016.); 권기중, 〈조선후기 호적연구의 현재와 향후과제〉, 《대동문화연구》 100(2018).

일관되면서도 정연한 학적 체계를 갖추고 있었던 만큼 그 내용에 대한 검토는 정약용의 언설을 활용한 기존 연구의 타당성 검증은 물론 조선왕조 호정 전반에 대한 이해에 다가갈 수 있는 중요한 실마리를 담고 있을 수 있다. 수령을 중심으로 한 지방행정운영에 대한 정약용의 개혁 구상은 개별 사안에 대한 기능적 효율뿐 아니라 자신이 그리는 목민관에 대한 이상적 모델을 바탕으로 지역사회의 구체적인 현실 속에서 철저히 순속적 형태로 개진되어 있다.[4] 이는 호구문제에 대한 그의 구상에서도 예외 없이 관철되고 있었던 바, 《목민심서》 호적조에 담긴 군현 차원의 호구운영론을 당대 현실의 구체성을 바탕으로 맥락화하는 작업이야말로 정약용 개혁안이 가지는 성격을 가늠하고 조선왕조 호정의 운영원리에 대한 시사를 얻을 수 있는 하나의 방편이 아닐까 생각된다.

2. 핵법의 원칙과 관법의 순속

호구운영과 관련된 《목민심서》의 내용에서 가장 주목되는 것은 조선왕조의 호구운영 방식을 관법(寬法)과 핵법(覈法)으로 나누어 설명하고 있는 점이다. 널리 알려진 것이지만 정약용의 이러한 언급은 호적대장에 나타난 호구등재의 부분성이 단순히 불법이나 폐단이 아닌 국가적 차원의 호구운영이 가진 복합적 성격을 드러내고 있음을 일정하게 시사한다.

> 핵법이란 것은 1구도 구부(口簿)에서 빠뜨리지 않으며 1호도 호부(戶簿)에서 누락시키지 않아, 호적에 오르지 않은 자는 피살되어도 검험(檢驗)치 않으며 겁탈을 당

4 《목민심서》에 담긴 정약용의 수령인식과 '因時順俗'的 입장에 대해서는 송양섭, 〈《목민심서》에 나타난 다산 정약용의 '因時順俗'的 지방재정 운영론〉, 《다산과 현대》 7(2014); 송양섭, 〈《목민심서》에 나타난 정약용의 수령인식과 지방행정의 방향〉, 《다산학》 28(2016) 참조.

해도 송사할 수 없게 되어, 호구의 실수(實數)를 밝히기에 힘써 엄한 법으로 단속하는 것이다. 관법(寬法)이란 것은 구(口)마다 반드시 다 기록하지는 않으며 호마다 반드시 다 찾아내지는 않아서, 리(里) 가운데 스스로 사사로운 장부[私曆]를 두고 요역과 부세를 할당하고, 관(官)에서는 그 대강을 잡아 도총(都總)을 파악하되, 균평히 되도록 힘써 너그러운 법으로 이끌어 가는 것이다.[5]

핵법은 사소한 누호(漏戶) · 누구(漏口)도 허용하지 않는, 사실상 호구에 대한 전수파악을 의미하는 것으로 누적(漏籍)된 자는 살인 · 강간과 같은 범죄행위에 노출되더라도 법적 보호를 받지 못하는 등 엄격한 규제를 수반하는 강력한 호구수괄책을 말했다. 반면 관법은 호구를 샅샅이 조사하지 않고 마을 자체의 호구파악 장부를 통해 요역과 부세를 할당하고 관(官)에서는 이를 용인하여 대강의 총액을 잡아 균평하게 조정하는 제한된 호구파악 방식이었다.

핵법과 관법의 두 가지 호구파악 방식은 합법 · 불법으로 나눌 수 없는 각기 나름의 근거와 정당성을 가지고 있었다. 핵법의 경우 《주례》의 "사람이 태어나는 대로 호적에 올려 천자에 바치고 하늘에 아뢰어 하나도 빠뜨리지 않는다"[6]는 언명과 같이 국가운영의 대원칙이자 지향으로 제시되었다. 왕조정부의 호구운영도 엄격한 법적 규제를 통해 1구 · 1호의 누락도 용인하지 않는 핵법적 원칙을 기본으로 했다.[7] 관법의 경우, 춘추시대 진(晉)의 윤탁(尹鐸)이 진양(晉陽)의 지방관으로 호수를 줄여 민심을 얻음으로써 보장(保障)을 튼튼히 했다는 고사가 전형적인 사례로 회자되면서 양민(養民)을 위한 부세감면책의 상징으로 간주되었다.[8]

---

5 《목민심서》 호전 6조 호적.

6 《목민심서》 호전 6조 호적.

7 호구의 누락과 은닉에 대한 처벌규정은 《受敎輯錄》 · 《新補受敎輯錄》 · 《大典通編》 · 《甲午式戶籍事目》 · 《戶籍謄關冊》 등에 상세하게 규정되어 있었다.

8 윤탁의 고사는 《國語》 晉語 9에 수록된 것으로 다음의 몇 가지 사례를 통해 인용의 맥락을

핵법과 관법은 서로 모순되는 듯하지만 왕조의 호정은 두 가지 측면이 '법제와 현실' 또는 '원칙과 순속'의 차원에서 공존하고 있었다. 왕조정부가 표방한 핵법적 원칙은 끝까지 포기되지 않았지만 현실과 만나면서 실현 불가능한 이상으로 전화되었고 인정(仁政)에 위배되는 것으로까지 인식되었다.[9] 실제 인구수의 반 정도에 불과한 조선왕조의 호총·구총은 밑으로부터 원호(元戶)의 형태로 충당되고 나머지는 적외호(籍外戶)로 남아 양자의 등재·탈락이라는 순환구조 속에서 운영되고 있었던 것이다.[10] 핵법의 원칙은 법적인 지향이자 이상으로 강조되었지만 지역에 따라 여러 가지 형태로 적용된 관법의 방식이야말로 호구운영의 구체적 현실이었다. 정약용은 이를 두고 다음과 같이 말하였다.

> 지금 만약 정전(井田)의 토지가 제도대로 되어 있어 세렴(稅斂)이 지나치지 않으며 9부(賦)가 법대로 행해져 요역이 번거롭지 않다면 호구를 샅샅이 조사해도 백성이 놀라지 않을 것이니, 핵법을 쓰기 어렵지 않을 것이다. 온 나라가 그렇지 못한데 한 읍의 수령이 홀로 핵법을 쓴다면, 부역이 날로 많아져 소란과 원망이 날로 일어날 것이며, 아전이 그에 따라 농간질하고 백성이 뇌물을 가져다 바쳐야 할 것이니, 이는 태평한 세상에 까닭 없이 난리를 일으키는 일이다. 그러니 오늘날의 수령 된 자

파악할 수 있다. 《영조실록》 권124, 51년 1월 23알 신미; 《승정원일기》 1282책, 정조 21년 10월 9일; 《승정원일기》 1790책, 정조 22년 4월 10일.

9 호구수괄에 대한 사회적 금기는 다른 문명권에서도 동일하게 포착된다. 예컨대 이스라엘에 대한 다윗왕의 병적조사가 매우 사악한 것으로 간주되어 야훼로부터 참혹한 재앙을 받았다는 구약의 고사는 서구문명에서 인구조사를 죄악시하는 전통을 만드는 데 크게 기여하였다. 중국도 다르지 않았다. 淸代 陳宏謀는 保甲制가 지역주민을 과도하게 파악하는 것을 경고했거니와 당시 인구기록 중에는 이전 수치를 누차에 걸쳐 그대로 적고 있는 사례도 어렵지 않게 찾아볼 수 있다. 전통사회의 인구조사는 동·서양을 막론하고 현실의 인구수와 무관하게 다양한 방식으로 이루어졌고 그 목적에 부합하는 수치만 얻으면 그뿐으로 강력한 호구파악에 대한 터부는 여러 문명권에서 포착되는 보편적 관념이었다(I. B. 코언, 《세계를 삼킨 숫자이야기》, 김명남 옮김, 생각의 나무, 2005; 허핑티, 《중국의 인구》, 정철웅 옮김, 책세상, 1994). 조선왕조 인구파악의 부분성도 하나의 비교사적 유형으로 이러한 사회·문화적 보편성에서 특별히 벗어난다는 증거를 찾아볼 수 없다

10 호적대장연구팀, 《단성호적대장연구》, 2003, 성균관대학교 출판부.

는 호적을 오직 관법에 따를 것이다.[11]

정전제의 토지개혁이 실현되어 부세가 엄정하게 운영된다면 핵법을 적용해도 문제가 없으나 그렇지 않은데도 수령 차원에서 독단적으로 핵법을 적용한다면 부역의 과중함과 이서의 농간으로 갖가지 문제가 초래되리라는 것이다. 정전제의 실현이 무망한 만큼 관법을 현실적인 방안으로 인정한 셈이었다. 정약용의 주장은 지극히 순속적인 태도로 왕조정부의 그것과 사실상 궤를 같이했다. 그는《경세유표》에서 국가의 법제가 완비된다면 일체의 누호 · 누구를 허용하지 않는 핵법을 '나라를 다스리는 대도(大道)'라고 하였지만[12] 실제로는 '호구증'을 '포악한 임금과 탐오한 관리가 부세액수를 늘리고자 하여 호수를 쪼개 벌리는 것'이라고 비판하였던 것이다.[13]

이러한 인식을 기반으로《목민심서》에서는 '습속에 순응하는 작은 규정'으로 관법의 현실을 적극적으로 받아들인 위에 호구파악과 운영에 얽힌 구체적인 문제를 해결하는 데 집중하였다.[14] 여기에서 수령의 역할은 무엇보다 중요했다. 18세기 이후 왕조의 지역지배 방식이 변화함에 따라 목민관으로서의 위상이 더욱 강조된 수령은 위로 국왕의 명령에 대한 충실한 이행뿐 아니라 지역민의 여론을 수렴해 이를 읍정(邑政)에 적극적으로 반영하지 않으면 안 되는 존재였다. 민의 요구가 분출하고 관민간의 접촉면이 넓어짐에 따라 수령들은 좋은 평판을 얻기 위해 '요예(要譽)' · '간예(干譽)' 등으로 불리우는 선심성 시책을 펴기에 바빴다. 이러한 상황에서 '유능한' 수령의 중요한 조건 중 하나가 중앙의 명령과 지

11 《목민심서》 호전 6조 호적.

12 《경세유표》 제13권 지관수제 호적법;《목민심서》 제6부 호전 6조 호적.

13 《경세유표》 제13권 지관수제 호적법.

14 《목민심서》 호전 6조 호적.

역민의 요구를 적정선에서 절충하는 수완을 갖추는 것이었다.[15]

중앙의 지침에 의해 군현 단위로 내려온 호총이 촌락별로 분배·조정되는 단계에서 호구의 파악은 온전히 수령을 중심으로 한 지역사회의 독자적이고 자율적 영역에 맡겨지게 된다. 여기에서 주안점은 호총이 면별·동리별로 균평하게 분배되어 잡음이 없도록 하는 데 맞추어졌다. 이 과정에서 취해야 할 수령의 태도는 다음과 같았다.

> 대저 한 고을의 수령이란 그 이름과 지위가 원래 가벼운 것이니, 일을 처리함에 있어서도 너무 준엄하게 해서는 안 되는 것이요, 임금이 법을 세우거나 어사가 법을 집행하는 경우와는 같을 수가 없다. 모름지기 구분(九分)의 경지에는 이르도록 하되 그래도 일분(一分)의 미흡함은 남겨 두어야만 될 것이다. 만일 수령의 위엄이 확립되고 혜택이 베풀어져 아래 백성들이 이미 순종하는 경우에는 비록 십분(十分)의 경지에 이르더라도 좋을 것이다.[16]

군현이라는 공간적 한계와 임기라는 시간적 제약은 수령을 규정하는 원초적 조건이었다. 위로부터의 정령과 지역민의 이해 사이에서 적정의 균형을 잡지 않으면 안 되는 수령에게 지나치게 엄중한 법령 집행은 금기시되었을 뿐 아니라 가능하지도 않았다. 물론 수령의 위상이 확고하여 정령이 제대로 관철될 경우에는 원칙대로 할 수 있다고 했지만[17] 그것은 어디까지나 가정에 지나지 않았다.

특히 정약용은 호적관련 법규가 오히려 지역사회의 호적개수와 호구운영에 악영향을 미칠 것을 우려하여 감영에서 관례적으로 내려오는 호

---

15 구완회, 〈조선후기의 수령제 운영과 군현지배의 성격〉, 경북대학교 박사학위논문, 1992; 송양섭, 〈조선시대 관권과 사족, 타협과 충돌〉, 《역사비평》 65(2003.)

16 《목민심서》 호전 6조 호적.

17 《목민심서》 호전 6조 호적.

적사목과 관련된 관문은 민간에 포고하지 않는 것이 좋다고 권고하였다. 엄격한 내용으로 채워진 호구관련 법규가 사실상 사문화되었던 만큼 이를 민간에 알리는 것은 오히려 정부에 대한 불신만 키우고 국법을 두려워하지 않게 되는 등 부작용만 초래할 것이라고 하였다. 아전들은 이를 빌미로 백성을 협박하여 토색질을 자행하기 십상이었다.[18]

이와 같이 정약용은 왕조의 호구정책이 가지는 복합적인 측면, 즉 서로 모순된 것처럼 보이는 관법과 핵법이 상호작용하면서 중층적으로 운영되고 있음을 분명하게 전제하고 이를 바탕으로 군현 차원의 호구운영론을 전개하고 있다. 국법상의 원칙은 일체의 호구누락을 허용하지 않는 핵법을 표방했지만 현실에서의 적용은 어려운 것이었고 실제로는 다양한 방식의 관법적 호구파악이 지역별로 채택되고 있었다.

정약용도 이와 마찬가지로 국가운영의 대원칙으로 핵법을 강조했지만 실제 군현 차원의 호구운영에서는 관법의 순속을 지지하면서 운영상의 문제를 해결하는 데 집중하고자 했다. 군현 차원 호구운영의 핵심적 역할을 담당한 수령은 중앙정부의 명령과 지역민의 요구 사이에서 적절한 절충의 수완을 발휘하는 것이 중요한 덕목이었다. 수령에게는 자신의 권한 내에서 동리별로 균평하게 호총을 분배하되, 지역사회에 부담이 가중되거나 갈등이 일어나지 않도록 너그러운 태도를 취하는 것이 중요한 미덕으로 강조되었다.

3. 호적개수와 호구파악의 현실

수령의 주관하에 이루어지는 군현 차원의 호구운영은 면별 호총을 배정

18 《목민심서》 호전 6조 호적.

하고 이를 다시 각 동리에 할당하는 형태로 이루어졌다. 이 과정에서 면별 · 동리별 호총은 관민 간 절충과 타협을 통해 확정되어 호적에 등재되었다. 앞서 정약용이 관법의 핵심을 '리(里) 가운데 스스로 사사로운 장부를 두고 요역과 부세를 할당하'는 형태로 규정한 데서 보듯 마을 내부의 자율적 영역에서 이루어진 호구파악을 그대로 용인하는 방식이었다.

비슷한 시기 경상도 경산의 경우 식년의 호구단자 수합을 각리(各里)의 적유사(籍有司)에게 담당시켜 해당 마을의 두민(頭民)으로 하여금 착실하게 거행하도록 하여 면임의 입김을 배제하도록 하였고[19] 1887년 식년을 앞둔 평안도 성천부는 두민(頭民)들이 모여 공의(公議)를 거쳐 적합한 호(戶)를 세우고 파기할 호(戶)는 파기하는 형태로 초호(抄戶)하였다.[20] 하지만 현실은 그리 녹록지 않았다.

> 본현(本縣)의 호적이 오랫동안 문란했고 그에 따라 아전의 농간이 있어 백성의 부담이 고르지 못하였다. 부실(富實)한 마을에는 해마다 여러 호가 줄어들고 쇠잔한 마을에는 해마다 여러 호가 늘어나 이것을 몰아 요역이 없는 마을에 집어넣는다. 이 때문에 허호(虛戶)는 쌓이고 실역(實役)을 지는 호는 줄어드니 백성의 실정을 생각하매 지극히 온당치 못하다.[21]

중앙으로부터 내려오는 호총이 일정하다 하더라도 군현 내부에서 면을 거쳐 동리 단위로 배정되는 과정에서 부유한 마을과 그렇지 않은 마을 간의 불균등으로 허호(虛戶)가 쌓이는 등 적지 않은 문제가 발생한다는 것이다. 이는 주로 호적 업무를 담당한 적리(籍吏)와 촌락민 사이에 나타났는데 이 때문에 정약용은 호구파악과 호적개수 과정에서 '아전의 횡

19 《玉山文牒抄》〈戶籍事傳令各面〉.

20 《戶籍所謄錄》丁亥 6月 初5日.

21 《목민심서》호전 6조 호적.

포와 농간이 끝간 데를 모르게 되었다'고 했던 것이다.[22]

정약용은 당시 호구파악 과정에서 나타나는 적리(籍吏)와 촌락 사이에서 벌어지는 문제를 구체적으로 소개했는데 이는 다음과 같다. 식년을 맞아 적리가 부촌을 골라 10호를 증호하겠다고 위협한다. 해당 마을의 호민(豪民)은 마을민에게 10호를 증호하면 1년에 100냥, 3년이면 부담이 300냥이나 되니 1/3정도인 100냥으로 일을 해결하겠다고 설득한다. 호민은 마을민에게 100냥을 거두어 20냥을 착복하고 80냥을 적리에게 뇌물을 주어 증호를 모면한다. 얼마 되지 않는 증호라도 부담은 매우 커서 1호가 늘어나더라도 마을민은 '동네가 망했구나. 예로부터 우리 동네는 3가(家)가 서로 의지하여 1호의 역(役)을 부담해 왔어도 오히려 피를 말릴 지경이었는데 하물며 1호가 더 늘어난다면 누가 감당하겠는가'라고 두려워하면서 '송아지나 솥이라도 팔아' 호적청에 뇌물을 주고 증호를 모면한다. 하지만 군현에 부과된 호총은 그대로였기 때문에 해당 마을을 떠난 증호분은 군현내 다른 마을로 전가되었다.

다른 마을의 호총을 떠안은 마을도 가만히 있을 수 없었다. 이들도 호적청에 뇌물을 주고 다른 마을로 증호분(增戶分)을 넘겼다. 정약용은 '모래처럼 쌓이고 쑥대처럼 굴러다니며 구름과 안개처럼 변한'다고 호총이 옮겨 다니는 모양을 묘사했다. 연쇄적인 감호로 끝내 전가할 곳을 찾지 못하면 읍성(邑城)·교촌(校村)·진촌(鎭村)·참촌(站村)·사촌(寺村) 등 제역촌에 증호분을 배정하거나 부자 7인으로 7호를, 형제 5인으로 5호를 만드는 식으로 호를 쪼개고, 그래도 부족할 경우 허호를 만들어 호총을 채워 넣었다. 이 때문에 극단적으로 가좌수가 100가인데 호는 10도 되지 않거나 반대로 가좌수가 3가인데 호총은 9호가 되는 경우까지 있다고 하였다. 환곡·민고 등의 부담도 불균등해질 수밖에 없었다.[23]

---

22 《목민심서》 호전 6조 호적.

23 《목민심서》 호전 6조 호적.

이상의 사례는 당시 광범위하게 이루어진 하나의 관행으로 딱히 불법으로 규정하기 어려운 측면도 있었다. 1888년 경상도 영해부의 사례를 보자. 혹독한 재해로 중앙정부는 영해부에 대해 대폭적인 호총감액을 허용한 상태였지만 부사의 부재를 틈타 호적색 윤일찬은 마음대로 호총을 올려 잡고 이를 근거로 호구단자 제출을 독촉하였다. 이 과정에서 상당수의 마을은 돈을 주고 호총을 줄여 받은 반면 이에 응하지 않은 몇몇 마을은 증호(增戶)를 감수해야 했다. 하지만 약속과는 달리 춘포전(春布錢)이 올려 잡은 호총을 기준으로 부과되자 참다못한 영해부민들은 수뢰액수와 감호(減戶)·증호(增戶) 내역을 조사하여 윤일찬이 호총을 조작하여 막대한 금액을 착복했다고 하면서 지역의 대표적인 반촌(班村)인 괴시리를 중심으로 등소운동을 전개하기에 이른다.

마을민들은 호총의 불법감축, 막대한 액수의 수뢰, 호구단자의 허위작성 등으로 윤일찬의 범법행위를 요약하면서 그 처벌과 호총의 원상회복을 촉구하였다. 하지만 감사의 처벌지시에도 영해부사의 태도는 미온적이었다. 당시 쟁점은 주로 증호의 명분과 호구파악의 적실성 여부 등이었다. 이후의 추이는 불분명하지만 영해부의 호구분쟁은 정약용이 제시한 사례와 완벽하게 닮아 있다는 점에서 이것이 특정 지역의 예외적인 사례가 아니라 전국적으로 만연한 문제였음을 알 수 있다.[24]

---

24 송양섭, 〈1888년 영해부 호구분쟁에 나타난 戶政運營의 일단—호적색 윤일찬의 '捧賂減戶'에 대한 마을민의 등소 사례〉, 《조선시대사학보》 82(2017). 당시 향촌사회의 호구운영에서 나타나는 문제를 경산 지역의 사례에서는 幷戶·挾戶·頉戶·漏戶·縮戶 등의 문제로 요약하고 있다. 幷戶는 '土豪武斷의 무리들'이 洞中을 핍박하여 재산과 家座가 별도인 가족·친척을 자신의 솔하에 넣는 형태이고 挾戶란 '마을의 奸細한 무리들'이 세력 있는 집과 결탁하여 奴屬이나 婢夫라고 핑계대고 戶로 거느리는 방식이며 頉戶는 향교와 서원 인근의 마을이 支站里를 도와준다는 구실로 향교촌이나 서원촌에 들어가 호구에서 면탈되는 것을 말한다. 漏戶는 어느 정도 경제력을 갖춘 부류들이 戶役을 피하기 위해 뇌물을 주고 邑屬과 결탁하여 호적에서 빠지는 것을 지칭하며 縮戶는 마을일을 주관하는 자가 收單有司를 담당하여 과도한 호총을 줄여 준다는 명목으로 마을민에게 일정액의 금품을 거두어 해당 서리에게 접대와 금품을 제공하고 마을의 호총을 감액받는 형태를 말한다. 줄어든 호총은 虛戶나 驛屬·僧侶·匠人 등 잡역과 무관한 호로 채워 넣는 경우가 대부분이었다(《玉山文牒抄》〈戶籍事傳令各面〉). 이를 통해 정약용이 지적한 문제나 영해부의 사례가 '縮戶'의 유형

정약용은 호적개수 과정에서 호적색이 큰 고을은 10,000냥, 작은 고을이라도 3,000냥 정도를 편취할 수 있기 때문에 식년이 되면 호적색을 차지하기 위해 이서들간에 치열한 경쟁이 벌어진다고 하였다. 직임을 이용해 확보한 막대한 자금은 상당부분 요로에 대한 청탁자금으로 쓰여졌다. 정약용은 '온 고을이 떠들썩하게 추악한 소문이 들끓는데', '수령이 적리(籍吏)를 차임하는 시초에 이미 그의 뇌물을 받았으니, 공무를 행하는 날에 어찌 그의 농간을 막을 수 있겠는가?'라고 한탄하였다.[25] 뇌물로 엮여 있는 수령이 호적색의 횡포를 어쩌지 못하는 것은 당연했다.

호적단자를 거두고 다시 돌려줄 때 받는 예전(禮錢)도 문제였다. 호적단자(草單)를 거둘 때 호적청은 마을별로 5-6냥을 거두고 포촌(浦村)이나 점촌(店村)도 10냥을 내지 않으면 호적단자를 받아주지 않았다고 하였다. 심지어 호별로 1냥씩 거두기도 했다. 예전(禮錢)은 사족(士族)·향족(鄕族)을 가리지 않았다. 수단시(收單時)에 적리(籍吏)·적감(籍監)·적노(籍奴)·적예(籍隷)들은 '손을 뻗치고 눈을 부라리며 그 아비나 할아비를 들추다가 성에 차지 않으면 그 아비의 이름을 들먹이며 욕하'는 등 공포 분위기가 조성되었다.

호적이 완성되면 호적청은 별도로 좋은 종이에 1통을 정서하여 도장을 찍고 수결을 받아 성첩(成帖)하는데 이것이 바로 정단(正單)이다. 이때에도 감고(監考)는 마을마다 흩어져 나가 돈을 1-2냥 토색하는데 '욕심

에 속하는 것임을 알 수 있다. 抄戶 과정에 나타나는 이상의 문제 외에도 많은 폐단이 있었지만 이러한 양상은 기본적으로 호구파악의 부분성과 호 편제과정에 가해지는 일정한 작위로 인해 발생할 수밖에 없는 구조적인 문제로 보아야 할 것이다. 한편, 지역의 구체적인 현황과 실무를 상세히 파악하기 어려웠던 수령과는 달리 이서들은 관내 가호의 세세한 부분까지 파악하고 있는 데다가 지역사회의 인적인 네트워크까지 광범위하게 구축하고 있었다. 이들 이서의 협조 없이는 호구운영은 물론 읍정도 사실상 불가능했다. 지역사정에 정통한 이서층이 자신이 가지고 있는 정보를 편의에 따라 핵법적으로 활용하는 경우가 적지 않았는데 호적을 둘러싸고 광범위하게 자행된 부정행위는 이러한 현실에서 필연적이라 해도 좋았다. 지방사회 이서들의 업무와 존재 양태에 대한 구체적인 고찰은 권기중, 《조선시대 향리와 지방사회》, 경인문화사, 2010 참조.

25 《목민심서》 호전 6조 호적.

을 채우지 못하면', '욕질을 하고', '술이나 생선을 대접해도 버티고 있다가 뜻을 이루고 난 뒤에야' 다른 곳으로 갈 정도였다고 한다. 정약용의 말대로 '천하의 해독'이었다.[26]

정약용은 호적의 문제 중 누호(漏戶)·누구(漏口)와 실체가 없는 허호(虛戶), 이중으로 기재된 첩적(疊籍), 직역명의 허위기재가 가장 심각하다고 지적했다.[27] 호구의 누락과 허호(虛戶)의 실태에 대해서는 앞서 언급한 바 있거니와, 노직(老職)을 노리고 나이를 높이거나 군역의 개첨(改簽)에 들어가는 비용을 피하기 위해 나이를 낮추기는 예사이고 허위로 관작(官爵)을 꾸미거나 홀아비를 칭하는가 하면 거짓으로 과적(科籍)에 이름을 올리는 등 광범위하게 자행된 허위정보의 기재도 문제였다. 대부분 군역회피가 목적이었다. 허위정보라도 한 번 호적대장에 올라 수십 년의 시간이 지나 대가 갈리면 기정사실로 굳어져 이후 적발되더라도 오히려 억울함을 호소할 정도였다.[28] '환과고독(鰥寡孤獨)'류(類)의 사례를 보자.

> 홀아비나 과부라는 것은 곤궁한 자의 명칭이요 직(職)도 아니고 역(役)도 아닌데 어찌 스스로 칭할 수 있겠는가? 호적에 처가 없으면 스스로 홀아비임이 밝혀질 것이니, 하필 머리에다 표방할 것이겠는가. 과부도 역시 그러하니, 스스로 양녀(良女)라 칭하면서 호적에 지아비가 없다면 저절로 과부임이 밝혀질 것이다. 과부는 원래 호주(戶主)가 될 수도 없다.[29]

---

26 《목민심서》 호전 6조 호적. 식년초 수령이 관내에 호적개수를 알리면 민간에서는 호별로 호구단자 2통을 草單의 형태로 제출하였는데(納籍) 관에서는 이를 받아 지난 식년의 호적과 대조하여 正單 1통을 만들어 각호로 내려 보냈다(頒籍). 나머지 1통은 해당 식년 호적 작성의 자료로 활용하였다. 納籍을 통해 草單이 수합되어 頒籍의 절차로 正單을 돌려줌으로써 戶摠은 마감되었다. 草單·正單의 절차를 비롯한 호적개수과정에 대해서는 최승희, 〈호구단자·준호구에 대하여〉, 《규장각》 7, 1983; 山内弘一, 〈李朝後期の戶籍編成について特に地方の場合お中心に〉, 《朝鮮後期の慶尙道丹城縣における社會動態の硏究》, (II), 1997; 권내현, 〈조선후기 호적의 작성과정에 대한 분석〉, 《대동문화연구》 39(2001) 참조.

27 《茶山詩文集》 第9卷 議 〈戶籍議〉.

28 《목민심서》 호전 6조 호적.

홀아비(鰥) · 과부(寡) 등을 호적에 등재하는 것이 기형적인 것이라고 하면서 배우자가 기재되어 있지 않으면 홀아비 · 과부임이 자명한 데다가 원칙적으로 주호가 되어서는 안 되는 과부로도 거리낌 없이 입호(立戶)하고 있었던 현실을 비판하고 있다.[30] 특히 문제가 된 것은 '모칭유학(冒稱幼學)'이었다.

> 과거에는 향거(鄕擧)의 법이 없는 까닭에 무람없고 잡스러운 자들이 모두 과장(科場)에 출입하며 이로 말미암아 유학(幼學)을 모칭하는데, 비록 공천·사천일지라도 모두 다 모칭할 수 있다. 장차 온 나라의 백성이 모두 유학이 될 것이니 명분이 없어지고 어지러워짐이 이보다 심할 수 없다. 관자(管子)가 귀인(貴人)이 많으면 그 나라가 가난하게 된다고 하였는데, 우리나라를 두고 이른 말이다.[31]

과거응시 자격에 사실상 제한이 없기 때문에 누구나 과장(科場)에 출입하고 이들은 이를 빌미로 유학을 모칭한다는 것이다. 심지어 천인들까지 유학을 모칭하여 '장차 온 나라의 백성이 모두 유학이 될' 정도였다. 이상에서 살펴본 바와 같이 수령의 주관하에 해당 지역에 할당된 호총은 면을 거쳐 동리에 배정되면서 이서의 농간으로 인한 촌락 간 호총의 불균과 각종명목의 토색으로 인한 문제는 거의 일상적이었다. 실무자가 뇌물을 받고 부과된 호구수를 조작하면 해당 호구수는 허호의 형태로 마을을 옮겨 다녔다. 이는 사실상 전국적인 현상으로 수령들도 어쩌지 못하는 문제였다. 누호 · 누구와 함께 군역 · 부세 회피를 위한 호적대장상의 허위정보 기재도 관법의 현실이 보여 주는 일종의 난맥으로 정약용이

29 《목민심서》 호전 6조 호적.

30 여성 주호 문제에 대해서는 김경란, 〈조선후기 단성현호적대장의 여성파악실태 연구〉, 고려대학교 박사학위논문, 2003 참조.

31 《목민심서》 호전 6조 호적.

심각하게 인식한 사안이었다. 이제 초점은 현실의 관법을 어떠한 형태로 개선하여 운영상의 문제를 최소화할 것인가에 맞추어질 수밖에 없었다.

4. 가좌의 작성과 입호(立戶) 방식

정약용은 누호(漏戶) · 누구(漏口)를 금지하고 가호(家戶)와 남정(男丁)을 조사하는 등 엄한 수괄책을 쓰거나 문서를 대조하고 호적을 검사하여 공문을 어지럽게 왕래하는 것은 하책(下策)이라고 하면서[32] 호구운영의 현실과 문제점을 고려한 위에 수령의 권한 내에서 취할 수 있는 구체적이면서도 효과적인 개선책을 강구하고자 하였다. 이에 따라 호적개수 시 행정절차를 재정비하고 여기에 맞추어 단계별로 취해야 할 조치를 상세히 제시하였다.

우선 수령은 부임 후 10일이 경과하면 노숙한 아전 몇 명을 불러 해당 군현의 지도를 작성하도록 하였다. 지도는 주척 1척=10리를 기준으로 산림 · 구릉 · 천택 등 자연지리적 요소를 바탕으로 100가 마을은 '△' 100개, 10가 마을은 '△' 10개, 3가 마을은 '△' 3개 등으로 가호수를 샅샅이 표시하고 기와집은 푸른색, 초가집은 황색, 산은 초록색, 도로는 붉은 색으로 채색하여 사실에 입각하여 성실하게 작성하도록 하였다. 지도는 벽에 걸어 놓고 행정에 수시로 참고하도록 하였다.[33]

여기에서 정약용이 가장 중시한 것이 바로 가좌책이었다. 정약용은 "호적을 정비하기 위해서는 먼저 가좌를 살펴야 하"며 "허실을 두루 알아야 이에 호수를 증감할 수 있다"고 하면서 이를 적극적으로 활용해야 한다고 역설하였다. 부임초의 지도작성도 가좌책을 만들기 위한 기초 작

---

32 《茶山詩文集》第9卷 議 〈戶籍議〉.

33 《목민심서》 호전 6조 호적.

업이었다. 가좌책에는 통호(統戶), 호주(戶主)의 직역·성명·나이, 솔하의 자(子)·제(弟)·질(姪)·고공(雇工)의 성명·나이, 가사(家舍)·행랑(行廊)의 칸수, 전답유무와 규모, 우마수(牛馬數) 등이 기재되었다.[34]

원칙적으로 가좌책은 해당 가호의 주거형태와 경제력 등 폭넓은 정보를 담아 호적대장의 원천자료로 기능하도록 했다. 당시 목민서에 '경내 민인에 대한 인구(人口)의 다과와 가계의 빈부(貧富)를 상세히 파악하'기 위해 가좌법을 통해 '군역, 환곡, 부역, 진휼 등을 비롯한 제반 업무에 빈번하게 참고해야하는 것'으로 '털끝만 한 거짓도 없이 한자 한자 실총(實摠)대로 한다면 다스림의 요체는 여기에서 벗어나지 않을 것'이라고 한 것이 그 예이다.[35] 수령에게 가좌책은 '최초(最初)의 대정(大政)'으로 지역 실정의 파악을 위한 기초자료였던 것이다.[36] 하지만 현실은 이와 달랐다.

> 가좌부란 것은 내가 처음으로 만든 바가 아니요 이전 수령들도 만들지 않은 자가 없었다. 특히 그 권수가 조잡하고 많은 까닭에 이전 수령은 다만 벽이나 발랐지 민간 물정에는 그대로 몽매했던 것이다.[37]

당시 가좌책은 조잡하고 방만한 데다가 분량도 많아 수령들이 활용할 수 없는 실정이었던 것이다. 현존하는 가좌책의 상당수는 수령은 물론 이서나 군교 등 실무자들에 의한 작위가 가해지기 십상이라 호적과 별반 차이없이 관법적 방식으로 작성된 것이 대부분이었다.[38]

---

34 《甲午式成冊規式》.

35 《牧綱》, 家座法.

36 《居官大要》 戶籍; 《居官大要》 家座法.

37 《목민심서》 호전 6조 호적.

38 《居官大要》, 家座規式. 家坐冊에 대해서는 다음과 같은 연구가 있다. 《林川郡家座草冊》을 분석한 김선경, 〈조선후기 조세수취와 면리운영〉, 연세대학교 석사학위논문, 1984; 김용

정약용은 가좌책이 호(戶)와 정(丁)을 샅샅이 수괄하거나 부세를 늘리기 위해서가 아니라 민의 구체적인 실태를 파악하기 위해 만드는 것이라고 강조하면서 사실에 입각하여 이를 철저히 작성하도록 하였다. 가좌책의 정보는 송사나 살옥검험(殺獄檢驗) 등이 있을 경우 검증하여 사실과 다를 경우 처벌하도록 하였다. 이 같은 방안은 곡산부사 시절의 경험을 토대로 한 것이었다.[39]

가좌책이라는 것은 송나라 사람들의 이른바 침기부(砧基簿)이다. 침기부에는 원래 토지와 자산을 기록하되 아무리 미세한 것일지라도 빠뜨림이 없는 법이니, 이제 가좌책도 역시 그와 같이 할 것이다. 호적은 비록 관법을 쓰되 가좌책은 반드시 핵법을 쓸 일이니 한 치 한 끝도 어긋나서는 안 될 것이다.[40]

정약용은 송(宋)의 침기부에서 유래한 가좌책에 가호별로 토지와 자산 등 소소한 실태를 모조리 기재하도록 함으로써 그 본연의 기능을 회복하도록 하였다. 가좌책은 명실공히 현실가호를 있는 그대로 파악한 핵법적 장부로서 호구운영의 기초자료가 될 터였다.[41]

이를 바탕으로 정약용은 실무 차원에서 가좌책의 활용도를 높일 수 있는 방안을 제시하였다. 바로 가좌책을 1호당 1행으로 일목요연하게 만

섭, 〈조선후기 無田農民의 문제—《林川郡家座草冊》의 분석〉, 《증보판조선후기농업사연구》, I, 지식산업사, 1995과 《求禮吐旨面家座姓名成冊》을 분석한 이종범, 《19세기 후반 부세제도의 운영과 사회구조—전라도 구례현의 사례〉, 《동방학지》 89 · 90(1990), 순천부가좌책을 살핀 허원영, 〈18세기 후반 순천부 농민의 존재양태와 농업경영; 《순천부서면가좌책》(1744) 분석을 중심으로〉, 《역사문화연구》 47(2013), 진주 대곡리의 가좌책을 분석한 송양섭, 〈1838년 진주 대곡리의 군역운영과 里中=面中의 역할〉, 《장서각》 50(2023) 등이 그것이다.

39 정약용의 곡산부사 재임기간은 1797년 윤6월 22일-1799년 4월 24일이다.

40 《목민심서》 호전 6조 호적.

41 《목민심서》 호전 6조 호적. 남송의 침기부에 대해서는 王瑞蕾, 〈南宋的砧基簿〉, 《인문학연구》 78(2009) 참조.

〈표 1〉 이동리(犁峒里)의 경위표

犁峒里	李世昌	金以得	崔東伊	安尙文	鄭一得	朴起同	趙正七	林汝三	黃世云
品	鄕	良	良	士	良	良	良	私	驛
世	5	3	2	7	當	3	4	2	
客	成川2年				伊川1年				遂安3年
業	農	農	估	科	冶		估	倡	吏
役		布2	布1		錢2	布1	錢1		
宅	5	3	6	7	3	2	8	3	5
田畓	10日	5日		10日			7日	2日	7日
錢			100				100		
丁	3	2	1	3	1		3	2	1
女	2	2	2	2	1		1	2	1
老	男1		男1女1	男1	女1	男1		女1	
弱	男1	女1	男1	女1		男1		女1	
恤(窮)						鰥			
奴	雇2			1			1		
婢				1					
種			梨20						
畜	牛1	小1	馬1	牛1					
船(舟)							中1		
銼					2	1			

든 경위표를 통해 분량은 줄이면서도 실무의 편의성을 높이도록 한 것이다.[42] 정약용은 곡산부사 시절 만들었던 이동리(犁峒里)의 경위표를 〈표 1〉과 같이 제시했다.[43]

42 《목민심서》 호전 6조 호적.

43 비슷한 경위표는 〈戶籍議〉(《茶山詩文集》 卷9, 〈議〉)에도 실려 있는데 이를 《목민심서》의 그것과 대조해 보면 마을명이나 등재인물 등 내용이 거의 비슷하지만 몇 가지 차이도 발견된다. 가령 《목민심서》가 品·世·客·業·役·宅·田畓·錢·丁·女·老·弱·恤(窮)·奴·婢·種·畜·船(舟)·銼 등으로 항목을 구분하고 있는데 반해 〈호적의〉에서는 客·種이 없고 田畓을 田과 畓으로, 畜도 牛와 馬로 구분하고 있다. 항목 내 정보도 業 가운데 농업을 農이 아닌 田으로, 田畓은 日耕이 아닌 斗落을 단위로 기재하고 있다. 役도 布錢의 구분이 없으며 舟는 大·中·小로 나누지 않고 있다. 일부 수치도 다르다. 어쨌든 이러한 정황은 《목민심서》의 경위표가 〈호적의〉의 그것을 저본으로 하고 있을 뿐 아니라 이

〈표 1〉에서 보는 바와 같이 1행에 1호의 정보를 기재하는 방식으로 주호(主戶)의 이름 아래 신분이나 직역(品), 세거대수(世), 객호(客戶)[客], 생업(業), 군역(役), 가옥의 칸수(宅), 전답(田), 보유금액(錢), 노비를 포함한 호내 솔구의 현황(丁·女·老·弱·恤·奴·婢), 재산상태(種·畜·船·銼) 등을 기재하는 방식이다. 가호별(家戶別) 신분·직역과 호내 구수는 물론 토지·가옥 등을 비롯한 자산상태가 망라되고 있음을 알 수 있다. 실제로 현존하는 가좌책 가운데 《순천부서면가좌책(順天府西面家坐冊)》의 경우를 보면, 주호와 솔구의 직역·나이 등과 함께 가옥(형태·자기소유여부·간수), 전답(자기전답·병작여부·소재지·조만종[早晩種] 여부), 노비(상전명·거주지), 우(牛)(세우[貰牛]·관우[官牛] 구분), 마(馬)(자기마[自己馬]·군마[軍馬] 구분)에 대한 상세한 정보가 담겨 있다.[44]

가좌책에 대한 표준화된 양식이 있었는지는 의심스럽지만 정약용이 언급하고 있듯이 자연가호에 가까운 형태로 해당 가호의 경제력을 파악할 수 있는 각종 사항을 기재하는 것이 대략의 지침이었던 듯하다.[45] 이같이 정약용은 지역에 따라 호구파악에 일정하게 활용되고 있었던 가좌책을 핵법의 원칙에 입각한 호적작성의 기초자료로 만들고 열람의 편의성을 높여 호구운영에 적극적으로 활용하도록 했던 것이다.

다음, 지난 식년에 만든 면·리·촌 단위의 '호총대수(戶總大數)'를 가좌책과 대조하여 누락된 것, 허위로 만든 것, 농간을 부린 것, 억울한 것 등 호총부과의 실상을 분명히 파악하여 호적부(戶籍簿)를 작성하는 단

러한 방안이 단순히 정약용 개인의 머릿속 구상이 아닌 스스로 실무에 적용한 경험을 토대로 터득된 것임을 잘 보여 준다.

44 《順天府西面家坐冊》(한국학중앙연구원 소장).

45 당시 가좌책은 어떠한 형태로든 군현내부의 호구파악의 자료로 활용되고 있었던 듯 하다. 1735년 南原의 경우 호총산정에 가좌수를 활용하고 있고(《南原縣牒報移文成冊》 을묘 11월 20일 〈狀巡營〉), 1795년 고령의 경우 壬子式(1792) 戶摠이 2,579호인데 당해년에 2,476호로 줄어들어 相當할 수 없는 상태라고 하면서 당해년 家座成冊에 따라 抄戶하고 있는 것(《疏本各報牒抄》〈抄戶分等論報〉)이 그 예이다.

계를 거쳐 수령은 마을별 호총·구총을 다음과 같이 알리도록 하였다.

유천리는 이제 20호로 책정한다(이전의 호총에는 15호였으나 이제 5호를 더한다).

석천리는 이제 15호로 책정한다(이전의 호총에는 14호였으나 이제 1호를 더한다).

금당리는 이제 12호로 책정한다(이전의 호총에는 30호였으나 이제 18호를 줄인다).

옥산리는 이제 18호로 책정한다(이전의 호총에는 20호였으나 이제 2호를 줄인다).

각 마을별로 해당 식년에 책정한 호총을 제시하고 여기에 앞 식년 호총과 그 증감호수를 주기(註記)하는 방식이었다. 구총(口摠)의 경우, 호총의 증감비율에 맞추어 적정한 수치를 산정, 말미에 제시하도록 하였다. '유천리는 20호이니 이제 남구 39와 여구 41을 책정한다', '옥산리는 18호이니 이제 남구 35와 여구 37을 책정한다' 등과 같은 형태였다. 마을별 호총과 구총이 반포되면 엄격한 금령을 세워 번거롭게 이의가 일어나지 못하도록 하였다.[46]

이같이 확정된 호총과 구총은 마을별로 배정되어 일정한 절차를 거쳐 액수를 채워 내게 된다. 바로 입호(立戶)·초호(抄戶)의 과정이다. 수령의 원활한 지역 통치를 위해서는 지역사회의 현실을 감안한 합리적 입호과정이 무엇보다 중요했다. 이는 위로부터 내려오는 원총에 대응하여 가좌수를 바탕으로 호를 편제하여 충수(充數)하는 절차였다. 가령 원총이 3,000호이고 가좌가 9,000가면 3가당 1호의 비율로, 원총 2,000호에 가수(家數)가 8,000가이면 4가당 1호씩 입호(立戶)하는 식이었다. 원총을 맞추었다고 판단되면 더 이상의 호를 파악하지 말도록 했다.[47]

〈그림 1〉을 바탕으로 이를 더 구체적으로 살펴보자. 가령 마감된 호

46 《목민심서》 호전 6조 호적.

47 《목민심서》 호전 6조 호적. 정약용은 家座戶나 編制戶 모두 '戶'로 표현하였으나 여기에서는 혼동을 피하기 위해 전자를 '家'로 구분하였다.

〈그림 1〉 가좌(家座)와 입호 방식(立戶方式)

총이 4,000이고 가좌책의 가호수가 대가 2,000호, 중가 4,000호, 소가 8,000호라고 한다면 대·중·소의 비율을 4:2:1로 잡아 1호의 기준지수를 6으로 하여 각각 대가 1개와 소가 2개(大家 2,000+小家 4,000=2,000호), 중가 2개와 소가 2개(中家 4,000+ 小家 4,000=2,000호)로 입호하여 총 4,000호를 채워 내는 방식이다. 여기에서 문제가 되는 것은 가호분등(家戶分等)의 기준인데 이에 대해서는 구체적인 언급이 없다. 추측건대 솔구수(率口數)와 경제력, 그리고 지역에 부과된 직역수 등을 종합적으로 고려하여 판단하지 않았을까 생각된다.[48]

구총의 책정도 호총의 비례식에 준하여 이루어졌다. 가령 지난 식년 4,000호에 남구(男口)가 7,800명, 여구(女口)가 8,200명이었다면 1호당 남구 1.95명, 여구 2.05명이므로 20호인 유천리는 남구 39명(20호×1.95구)과 여구 41명(20호×2.05구), 18호인 옥산리는 남구 35명과 여구 37명으로 산정했던 것이다. 호총에 비해 가좌수가 부족할 때는 약간 기준을 바꾸어 소가 4개를 1호로, 중가 2개를 1호로, 대가는 그대로 1호가 되도록 편제하는 형태였다. 이러한 과정을 거쳐 촌락내부의 조정 절차가 진행되었다. 부로(父老)와 사족이 한자리에 모여 부과된 호총에 대응해 입

48 구체적으로 19세기 후반 경상도 언양현의 가좌책과 호적의 비교분석 결과는 이러한 점을 강력하게 뒷받침한다. 이에 대해서는 김건태, 〈조선후기 호적대장 호구차정 원리—언양현 가좌책을 중심으로〉, 《대동문화연구》 110(2020) 참조.

호(立戶)를 논의 · 결정한 후, 7월 15일 내로 호구단자를 거두어 관에 납부하면 바로 도장을 찍어 성첩(成帖)하였다.[49] 정약용은 풍헌 · 약정 없이 '마을 가운데 스스로 사사로운 장부를 두고 요역과 부세를 할당하'는 형태로 순수하게 마을 내부의 자율적인 논의를 거쳐 입호하는 것이 이상적이라고 하였다.[50]

이때에도 가좌책의 정보를 바탕으로 호총 · 구총을 채워 넣되 약간 미흡하더라도 모조리 채우지 말고 여유가 있더라도 추가로 배정하지 말도록 했다. 비례식의 원칙을 지나치게 엄격하게 적용하지 말도록 한 것은 관법의 큰 틀 속에서 지역사회의 급격한 변동이나 민의 부담이 늘어나는 등의 사태를 바람직하지 않은 것으로 간주했기 때문이었다. '천도(天道)의 변화는 점차로 되는 것이요 갑작스럽게 달라지는 것이 아니'었다.[51] 아울러 '호호(豪戶)가 숨겨서 싸고 도는 호(戶)', 향교 · 서원에 소속되어 사역되는 자도 모조리 적발해 낼 필요까지는 없다고 하였다. 수령은 모름지기 지나치게 엄하지 않게 약간 모자란 듯 너그럽게 업무를 처

---

49 《목민심서》 제6부 호전 6조 호적.

50 이러한 立戶 · 編戶의 원리에 대해서는 다양한 견해가 제출되어 있다. 이영훈은 戶의 범주를 경제력을 갖추고 호적상에 元戶로 등재되는 主戶, 그리고 누호상태로 존재하면서 종속소작과 예속노동의 형태로 주호에 종속된 挾戶의 양대 범주로 나누고 각종 직역의 부과를 주요 목적으로 하는 국가의 호구조사가 이루어질 때 그 주요 대상은 상대적으로 富實한 전자의 계층이라고 하였다(이영훈, 《조선후기사회경제사》, 한길사, 1988). 이영훈의 主戶挾戶論은 종래 인구등재의 부분성이 불법적인 漏籍이라는 피상적인 이해를 벗어나 사적인 생산관계로서 민의 범주를 국가권력과의 관련 속에서 체계적으로 파악하고자 한 것이었다. 반면 정진영은 주호란 협호에 대칭하는 존재가 아닌 호를 대표하는 개인이며 협호의 성격도 상당수는 주호에 예속되지 않은 독립자연호로 국역에 대응하기 위해 편제된 것으로 주호와 협호의 등재와 탈락도 반드시 경제적 기반만으로 이루어지는 것은 아니라고 비판하였다. 아울러 원호의 편제과정을 自然家→法制戶(자연가를 1차편제)→編戶(호총 · 구총에 따라 2차편제)→元戶(편호 중 일부 抄定하여 호적등재) 단계로 나누면서 지역에 배당된 군역 · 직역에 합당한 대상을 고려하는 것이 중요한 원칙이라고 하였다(정진영, 〈조선후기 호적 '호'의 새로운 이해와 그 전망〉, 《단성호적대장연구》, 성균관대학교 출판부, 2003). 김건태도 동일한 자연가에 거주하는 사람도 서로 다른 호에 편제될 수 있고 서로 다른 자연가에 거주하는 사람들이 하나의 호를 구성하고 있다는 점을 밝히면서 신분 또한 原戶抄定의 중요한 요소로 작용한다는 점을 지적하였다(김건태, 〈조선후기 호의 구조와 호정운영〉, 《대동문화연구》 40(2002)).

51 《목민심서》 호전 6조 호적.

리해야 했다. 이는 수령의 안정적 읍정(邑政)을 위한 하나의 방침으로 정약용이 시종 강조한 바였다. 그런데 이같은 입호 방식(立戶方式)이 정약용의 독창적인 생각은 아니었다. 순조 22년(1822) 전라좌도 암행어사 심영석이 '간리(奸吏)'의 농간으로 인한 '잔민(殘民)'의 피해를 막기 위해 제시한 방안을 보자.

> 호구에 증감이 있을 때 간사한 아전이 농간을 부려 잔약한 백성이 해를 입습니다. 도신(道臣)에게 총괄하게 하여 각읍 호총의 다과와 그 연돌(烟堗)을 따져 큰 것은 1가에 1호를, 그 다음은 2가에 1호를, 그 다음은 3-4가에 1호를 세워 결원이 있을 경우 본 마을에서 대신 세우도록 법령을 만드는 일입니다.[52]

감사의 주관하에 각읍의 호총과 가좌의 연돌을 계산해 내 대가 1가를 1호, 그 다음 규모의 가는 2가에 1호, 그보다 작은 가는 3-4가에 1호를 만들도록 하고 빠진 가호는 해당 리가 자체적으로 입호(立戶)하는 방안이었다. 사실상 정약용의 안과 동일한 것으로 이는 이러한 방식이 실제 향촌사회 내부에 다양한 형태로 자리 잡고 있었던 하나의 관행이었음을 시사한다.[53]

고종 15년(1878)에도 역시 전라좌도 암행어사인 심동석이 감사에게 '각읍의 호총을 전체적으로 파악하여 계방을 혁파하고 누호를 수괄하여 호적법을 엄하게 하되 일정한 비율[恒率]을 세워 큰 가는 1가로 1호를 세우고 그 다음 규모의 가는 2가로 1호를 세우고 또 그 다음은 3가를 1호

---

52 《비변사등록》 210책, 순조 22년 11월 2일 〈全羅左道暗行御史沈英錫別單〉.

53 沈英錫은 판서 沈檀의 증손으로 정조대 성균관 유생으로 정약용과 함께 있었던 것이 확인된다(《승정원일기》 1601책, 정조 10년 5월 30일). 같은 별단에서 심영석은 도 단위의 표준화된 計版을 만들도록 건의하고 있는데 이는 계판의 내역을 공개하여 투명성을 높이자는 정약용의 주장(《목민심서》 호전 6조 세법 하)과 사실상 취지가 같다. 이는 두 사람이 어떠한 형태로든 서로 영향을 주고받았을 가능성을 강력하게 시사하는데 향후 이에 대한 추가적인 조사가 이루어져야 할 것으로 생각된다.

로 삼되 균배(均排)한 후, 본리(本里)에 궐액이 있으면 본리로 하여금 충대(充代)할 것'[54]을 신칙하도록 하였다. 이렇게 연돌의 규모에 따라 일정한 비율로 편호(編戶)하는 방식은 관법의 관행이 지역에 따라 여러 가지 형태로 적용되고 있음을 보여 주며 바로 이러한 호남 지역의 현실이야말로 정약용이 자신의 구상을 가다듬는 중요한 조건이었던 것이다.

정약용 주장의 골자는 핵법적 원칙에 의해 자연호에 가깝게 파악한 가좌의 총수를 통해 입호(立戶)의 근거를 최대한 넓힌 후 지역에 부과된 호총에 탄력적으로 대응하는 것이었다. 가좌책의 가호파악이 정확할수록 호구를 초정(抄定)하는 모집단은 넓어지기 마련이었고 입호작업은 그만큼 수월해질 수 있었다. 갑작스러운 증호의 충격이 있더라도 가좌책은 부작용을 최소화하면서 마찰없이 입호할 수 있는 근거가 되었다. 뿐만 아니라 지역의 구체적인 실정에 대한 정확한 파악은 보다 균등한 호구운영이 가능케 하는 바탕이 되기도 했다.

호구운영과 관련된 이같은 구상은 정약용이 지방재정 운영을 위해 제시한 방안과도 일맥상통한다. 정약용은 은 · 여결(隱 · 餘結)을 '선결(羨結)'의 형태로 운용하여 부세운영이나 지방재정에 소요되는 각종 비용을 충당하는 방안을 제시했는데 이는 수령 차원에서 자율적으로 운용할 수 있는 재원의 범위를 넓혀 일종의 재정적 저수지를 설정함으로써 지방재정의 숨통을 틔우고 중앙으로부터 가해지는 각종 부담에 유연하게 대응하기 위한 것이었다. 지방 차원의 '선결' 조성과 적극적인 활용은 가좌책을 통한 이중적 호구운영의 취지와 대동소이한 것으로 정약용이 지방관의 직무수행에 특별히 강조했던 바였다. 두 가지 공히 당대의 현실을 적극적으로 수용한 위에 철저히 순속적 입장에서 안출된 것임은 두말할 나위가 없다.[55]

---

54 《승정원일기》 2852책 고종 15년 7월 19일 〈全羅左道暗行御史沈東臣別單〉.

55 이 같은 정약용의 지방재정론에 대해서는 송양섭, 앞의 논문, 2014 참조.

수령의 역할은 이뿐 아니었다. 만약 흉년 등의 이유로 지역의 사정이 좋지 않아 호액(戶額)을 채우기 힘들 때는 상사(上司)에 보고하여 감액을 요청하도록 하였다. 호총에 비해 가좌수가 지나치게 적어 비례식조차 적용하기 힘들 경우 수령은 가장 형편이 어려운 마을의 허호(虛戶)를 조사하여 감영에 보고, 호총을 줄여 받도록 하였다. 가령 송산리 · 지석리 · 장양리 · 대곡리 · 비속리 등 32마을의 가좌수가 도합 100여 가에 불과한데 지난 식년호총이 600여 호나 되고 다른 마을도 모두 형편이 어려워 가좌의 다과에 따라 호총을 조절하려 해도 방법이 없을 경우 지난 식년 대비 500호를 줄여 줄 것을 간곡히 요청하도록 하였다.

여의치 않을 경우 감영으로 달려가 직접 감사를 만나 자신의 거취를 걸고라도 담판을 해야 한다고 하였다. 이와 관련하여 그는 해주판관 정술인(鄭述仁)이 감사에게 허호(虛戶) 2,000여 호 감액을 받아 호적을 마감했던 사례를 모범으로 제시하였다.[56] 상사와의 협의를 통한 호총의 조절은 수령이 취해야 할 중요한 임무이자 책임으로서 정약용이 특별히 강조한 바였다.

호적개수 비용과 관련된 이서들에 대해서도 대책을 강구하였다. 우선 호적감고가 단자를 거두는 과정에서 자행되는 예전토색(禮錢討索)을 근절하기 위해 호적단자를 받고 내주는 업무를 수령이 직접 주관하여 각 리의 호적단자가 완납된 후 날인하여 이를 적리(籍吏)에게 내주도록 하였다. 호적업무가 시작되는 식년 전해 7월 무렵이 되면 군현의 향승(鄕丞) · 수교(首校) · 적리(籍吏) 등은 호적관련 직임을 속히 임명해야 한다고 수령을 재촉하기 일쑤였다. 초단수봉(草單收捧) 단계에서부터 이익을 챙기려는 속셈이었다. 정약용은 단자(單子)를 거둔 다음 비로소 향승(鄕丞)을 도감(都監)에 임명하고 수교(首校)를 불러 감관(監官) · 감고(監考)에 차

---

56 《목민심서》 호전 6조 호적.

임한 후, 적리(籍吏)를 불러 호적청(戶籍廳)을 설치하도록 하였다. 적리(籍吏)를 비롯하여 도감(都監) · 감관(監官) · 감고(監考) 등은 이권을 잃을 수밖에 없었다.[57]

그렇다고 민간에서 거두는 호적개수 관련비용을 없앤 것은 아니었다. 적리가 호적마감 비용의 부족을 호소하면 향승이 이를 마을에 통보하여 호별로 일정액을 향청에 납부하도록 하였다.[58] 호적청의 직접적인 대민접촉을 차단한 조치였다. 아울러 인구미(人口米) · 정서조(正書租) 외에 추가징수는 엄금하였다. 남부 지역의 관례에 의하면 인구미는 구당 1승, 인정전(人情錢)은 호당 2푼, 정서조(正書租)는 호당 1두로 미(米)는 아전들이 차지하고 전(錢)은 경사(京司)의 호적마감 비용, 조(租)는 호적대장을 등서할 때 들어가는 지필묵(紙筆墨) · 서수공가(書手工價) 등의 비용으로 쓰였다. 가령 호총이 4,000호, 구총이 16,000구라면 정서조(正書租) 4,000두와 돈 80냥, 인구미(人口米) 1,600두를 거둘 수 있으므로 이것으로 각종 비용을 넉넉히 충당할 수 있으리라고 보았다.[59] 호구단자를 납부할 때는 반드시 초단(草單)을 그대로 정단(正單)으로 삼도록 하였다.[60]

정약용의 이러한 방안이 실제 채택되는 지역도 확인된다. 19세기 초 '봉단(封單)' · '편지(片紙)' 등의 명목으로 서사원(書寫員)들이 민간에 식사와 돈을 요구하여 문제가 심각했던 동래부(東萊府) 동하면(東下面)에서는 호적개수시에 들어가는 각종 명목의 적비전(籍費錢)을 혁파하고 서사원(書寫員)이 각면에 나가지 못하도록 하였다. 봉단(捧單)의 관례도 혁파하고 호당 5푼(分) 외에 가징한 것도 돌려주도록 하였다. 특히 초단(草單) · 정단(正單)으로 인한 폐단을 근절하기 위해 초단(草單)을 약간 두꺼

57 《목민심서》 호전 6조 호적.

58 《목민심서》 호전 6조 호적.

59 《목민심서》 호전 6조 호적.

60 《목민심서》 호전 6조 호적.

운 종이로 받아 바로 성첩(成貼)하여 다시 제출하는 전례를 없애도록 하였다. 서사원(書寫員)의 지채(紙債), 창준(唱準)의 요기채(療飢債) 등도 근절하였다.[61] 이는 호적개수 과정에서 문제가 되는 각종 비용을 없애면서 초단(草單)을 곧바로 정단(正單)으로 삼고 적리(籍吏)의 직접적인 대민접촉을 차단하는 조치라는 점에서 정약용의 주장과 사실상 동일했다.

이상에서 살핀 바와 같이 원칙에 바탕한 호적업무의 합리적 개선을 강조한 정약용이었지만 실무자인 이서들을 무조건 몰아붙이지는 않았다. 이권을 상실하여 낙담한 적리(籍吏)를 다독이면서 무마하기를 잊지 않았던 것이다. 이 또한 곡산부사 시절 실제 시행한 방식이었다.[62] 당시 정약용이 수리(首吏)에게 타이른 말은 다음과 같다.

> 네가 차청(差廳)에 가서 너의 동료들에게 타일러라. 옷이 이미 해어지면 모름지기 새 옷을 입어야 할 것이요, 바둑을 두어 이미 졌다면 모름지기 새 판을 두어야 한다. 너희가 여러 해 동안 호적을 농간하여 이제는 극단한 지경에 이르렀으니 뇌물을 받고서 호수(戶數)를 증감하는 것도 길이 막힌 것이다. 이번 판은 쓸어 버리고 새로 한판을 차리도록 하라. 내가 돌아간 뒤에 너희가 농간하면 바둑이 살아날 수도 있을 것이니 그리되면 너희에게도 해롭지는 않을 것이다. 오직 금년의 적리(籍吏)는 시운을 만남이 불행하였다. 마땅히 좋은 자리로 차임할 터이니 원망하지 말도록 하라.[63]

정약용은 호적개수와 관련된 조치를 취하면서도 이서들의 반발을 누그러뜨리기 위한 세심한 배려를 잊지 않았다. 그는 호적리들의 이익을 차단한 것을 '새옷을 입는 것'과 '새로운 바둑판'에 비유하고 자신과 같

61 《東下面籍弊釐正節目》(1819).

62 《목민심서》 호전 6조 호적.

63 《목민심서》 호전 6조 호적.

은 수령을 만난 것이 불운한 일이라고 타이르면서 '좋은 자리'에 임명하는 등 일종의 보상조치를 취해 주기도 하였다. 호적과 관련된 문제가 뿌리깊은 것이었던 만큼 끝내 근절되기 힘들다는 점을 잘 알고 있었던 것이다. 수령의 제한된 권한을 감안한 위에 이들이 가진 지역사회에 대한 영향력과 실무과정의 노고를 일정하게 인정해 주는 지극히 현실적인 태도이기도 했다.

다음, 호적대장의 정보변개를 방지하기 위한 조치도 강구하였다. 우선 수령은 10개 식년분의 호적대장과 호적중초를 별도 봉인하여 향승 5-6인과 유생 5-6인으로 하여금 새 단자와 대조 검토하여 농간이나 허위가 의심되는 것을 표시해 두고 호적청에서 그 단자를 고쳐 쓰도록 하였다. 적발된 자에게는 벌금이 부과되었다. 유학을 모칭하거나 관작을 허위로 기재한 자는 쌀 5두, 그 나머지는 1두를 징수하여 호적마감 비용에 보태도록 하였다.[64] 하지만 그는 모칭유학에 관한 한 그 실효성에 대해 극히 회의적이었다.

> 내가 유학의 모칭을 엄금해야 한다고 말하였으나, 내가 떠나간 뒤 유학을 모칭하는 자는 반드시 적리(籍吏)에게 뇌물을 바치고 종전대로 모칭할 것이다. 무너진 기강을 바로잡음에는 도움이 되지 못하고 한갓 아전만 살찌게 할 것이니 필경 무슨 이로움이 있겠는가? 내가 서읍(西邑)으로부터 체임되어 돌아올 때에 백성들이 전송하면서 말하기를 "다른 일은 다 좋았으나 오직 유학 모칭함을 조사해 낸 것은 너무 가혹하였다"고 하였다. 대체로 기강이 무너진 지가 오래되었으니 한 고을의 수령이 능히 이를 바로잡을 수는 없는 일이요, 간신히 쌓아 놓은 모래둑이 물이 들어오면 도로 무너지고 마는 것이니, 그런대로 눈을 감아 버려도 안 될 것은 없겠다.[65]

---

64 《목민심서》 호전 6조 호적.

65 《목민심서》 호전 6조 호적.

정약용이 보기에 현실은 그리 간단치 않았다. 모칭유학을 금지하더라도 얼마 지나지 않아 수령이 떠나거나 금령이 약해지면 곧바로 상황이 재연되어 오히려 이서들만 이득을 취할 것이라고 내다봤다. 정약용 스스로도 모칭유학을 엄금한 자신의 처사가 과도했음을 후회할 정도였다. 원칙적으로 모칭유학을 금해야 했지만 유학이 늘어나는 현실의 이면은 그리 간단치 않았다. 호적대장상 유학의 증가는 당시 국역 부과 방식의 변화에 직면하여 호적대장의 호를 호포, 동포 등 군역수취의 균질적 단위로 파악하고자 하는 국가의지의 산물로 군역의 공동납 진전으로 안정적인 담세자원을 확보하려는 지방관청의 의도가 반영된 구조적인 문제였던 것이다.[66] 이러한 사정을 모를 리 없었던 정약용이 유학의 증가라는 불가피한 현실을 인정하고 사실상 묵인하도록 한 것은 그가 직면한 현실의 벽이 일개 수령이 어찌할 수 없을 만큼 높았음을 보여 준다.

한편, 정약용이 이상의 방안에 대한 보완책으로 오가작통(五家作統)과 십가작패(十家作牌)와 같은 향촌 내 인보조직을 강화하는 조치를 제시했다. 특히 왕양명의 십가작패 방식은 그 내용을 상세히 소개하며 그 효용성을 강조하였다. 다만, 이를 실제 실시하는 데에 대해서는 유보적 입장이었다. 이를 '필시 왕양명이 남장(南贛)을 순안(巡按)할 때에 시행한 바'라고 하면서 '평상시에 반드시 이와 같이 까다롭게 할 것까지는 없다'고 했던 것이다.[67]

---

66 송양섭, 〈19세기 幼學戶의 구조와 성격—《단성호적대장》을 중심으로〉, 《대동문화연구》 47, 2004; 〈19세기 유학층의 증가양상〉, 《역사와현실》 55(2005).

67 십가작패의 내용은 다음과 같다. 일단 10가의 호적을 하나로 편제하여 5가 단위는 甲尾, 10가 단위는 甲頭를 장으로 임명하도록 하였다. 동일한 패로 묶인 10가는 번갈아 가면서 매일 저녁 무렵 패를 가지고 가호별 分牌와 대조하여 사람들이 들고 나는 상황을 점검하여 의심스러운 일이 있으면 관가에 보고하도록 하였다. 위법사항이 있으면 10가가 함께 처벌받았다. 家 단위의 牌式에는 해당 ○縣○坊 民戶○人 ○坊 都里長 ○所屬 등의 정보가 기재되었다. 또한 甲首軍戶 · 匠戶 · 客戶 · 官戶 등 호의 직역에 따라 소속과 생업 · 田莊 등의 정보도 호별로 기재하도록 하였다. 가령 客戶의 경우 原籍地 의 ○里甲 소속 직임과 현재 생업과 차역, 경작하는 田莊의 소재지와 토지소유자, 거주보증인 등이 기재되었다. 남정의 수와 그 내역을 관직 · 학업 · 생업과 成丁 여부, 기술 등을 기재하고 부녀자수 · 가옥칸수 · 客人을 기록하도록 하였다. 이는 강력한 향촌통제를 바탕으로 한 治盜策의 일환으로 이를 통해 '도적이 없어지고 송사가 간략해질 뿐만 아니라 이를 계속 시행함에 따라 부역이 균평

이상의 내용을 요약한다. 정약용은 호적개수 시 행정절차를 재정비하고 여기에 맞추어 단계별로 취해야 할 조치를 제시하였다. 수령은 부임 직후 해당 군현의 지도를 작성하여 민호의 실태를 상세히 파악하도록 한 후 가좌책을 작성하도록 하였다. 당시 형식적으로 만들어졌던 가좌책을 핵법적 원칙에 의해 작성하도록 하고 이를 바탕으로 경위표를 만들어 호구파악의 기초자료로 삼도록 했던 것이다. 가좌책에는 가호의 경제력을 파악할 수 있는 각종 정보를 담도록 하고 이를 바탕으로 가호(家戶)와 호총(戶摠)의 비례식에 준하여 원총의 액수를 채워 내게 하였다. 이는 당시 호남 지역의 입호 방식과 매우 유사한 것으로 핵법적 원칙에 의해 자연호에 가깝게 파악한 가좌의 총수를 통해 입호의 근거를 최대한 넓힌 후 지역에 부과된 호총에 대응하는 방식으로 보다 유연하고 공정한 호구운영을 기하기 위함이었다.

수령은 상사와의 협의를 통해 호총이 과중한 부담이 되지 않도록 적극적으로 나서야 하며 호적개수에 들어가는 공식 항목 이외에 추가징수를 엄금하고 호적의 정보변개를 차단하는 등 갖가지 조치를 취해야 했다. 이서들에 대해서는 이들이 가진 지역사회에 대한 영향력과 실무과정의 노고를 일정하게 인정해 주는 지극히 순속적인 태도를 견지했다. 다만 이러한 방안이 효용성을 가지고 있을지는 스스로도 회의적인 입장을 숨기지 않았다.

해지며 외적을 막을 수 있고 풍속이 순후해지며 예악이 일어날 수가 있을 것'이라고 하였다. 10가=1패는 保長이 감독하고 도적이나 전란 등 유사시에는 이들이 各甲을 통솔하여 대처하도록 하였다. 지역에는 경보기능을 하는 북을 설치하도록 하였다. 당시 향촌의 인보조직 강화를 위한 방안으로는 什伍相聯制 · 十家作牌法 · 鄕社法 · 統甲法 등 다양한 방안이 鄕約 · 社倉制의 실시 등과 맞물려 다양한 형태로 제기되고 있었는데 정약용의 방안도 이러한 흐름의 하나로 이해할 수 있다. 이와 관련된 연구로는 권내현, 〈숙종대 지방통치론의 전개와 정책운영〉, 《역사와 현실》 25(1997); 송정수, 《중국근세향촌사회사연구》, 혜안, 1997; 오영교, 《조선후기 향촌지배정책연구》, 혜안, 2001; 김용흠, 〈홍량호 실학사상의 계통과 목민대방〉, 《조선시대사학보》 56(2011); 송양섭, 〈어시재 최성환의 현실인식과 국가개혁구상—《고문비략》을 중심으로〉, 《어시재 최성환연구》, 학자원, 2017 등이 있다.

5. 맺음말

이 글은 정약용의 호구운영론을 당대의 구체적인 현실 속에서 살펴보고 이를 통해 조선왕조 호정의 운영원리를 이해하기 위한 단초를 얻기 위해 작성되었다. 지방사회의 현실을 몸소 체험하고 이에 대한 나름의 해결책을 찾고자 했던 정약용은 수령의 호구운영이 가진 중요성을 누구보다도 절감하였고 그 만큼 이를 둘러싸고 나타나는 여러 가지 문제를 해결하기 위해 부심하였다.

정약용은 호정(戶政)의 방식을 관법(寬法)과 핵법(覈法)으로 나누고 두 가지 방식이 상호작용하면서 운영되고 있음을 전제로 군현 차원의 호구운영론을 전개하고 있다. 왕조의 호구운영에서 나타난 호구등재의 부분성은 불법이나 폐단이 아닌 나름의 이념과 정당성을 가지고 있었다. '핵법'은 일체의 호구누락을 허용하지 않는 이상이자 원칙으로 표방되었지만 현실에서의 적용은 어려웠을 뿐 아니라 인정(仁政)에 위배되는 것으로 받아들여졌다. 지역에 따라 다양한 방식으로 적용된 '관법'이야말로 호구파악의 구체적 현실이었다. 정약용은 《경세유표》에서 '나라를 다스리는 대도(大道)'이자 호구운영의 대원칙으로 핵법을 제시했지만 《목민심서》에서는 관법의 순속을 지지하면서 운영상의 문제를 해결하는 데 치중하였다. 서로 모순되는 듯이 보이는 핵법과 관법은 원칙과 현실의 차원에서 하나의 통일체를 이루면서 왕조 호정(戶政)의 중층구조를 이루고 있었다.

중앙의 지침에 의해 군현에 내려온 호총은 촌락별로 분배 · 조정되었고 이 과정에서 호구파악은 온전히 수령을 정점으로 한 지역사회의 독자적이고 자율적 영역에 맡겨지게 된다. 중앙정부의 명령과 지역민의 요구 사이에서 적극적인 거중조정역을 수행하지 않으면 안 되는 수령은 위로는 상사와의 협의를 통해 군현의 현실에 맞게 호총을 조정하고 아래로는 면리별 호구배정과 호구파악에 균평함을 기하여 최대한 잡음이 없도록 하는 데 주력해야 했다.

하지만 현실은 매우 복잡해서 수령의 주관하에 해당 지역에 할당된 호총이 면을 거쳐 동리에 배정되는 과정에서 실무의 권한을 틀어쥔 이서배의 농간으로 촌락 간 호총의 불균과 각종명목의 토색이 자행되는 실정이었다. 가령 호적색이 뇌물을 받고 부과된 호구수를 조작하면 해당 호구수는 허호(虛戶)의 형태로 동리를 옮겨 다니면서 누적되기 일쑤였다. 이서배들은 갖가지 명목으로 추가징수를 자행했고 수령도 여기에 깊이 연루되어 있었다. 누호(漏戶) · 누구(漏口)와 함께 군역 · 부세 회피를 위한 호적대장상의 허위정보 기재는 그것의 위법 · 불법 여부와 무관하게 '관법'이 초래한 구조적인 문제로 정약용이 심각하게 인식한 바였다. 이에 정약용은 현실의 관법을 인정한 위에 수령의 권능이 허용하는 한도 내에서 호구운영에 대한 구체적이고도 효율적인 개선책을 강구하는데 집중했다.

우선 정약용은 호적개수의 행정절차를 재정비하고 여기에 맞추어 단계별로 취해야 할 조치를 하나하나 제시하였다. 부임 직후 수령은 해당 군현의 지도를 작성하여 민호의 실태를 상세히 파악하도록 한 후 가좌책을 작성하도록 하였다. 원래 가좌책은 가호별로 토지와 자산 등 소소한 실태를 모조리 기재하는 것이 원칙이었으나 당시 가좌책은 대부분 형식적으로 작성되어 거의 활용이 힘든 실정이었다. 정약용은 가좌책 본래의 기능을 회복시켜 명실공히 현실가호를 있는 그대로 파악하는 핵법적 장부로서의 기능을 부여하고 이를 바탕으로 호구파악의 근거로 삼고자 했다. 가좌책에는 가호의 경제력을 파악할 수 있는 각종 정보를 담도록 했다. 가좌책은 경위표의 형태로 간결히 정리되어 업무의 효율을 높이도록 했다. 입호(立戶)의 방식은 가좌책의 가호(家戶)를 대가(大家) · 중가(中家) · 소가(小家) 등으로 구분하여 해당 군현에 배정된 호총에 대응하여 적절한 비례식을 적용, 충수(充數)하는 형태였다. 이는 당시 호남 지역의 관행을 차용하여 다듬은 것으로 정약용 자신의 독창적 견해로 보기는 어렵다.

핵법적 원칙에 의해 자연호에 가깝게 파악한 가좌의 총수를 통해 입호(立戶)의 근거를 최대한 넓힌 후 지역에 부과된 호총에 대응하는 방식은 보다 유연하고 공정한 호구운영을 기하기 위한 유력한 대안이었다. 아울러 수령은 상사와의 협의를 통해 호총이 과중한 부담이 되지 않도록 적극적으로 나서야 했다. 여기에는 호적개수에 들어가는 공식 항목 이외에 추가징수를 엄금하고 호적의 정보변개를 차단하는 등 갖가지 조치가 수반되었다. 하지만 이서들에 대해서는 이들이 가진 지역사회에 대한 영향력과 실무과정의 노고를 일정하게 인정해 주는 등 세심한 배려를 잊지 않았다. 다만, 이러한 방안의 실제 적용과 그 효용의 지속성에 대해 정약용은 회의적인 입장을 떨치지 못했는데 이는 일개 수령의 권한으로 호구운영이 가진 구조적인 문제를 해결하기에 현실의 벽은 지나치게 높음을 자인했기 때문으로 생각된다. ■ 《대동문화연구》(성균관대 대동문화연구원) 110(2020).

참고문헌

《經世遺表》.
《茶山詩文集》.
《牧民心書》.

《甲午式成冊規式》.
《甲午式戶籍事目》.
《居官大要》.
《南原縣牒報移文成冊》.
《大典通編》.
《東下面籍弊釐正節目》.
《牧綱》.
《備邊司謄錄》.
《疏本各報牒抄》.
《受教輯錄》.
《順天府西面家坐冊》.
《承政院日記》.
《新補受教輯錄》.
《英祖實錄》.
《玉山文牒抄》.
《戶籍謄關冊》.
《戶籍所謄錄》.

구완회, 〈조선후기의 수령제 운영과 군현지배의 성격〉, 경북대학교 박사학위논문, 1992.
권기중, 《조선시대 향리와 지방사회》, 경인문화사, 2010.
______, 〈조선후기 호적연구의 현재와 향후과제〉, 《대동문화연구》 100(2018).
권내현, 〈숙종대 지방통치론의 전개와 정책운영〉, 《역사와 현실》 25(1997).
______, 〈조선후기 호적의 작성과정에 대한 분석〉, 《대동문화연구》 39(2001).
______, 〈조선후기 호적—호구의 성격과 새로운 쟁점〉, 《한국사연구》 135(2006).

권내현, 〈조선후기 호적에 대한 이해—논쟁과 쟁점〉, 《한국사연구》 165(2014).

김건태, 〈조선후기 호의 구조와 호정운영〉, 《대동문화연구》 40(2002).

______, 〈조선후기 호적대장 호구차정 원리—언양현 가좌책을 중심으로〉, 《戶籍 작성의 원리와 사회현상》, 성균관대학교 동아시아학술원 학술회의 발표문, 2020.

김경란, 〈조선후기 단성현호적대장의 여성파악실태 연구〉, 고려대학교 박사학위논문, 2003.

김선경, 〈조선후기 조세수취와 면리운영〉, 연세대학교 석사학위논문, 1984.

김용섭, 〈조선후기 無田農民의 문제—《林川郡家座草冊》의 분석〉, 《증보판조선후기농업사연구》, I, 지식산업사, 1995.

김용흠, 〈홍량호 실학사상의 계통과 목민대방〉, 《조선시대사학보》 56(2011).

손병규, 〈산 자와 죽은 자의 기재—호적과 족보에 대한 인구역사학의 관점〉, 《조선시대사학보》 79(2016).

송양섭, 〈조선시대 관권과 사족. 타협과 충돌〉, 《역사비평》 65(2003).

______, 〈19세기 幼學戶의 구조와 성격—《단성호적대장》을 중심으로〉, 《대동문화연구》 47(2004).

______, 〈19세기 유학층의 증가양상〉, 《역사와현실》 55(2005).

______, 〈조선후기 신분—직역 연구와 '직역체제'의 인식〉, 《조선시대사학보》 34(2005).

______, 〈《목민심서》에 나타난 다산 정약용의 '因時順俗'的 지방재정 운영론〉, 《다산과 현대》 7(2014).

______, 〈《목민심서》에 나타난 정약용의 수령인식과 지방행정의 방향〉, 《다산학》 28(2016).

______, 〈1888년 영해부 호구분쟁에 나타난 戶政運營의 일단—호적색 윤일찬의 '捧賂減戶'에 대한 마을민의 등소 사례〉, 《조선시대사학보》 82(2017).

______, 〈어시재 최성환의 현실인식과 국가개혁구상—《고문비략》을 중심으로〉, 《어시재 최성환연구》, 학자원, 2017.

송정수, 《중국근세향촌사회사연구》, 혜안, 1997.

오영교, 《조선후기 향촌지배정책연구》, 혜안, 2001.

王瑞蕾, 〈南宋的砧基簿〉, 《인문학연구》 78(2009).

이영훈, 《조선후기사회경제사》, 한길사, 1988.

이종범, 《19세기 후반 부세제도의 운영과 사회구조—전라도 구례현의 사례〉, 《동방학지》 89 · 90(1990).

정진영, 〈조선후기 호적 '호'의 새로운 이해와 그 전망〉, 《단성호적대장연구》, 성균관대 출판부, 2003.

최승희, 〈호구단자—준호구에 대하여〉, 《규장각》 7(1983).

I. B. 코언,《세계를 삼킨 숫자이야기》, 김명남 옮김, 생각의 나무, 2005.

허원영, 〈18세기 후반 순천부 농민의 존재양태와 농업경영—《순천부서면가좌책》(1744) 분석을 중심으로〉,《역사문화연구》47(2013).

허핑티.《중국의 인구》, 정철웅 옮김, 책세상, 1994.

호적대장연구팀,《단성호적대장연구》, 성균관대학교 출판부, 2003.

山內弘一, 〈李朝後期の戶籍編成について特に地方の場合お中心に〉,《朝鮮後期の慶尙道丹城縣における社會動態の硏究》, (II), 1997.

지방군비의 실태와 군정운영론

송기중

1. 머리말

정약용은 19세기를 대표하는 경세가이다. 그는 출사 이후 정조의 신임을 받아 화성의 축조와 주교의 설계 등 사업에 참여해 여러 공적을 남겼다. 아울러 곡산 부사에 임명되어 목민관으로 활약하면서, 지방행정의 전반적인 상황을 파악했다. 정조 사후 정약용은 천주교 관련 사건에 연루되어 강진으로 귀양을 갔고, 해배될 때까지 약 18년 동안 이곳에 거주했다.

그는 이곳에서 당시 향촌사회가 직면한 모순에 대한 해결 방안을 찾고, 이를 정리해 여러 저서에 기록했다. 그의 방대한 개혁론 속에는 군사제도에 관한 부분이 상당한 비중을 차지한다. 그는《경세유표》,《목민심서》,《민보의》,《해방고》등 여러 저서를 통해 군사제도의 문제점을 지적하고 구체적인 해결책을 제시했다. 그가 이렇게 군사제도 개혁에 신경을 썼던 이유는 그가 살던 시기가 일본과 중국이 여전히 건재하고 이양선이 출몰하면서 국가 방위 태세의 재정비가 요구되는 시점이기 때문이다.

지금까지 정약용의 군사제도 개혁안에 관한 연구는 19세기를 조선왕조의 폐단과 모순이 드러나는 시기이자 근대로 가는 과도기라는 인식 속에서 정약용의 위상을 규정하는 데 초점을 두었다. 이에 따라 연구 초기에 역사가들은 여러 실학자의 개혁론을 유형별로 정리해 흐름을 살펴보고, 이 안에서 정약용의 위상을 정립하고자 하였다. 이후 정약용의 저서 내용을 분석하여 그 개혁론의 실체를 규명하는 연구가 점차 증가했다. 이들 연구는《경세유표》를 분석해 정약용을 국가의 전면적인 개혁을 통해 토지를 지급하고 그 반대급부로 병력을 동원하는 병농일치를 이루고자 했던 인물로 그리거나,《민보의》에 주목하여 국방력이 허약해진 당시의 상황 속에서 민간 자율 방위 태세를 강화하고자 했던 인물로 평가하였다.[1]

지금까지 연구는 정약용을 19세기 위기 상황 속에서 군사제도에 관한 전면적인 개혁론을 주장한 개혁론자로 부각하였다. 이러한 평가는 실학을 근대로 가는 원동력 중 하나로 생각했던 연구 경향과 관계있다. 하지만 최근 실학 담론의 '근대적 성격'에 대한 여러 논쟁이 진행되면서, 실학자에 대한 학계의 인식도 새롭게 변화하였다. 정약용의 개혁안을 현실적인 자구책으로 평가하는 최근의 연구는 최근 실학 관련 연구와 연동해 정약용의 위상을 새롭게 정립하려는 노력이다.[2]

---

1 정경현, 〈19세기의 새로운 국토방위론—다산의《民堡議》를 중심으로〉,《한국사론》4(1978); 강만길, 〈군역개혁론을 통해 본 실학의 성격〉,《동방학지》22(1979); 정하명 · 이충진, 〈丁若鏞의 軍事防衛體制觀과 〈民堡議〉〉,《군사》3(1981); 조광, 〈실학자의 국방의식〉,《한국사론》9(1985); 조정기, 〈다산의 군정론〉, 〈논문집〉(창원대학교) 9-2(1987); 조성을, 〈정약용의 군사제도 개혁론〉,《경기사학》2(1998); 김문식, 〈정약용의 대외 인식과 국방론〉,《다산학》4(2003); 김기승, 〈다산 정약용의 부국강병형 국가 개혁 사상—《경세유표》를 중심으로〉,《한국사학보》19(2005); 서태원, 〈실학자의 군사 제도 개혁론〉,《한국실학사상연구》, 2, 혜안, 2006; 최진욱, 〈정약용의 民堡防衛論의 성격〉,《사학연구》87(2007); 하명준, 〈조선후기 향촌방위실정과 民堡論〉,《역사교육》114(2010); 엄기석, 〈정약용의 정전제론과 병농일치적 군제개혁안〉,《조선시대사학보》79(2016).

2 송양섭, 〈《목민심서》에 나타난 다산 정약용의 '인시순속'적 지방재정 운영론〉,《다산과 현대》7(2014).

본고에서는 이러한 문제의식 아래에서 《목민심서》의 지방 군정론을 분석하고자 한다. 이를 위해 2장에서는 당시 군역 문제에 대한 정약용의 인식을 살펴본다. 3장과 4장에서는 정약용이 제시한 군역 문제 해결 방안과 군사력 강화 방안을 제시한다. 이를 통해 정약용의 군정론이 군현의 관행에 자신의 이상을 투영해 만든 합리적인 제도 개선 방안이라는 점을 규명할 것이다.

2. 정약용의 군역 문제 인식

17세기부터 복잡한 갈래로 진행된 양역 논의는 영조 26년(1750) 균역법의 시행으로 귀결되었다. 이 개혁은 역가를 2필에서 1필로 삭감시켜 군역자의 부담을 덜어 주는 데 초점을 두었다. 또한 이 법은 균역청이라는 거대 재정 관서를 출현시켜 조선의 재정 운영 방식에 상당한 파장을 일으켰다. 균역법은 영조가 자신의 3대 치적으로 뽑을 만큼 성공한 개혁이지만, 새로운 군역 문제를 초래하는 원인이 된 것도 부정할 수 없다.

균역법 시행을 위한 선결과제는 역가 감축에 따른 보상책인 급대(給代)를 마련하는 것이었다. 당시 대신들은 급대를 마련하기 위해 분정 등 다양한 방안을 제시했다. 여러 복잡한 논의 끝에 급대는 결전 · 어염세 · 선무군관포 등을 마련해 균역청에 귀속하는 방식으로 귀결되었다. 급대 재원 속에는 결전처럼 신규 세목도 있지만, 어염세나 선무군관포처럼 지방 관청에서 이미 활용하던 것을 이속시킨 것도 있다.

급대는 병조 · 훈련도감 · 어영청 · 금위영 등 중앙 관청을 위주로 지급되었다. 지방 관청 소속 군역자의 역가도 균역법 시행으로 인해 변화했을 것으로 생각되지만, 이에 합당한 급대는 지급되지 못했던 것 같다. 지방 관청 급대의 대부분을 차지했던 수군 급대도 수군진의 재정 손실을 충분히 보상하지 못했다. 수군 역가는 1인당 2냥이 줄었는데, 급대는 1인당 1냥이라는 기준으로 책정한 것이다. 이러한 급대 부족은 통제영과 같은 수군진의 재정 부족 문제를 일으키는 원인이 되었다.

이렇게 지방 관청의 재정 부족이 예상되었음에도 불구하고 조선 정부는 균역청 재정 보호를 명분으로 급대를 추가로 지급하지 않겠다는 뜻을 분명히 밝혔다. 물론 재정 문제가 심각한 관청에는 어쩔 수 없이 급대가 추가로 지급되기는 하지만 대부분 관청에서는 이를 받지 못했다. 이렇게 되자 지방 군현에서는 여러가지 자구책을 마련할 수밖에 없었다. 읍소속(邑所屬)이나 사모속(私募屬)을 늘리는 것도 이 방안 중 하나였다.[3] 이에 따라 군액은 폭발적으로 증가했다. 정약용은 균역법 이후 상황을 다음과 같이 전한다.

(균역법의 실시로) 1필을 감함에 따라 민력이 좀 펴진 것 같기는 하나, 첨군(簽軍)의 액수가 계속 늘어나서 포를 거두는 양군(良軍)이 숙종 초기에는 30만 명에 불과하였는데, 영종이 균역법을 시행할 때는 이미 50만 명이 되었다. 《양역실총》에 실린 분배수(分排數)를 보면, 대읍은 혹 수만 명에 이르고 소읍이라도 천 명을 넘었다. 한양에 납부하는 것 외에도 순영·병영의 군사, 본읍의 제번군사(除番軍士), 제고(諸庫)·제청(諸廳)의 사모군(私募軍), 향교·서원의 보솔군(保率軍), 사령·관노의 봉족, 경주인보솔, 영주인보솔, 포호보솔(浦戶保率), 연군보솔(烟軍保率), 영장보(營

3 균역법과 그 영향에 대해서는 다음 연구를 참조하였다: 차문섭, 〈임란이후의 양역과 균역법의 성립〉, 상 · 하, 《사학연구》 10 · 11(1961); 정만조, 〈균역법의 선무군관—한유자문제와 관련하여〉, 《한국사연구》 18(1977); 김옥근, 〈조선시대 군역과 균역법〉, 《조선왕조재정사연구》, II, 일조각, 1987; 정연식, 〈17 · 18세기 양역균일화정책의 추이〉, 《한국사론》 13(1985); 정연식, 〈균역법 시행 이후의 지방재정의 변화〉, 《진단학보》 67(1989); 김우철, 〈균역법 시행 전후의 사모속 연구〉, 《충북사학》 4(1991); 정연식, 〈조선후기 '역총'의 운영과 양역변통〉, 서울대학교 박사학위논문, 1993; 김의환 〈17 · 18세기 염세정책의 변동—균역법 급대재원과 관련하여〉, 《조선시대사학보》 6(1998); 송양섭, 〈균역법 시행과 균역청의 재정운영—급대재원의 확보와 운영을 중심으로〉, 《영조의 국가정책과 정치이념》, 한국학중앙연구원출판부, 2012.

匠保)·읍장보(邑匠保)·사색보(四色保)·삼색보(三色保)·죽보(竹保)·칠보(漆保)·지보(紙保) 등 기괴한 여러 명칭이 생겨 지금에 이르렀다. (…) 영조(英祖)께서 절반을 감하는 혜택을 베풀었으나 주현에서는 몇 배의 세금을 거두니 어찌 국가에 법이 있다고 하겠는가! (…) 요즘 민력으로 납부하는 것이 균역법을 실시 초기와 비교해 네 배나 더 많으니 백성이 어찌 궁핍하지 않으며, 힘이 어찌 다하지 않았겠는가! [4]

조선에서 군역자가 필요한 곳은 육조, 오군영 등 중앙 관청과 감, 병, 수영 등 여러 지방 관청이었다. 지방 군현의 수령은 지역의 군역자를 관리하고, 중앙이나 지방 관청에 조달하는 업무를 수행했다.

임진왜란 이후 군액이 급격히 증가하자 조선 정부는 17세기 후반 여러 차례 양역 사정을 단행했다. 이 사정의 초점은 주로 중앙 관청의 군액 수효를 감수정액(減數定額)하는 것이었다. 이 조치로 중앙 관청의 군액은 대부분 정액이 되어서 변동되기가 어려워졌다. 이에 비해 정약용이 살던 시기인 19세기 초에는 조선 정부에 의해 정액되지 않았던 지방 관청의 군액이 급격하게 늘어났다. 이는 지방관청이 균역법으로 인해 생겨난 재정 결손을 보충하기 위해 '기괴한' 명목을 만들고 군역 수요를 계속 늘려 나갔기 때문이다. 이에 따라 균역법으로 인해 역가가 줄었음에도 백성들의 부담이 계속 증가하는 '이상한' 현상이 나타난 것이다.

이렇게 증가한 군액이 군현에서 면리로 공평하게 분배되지 않는 것도 군역 운영의 난맥상을 더욱 가중하는 것이었다. 기존 연구 성과에 의하면 그 원인은 보통 제역촌(除役村)이 거론된다. 제역은 본래 지방 관청 소용 물품을 조달하기 위해 역을 면제하고 별도의 전결을 확보하는 것을 의미한다. 조선 정부는 공물을 미포(米布) 수취로 대체하려 했던 대동법을 기점으로 제역 관행을 혁파하고자 했지만, 사라지지 않았다. 대동

4 《牧民心書》兵典, 簽丁.

법 이후에도 중앙이나 지방 관청은 재원이나 노동력을 잡역이라는 형태로 여전히 공급받았다. 제역촌은 균역법 시행 이후부터 19세기 전반까지 급격히 늘어났다. 제역촌의 군역 부담이 일반 면리로 이전되면서 일반 면리의 군역 부담이 더욱 급증하는 모습을 보였다.[5]

군액의 폭발적인 증가와 군현 간에 군역 분배의 불공정은 백성의 군역 이탈을 촉진하는 원인이 되었다.[6] 조선 정부는 필요 인력을 충원하기 위해 군역 이탈자를 새로운 인원으로 충원하는 '대정' 규정을 점차 강화했다. 이는《속대전》에 없던 대정 관련 처벌 조항이《대전통편》단계에서 명시된 것을 통해 알 수 있다. 이 규정에 따르면 아약(兒弱) · 황구(黃口)를 10명 이상 충원하면 수령 · 감고 · 색리를 처벌하였고, 세초를 기한 내에 완료하지 못하면 수령은 추고(推考)하여 자급을 낮추고 향소는 도(徒) 1년에 처하며 색리는 도 2년에 정배하였다.[7]

정약용은 대정 과정에서 생기는 지역사회의 여러 폐단에 주목했다. 매년 7월이 되면 중앙 군문 대장은 도고와 잡탈을 보충하라는 내용의 공문을 감영과 병영에 보냈고, 감영과 병영에서는 이를 다시 군현에 넘겼다. 수령은 공문이 도착하면 아전과 면임에게 한정(閑丁)을 찾아 충원할 것을 지시했다. 정약용은 향리가 직접 한정을 찾는 방식을 구파법(口疤法)이라 했다.[8] 구파법은 대정을 하는 전통적인 방식이지만 여러 부작용이 있었다.

5 제역촌에 대해서는 송양섭, 〈조선후기 지방재정과 계방의 출현〉,《역사와 담론》59(2011)을 참조하여 서술하였다.

6 양정의 제역촌 투속은 면리 별 良丁 숫자가 급변하게 되는 원인이 되었다. 이에 따라 예전보다 양정의 수가 줄어들었음에도, 이전 군액이 그대로 부과되어 문제가 생기기도 했다. 이런 문제가 심각해지면 富村과貧村 간에 良丁의 확보 문제를 두고 대립과 갈등이 발생하는 일도 있었다.

7 《大典會通》卷4, 兵典 成籍.

8 《牧民心書》兵典, 簽丁.

군리(軍吏)는 모두 탐지하여 혹 전지 몇 마지기나 송아지 1마리를 기르는 자에게 모두 저졸(邸卒)을 보내 사첩(私帖)을 내보이고 위협하며 군정에 충당한다. 역이 있든 없든, 아이가 있든 없든 간에 침해하지 않는 것이 없으며, 교생의 넉넉한 자나 토족(土族)의 약한 자는 모록(冒錄)이라고 공갈한다. 소민(小民)으로 본래 미천한 자는 근본이 이미 천한 사람이라 슬퍼하나 치욕스럽게 생각하지 않지만, 모록으로 자호(自好)하는 자는 근본이 본래 깨끗한 사람이라 부끄러워 죽으려 하면서도 소문만 퍼뜨리지 아니하면 재물은 아까워하지 않는다. 이리하여 전지와 송아지를 팔아 군리에게 바치는데, 바친 자는 좀 편안하지만 바치지 않은 자는 더욱 곤란하게 되기 때문에 솥을 팔고 길쌈한 것을 다 내서라도 좀 편안하게 하고 또 무사하기를 구하려 한다.[9]

정약용에 따르면 향리가 군역자를 차정하는 과정은 수탈에 가까웠다. 향리는 뇌물을 받고 부자의 군역을 면제시켜 주고 하층민을 대신 군역에 충원했다. 그 결과 군역 부담은 경제적 기반이 약한 하층민에게 집중되었다. 가난한 집 자식은 '다섯 살 아이가 기병으로 병적에 오르고 세 살 된 아이는 군관이 된다'라는 말이 나올 정도였다. 이러한 폐단은 단순히 군역의 난맥상에서만 그치는 것은 아니다. 경제력이 취약한 백성들은 전쟁이 일어나면 도망갈 가능성이 크다. 그러므로 이는 국가의 전쟁 대처 능력에도 영향을 주는 것이다.

무분별한 대정은 첩역을 유발하는 원인이 되었다. 정약용은 훈련도감 포보 이득춘의 예를 들어 대정이 첩역을 양산하는 방식을 설명했다. 이득춘이 죽은 지 상당한 시일이 지났음에도 불구하고 그의 군역은 아내가 대신 지고 있었다. 얼마 후에 다른 지역에 거주한 이득춘의 조카가 이득춘의 자리에 대정되는 일이 발생했다. 그 이후에도 이득춘

9 《牧民心書》 兵典, 簽丁.

의 포보 자리는 다른 사람이 계속 대정되었다. 대정의 중첩이 계속되자 이득춘의 자리에 대정된 자들은 군역 면제 소송을 시작했다. 이런 상황에서 상급 기관의 명령이 떨어지면, 마음이 급해진 수령은 이 문제를 고려하지 않고 대정된 사람 모두에게 역가를 징수하면서 문제가 발생한다는 것이다.

정약용은 지역사회에서 일어나는 여러 가지 문제들이 백성의 부담을 늘리고 군사력을 약화하는 주요 원인 중 하나라고 평가했다. 정약용은 이러한 문제가 나타난 원인 중 하나로 '수령의 업무 태만'을 꼽았다. 즉 '수령이 백성의 실정을 돌보지 않고 다만 관례에 따라 군정을 행하고 있어서' 이러한 현상이 나타난다는 것이다.[10] 수령은 국가에서 부여한 군역 업무를 원활하게 수행하기 위해 군역 부과 과정에서 생길 수 있는 각종 소동을 방지하고 향촌 방위를 강화할 수 있는 여러 방안을 마련해야 한다. 정약용은《목민심서》에서 실현 가능한 여러 방안을 제시하여 수령의 업무를 돕고자 했다.

요컨대, 17세기 후반 조선은 이른바 양역 문제에 봉착했다. 양역 문제를 해결하고 군역자의 부담을 줄여 주기 위한 목적으로 실시한 것이 바로 균역법이다. 균역법은 군역 문제 해결에 기여했으나 새로운 문제를 배태했다. 군액의 급격한 증가와 제역촌의 확산은 면리 단위에서 군역 부담을 증가시키고 불균형을 일으켜 백성들의 피역을 늘리는 요인이 되었다. 조선 정부는 대정 과정에서 생기는 문제에 대해 처벌 강도를 높이는 방식으로 대응했지만, 이 문제가 지역 사회의 동요를 유발하는 요인 중 하나로 등장한 것도 사실이었다. 중앙이나 지방 관청의 요구에 부응하면서 한편으로 지역사회의 안정시켜야 할 임무를 가진 수령은 이 문제를 깊이 고민해야 했다.

---

10 《牧民心書》兵典, 簽丁.

3. 군역의 공정한 면리 분배와 대정의 개선

1) 척적 개수를 통한 군역 분배의 공정성 개선

군역 문제의 근본적인 해결 방안은 물론 군현에 부과된 군액을 줄이는 것이다. 하지만 군현에 군액을 부과하는 업무는 국왕이나 감사 혹은 군문 대장의 권한으로 수령이 관여하기 어렵다. 또한 군현 단위에서 충원되는 읍소속도 군현 재정과 직결되는 문제이므로 수령이 독단적으로 없애기는 어려웠다. 따라서 수령의 주된 고민은 군현에 부과하는 군액을 줄이는 것이 아니라 이미 부과된 군액을 군현에서 어떻게 합리적으로 배분하느냐가 될 수밖에 없었다.

군역 업무를 수행하는 데 기초 자료는 군안이었다. 군안은 군역자 성명, 거주지, 신체적 특징 등이 수록된 병적기록부로 조선 전기부터 호적을 토대로 작성되었다. 당시 군안은 여러 종류가 있으며, 다양한 경로를 통해 작성된 것 같다. 정약용은 군안을 십년대도안(十年大都案; 大都案), 감 · 병영에 올리는 군안, 그리고 본읍의 군안 등 세 종류로 분류하고 있다.[11] 이 군안은 군역자의 군역 동원에 근거자료로 활용되기 때문에 체계적인 관리가 필요했다. 하지만 당대 현실은 그렇지 않았다. 당시 군안의 폐단 중 하나는 바로 군안의 위조였다. 군현에서는 식년과 식년 사이에 기존 군역자가 이탈하고 새로운 사람이 대정되면, 그 대상자 이름 위에 황첨(黃籤)을 붙이고 검은 도장[墨印] 찍는 방식으로 군안을 수정했다. 그런데 이 시기에는 대정이 반복되어 군안의 이름 하나에 황첨이 3-4번까지 겹치는 때도 있었다.[12] 이러한 상황을 잘 알고 있던 요호(饒戶)들은 향리와 결탁하여 군안에서 자신의 이름을 제거하기 위해 군안을 칼로 긁

11 《牧民心書》兵典, 簽丁.

12 《牧民心書》兵典, 簽丁.

거나 황첨을 떼어 버리는 폐단을 공공연히 자행했다. 정약용은 수령이 군안을 모두 정당(政堂)에 두고 아전이 접근하지 못하도록 하여 이 문제를 해결하라고 조언했다.[13]

수령은 잘 관리된 군안을 바탕으로 군액을 면리에 배분해야 했다. 정약용은 척적(尺籍)의 개수(改修)를 통해 군액을 면리에 공정하게 분배할 수 있다고 보았다. 이 척적은 군현에 배정된 군액을 다시 면리에 배정하기 위해 작성된 병역 대장의 일종이었다.[14] 곡산부사 윤사국(尹師國)이 군역 관련 소송이 생길 때 척적을 근거로 활용해 백성이 편하게 여겼다고 하는 정약용의 언급을 고려해 볼 때, 이 장부는 실제 군현에서 활용되는 것이었다.[15]

정약용은 척적 개수를 위한 선행 작업으로 제역촌의 축소를 제안했다. 그는 제역촌을 중앙 기관의 관리하는 국제(國除)와 각 읍이 관리하는 읍제(邑除)로 구분했는데, 이 중 문제가 되는 것은 읍제라고 보았다. 다양한 읍제 중에서 그가 혁파를 권유한 것은 계방(契房)·서원(書院)·역촌(驛村)·호호(豪戶)·대묘(大墓)이다.[16] 이 중 정약용은 계방을 반드시 혁파해야 한다고 주장했다.[17] 그 이유는 계방이 군역 면제를 대가로 각종 현물을 수취하는 형태로 운영되어, 군역의 공평한 부담이라는 취지를 해

13 《牧民心書》 兵典, 簽丁.

14 《牧民心書》 兵典, 簽丁.

15 《牧民心書》 兵典, 簽丁.

16 《牧民心書》 兵典, 簽丁.

17 계방이 혁파되면, 계방이 보유한 군역자의 처리 문제가 대두될 수밖에 없었다. 계방에 軍戶가 있는 이유는 두 가지였다. ① 이전부터 있었던 軍戶가 계방이 설정된 이후에도 다른 데로 옮겨 가지 않고 그대로 남은 경우다. ② 다른 면리의 군역자가 계방으로 이전하는 경우이다. 정약용은 수령이 계방을 혁파할 때 두 형태의 군역자를 비슷한 방식으로 처리하고자 했던 것으로 판단된다. 정약용은 ①번 형태의 군역자에 대해 별다른 설명을 하지 않고 있다. 이는 정약용이 ①번 형태의 군역자는 계방의 혁파와 상관없이 이 면리에 군역자로 수록하고자 했기 때문이라 생각된다. ②번 형태의 군역자에 대해 정약용은 이전해 온 면리(계방이 혁파된 면리)의 군액으로 충원하고, 만약 어떤 이유로 충원하지 못한다면 "금년 궐액으로 대정하지 못한 자(今年闕額之未代者)"로 척적에 기재하라고 했다(《牧民心書》 兵典, 簽丁).

치기 때문이었다.[18] 또한 서원 · 역촌 · 호호 · 대묘 등 나머지 제역촌도 숫자를 줄이거나 법 규정을 준수하게 하는 방식을 동원해 축소할 필요가 있다고 제안했다.[19] 정약용은 제역촌을 축소하면 군역 충원 대상자가 늘어날 뿐만 아니라, 공정한 군액 배분의 기초를 닦을 수 있을 것으로 기대했다.

제역촌의 축소 작업이 어느 정도 성과를 거두면 수령은 척적 개수를 본격적으로 시작한다. 정약용은 척적을 개수하기 위해서 십년대도안을 바탕으로 면리별로 군역자를 정리하여 별도의 문서를 작성하라고 제안했다. 십년대도안은 8도에 군역 사항을 모아 작성한 군안으로, 10년에 1번 개수했기 때문에 이렇게 불렸다.[20] 군안을 척적개수의 기초자료로 활용하고자 했던 이유는 정약용이 이 군안을 가장 공신력 있는 군안이라 생각했기 때문이었다. 또한, 군안의 효율적인 정리를 위해서는 군역자의 정리 기준을 마련할 필요도 있다. 정약용은 수령이 군역자의 원적지[本根]를 기준으로 할 것인지, 군역자의 거주지[時居]를 기준으로 할 것인지를 먼저 정할 필요가 있다고 하였다. 이렇게 성책이 작성되면 수령은 면리 별 군역의 보유 실상을 세밀하게 확인할 수 있는 효과를 달성

---

18 김형기, 〈조선후기 계방의 운영과 부세수취〉, 《한국사연구》 82(1993), 116-117쪽.

19 정약용은 계방 이외에 제역촌에 대해 각기 다른 방식으로 피역자를 색출해야 한다고 보았다. 서원촌은 서원의 保戶가 주로 모여 사는 면리이다. 서원의 보호는 《속대전》 규정을 준수하여 피역인들의 증가 현상을 방지해야 한다고 하였다. 하지만 정약용은 서원의 보호로써 피역하는 일이 드물기 때문에, 규정보다 1-2명 정도 많은 경우에는 그대로 덮어 두라고 하였다. 역촌은 역보들이 주로 모여 사는 마을이다. 역촌에 대해 정약용은 역보를 충원할 때 대상자가 역졸의 친족인지 여부를 수령이 조사하고, 책임자인 찰방의 허가를 받았는지 살펴보라고 조언하였다. 역보 충원 절차의 적법성을 문제 삼아 역보로 충원되는 수를 줄여 군액을 확보하려는 방책이었다. 豪戶는 사회적이나 경제적으로 지위가 높은 집안에서 특정 이유로 군역자를 피역하게 하는 것을 말한다. 정약용은 豪戶가 숨긴 군역자가 천인인 경우 속오군으로 충원하고, 양인인 경우 양역에 충당해야 한다고 하였다. 豪戶는 사회적이나 경제적으로 지위가 높은 집안에서 특정 이유로 군역자를 피역하게 하는 것을 말한다. 정약용은 豪戶가 숨긴 군역자가 천인인 경우 속오군으로 충원하고, 양인인 경우 양역에 충당해야 한다고 하였다.

20 《承政院日記》 806冊, 英祖 11年 8月 2日.

할 수 있었다.

다음으로 면리에 대한 군액 분급 기준을 정하는 절차가 필요했다. 정약용은 그 기준을 두 가지로 제시했다. 첫째, 군현의 호총(戶摠)과 군총의 비율이다. 정약용은 "순창은 호총이 6,300호인데 군총이 6,300명이라고 하면, 1호당 1명의 비율로 면리에 군액을 배정해야 한다"라고 했다. 마찬가지로 "남평의 호총이 5,400호인데 군총이 2,700명이면, 면리에 2호당 1명의 비율로 군액을 배정해야 한다"고 했다. 수령의 군현에 배정된 군총과 군현의 호총을 비교 검토하여 적정 비중을 결정해 이를 하급 행정 단위인 면리에 군총을 배분하는 기준으로 삼으라는 것이다.

둘째, 군역의 경중과 입역자의 신분이다. 그는 중역(重役)·경역(輕役)·양역(良役)·천역(賤役) 등 네 가지로 군역을 구분했다. 역의 경중은 과외 잡세의 부과 여부가 기준이 되었다. 중역은 포수보, 군향보, 어영보, 금위보이며, 경역은 낙공보, 관장보, 선무군관이 속한다. 양역과 천역은 입역자의 신분을 가지고 구분하는 것이다. 양역은 기병, 보병, 경포수, 어영군, 금위군 등이며 천역은 속오군, 별대군, 수군, 아병 등이었다.[21]

호총과 군총의 비중 그리고 군역의 경중 등은 군총 분배에 있어 중요 기준이었다. 하지만 정약용은 수령이 이 기준을 상황에 따라 탄력 있게 적용해야 한다고 하였다. 군역의 배분이 호의 경제력이나 병종의 편중도 수령의 재량에 따라 변경될 수 있는 것이었다. 즉 한 면리에 요호(饒戶)가 많으면 중역이 기준보다 많이 배정되었더라도 그대로 두었다. 또한 특정 군역이 면리 하나에 편중되는 것도 지양해야 했다. 즉 "동리(東里)는 모두 어영보이고 서리(西里)는 모두 금위보라고 하더라도 이를 두

21 《牧民心書》 兵典, 簽丁.

읍에 고르게 배정하는 것은 해가 되지 않으며", "기병과 보병은 같은 양역이니 남리(南里)에는 모두 기병이고 북리(北里)에는 모두 보병이면 이를 면리 별로 섞어 배정해도 해가 되지 않는다는 것"이다.[22]

그는 동산리의 사례를 들어 군역 배분 방식을 더욱 구체적으로 설명했다. 군현의 군역자 총수와 호총의 비율이 1:1이고 동산리에 20호가 거주한다고 한다면, 동산리에 군역자 20명을 배정하는 것이 타당하다. 이렇게 군역자 숫자가 결정되면 다음으로 군역의 경중과 신분의 귀천을 고려해 역의 종류를 결정해야 했다. 정약용은 동산리는 중역 6명, 경역 6명, 양역 4명, 천역 4명 등 총 20명을 배정하고, 여기에 읍군관(邑軍官) 등 사모속을 몇 명 추가로 배정하는 것이 좋다고 했다.[23] 또한 관노·사령·통인의 봉족은 항상 충원되지 않기 때문에 척적에는 기록하지 않도록 했다. 이외에 제번군관(除番軍官), 제고(諸庫)·제청(諸廳)의 모입(募入), 교생(校生), 원생(院生), 교보(校保), 원보(院保), 경주인보(京主人保), 영주인보(營主人保) 등 없애기 어려운 읍소속도 면리별로 균등히 분배하라고 충고했다. 이렇게 군역자의 면리별 분배가 완료되면 척적을 개수해야 했다. 정약용은 동산리의 사례를 가정해 척적의 형식을 제시했다.

그가 제시한 척적에는 포수보·금미보·어자보·기병·보병 등 다섯 병종의 변동 사항이 수록되었다. 포수보는 훈련도감의 포수보, 금미보는 금위영 미보, 어자보는 어영청 자보, 기병과 보병은 병조의 기병과 보병을 의미한다. 그는 이들 역을 유래에 따라 본리유래구역과 ○○리이래로 구분했다. 본리유래구역은 이 역이 본래 동산리에 있던 역이라는 뜻이다. ○○리이래는 다른 지역에 있다가 척적을 작성하면서 동산리로 이전해 온 역을 의미한다. 이 척적에서는 군역이 남천리, 송전리, 지석리에

---

22 《牧民心書》 兵典, 簽丁.

23 정약용은 '근(根)'이라고 호칭하였으나 여기서는 이해를 돕기 위해 '명'이라고 지칭한다.

〈표 1〉 정약용이 제시한 동산리 척적(尺籍)

병종	연원	名住	변동사항						비고
			갑자식년	정묘식년	무진년	경오식년	신미년	임신년	
① 砲手保	本里流來舊役	住	동산	동산	·	동산	·	·	·
		名	김득삼	김득삼	·	이득중	·	·	
② 砲手保	本里流來舊役	住	동산	동산	·	동산	·	·	·
		名	이기복	최동이	·	박노미	·	·	
③ 禁米保	本里流來舊役	住	동산	동산	송전	송전	·	·	·
		名	김억추	이복남	안복삼	김이득	·	·	
④ 御資保	南川里移來	住	남천	남천	·	남천	동산	·	·
		名	김덕운	이득춘	·	안유복	박이재	·	
⑤ 騎兵	松田里移來	住	송전	송전	·	동산	·	동산	·
		名	이봉득	정유삼	·	심차갑	·	이부억	
⑥ 步兵	支石里移來	住	지석	지석	·	지석	·	·	윤기원 이후 동산리 충원
		名	조몽동	윤기원	·	윤기원	·	·	

* 《목민심서》에는 서술 형태로 되어 있으나 본 논문에서는 표로 작성하였다.
** 典據: 《牧民心書》 兵典, 簽丁.

서 이래했다고 기록되어 있다.

척적에 수록된 연도는 식년과 일반 연도로 구분되었다. 식년에는 군안이 개수되는 연도로 군액의 변동이 많다. 이를 반영해서 척적은 식년을 기준으로 군액 변동사항을 수록하는 것이 원칙이었다. 그러나 식년 외에도 군역의 변동이 있을 수 있었다. 이때는 일반 연도를 표기하고 군역 변동 사항을 기록했다. 이 표에는 수록하지 않았지만 정약용은 척적 끝에는 다른 곳으로 이전한 직역들을 별도로 정리해 가독성을 높이라고 설명하였다.

그가 제시한 척적에는 군역의 변동 사항을 일목요연하게 정리되었다. 이에 따라 군역의 대정 모습도 명확히 파악할 수 있었다. ① 포수보는 정묘식년에 김득삼이었는데, 경오식년에는 이득중으로 바뀌어 있다. 이 두 사람의 거주자가 모두 동산으로 기록된 것으로 볼 때, 이 군역은 경오년에 동산리 안에서 대정이 이루어진 사례로 보인다. ② 포수보는 세 식년 모두 거주지가 동산리로 표기되었지만, 군역자는 모두 다르다. 이 역시 ①처럼 리 대정이 이루어진 사례이다. ③ 금미보는 본래 동산에 있던 역인데 무진년에 안복삼이 송전리에 살면서 동산리의 군역을 졌던 것으로 보인다. 다음 식년에는 송전리의 김이득이 이 역을 이어받았다고 기록했다. ④ 어자보는 경오년까지 남천에서 담당한 역이었으나 신미년에 동산리의 박이재가 이 역을 물려받으면서 동산리로 이전한 역이다. ⑤ 기병은 정묘식년까지 송전리에서 이봉득과 정유삼이 지고 있다가 경오식년에 동산리에 거주하는 심차갑이 이어받았다. 이후 임신년에 같은 리에 사는 이부억으로 대정되었다. ⑥ 보병은 경오식년 이후 어느 시점에 지석리에서 동산리로 이전해 왔다. 윤기원을 이어 이 군역을 지는 자는 동산리 출신이어야 했다. 이를 별도로 부기했다.

이러한 방식으로 척적이 완성되면 수령은 이를 공인하는 과정을 거쳐야 한다. 수령은 면리마다 상호(上戶)의 우두머리 5-9명을 뽑아서 열서(列書)를 하였다. 그리고 약문(約文)을 내린 후 감영에 보내 관인을 찍었다. 감영에서 척적이 군현에 다시 도착하면 수령은 척적 세 부를 등사하였다. 척적 세 부 중 한 부는 수령이 보관하고, 한 부는 향교에 두며, 나머지 한 부는 이청(吏廳)에 두었다. 한 부는 책임자가 가져가 소송 등 군역 관련 업무에 활용하고, 다른 한 부는 실무자가 가져가 군역 운영의 기초가 되게 하며, 나머지 한 부는 공론의 장인 향교에 두어 백성이 열람할 수 있도록 한다는 것이다. 이외에도 수령은 척적을 등사에 소속 면리에 두었다. 군현과 면리 사이에 군역 관련 갈등이 발생하면 이를 근거로 활용하기 위한 목적이다.

그는 척적이 군액을 공평히 분배하는 것일 뿐 아니라 대정에 따른 여러 갈등을 없애는 데도 일조할 수 있을 것이라 예상했다.

척적(尺籍)이 분명하면 군액에 빠진 것이 있더라도 양정을 조사하여 대정을 책임지게 하는 폐단[括丁責代]이 본리(本里)에만 미치지만, 만약 척적이 분명치 못하면 그 해가 여러 리에 미치고, 여러 향에 미치게 되어 한 읍의 소요가 난리를 만난 것처럼 된다. 그러므로 척적이란 소민의 이익이요. 이서(吏胥)는 좋아하지 않는 것이다.[24]

척적이 명확하지 않으면 대정에 관한 피해가 다른 면리로 번질 수 있다. 하지만 척적을 작성한다면 군역자의 소속 면리와 유래가 명확히 드러나서 대정의 피해가 해당 면리로만 국한될 수 있다는 것이다. 척적의 작성은 군현에 배정된 군액의 면리 분배의 공정성 확립, 추후 있을 군역 관련 논란에 대한 기초자료 획득이라는 점에서 정약용이 제시한 지방군정론의 핵심적인 부분에 속한다. 하지만 감영이나 군현의 재정 운영에서 제역촌이 차지하는 위상이 간단치 않기 때문에, 제역촌의 혁파를 전제로 한 척적의 개수는 난항이 예상되었다. 정약용이 '수령의 위엄과 은혜가 온 마을에 미친 이후'에야 척적이 개수될 것이라고 전망한 이유도 여기에 있다. 하지만 군역의 경중과 유래를 정확히 검토해서 군역 부과를 해야 한다는 정약용의 주장은 당시 위정자들이 반드시 참고해야 할 내용이었다.

요컨대, 19세기 후반 궐액이나 허록의 확대는 면리 사이에 군역부담이 균일하지 못한 상황을 유발했다. 정약용은 이러한 상황에서 대정에 따른 군안의 위조 가능성을 미연에 방지하고 척적 개수를 통해 면리 별로 군액을 균등히 분배하자고 했다. 이를 위한 선행 작업으로 제역촌을 없애거나 축소하자고 했다. 다음으로 척적을 개수하였다. 이 문건을 근거로 수령은 면리별로 군액 부담을 공평하게 부과하고, 대정에 관한 책임이 따를 경우 책임 소재를 명백하게 하는 효과를 얻을 수 있었다.

---

24 《牧民心書》兵典, 簽丁.

2) 동포제를 통한 납포군 대정

정약용은 척적개수를 통해 면리별 군역자 배분의 공정성을 재고할 수 있다고 보았다. 척적이 개수되면 면리별로 군역자의 숫자가 확정되었다. 수령은 척적을 토대로 군역자를 상번하게 하거나 역가를 내는 과정을 관리했다. 그는 군역을 충원할 때 생기는 여러 가지 폐단을 상번군과 납포군으로 나누어 사례별로 제시하고 그 개선점을 제시했다.

먼저 상번군을 살펴보자. 정약용은 수령이 백성의 피해를 줄이면서도 상번군의 숫자를 충분히 충원하는 방안을 어영청의 예를 들어 단계별로 제시했다.[25] 먼저 수령은 중앙에서 공문이 내려오면 즉각 방문(榜文)을 붙여서 부정부패를 예방한다. 군안을 통해 어영청 정군의 상태를 파악하여 현재 입역할 수 있는 군액 수를 확인한다. 여기서 문제는 군현에 있는 어영청 정군의 숫자가 어영청에서 배정한 숫자보다 적을 때 발생했다.[26] 이때에는 먼저 수령이 면리의 두민(頭民)이나 향리에게 어영청 정군을 모집하도록 지시했다. 모집이 잘 이루어지지 않아 그 숫자가 부족할 때만 면리에서 정군을 강제적으로 선발해야 했다. 이 과정에서 정약용은 점진적이고 순차적인 방법을 활용해 성번군의 대정하여 피해를 최소화해야 한다고 지적했다.

상번군이 입역하러 가는 과정에서 생기는 폐단은 주로 군문의 향리가

---

25 정약용이 어영청 호수를 예로 든 이유는 당시 이 병종이 금위영 호수와 함께 가장 대표적인 實役者[上番軍]이기 때문이다. 어영청 호수는 함경도와 평안도를 제외한 거의 모든 군현에 존재하였다. 이 병종은 4년에 1번 상번하여 2개월 동안 근무를 서고 지방으로 돌아왔다. 상번하는 규모는 17세기에는 10哨(약 1200명)였지만 숙종 연간 5초로 줄어들었고, 장용영 폐지 이후에는 4초(약 500명)까지 줄어 있었다(이태진, 〈禁 · 御 兩營의 常住番上 폐지와 常住京軍 확보〉, 《조선후기의 정치와 군영제 변천》, 한국연구원, 1985, 310-313쪽; 송기중, 〈균역법 실시와 어영청 재정 운영의 변화〉, 《역사와 현실》 102(2016)).

26 정약용에 따르면, 중앙에서 부과된 정군의 숫자는 수령이 군안을 통해 충원할 수 있는 숫자보다 많을 수밖에 없었다. 이는 도망 · 노제 · 잡탈 등의 문제가 상시적으로 발생했기 때문이다. 그러므로 수령은 군영에서 필요한 상번군을 충당할 때 항상 대정을 해야 했다.

저지르는 것이지만, 정약용은 수령이 대처할 방안이 있다고 지적했다. 정약용은 자장전(資裝錢) 즉 자보의 역가 8냥과 구피가 1냥 등 총 9냥 정도면 어영청 정군의 상번 비용으로 부족한 점이 없다고 생각했다.[27] 그러나 그는 가초관이 청례전(廳例錢)이나 지면례(知面禮) 등을 핑계로 토색하거나 군리가 병영 우후의 점고 때에 토색했기 때문에 정군의 상번 비용이 증가한다고 보았다. 정약용은 수령이 감사에게 군문 소속 향리의 횡포를 상세히 보고하고, 정군이 쓰는 잡비의 대략적인 액수를 조사해 인솔하는 색리가 관리하면 이 문제를 해결할 수 있다고 보았다.[28]

당시에는 상번군의 문제보다는 납포군의 폐단이 더 큰 문제였다. 이는 16세기부터 납포화의 진전으로 납포군이 상번군보다 훨씬 많았던 당대 현실 때문이다. 정약용은 역가 납부 자체에 대해 부정적인 견해를 견지했다.[29] 그러나 이 문제는 일개 수령이 해결할 수 없는 것도 사실이었다. 그러므로 수령은 당시 상황을 인정하고 요령을 발휘하는 방식으로 이 문제를 대응해야 했다.

당시 수령이 시급히 해결해야 할 문제는 납포군의 대정(代定)이었다. 정약용은 '동포제'를 통해 납포군의 대정 방식을 개선하고자 했다. 동포제는 군역자의 궐액이 발생한 경우 그 역가를 공동납 형태로 대납하

27 어영청 호수는 4년을 간격으로 1번 2개월 정도 근무를 섰다. 어영청 호수 1명에게는 자보 1명 관납보 2명 등 총 3명의 보인이 있었다. 이중 관납보의 역가는 어영청의 소득이 되었기 때문에, 호수의 수입은 실제로는 자보의 역가이다. 균역법 이후 자보 1명이 각기 1년에 2냥씩 호수에게 역가를 냈기 때문에 입역할 때가 되면 어영청 호수가 자보로 붙어 받은 값은 8냥이 된다. 여기서 자보의 역가를 8냥으로 설명한 것은 이 때문이다. 구피가는 명칭으로 볼 때 의상 비용으로 지급된 것으로 보이는데 재원의 출처는 알 수 없다.

28 《牧民心書》 兵典, 簽丁.

29 정약용은 군역자가 역가를 내는 행위에 대해 부정적인 시각을 견지했다. 그는 "簽丁하여 그들에게 布木을 거두는 법은 梁淵에게서 시작되어 오늘에 이르고 있다. 내려오는 폐단이 커져서 생민의 뼈에 사무치는 병통이 되었으니, 이 법을 고치지 않으면 백성은 모두 죽고야 말 것이다"라며 역가 납부 문제의 심각성을 설파했다(《牧民心書》 兵典, 簽丁). 조선 전기의 군역은 직접 입역이 원칙이었는데 이를 어기게 되면서 여러 폐단이 발생한다는 것이다. 그의 저서 《경세유표》에서도 이러한 생각은 잘 드러난다.

는 방안이었다.[30] 동포제 시행을 위해서는 비용 충당 방안이 먼저 마련되어야 한다. 정약용은 군포계와 역근전 활용을 제안한다. 군포계는 "상족(上族)이나 하족(下族)을 막론하고 돈 1냥씩을 내어 이자를 불려 해마다 불어난 돈으로 군미나 군포를 담당하는 방식"이었다.[31] 이에 비해 역근전은 토지의 소출 기반으로 취식를 통해 마련한 비용을 군포로 충당하는 방식이다. 이 두 방식은 면리분징의 한 형태로 그 원리는 크게 다르지 않았다.[32]

군포계와 역근전은 사실 정약용이 고안한 방식은 아니었다. 정약용은 군포계가 주로 서쪽 지방에서 정착되었고, 남쪽 지방에도 군포계의 초기 형태인 대동계나 보역계가 존재했다고 했다. 역근전도 마찬가지였다. 정약용은 "군역을 지는 자가 죽거나 옮겨 가면 대신한 자에게 준다"라는《경국대전》의 대정 관련 규정을 언급하며, "이 법이 시행된 지 수백 년이 되어 역근전의 규모가 확대되었다"라고 지적했다. 정약용은 척적이 개수되어 면리별로 군역 부담이 공평해진 다음에 수령이 역근전과 군포계 현황을 조사해야 한다고 했다.[33]

군포계와 역근전은 대략 세 가지 방법으로 늘릴 수 있다. 첫째, 직역자가 다른 면리로 이사할 때 면리 사람이 직역자의 재산 중 일부를 몰수해서 조성한 사례이다. 군역자가 먼 고을로 이사하면, 그의 군역은 원거주지에 남을 수밖에 없었다. 원주지 주민은 이사 간 사람의 토지나 재산 일부를 몰수해 역근전으로 삼거나 군포계의 밑천으로 삼아서 이들

---

30 洞布 · 戶布 · 軍役田에 대한 연구는 다음과 같다: 김용섭, 〈조선후기 군역제의 동요와 군역전〉,《동방학지》32(1982); 이종범, 〈19세기 후반 호포법의 운영실태에 대한 검토—전라도 구례현 사례〉,《동방학지》77 · 78 · 79(1993); 이종범, 〈갑오개혁 이후 호포법의 개정과 그 운영실태〉,《배종무총장퇴임기념사학논총》, 1994; 송양섭, 〈19세기 양역수취법의 변화; 동포제의 성립과 관련하여〉,《한국사연구》89(1995).

31 《牧民心書》兵典, 簽丁.

32 송양섭, 앞의 논문, 1995, 171쪽.

33 《牧民心書》兵典, 簽丁.

의 역가를 대납했다. 둘째, 군역자가 사망했는데 후손이 없거나 군역자가 특정한 이유로 유망해서 호가 끊겼을 때 토지를 환수하는 방식이다. 셋째, 군역자가 피역할 때 이들의 토지를 일부 편입하는 것이다. 이 경우 백성들은 피역자에게 납세 대책을 요구했고, 피역자는 이 대가로 토지를 내놓았다.[34]

정약용은 도고나 잡탈에 대한 역근전을 마련하지 못했을 때 대처 방안도 제시했다. 먼저 수령은 향갑(鄕甲, 면 · 리임)을 불러 도고와 잡탈을 대신할 자를 찾으라고 지시하였다. 향갑이 이들을 조사해 오면 수령이 미리 작성해 둔 침기표(砧基表; 家坐冊)를 통해 충원된 자의 경제력을 확인했다. 정약용은 이들의 경제력이 빈약할 경우 향갑에게 다른 사람을 충원하라고 지시하도록 했다. 이 과정을 2-3차례 반복을 하게 되면 향갑은 결국 부유한 자를 데려올 것이라고 하였다.

정약용은 수령이 부유한 자에게 군역을 질 것인지를 묻도록 했다. 그가 예상한 바에 따르면 부유한 자는 군역을 천시하는 지역사회의 분위기로 인해 군역 지는 것을 거부할 우려가 컸다. 이때 정약용은 수령이 '포보의 역근전이 없는 까닭으로 이러한 소동이 있었으니 네가 만일 좋은 토지[良田]를 바쳐서 역근전을 만들면 다른 사람을 고립할 수 있다'라고 하면서 그 사람을 설득해야 한다고 하였다. 정약용은 이 부유한 자는 반드시 수령의 설득에 수긍할 것이라고 보았다. 그 사람이 역근전을 내놓으면 수령은 그 사람이 거주하는 면리에 공문을 보내 포보의 역근전이 설정되었으니 잘 관리하라는 지시를 했다.[35] 정약용은 수령이 군역 면제를 조건으로 요호에게 돈을 받고, 이 돈으로 토지를 구매하여 역근전을 늘리라고 제안한 것이다.

---

34 김용섭, 〈조선후기 부세제도 이정책〉, 《한국근대농업사연구》, I, 지식산업사, 2004, 256-257쪽.

35 《牧民心書》 兵典, 簽丁.

당시까지만 하더라도 동포제는 조선 정부의 승인 없이 면리 자체적으로 실행하고 있는 것이었다. 그러므로 연례적으로 시행해야 하는 도망·물고·노제 조사는 수령의 부담이 될 수밖에 없었다. 수령이 만약 도망·물고·노제의 현황을 실사해서 대정하면, 기존에 역근전이나 군포계를 운영하던 향촌사회에서는 소동이 발생할 수밖에 없었다. 정약용은 "그대로 두면 백 년 동안 무사할 것을, 한번 역근(役根)을 흔들어 놓아 많은 집이 시끄럽게 되어 그 가산을 탕진하는 자가 속출하고, 첩역으로 애매한 부담을 지는 자가 여기저기서 울부짖고", "역근의 전지가 없어지고 허록은 그대로 허록이 되고 마는" 결과를 초래할 뿐이라고 했다.[36]

정약용은 "노제자는 아들·사위·형제·조카가 대정하고, 본래 가명(假名)으로 군안에 수록된 자는 가짜 이름으로 대신"하게 하도록 했다.[37] 정약용이 이렇게 대응하도록 한 데에는 당대 현실적인 측면이 녹아 있다. 즉 노제는 나이가 기록되어 있어 상급 관청에 의해 탄로 날 우려가 있으므로 사실대로 보고하여 문책을 피하고, 다른 명목으로 대정한 자는 역근전이나 군포계와 관계가 있으므로 가명을 다시 설정해서 보고해 지방 군현의 관행을 보호하자는 것이었다. 그가 이러한 편법을 동원하면서까지 동포제 실시를 옹호한 것은 그만큼 효과가 있기 때문이다.

> 내가 해서의 풍속을 보면 하나의 촌리에 이른바 군포계라는 것이 있다. 한 리의 백성들이 귀천을 막론하고 모두 돈을 내어 이것을 식리하여 본리(本里)의 군포에 응하고 군적 중에 이나 최는 모두 허구이다. 내가 병마 관찰사를 만났는데, 병마사가 나에게 "허명응포자(虛名應布者)는 모두 적발해서 엄히 금지해야 한다"라고 하였

---

36 《牧民心書》 兵典, 簽丁. "一撼其根 千家騷擾 破家蕩產者 比屋連牆 疊役橫擔者 左啼右哭 役根之田 因亦亡滅而虛錄 仍爲虛錄而已."

37 《牧民心書》 兵典, 簽丁.

다. 나는 병마사에게 금지하는데 장차 무엇으로서 하겠는가? 나라의 부세가 줄어드는 것 때문인가? 세금을 걷는 노력이 늘어나기 때문인가? 민정의 고통스럽기 때문인가? 세 가지가 모두 타당하지 않으니 금지를 할 수 없다. 나는 해서의 풍속이 좋은 법이라고 생각한다. 국가에서 균등하지 않는 법으로 백성에게 반포하였는데, 백성이 스스로 법을 만들어 그것으로 그 고통을 균등히 하여 살고자 하니 이것이 법을 세우는 치욕인 것이다.[38]

역근전이나 군포계를 실시한다고 해서 국가의 부세가 줄어드는 것도, 세금의 노고가 증가하는 것도, 백성들의 사정이 고통스러워지는 것도 아니었다. 정약용은 중앙과 지방 관청에서 군역 명목으로 배정한 금액을 원활하게 낼 수 있을 뿐 아니라 백성의 고통이 줄어들기 때문에 동포제를 실시해야 한다고 생각했다.

당시 각종 군역 폐단이 드러나고 있는 상황에서 군포계의 실시는, 대민과 소민에 관계없이 군역 부담을 공평히 분배하는 효과가 있었다.[39] 역근전도 마찬가지였다. 도고나 잡탈로 궐액이 발생했을 때 요호(饒戶)에게 돈을 거두어 역근전을 만든다면, 요호는 군역의 대가로 돈을 지급하고, 천민은 이름을 제공하게 되어 요호와 천민 사이의 군역 부담이 적절히 안배되는 효과가 있다는 것이다.[40] 그러므로 정약용에 있어 동포제는 지역사회의 군역 모순을 해결하면서도 상급 기관에 대한 역가 납부를 원활하게 하는 방안이었던 것이다.

요컨대, 군액의 대정은 여러 가지 사회 문제를 일으켰다. 그는 입역

---

38 《與猶堂全書》 卷9 〈身布議〉. "臣見海西之俗 每一村里 有所謂軍布契者 凡一里之民 無貴賤咸出錢殖之 以之應本里之軍布 而軍籍之中 曰李曰崔者 皆子虛也 臣見兵馬使兵馬使謂臣曰 虛名應布者 宜摘發而嚴禁之 臣曰禁之將奈何 以國賦之有縮歟 以徵斂之勞多歟 以民情之苦之歟 三者無所當 禁之無爲也 臣謂海西此俗 誠良法也 夫國家以不均之法 布之下民 而民自權立一法與之均其苦以生 此立法之恥也."

39 《牧民心書》 兵典, 簽丁.

40 《牧民心書》 兵典, 簽丁.

형태에 따라 대정 방식을 달리했다. 상번군은 순차적인 절차를 걸쳐 대정해 지역사회의 소요를 막아야 한다고 했다. 이에 비해 납포군은 동포제를 적용하여 면리에서 나누어서 낸다면 지방이나 중앙 아문에 재원을 원활히 공급할 수 있을 뿐 아니라 지역사회의 동요도 방지할 수 있다고 주장했다. 하지만 동포제를 유지하면 각종 궐액 조사로 인해 수령이 곤란한 상황에 봉착할 수 있었다. 이때는 노제만 실제로 대정하고 나머지는 다시 군안에 가명으로 수록해 이 문제를 해결하고자 했다.

4. 군현의 무풍 진작과 이노대 강화

19세기 전반은 대외적인 위기가 예견되는 시점이었다. 수령은 이런 상황을 타계하기 위해 지방군의 전투력 강화에도 신경을 써야 했다. 정약용은 수령이 관할하는 병력을 속오군 · 별대(別隊) · 이노대(吏奴隊) · 수군 네 가지로 꼽았다. 속오군은 임진왜란 직후 설치된 지방군의 주력 병종이었다. 별대는 정약용에 의하면 지방에 설치된 기병이라고 한다. 친기위 · 별무사 등 18세기 중엽에 설치된 기병 부대일 가능성이 높다. 이노대는 향리들로 편성된 군대로 이노작대라고도 지칭된다. 이노대는 영조 4년(1728) 이인좌의 난 이후 내란 방비를 목적으로 창설된 부대이다.[41] 수군은 조선 건국 직후 해양 방비를 위해 창설된 병종이다. 본래 수군진에만 배치되던 군선이 을묘왜변 이후 군현에도 배치되자, 연해 군현의 수령은 지휘관 임무를 담당하게 되었다.

군역제의 문란이 가속되는 상황에서 정약용은 수령이 네 병종을 훈련하는 것은 이들을 괴롭히는 일뿐이라고 주장했다. 그 이유는 이들의

---

41 이노대에 대해서는 김우철, 〈조선후기 지방군제의 변천〉, 《조선후기지방군제사》, 경인문화사, 2001, 199-201쪽 참조.

취약한 경제 기반으로 인해 훈련하기 어렵기 때문이다. 병장기를 구비하지 못한 것도 훈련이 잘되지 않는 한 원인이었다. 정약용은 속오군과 별대의 사례를 들어 당시 상황을 언급한다. 속오군은 "그들의 전립은 썩은 박처럼 찌그러졌고 전복은 어지러운 칡넝쿨처럼 이리저리 얽혔으며, 백 년이나 묵은 칼은 자루만 있고 날은 없으며, 3대나 내려온 낡은 총은 화약을 넣어 불을 붙여도 소리가 나지 않는" 상황이었다.[42] 별대는 "설치할 때 조선 정부에서 병사에게 말 한 마리를 주었는데, 지금은 모두 흩어져 없어져 버린" 상태였다.[43] 이런 상황해서 훈련은 해봐야 '헛된 것'이었다.

그렇지만 수령은 중앙에서 훈련 명령이 떨어지면 이를 시행할 수밖에 없었다. 그러므로 정약용이 제시하는 방안도 훈련의 효율성에 초점을 맞출 수밖에 없었다. 정약용은 훈련의 효율성을 높이기 위한 방안을 설명했다. 수령은 훈련에 앞서 향갑에게는 훈련의 준비를 지시했고, 병력들에게 무장을 갖출 것을 지시했다. 훈련 날 수령은 병장기와 인원수를 점검하는 점고를 했다. 그런데 정약용은 수령이 점고를 엄격하게 하는 것은 좋지 않다고 했다. 그는 "점고를 하는 날에 은밀히 장교에게 타일러서 실책[闕失]이 있더라도 다 덮어 두고 들춰내지 않아 무사하게 하며, 번잡하고 소란스럽게 하지 말 것을 지시하라"라고 했다.[44] 그가 이렇게 제안한 이유는 흠결을 문제 삼지 않아 이후 절차를 원활하게 진행하기 위해서였던 것 같다.

정약용은 《병학지남》의 절차에 따라 훈련을 진행하라고 했다. 이 책은 당시 군사훈련에서 보편적으로 활용되었던 병서였다. 정약용은 병서

---

42 《牧民心書》 兵典, 練卒. 정약용은 병장기를 만들 재료만 준비해 두고 유사시에 인원을 동원해 제조한다면 세월의 변화에 따른 병장기의 손상이 없을 것이라고 주장했다.

43 《牧民心書》 兵典, 練卒.

44 《牧民心書》 兵典, 練卒.

에 익숙하지 않은 문관을 위해 병학의 요점을 부분(部分)과 호령(號令)으로 구분해 설명했다. 여기서 부분은 군대를 편성하는 것이고, 호령은 명령체제를 의미한다. 그는 이 부분이 이루어져야 일신(一身)으로 사체(四體)를 부리는 것과 같고 일체(一體)로 오지(五指)를 부려 뼈마디가 서로 얽히고 피가 서로 통하는 것 같다고 했다. 또한 호령이 정확히 이루어져야 대장의 마음에 따라 병사들이 움직일 수 있다고 보았다.

당시 군사의 훈련은 이틀에 걸쳐 행해졌다. 첫째 날에는 사습(私習)을 하고, 둘째 날에는 정조(正操)를 실시했다. 그는 수령이 군사 업무에 대해 잘 알면 사습을 친히 행할 수 있지만, 그렇지 않을 때는 수교(首校)를 대장(代將)으로 삼으라고 했다. 그는 좌수를 대장으로 임명하는 것에 대해서는 반대했다. 정약용은 좌수가 명망 높은 사족이자 향청의 우두머리여서 훈련에 능숙하지 않다고 판단한 것 같다. 사습은 대장이 명령권자가 되어 호령을 시행했다. 그는 수령이 사습할 때 《병학지남》에 수록된 원앙대(鴛鴦隊)·삼재대(三才隊), 오영진(五營陣)·육화진(六花陣) 등의 진법을 활용하라고 제안했다.

수령은 훈련 과정에서 생기는 폐단도 예방해야 했다. 그는 폐단의 유형을 두 가지로 정리하고 그 해결책을 제시했다. 첫째, 훈련할 때 기총(旗摠)이나 장령(將領)이 횡포를 부리거나 새로 온 병력을 조사해 신입례(新入禮)나 지면례(知面禮)라는 구실로 돈을 거두는 문제이다. 정약용은 훈련하기 열흘 전에 수령이 금품을 거두면 처벌하겠다는 미리 경고하고, 병력이 집결하는 날에 한 번 더 경고하라고 했다. 이후 실제로 이 경고가 효과가 있는지를 확인하기 위해 저녁때 아이[童幼] 서너 명을 마을에 보내 이를 점검하라고 했다. 점검에서 적발된 사람은 곤장을 맞고 훈련이 끝난 후 처벌하도록 했다. 만약 죄질이 좋지 않다면 수령은 그를 군적에서 제명하고 북을 등에 지고 화살을 꿰어 돌아다니게 해서 망신을 주어야 했다. 둘째, 마을에서 사습(私習)할 때 병영에서 파견한 감찰관에게 수십 냥의 뇌물을 주는 문제이다. 이 문제에 대해서는 금지하기 어려운 측면이 있지만 요령 있게 해결할 필요성이 있다고 보았다.

정약용은 훈련 과정에서 일반 병사보다 아관(衙官)이나 군교(軍校)의 훈련에 더욱 힘을 쏟으라고 제안하였다. 그는 '속오군과 별대 등은 아침에 모였다가 저녁에 흩어지고 몸과 이름이 다르며 봄에 가르쳐도 가을에는 다시 오지 않으니 이들을 가르쳐서 무엇을 하겠는가! 오직 아관과 군교는 오랫동안 관부에 근무해서 평소에 연습하여 그 대체를 알게 하면 유사시에 힘을 얻을 수 있다. 이른바 봄과 가을의 군사 점고에 조금이라도 효과가 있을 수 있는 희망은 이들 아관뿐이다'라고 했다.[45] 또한 그는 훈련이 있기 열흘 전에 아관 중 병학을 잘 아는 자가 《병학지남》을 예습할 필요성도 언급했다. 그 이유는 아관이 군중에 있다가 자신의 명령을 알아보고 이를 따르게 하기 위함이었다. 그래야 병사도 아관의 명령을 듣고 수령이 원하는 데로 움직인다는 것이었다. 특히 정약용은 이노대의 훈련을 강조한다.

> 우리나라 군제에는 수령의 수하에 친병이 한 명도 없다. 이른바 속오·별대 등은 난리가 일어나면 수령이 그들을 모두 거느리고 나가 진관에게 인계하고 진관에서는 진장(營將)에게 인계한다. 수령은 인계하고 돌아와 이노로 대(隊)도 만들고 초(哨)도 만들어 그들과 함께 고을을 지키게 되니, 이노의 훈련은 실로 중요한 일이다.[46]

유사시가 되면 수령은 속오군이나 별대 등의 병력을 영장에게 인계하는 역할을 주로 했다. 그러므로 수령이 군현 자체의 방비를 위해 활용할 수 있는 병력은 이노대밖에 없었다. 그런데 당시 이노대의 훈련은 잘 이루어지지 않았다. "조련하는 날에 그 가욋일로 장부를 보고 부르면 한 번 대

---

45 《牧民心書》 兵典, 練卒.

46 《牧民心書》 兵典, 練卒.

답하고 물러나서 전혀 연습하지 않고 웃으며 손가락질하며 장난질이나 하던" 상태였다.[47] 정약용은 속오군이 집결하는 날 이전에 하루를 택해 이노를 먼저 훈련하라고 하였다.

정약용은 정규군의 훈련과 함께 백성의 무예에 대한 관심도 방어체제 개선에 큰 도움이 된다고 생각했다. 하지만 그는 당시 백성이 무예에 관심이 없는 것에 대해 개탄했다. 그는 무과의 폐단 때문에 백성이 무예에 관심이 부족하다고 생각했다.[48] 하지만 무과는 수령의 역량으로만 개선할 수는 없는 것이었다. 이에 무과의 개선 방법에 대해서는 논하지 않고, 수령이 장기간 재임한다는 전제 아래 무풍(武風) 진작에 대한 현실적인 방안을 강구했다.

> 시골 백성들은 향임(鄕任)이나 교임(校任)이 되는 것을 벼슬하는 것으로 여기고, 순제(旬題)나 월과(月課)를 보는 것을 과거 보는 것으로 여겼다. 이로써 말하면 과거의 규정은 비록 무너졌으나 목민관 된 자가 고과(考課)하기를 공정하게 하여 무예를 권장한다면 백성도 모두 권장할 것이다. 이와 같이 5-6년 동안 하여 점차 습속이 되면 그 풍습이 멀리 흘러 마침내는 국가에 도움이 있게 될 것이니, 과거 규정이 크게 무너졌다고 하여 이 정사마저 없애서는 안 될 것이다.[49]

정약용이 제시한 방안은 군현에서 실시할 수 있는 시험인 순제나 월과

---

47 《牧民心書》 兵典, 練卒.

48 정약용은 무과의 폐단을 擊逐 · 空路 · 徵布 · 萬科 · 無額 등 다섯 가지로 정리하고 있다. 격축은 무과의 급제 가능성이 큰 사람에게 상처를 주어 무과를 보지 못하게 하는 일이다. 공로는 한미한 가문 출신들은 무과를 본다고 하더라도 고위직으로 올라가지 못하게 되는 일이다. 징포는 무과 급제자를 유청군관이라고 하면서 포를 걷는 행위이다. 만과는 인원을 많이 뽑아 능력이 있는 자나 없는 자나 상관없이 급제시킨다는 것이다. 무액은 무과의 합격 정원이 없어 생기는 폐단이다. 이런 폐단으로 인해 무과의 효과에 대해 부정적이었던 것 같다. 정약용은 이 다섯 가지가 없어지지 않은 한 수령이 무예를 권장해도, 백성들이 무예를 익히지 않을 것이라고 주장했다(《牧民心書》 兵典, 勸武).

49 《牧民心書》 兵典, 勸武.

였다. 그는 중앙에서 보는 무과보다 과목 숫자를 줄이고, 필요 과목을 중심으로 백성들의 기예를 연습시키자고 주장했다.[50] 특히 여러 과목 중에 그는 강노(强弩)의 효용성을 강조했다. 강노는 사거리가 길고, 높은 곳에서 낮은 곳으로 쏘기가 적합하며, 견고한 것을 뚫을 수 있다는 장점을 고려한 것이다. 하지만 강노는 장병기(長兵器)로 근접전에는 취약했다. 이를 극복하기 위해 정약용은 노수(弩手)에게 요도를 휴대하게 하여 적이 가까이 왔을 때 대적할 수 있도록 하자고 제안했다.

진작된 무풍을 바탕으로 해서 정약용은 수령이 정규군과 별도로 군현에서 무사를 자체적으로 양성해야 한다고 주장했다. 그가 제시한 읍의 무사에 대한 선발 기준은 다음과 같다. 군교(軍校) 및 한량(閑良)이라도 나이는 30세 미만으로 한정하고 사족·문족·토족 등이 지원하더라도 그 재주를 시험해 선발하도록 했다. 한 번에 선발할 인원은 20명이나 30명으로 한정했다. 정약용은 인원이 더 늘어나면 재주의 측정에 오랜 시간이 걸려 효율성이 떨어진다고 했다.

이렇게 뽑힌 무사는 입하(立夏) 이전 5번, 백로(白露) 이후 7번 등 1년에 총 12번을 소집해 훈련했다. 이는 농번기를 피하고 농한기에 훈련하겠다는 전략이다. 훈련이 끝나면 점수를 매겨 포상했다. 정약용은 과예(課藝)와 권무(勸武)에는 상당한 비용이 소요된다고 했고, 이를 마련하는 방안이 필요하다고 했지만, 구체적인 방안을 제시하지는 않았다. 결국, 정약용은 무풍 진작을 통해 유사시 농민을 바로 동원할 수 있는 체계를 구축하고자 했던 것으로 보인다. 그리고 이러한 그의 고민은 민보(民堡) 논의로 구체화된 것으로 생각된다.

요컨대, 그는 당시 국방력이 약화하는 상황 속에서 수령이 할 수 있는

50 정약용은 순제나 월과를 보는 자가 식년시나 증광시를 보는 사람처럼 열 가지 기예를 모두 배울 필요는 없다고 했다. 대신, 鐵箭·木箭·片箭·貫革·强弩·騎芻·鳥銃·武經 등 여덟 가지 기예만을 익혀도 될 것이라 했다.

군사력 강화 방책을 제시했다. 백성들에게 무풍을 진작하기 위해 순재나 월과 등의 방식을 활용하라고 충고했다. 그리고 가능하면 군현 자체의 무사를 양성하는 것도 좋다고 했다. 또한 정약용은 수령이 정규군을 관리하는 방식을 제시하기도 했다. 중앙에서 훈련 명령이 오면 수령은 폐단을 줄이면서도 훈련을 효율적으로 진행해야 했다. 또한 일반 병사보다는 아관(衙官)이나 이노대의 훈련을 강화하여 군현을 방위할 수 있는 최소한의 수단을 마련해야 한다고 주장했다.

5. 맺음말

정약용은 《경세유표》에서 대대적인 토지 개혁론을 통해 정전제를 구현하고 이를 바탕으로 병농일치제를 구현하고자 했다. 그는 이러한 개혁을 이루기 위해 개인이 소유권을 가진 사전을 정전 모양으로 구획하는 한편 어린도와 방전법을 기본 바탕으로 하여 수세하고자 했다. 군역의 수취는 이러한 정전을 바탕으로 부과할 때 효율적으로 할 수 있는 것이었다. 정약용은 중앙과 지방에 '둔전군'과 '정전군'을 각각 두고 토지 지급을 바탕으로 한 군역 동원을 이루고자 했다.[51] 하지만 이러한 대대적인 토지 개혁론을 통한 군역 수취는 탁월한 군왕과 체계적인 계획을 세우고도 실현하기 어려운 것이었다.

이런 상황에서 백성의 삶을 개선할 수 있는 실질적인 방안이 필요했다. 당시 목민관으로 지역에 파견된 수령은 통치자로 백성의 삶에 직접적인 영향력을 행사했다. 정약용은 세도 정치가 한창인 당시 상황에서 수령의 덕치가 '목민(牧民)'의 이념을 구현하는 중요한 요소가 된다고 보았다.

---

51 엄기석, 앞의 논문, 2016.

하지만 국왕과 달리 수령은 제안된 임기와 한정된 권력 범위를 가진 통치자였다. 그러므로 정약용은 대대적인 개혁안 대신 세부적이고 요령 있는 통치술을 제안했다. 이러한 그의 방안은《목민심서》라는 저서에 구체적으로 나와 있다.

그가 살던 시기는 양역 문제가 점차 심각해지는 때였다. 균역법으로 군역자의 역가가 줄어들었음에도 그 부담은 오히려 늘어났다. 사모속의 무분별한 설치, 제역촌의 증가 등 당시 문제는 군역 부담을 늘리고 불균하게 하는 주요 원인이었다.

정약용은 척적개수를 통한 군역의 공정한 면리 분배와 동포제 실시를 통한 대정을 제안했다. 이를 통해 특정 면리에 군역이 집중적으로 부과되는 것을 막아 백성의 부담을 공평히 하며, 대정에 따른 고통도 면리가 함께 나누어져야 한다고 했다.

당시 지방 군정의 최고 책임자인 수령은 군현의 방비도 힘을 쏟아야 했다. 수령은 각종 시험의 실시와 공정한 평가를 통해 무예를 권장했다. 특히 강노(强弩)는 여러 이점이 있으므로 백성이 익히기에 적합한 장비였다. 그는 군인의 경제적 기반이 부족하고 무기도 정비되지 않은 상황에서 지방군의 정예화는 쉽지 않다고 생각했다. 이로 인해 훈련의 폐단을 완화하는 것이 중요했다. 그는 병력보다는 오히려 장교나 이노대의 훈련을 강화할 필요가 있었다. 이는 이들이 유사시에는 좀 더 중요한 역할을 할 것이라 보았다.

그의 지방 군제 개혁론은 '합리적인 근거를 바탕으로 한 군역의 공평한 부과'와 '군현 방위태세를 위한 최소한의 수단 마련'으로 요약할 수 있다. 이를 위해 수령은 당시 현실에서 효과가 검증된 정책을 차용해서 실행해 나가야 하며, 군현의 좋은 관행은 중앙정부의 정책과 반대된다고 하더라도 고수해야 했다.

그는 중앙의 정책과 지방 군현의 관행을 잘 살피고 이를 절충하는 방식을 통해 위민(爲民)의 목표를 달성하고자 한 것이었다. 그러므로 그의 지방 군제 정비 방안은 그의 특유의 현실 감각과 목민의 신념 사이에서 빚어낸 현실적인 자구책이었다. ■ 《역사와 실학》(역사실학회) 67(2018).

참고문헌

《經世遺表》.

《牧民心書》.

《大典會通》.

《承政院日記》.

강만길, 〈군역개혁론을 통해 본 실학의 성격〉, 《동방학지》 22(1979).

김기승, 〈다산 정약용의 부국강병형 국가 개혁 사상—《경세유표》를 중심으로〉, 《한국사학보》 19(2005).

김문식, 〈정약용의 대외 인식과 국방론〉, 《다산학》 4(2003).

김옥근, 〈조선시대 군역과 균역법〉, 《조선왕조재정사연구》, II, 일조각, 1987.

김용섭, 〈조선후기 군역제의 동요와 군역전〉, 《동방학지》 32(1982).

______, 〈조선후기 부세제도 이정책〉, 《한국근대농업사연구I》, 지식산업사, 2004.

김우철, 〈균역법 시행 전후의 사모속 연구〉, 《충북사학》 4(1991).

______, 〈조선후기 지방군제의 변천〉, 《조선후기지방군제사》, 경인문화사, 2001.

김의환, 〈17 · 18세기 염세정책의 변동—균역법 급대재원과 관련하여〉, 《조선시대사학보》 6(1998).

김형기, 〈조선후기 계방의 운영과 부세수취〉, 《한국사연구》 82(1993).

서태원, 〈실학자의 군사 제도 개혁론〉, 《한국실학사상연구》, 2. 혜안(2006).

송기중, 〈균역법 실시와 어영청 재정 운영의 변화〉, 《역사와 현실》 102(2016).

송양섭, 〈19세기 양역수취법의 변화—동포제의 성립과 관련하여〉, 《한국사연구》 89(1995).

______, 〈조선후기 지방재정과 계방의 출현〉, 《역사와 담론》 59(2011).

______, 〈균역법 시행과 균역청의 재정운영—급대재원의 확보와 운영을 중심으로〉, 《영조의 국가정책과 정치이념》, 한국학중앙연구원출판부, 2012.

______, 〈목민심서에 나타난 다산 정약용의 '인시순속'적 지방재정 운영론〉, 《다산과 현대》 7(2014).

엄기석, 〈정약용의 정전제론과 병농일치적 군제개혁안〉, 《조선시대사학보》 79(2016).

이종범, 〈19세기 후반 호포법의 운영실태에 대한 검토—전라도 구례현 사례〉, 《동방학지》 77 · 78 · 79(1993).

이종범, 〈갑오개혁 이후 호포법의 개정과 그 운영실태〉, 《배종무총장퇴임기념사학논총》, 1994.

이태진, 〈禁 · 御 兩營의 常住番上 폐지와 常住京軍 확보〉, 《조선후기의 정치와 군영제 변천》, 한국연구원, 1985.

정경현, 〈19세기의 새로운 국토방위론—다산의 《民堡議》를 중심으로〉, 《한국사론》 4(1978).

정만조, 〈균역법의 선무군관—한유자문제와 관련하여〉, 《한국사연구》 18(1977).

정연식, 〈17 · 18세기 양역균일화정책의 추이〉, 《한국사론》 13(1985).

______, 〈균역법 시행 이후의 지방재정의 변화〉, 《진단학보》 67(1989).

______, 〈조선후기 '역총'의 운영과 양역변통〉, 서울대학교 박사학위논문, 1993.

정하명· 이충진, 〈丁若鏞의 軍事防衛體制觀과 〈民堡議〉〉, 《군사》 3(1981).

조광, 〈실학자의 국방의식〉, 《한국사론》 9(1985).

조정기, 〈다산의 군정론〉, 〈논문집〉(창원대학교) 9-2(1987).

조성을, 〈정약용의 군사제도 개혁론〉, 《경기사학》 2(1998).

차문섭, 〈임란이후의 양역과 균역법의 성립〉, 상 · 하, 《사학연구》 10 · 11(1961).

최진욱, 〈정약용의 民堡防衛論의 성격〉, 《사학연구》 87(2007).

하명준, 〈조선후기 향촌방위실정과 民堡論〉, 《역사교육》 114(2010).

지방재정과 민고운영론

전상욱

1. 머리말

신유사화에 연루된 정약용은 강진에서 18여 년의 기나긴 유배생활을 경험한다. 이러한 경험을 토대로 정약용은 '일표이서'로 불리우는《경세유표》,《목민심서》,《흠흠신서》를 저술하게 된다. 형법서의 일종인《흠흠신서》와 달리《경세유표》와《목민심서》에는 국가 운영 전반에 걸친 정약용의 개혁 구상이 반영되어 있다. 이 중에서《목민심서》에는 수령의 입장에서 지방사회를 통치하기 위한 다양한 방안이 수록되어 있다. 총 12개 편으로 구성된《목민심서》는 부세와 재정과 관련된 호전이 분량면에서 가장 큰 비중을 차지하고 있다. 이는 부세와 재정이 수령으로 상징되는 관과 민의 이해관계가 가장 첨예하게 대립하는 지점이기 때문이다. 이로 인해《목민심서》에는 부세와 재정에 관한 내용이 수록된 호전이 가장 큰 비중을 차지하게 되었다.

부세와 재정에 관한 정약용의 인식과 개혁 구상은 일찍부터 주목의 대상이 되었다.[1] 이들 연구는 정약용의 방대한 사상을 이해할 수 있는 계기를 마련했다는 연구사적 의의에도 불구하고, 정약용의 사상을 이해함에 있어서 적지 않은 한계를 가지고 있다. 우선《경세유표》와《목민심서》가 가지고 있는 자료적 성격을 고려하지 않았다.《경세유표》는 중앙정부 중심의 국가 개혁 구상이 담고 있다. 반면에《목민심서》는 목민관인 수령의 입장에서 지방통치 방안이 담고 있다.이는 정약용이《경세유표》와《목민심서》를 통해 말하고자 하는 지점이 차이가 있었음을 의미한다. 그러나 기존의 연구는 이를 고려하지 않고,《경세유표》와《목민심서》의 내용을 혼용하다 보니, 정약용의 개혁구상을 구체화시키지 못하였다. 그리고《목민심서》에 제시된 다양한 부세수취 관행을 '봉건적 수탈'이나, 부세제도의 문란으로 단순화함으로써 이들 관행이 담고 있는 사회적 맥락과 역사성을 고려하지 못하였다. 게다가 실학연구의 연장선에서 연구가 이루어지다 보니, 정약용의 사상이 가지고 있는 근대성을 추출하는 데 초점이 맞춰져 있다.

최근 지방재정에 관한 연구가 활발히 진행되면서《목민심서》에 제시된 정약용의 부세·재정 개혁구상이 새롭게 주목받고 있다. 손병규는《목민심서》에는《경세유표》에서 제시된 중앙집권적 토지징수 원리를 조세징수 현장에서 실현할 수 있는 방안이 수록되어 있으며, 정약용의 재정개혁론은 재정의 집권화와 지역의 자율성 획득이라는 이원적 재정체제 위에서 실현될 수 있다는 인식에 기초한다고 보았다.[2] 송양섭은《목

1 정약용의 부세·재정 개혁구상은 80년대 후반에 집중적으로 진행되었다. 이에 관한 대표적인 연구는 다음과 같다. 강만길, 〈정약용의 세제개혁론—부세를 중심으로〉,《다산학의 탐구》, 민음사, 1990; 정윤형, 〈다산의 재정개혁론〉,《다산학의 탐구》, 민음사, 1990; 정윤형, 〈다산의 환자개혁론〉,《다산의 정치경제 사상》, 창작과비평사, 1990.

2 손병규, 〈정약용의 재정개혁론—지방재정에 대한 현실인식을 중심으로〉,《한국실학연구》 27(2014).

민심서》에서 정약용이 수령은 은여결과 방결을 지방 차원에서 연결이라는 형태로 운영하여 각종 부세 운영에 필요한 경비와 불시의 지출에 대비토록 하였음을 주목하였다. 그리고 정약용의 지방재정 운영구상이 '인시순속(因時順俗)'이라는 지방사회 내의 관행을 인정하는 현실적인 원칙을 토대로 하였음을 조명하였다.[3] 또한 정약용이 《목민심서》에서 행정조직의 효율성을 바탕으로 실무적 · 정치적 역량을 가진 수령의 상을 제시하였으며, 수령은 군현 내의 오랜 관행인 읍례를 개혁하는 과정에서 명분의 정당성을 기준으로 삼고, 지방재정 개혁과정에서 '절용'과 '양입위출'을 주된 원칙으로 강조하였음을 주목하였다.[4] 이러한 최근의 연구경향을 통해 정약용의 개혁 구상을 특정한 세목을 중심으로 접근하지 않고, 지방재정이라는 틀 속에서 지방사회에서 발생하는 다양한 양상을 통합적으로 접근할 수 있게 되었다.

그러나 지방재정에 관한 최근 연구에서도 정약용의 민고 운영 구상에 대해서는 별다른 주목을 하지 않았다. 18세기 중엽 이후 각 군현에서 부정기적 · 추가적인 재정지출을 감당하기 위해 설치된 것이 민고였다. 이후 민고가 전국적으로 확대 설치되면서 지방재정에 있어서 핵심적인 기구로 성장하였다. 이 같은 지방재정 내의 위상으로 인해 민고의 설립 배경, 민고 운영상의 문제, 민고 운영을 개선하기 위한 각종 정책이 분석되었다.[5] 그리고 이들 연구에서는 《경세유표》와 《목민심서》에서 제시된 정

3 송양섭, 〈《목민심서》에 나타난 다산 정약용의 '인시순속'적 지방재정 운영론〉, 《다산과 현대》 7(2014).

4 송양섭, 〈《목민심서》에 나타난 다산 정약용의 수령 인식과 지방행정의 방향〉, 《다산학》 28(2016.)

5 조선 후기 민고에 대해선 다음 논문을 참고: 김용섭, 〈조선후기의 민고와 민고전〉, 《동방학지》 23 · 24(1980); 장동표, 〈조선후기 민고 운영의 성격과 운영권〉, 《벽사이우성교수정년퇴직기념논총》, 여강출판사, 1990.; 김덕진, 《조선후기 지방재정과 잡역세》, 국학자료원, 1998; 김덕진, 《朝鮮後期 經濟史硏究》, 선인, 2002,; 김현구, 〈18 · 9세기 거제부의 해세운영과 민고〉, 《부대사학》19(2007); 송양섭, 〈18-19세기 공주목의 재정구조와 민역청의 운영—《민역청절목》 · 《견역청(추)절목》을 중심으로〉, 《동방학지》 154(2011).

약용의 인식과 운영 개선론이 주된 근거로 활용되었다.[6]

곡산부사 시절 민고 운영상의 폐해를 목격한 정약용은《경세유표》에서 '민고를 혁파하지 않으면, 나라가 망할 것이다'라고 극언할 정도로 민고에 대해 부정적인 인식을 가지고 있었다.[7] 그러나 당시 민고가 지방재정의 핵심기구이고, 민고를 대체할 방안이 없는 상황에서 정약용은 마냥 민고의 혁파를 주장할 수는 없었다. 이로 인해 정약용은《경세유표》에서도 중앙정부 주도의 민고절목 간행을 통해 각 군현의 민고 운영을 통제할 수 있는 방안을 제안하기도 하였다. 그러나 정조대 중앙정부 주도의 민고절목 간행이라는 정책은 적지 않은 문제를 노출하고 있었다. 이 같은 상황에서 정약용은《목민심서》에서 수령의 입장에서 중앙정부의 정책에 호응하면서도, 지방의 현실에 맞는 민고 운영 개선론을 제시하였다. 정약용은《목민심서》에서 군현 단위의 독자적인 민고 운영을 강조하면서, 부정기적 · 추가적인 재정지출을 담당하는 민고의 설립취지를 구현하고자 하였다.

이 글은《목민심서》에 제시된 정약용의 민고 인식과 운영 개선구상에 대해 주목하였다. 이를 위해 민고 설립 배경, 운영상의 문제에 관한 정약용의 인식이 그의 민고 운영 개선구상의 집약체인《금산현민고절목》에 어떠한 방식으로 투영되었는가를 살펴보고자 한다. 이를 통해 정약용이 가진 지방재정 운영 구상, 더 나아가 지방통치 구상을 이해하는 계기가 되기를 바란다.

---

6 그동안 정약용의 민고 인식과 개선 구상에 대해선 본격적인 고찰이 이루어지지 않았다. 다만 최근에 송양섭의 연구에서 정약용의 민고 개선 구상이 일부 언급되었다(송양섭, 앞의 논문, 2016). 그러나 송양섭의 연구는 지방행정 전반에 걸친 수령의 태도와 역할을 규명하는 과정에서 민고가 주목되었을 뿐이다. 반면에 본고는 지방재정이라는 측면에서 정약용의 민고 인식과 개선 구상을 주목한 연구로 송양섭의 연구와는 일정부분 차이가 있어, 상호 보완적으로 이해되는 바도 적지 않다고 생각된다.

7 《經世遺表》卷7, 地官修制, 田制7

2. 18세기 지방재정의 재편과 민고 운영

17세기 공납제 개혁의 결과로 시행된 대동법은 지방재정 운영에 큰 변화를 주었다. 대동법 시행 이후 지방재정은 대동유치분의 배정을 통해 일정액수를 확보함으로써 지방재정의 제도적 기틀이 마련된 것이다.[8] 대동법의 시행목표는 공안에 등재되어 있는 각종 공물 · 진상물 · 영읍수(營邑需) 등으로 민역에서 나오는 것을 모두 작미 · 작포하는 데 있었다.[9] 그러나 대동법 입법 당시부터 산릉 · 칙사 · 쇄마 · 치계시탄 등 일부 항목은 대동작미에 포함되지 않았다. 이뿐 아니라, 대동작미에 포함된 역조차도 배정된 유치분이 부족한 경우가 빈번하였다.[10] 이 같은 상황에서 각 군현에서는 대동 명목의 징수 이외에 각종 잡역을 징수하여 지방재정의 부족한 세입을 충당할 수밖에 없었다.

18세기 접어들면서, 지방재정에서 차지하는 잡역이 비중이 확대되었다. 이는 18세기 이후 중앙정부의 각종 재정개혁책이 지방재정의 희생을 토대로 한 결과였다. 18세기 대동 상납분이 증가하면서 지방 유치분은 급격히 감소하였다.[11] 반면에 중앙정부에서는 복정과 구청을 빈번히 시행하였다. 복정과 구청은 상사에서 특정 물품의 상납을 독촉하는 것으로 원칙적으로 대가를 지급해야만 했다. 그러나 중앙정부의 재정난의 결과로 외방에 복정 내지 구청한 상황에서 대가가 제대로 지급될 수 없었다.[12] 이로 인해 지방재정은 유치분 이외에 각종 대체재원으로써 잡역

8 한영국, 〈대동법의 실시〉, 《한국사》(국사편찬위원회) 13(1981); 이정철, 《대동법》, 역사비평사, 2011.

9 《續大典》 戶典, 徭賦.

10 김덕진, 《조선후기 지방재정과 잡역세》, 국학자료원, 1998, 20-31쪽.

11 安達義博, 〈18 · 9세기 전반의 대동미 · 목 · 포 · 전의 징수 · 지출과 국가재정〉, 《봉건사회해체기의 사회경제구조》, 청아출판사, 1982.

12 오미일, 〈18 · 19세기 공물정책의 변화와 공인층의 변동〉, 《한국사론》 14(1986).

징수에 주력할 수밖에 없었고, 잡역의 세목과 세액은 통일되지 않은 채 기하급수적으로 증가하였다.

균역법 시행 이후 중앙정부에 의해서 잡역에 대한 통제가 본격화되었다. 균역법 실시 이후 감필 조치로 인한 급대재원의 확보는 균역법의 성패가 달린 문제였다. 특히 급대재원 중에서 가장 큰 비중을 차지하는 결미의 원활한 확보를 위해선 군현별로 운영되는 잡역에 대한 일정한 통제가 있어야만 했다. 이에 대한 결과로 충청도 지역의 잡역 상정이라는 일정한 성과를 달성하기도 하였다.[13] 그러나 잡역 상정이 중앙정부의 급대재원 확보에 초점이 맞추어져 있었다. 이로 인해 잡역 상정 이후에도 각 군현의 재정난이 해소되지 않았다. 게다가 균역법 시행 이후 기존의 지방재정의 주요 수입원이었던 은여결·어염세 등이 급대재원으로 이속되면서 지방재정의 어려움은 가중되었다.[14] 이 같은 상황에서 각 군현에서는 민고를 설립하여 독자적인 재원을 확보함으로써 불시의 지출에 대비하고자 하였다.

18세기 중엽부터 일부 지역에 설치된 민고는 19세기에 전국적으로 확대 설치되었다. 이 과정에서 각종 잡역과 잡역세가 민고에 집중되거나, 지방관청의 일부 재정기구들이 민고에 통합되면서, 민고는 지방재정의 핵심기구로 성장하였다.[15] 이렇다 보니, 조선 후기 민고는 중앙의 선혜청에 비견되는 군현 차원의 방납기구라는 평가를 받기도 하였다.[16] 그러나 민고는 중앙정부의 지침에 따라 일률적으로 설치된 것이 아니라, 각 군현에서 독자적으로 설치된 기구였다. 이로 인해 초창기 민고는 운영규정이 미흡한 상황이었고, 민고의 무절제한 지출로 인한 가하와 재

---

13 송양섭, 〈균역법 시행기 잡역가의 상정과 지방재정 운영의 변화—충청도 지역을 중심으로〉, 《한국사학보》 38(2010).

14 정연식, 〈균역법 시행 이후의 지방재정의 변화〉, 《진단학보》 67(1989).

15 김덕진, 앞의 책, 1998, 173-179쪽.

16 송양섭, 앞의 논문, 2011.

정결손분을 충당하기 위한 첩징 · 가징이 빈번하였다.

이 같은 민고의 파행적인 운영은 전국적으로 발생하고 있었다. 평안도는 각종 명목의 민고세가 징수되고 있었다. 1년에 3-4차례에 걸친 윤회전을 징수하거나, 도내 최잔읍의 징수액이 전 1,000냥, 미 300석에 이를 정도였다. 이는 삼남의 결당징수액에 비해 수십 배가 되는 규모였다.[17] 그리고 부호를 도감으로 늑정하여 이들을 '부민도감(富民都監)'이라 칭하면서 각종 비용을 징수하기도 하였다.[18] 함경도의 각 군현은 보민고 · 고마고 등 각종 민고가 경사(京司)의 잡역을 감당하지 못해, 민간에서 별도의 잡역세를 징수하고 있는 상황이었다.[19] 경상도의 민고 역시 관례적으로 무절제한 지출과 첩징 · 가징이 발생하고 있었다.[20] 이 과정에서 각종 잡역세가 남설되어, 연일현에는 수십 종에 이르는 민고세가 있을 정도였다.[21] 전라도의 민고 역시 문제가 심각하였다. 전라도 각 군현에 보민고 · 보역고 · 고마고 등 각종 민고가 공역을 부담하는데, 세입만으로 지출을 감당하지 못해 각종 잡역세를 징수하거나, 유사(有司)에게 늑징하고 있었다.[22] 이로 인해 민고가 설치된 곳이 이를 설치하지 않은 곳보다 폐해가 심하다는 지적까지 나올 정도였다.[23]

이처럼 민고의 파행적인 운영이 심각해지자, 중앙정부에서도 민고 운영을 개선하기 위한 시도가 있었다. 중앙정부는 감사가 주도하여 민고

17 《승정원일기》 44책, 영조 11년 1월 10일.

18 《정조실록》 권20, 정조 9년 7월 5일.

19 《정조실록》 권4, 정조 1년 7월 16일.

20 18세기 후반 경상도 각 군현에는 민고가 설치되어 있었고, 운영과정에서 문제가 발생하고 있었다. 인동부의 민고인 民役庫는 세입만으로 지출을 감당할 수 없어 각종 명목의 징수를 통해 부족한 재원을 충당하고 있었다(《승정원일기》 1785책, 정조 22년 1월 11일). 영해부의 민고인 路貰廳 역시 濫下 · 加下가 빈번하였고, 이를 각종 잡역세를 통해 충당하였다(《비변사등록》 188책, 정조 22년 12월21일).

21 《승정원일기》 1798책, 정조 22년 10월 13일.

22 《비변사등록》 187책, 정조 22년 1798년 3월 27일; 《정조실록》 권49, 정조 22년 9월 14일.

23 《비변사등록》 187책, 정조 22년 1798년 3월 27일.

의 세입 · 지출내역을 확정하고, 이러한 내역을 민고절목에 명기함으로써 '양입위출'에 근거한 민고 운영을 강조하였다.[24] 이 같은 중앙정부의 민고 운영 개선시도는 정조대 본격화되었다.[25] 정조 11년(1787) 양서암행어사 이곤수(李崑秀)의 보고에 따라 각 군현의 세입내역을 파악하고, 각종 지출내역의 삭감 및 조정작업이 시작되었다.[26] 그리고 정조 12년(1788)에 당시 평안도관찰사였던 이명식이 개정된 민고절목 초안을 각 군현에 등송(謄送)하여 수령이 검토하도록 하였다. 이후 정조 15년(1791)에 평안도관찰사를 역임했던 이명식과 김이소에 의해 개정된 민고절목을 검토한 후에 평안감영에 하송하여 각 군현에 반포하도록 하였다.[27] 이후 개정된 민고절목은 정조 17년(1793)에 《평안도내각읍민고정례절목》으로 반포되었다.

이 같은 평안도의 민고 운영 개선시도는 추후의 민고 운영 개선과정에서 하나의 모범사례가 되었다.[28] 경상 · 전라관찰사는 각 군현 민고의 세입 · 지출내역을 확정한 규례를 만들고, 이를 토대로 민고의 '양입위출' 재정원리를 구현하고자 하였다.[29] 그리고 지출내역을 1 · 4 · 7 · 10월 영문에서 마감토록 하여 관찰사가 민고를 관리 · 감독토록 하였다.[30] 그

---

24 김용섭, 앞의 논문, 1980.

25 영조대에 평안도 지역 민고 운영 개선시도가 일부 진행되었다. 영조 8년(1732) 송진명은 민고의 세입 · 지출내역의 구체적인 확정과 營門 마감을 통해 민고의 濫下와 이로 인한 과도한 수취를 방지하고자 하였다(《關西良役實總》 良役査正 啓下條件). 그러나 당시 민고 이정은 세입 · 지출내역이 수령에 의해 확정되었을 뿐만 아니라, 민고절목 간행에까지 이루어지지 않았다. 평안도 민고절목은 영조 21년(1745)-22년(1745), 평안관찰사였던 이종성에 의해 작성되었다(《비변사등록》188권, 정조 22년 9월 17일). 비롯 이종성이 작성한 민고절목의 구체적인 내용은 알 수 없지만, 도 차원에서의 세입 · 지출내역의 확정과 이를 통한 민고의 '양입위출' 재정원리 구현이라는 틀에서 크게 벗어나지 않았을 것으로 추정된다(김옥근, 앞의 책, 1989).

26 《승정원일기》 1624책, 정조 11년 4월 19일.

27 《비변사등록》 176책, 정조 14년 5월 26일.

28 《비변사등록》 176책, 정조 14년 5월 26일.

29 《승정원일기》 1798책, 정조 22년 10월 13일.

30 《승정원일기》 1785책, 정조 22년 1월 11일.

러나 정조대 도단위의 민고절목이 작성된 지역은 평안도와 전라도에 불과하였다. 이들 지역조차도 일부 군현을 대상으로 해서 절목이 작성되었을 뿐만 아니라,[31] 절목 내의 세입 · 지출내역도 적절하게 책정되어 있지 않았다.

이렇다 보니, 순조 즉위 이후에도 민고 운영상의 문제는 해소되지 못하였다.[32] 평안도 각 군현의 수령은 민고절목을 준수하지 않고, 군현의 관행에 따라 지출을 집행하였다. 그리고 관찰사가 민고 지출을 통제하고자 하면 각종 지출을 읍하에 기재하거나, 관찰사의 감독에서 벗어난 별고를 설치하여 각종 지출을 부담하고 있는 상황이었다.[33] 이 같은 상황에서 각 군현의 수령은 영문에 보고하는 영상부(營上簿) 이외에 별도의 문건인 읍상부(邑上簿)를 가지고 있기도 하였다. 읍상부에는 영문에 보고한 내역 이외의 세입 · 지출내역이 기재되어 있었고, 그 액수는 영상부에 비해 수 배에 이르고 있을 정도였다.[34] 전라도에 설치된 민고 역시 운영상의 문제가 해소되지 않았다. 전라도 각 군현의 민고는 대동법을 참고하여 절목을 상세히 작성하였음에도 불구하고, 이를 제대로 준수하지 않아 남하 · 가하가 빈번하여, 결렴과 호렴이 수시로 자행되었다.[35] 이러자 순조 8년(1808) 전라좌도에 암행어사로 파견되었던 이면승은 전라도의 민고 문제를 해결하지 않으면 도 전체가 텅 비게 될 것이라고 지적할 정도였다.[36] 이는 중앙정부가 주도한 민고절목 간행을 통한 민고 운영 개선이라는 기존의 대책이 한계가 있었음을 의미한다. 중앙정부 주

31 민고절목 간행을 통한 민고 운영 개선시도의 모범사례였던 평안도 지역조차도 평양 · 영변 · 안주 · 정주 · 강계 · 성천 · 삭주 등 8개 군현의 민고에 한해서만 작성되었다.

32 《승정원일기》 1947책, 순조 8년 윤5월 13일; 《승정원일기》 2031책, 순조 13년 8월 10일.

33 《순조실록》 권24, 순조 21년 11월 17일.

34 《승정원일기》 1624책, 정조 11년 4월 19일.

35 《승정원일기》 2031책, 순조 13년 8월 10일.

36 《승정원일기》 1947책, 순조 8년 윤5월 13일; 《승정원일기》 2031책, 순조 13년 8월 10일.

도로 간행된 민고절목이 지방 민고의 실상을 정확히 반영하지 못한 상황에서 수령이 중앙정부에서 반포한 민고절목을 준수하기가 어려웠기 때문이다. 이렇다 보니, 중앙정부에서는 민고절목의 개정을 반복적으로 할 수밖에 없었다.[37]

이 같은 상황에서 중앙정부는 수령의 책임 강화를 통해 민고 운영을 개선하려는 시도를 하였다. 이를 위해 평안도 신유절목에서는 민고절목에서 규정된 지출 이외의 가하에 대해서는 수령이 관름으로 충당토록 하였고, 만약 이를 충당하지 못한 수령은 서용하지 말도록 하였다.[38] 이러한 중앙정부의 입장은 전라도 민고절목 개정과정에도 반영되어 남하에 대해선 수령이 보충토록 하였고, 이를 준수하지 않은 수령을 처벌토록 하였다.[39] 이처럼 수령의 책임 강화를 통한 민고 운영 개선시도는 민고의 특성과도 관련되어 있었다. 민고는 각 군현의 다양한 재정적 필요에 따라 설치되었다. 이로 인해 민고의 운영 방식은 군현별로 차이가 있을 수밖에 없었다. 이 같은 상황에서 중앙정부 차원의 세입 · 지출내역의 정비와 관찰사를 통한 민고의 관리 · 감독은 현실적으로 많은 어려움을 가질 수밖에 없었다. 이로 인해 민고절목의 지속적인 개정을 통한 민고 운영의 개선시도와 더불어, 민고 운영의 실질적인 책임자인 수령의 책임을 강화한 것이다.

요컨대, 18세기 지방재정의 재편과정에서 민고는 지방재정의 핵심기구로 성장하였다. 그러나 민고가 지방 차원에서 독자적으로 설립되다 보니, 민고의 운영규정이 미흡한 상황이었다. 이로 인해 민고의 무절제한 지출로 인한 가하와 이로 인한 재정결손분을 충당하기 위해 가징 · 첩징이 빈번하였다. 이 같은 민고의 파행적인 운영은 전국적으로 발생하고

---

37 《비변사등록》 197책, 순조 6년 2월 28일.

38 《비변사등록》 210책, 순조 22년 11월 2일.

39 《승정원일기》 1957책, 순조 8년 11월 12일.

있었다. 이러한 문제를 인식한 중앙정부는 민고절목을 간행하여 '양입위출'에 근거한 민고 운영을 도모하였다. 그러나 중앙정부에 의해 간행된 민고절목은 세입과 지출내역의 부적절한 책정이라는 한계를 안고 있었다. 이로 인해 민고절목의 개정이 반복적으로 이루어졌고, 이와 더불어 민고 운영의 실상을 정확히 파악하고 있는 수령의 역할이 강조되었다.

3. 민고 운영상의 문제와 정약용의 인식

조선 후기 민고는 대동법 시행 이후 지방재정의 성립과 변화과정에서 설립되었다. 정약용 역시 이 같은 지방재정의 재편과정에서 민고가 설립되었다고 인식하였다. 이러한 정약용의 민고 설립배경에 대한 인식은 다음의 《경세유표》에서 구체적으로 제시되어 있다.

> ① 대동법 실시 초기에 국(國)에서 민(民)에게 약속하기를 "각사의 구청(求請)을 일체 정지될 것이, 차미(此米, 대동미)만 한 번 납부하면 1년 동안 편히 누워 있을 수 있다"고 하였는데, ② 근년에 와서 각사의 구색(求索)이 날로 심해져서, 그 중에는 유치미로 회감(會減)하는 것도 있고 직접 가서 구걸하는 것도 있으니 군현에서는 이를 빙자하여 민고란 것을 만들어, ③ 전세와 대동(大同) 이외에 또 다시 전결에서 전곡(錢穀)을 횡렴하니, 그 수가 몇 배가 된다.[40]

①은 정약용이 대동법의 시행취지를 언급한 부분이다. 대동법의 시행취지는 각종 민역을 대동미포로 징수하고, 이를 통해 국가재정을 운영하는 것이었다. 지방재정 역시 대동유치분을 통해서 운영되어야만 했고, 대동미포 이외의 징수는 금지되었다. 그러나 ②에서 볼 수 있듯이, 18세

40 《經世遺表》卷11, 地官修制, 賦貢制7, 邦賦考.

기 이후 각사의 구청 증가 등으로 인해 유치미를 통한 지방재정 운영이 어렵게 되었다. 이로 인해 각 군현에서는 민고를 설립하여 부족한 재원을 충당하고 있었다. 이는 정약용이 18세기 각 군현에서 재정난을 극복하기 위한 일환으로 민고를 설립하였다고 인식하고 있었음을 보여 준다.

그리고 정약용은 ③에서 당시 전세와 대동세와는 별도로 막대한 민고세가 징수되고 있음을 지적하였다. 이는 정약용이 지방재정 내에서 차지하는 민고의 위상을 언급한 것이다. 정약용은 당시 막대한 민고세가 전세와 대동 이외에 전결에서 징수되고 있음을 지적하였다. 그러면 정약용은 당시 민고가 지방재정 내에서 차지하는 비중을 어느 정도로 평가하였을까? 정약용은《경세유표》에서 강진현의 결세 수취내역과 액수를 제시하였다. 이에 의하면, 당시 강진현에서는 민고세 명목으로 고마조 20-24두, 고마전 10-40푼을 징수하고 있었다. 이를 결당 부담으로 환산을 하면 12.55두에 해당하는데, 이는 총 결세 수취액인 50.69두의 25%에 해당하는 비중이었다.[41] 이는 당시 결세 수취의 총액 중에서 25%에 해당하는 부분이 민고와 밀접한 관련이 있음을 보여 준다.

이 같은 지방재정 내의 민고의 높은 위상에도 불구하고, 민고는 운영상의 적지 않은 문제를 안고 있었다. 정약용 역시 보민고·보역고·보향고·보폐고·해현고 등 각 군현에는 다양한 명칭의 민고가 설치되어 있었고, 이들 민고가 일정한 규정에 근거하여 지출이 집행되지 않고 있음을 지적하였다.[42] 이러한 정약용의 인식은 곡산부사 시절의 경험이 토대가 되었다. 당시 곡산부에는 수령의 고마 이용의 편의를 위해 민고의 일종인 고마고가 설치되어 있었다.[43] 그러나 수령이 고마를 남승하거나,

---

41 강진현의 結稅 수취내역과 액수, 결당 부담 등에 대해서는 송양섭, 앞의 논문, 2015, 186쪽의 〈호남지역 結稅 수취항목과 액수〉를 참고.

42 《역주 목민심서》II, 율기, 절용, 190-192쪽.

43 조선 후기 고마고에 대해서는 김덕진, 〈조선후기 지방관청의 雇馬庫 설립과 운영〉,《한국사연구》112(2001) 참고.

수령의 친인척이 웅부(雄富) 명목으로 고마를 사적으로 이용하는 경우가 빈번하였다. 게다가 수령은 부임 · 행차 시에 국고에서 지급된 공비를 착복하고, 고마고에 별도의 비용을 토색하기도 하였다. 이처럼 고마고의 지출에 가하가 발생하자, 고마전을 징수하여 재정결손분을 충당할 수밖에 없었다. 이 과정에서 고마전이 가혹하게 징수되었고, 정약용은 고마전의 징수현장을 "곳간을 헐고, 솥을 떼어 가고, 짜는 베를 끊어 가고, 시렁을 잘라 가서 홀아비와 과부들의 곡성이 하늘에 사무친다"라며 묘사하기도 하였다.

이처럼 정약용은 민고의 파행적인 운영 양상을 인식하고 있었다. 이 같은 정약용의 인식은 민고 지출의 빈번한 가하와 이로 인해 발생한 재정결손분을 충당하기 위한 첩징 · 가징의 관례화로 요약할 수 있다. 이는 정약용이 민고의 파행적인 운영의 주된 요인으로 '양출위입'에 근거한 민고 운영을 들고 있음을 보여준다. '양출위입'은 지출을 고려하여 세입을 결정하는 재정원리이다. 이 같은 재정원리는 지출에 대한 적절한 통제가 이루어지지 않으면, 무절제한 지출과 이로 인한 첩징 · 가징이 발생할 수밖에 없는 구조였다. 정약용은 당시 민고의 지출내역 중 상당부분이 부적절하게 책정되어 있다고 보았다. 다음 〈표 1〉은 정약용이 책문에서 당시 민고의 지출내역을 정리한 표이다.

〈표 1〉에서 보듯이 정약용은 당시 민고 지출내역에 공용과 사용이 혼재되어 있다고 보았다. 이 중에서 공용은 공적인 업무 수행에 필요한 경비이다. 공물 · 진상(A)은 대동법 시행 이후 현물상납이 유지된 일부 공물과 진상물의 조달비용이고, 역가(B)는 감영과 군현, 중앙과 군현의 연락을 담당하는 영주인과 경주인의 역가이다. 그리고 노비(C)는 신구관의 영송 · 아전의 공사로 인한 왕래와 관련된 비용이고, 접대비(D)는 각 군현을 방문한 감사와 칙사에 대한 접대비용이다. 이 같은 공용 이외에 당시 민고는 사용도 부담하고 있었다. 사용은 주로 수령의 개인 용무와

〈표 1〉 정약용이 책문에서 제시한 민고의 지출내역

	명목	구분	지출 항목	항목수
公用	貢物·進上	A	進上添價, 內閣印書 中 紙價, 賀使治裝 中 皮物, 營卜定, 貢蔘價, 貢竹價, 牛角(軍器寺 貢物), 羔鬚(長生殿 貢物), 雀舌, 雉羽	10
	役價	B	京主人·營主人役價	2
	路費	C	邑宰交遞, 公幹作行, 雇馬·養馬	3
	接待費	D	監司迎送, 春秋巡歷, 勅使支待	3
	祭享	E	春釋奠秋釋奠牲幣, 夏臘腊肉	2
私用	禮債	F	玉堂契屏價, 禁府筆債, 武廳罰禮價, 吏曹堂參價	4
	私的 支出	G	板輿奉母, 族譜開刊, 書院重修, 政院朝報價	4

관련된 비용이다. 예채(F)는 수령이 부임하면서, 이전 동료들의 접대를 위한 비용이고, 사적 지출(G)은 부모 봉양, 족보 간행 등 수령 본인의 가정사와 관련된 비용이다.

정약용은 민고 지출의 빈번한 가하가 발생하는 원인으로 〈표 1〉의 지출내역이 일정한 규정에 의해 집행되지 않고 있음을 지적하였다.[44] 그리고 민고의 무절제한 지출에는 감사·수령·아전의 조직적인 결탁이 있다고 보았다. 우선 정약용은 지방통치의 정점인 감사를 주목하였다. 대동법 시행 이후 영수미가 책정되면서 감영의 독자적인 재정체계가 확립되었다. 그러나 유영제의 정착, 감사의 임기 연장, 설권 허용으로 영수미만으로 감영 지출을 감당하기 어렵게 되었다. 게다가 균역법 시행 이후 감영의 기존 수입원이 균역청에 이속되면서, 감영의 재정난은 극심하게 되었다. 이 같은 상황에서 감영은 재정난을 각 군현에 전가하는 방편으로 복정을 활용하였다. 복정은 특정 물품을 산지에 분정·수취하는 방식으로 원칙적으로는 대가를 지급해야만 했다. 그러나 당시 감영 재정상황에서 복정에 대한 대가를 지급하는 것이 사실상 불가능하였다. 정약용은 당시 감영이 관행적으로 각 군현에 복정을 남발하고, 그에 대한 대가도

---

44 《역주 목민심서》Ⅱ, 율기, 절용, 190-192쪽.

제대로 지급하지 않고 있음을 지적하였다.[45] 그리고 정약용은 복정물이 방납을 통해 납부되면서, 민고의 재정적 부담을 증가한다고 보았다. 복정물의 납부과정에서 발생하는 운반비와 각종 인정비를 민고가 부담하는 경우가 빈번했기 때문이다.[46]

그러나 당시 수령은 영복정(營卜定)과 같은 감사의 과도한 요구를 거절하기 어려웠다. 감사는 지방통치의 정점에 있는 존재로 수령 고과 등의 권한을 가지고 있었다. 게다가 18세기 이후 부세업무에 있어서 감사의 역할이 증대하면서 지방통치 전반에 걸친 감사의 권한은 지속적으로 확대되었다.[47] 이처럼 감사의 권한이 막강한 상황에서 수령은 영복정 이외에도 감사의 각종 과도한 요구를 들어줄 수밖에 없었다. 당시 수령은 감사의 순력과 영송을 극진히 대접하였고, 정약용은 감사의 순력 · 영송의 호화로움이 왕의 행차에 버금갈 정도라고 하였다.[48] 이로 인해 감사의 순력 · 영송에 막대한 비용이 발생할 수밖에 없었다. 결국 민고는 이러한 비용의 상당 부분을 부담하고 있었던 것이다.

다음으로 정약용이 주목한 대상이 수령이다. 〈표 1〉에서 보듯이, 민고는 공용과 관련된 각종 지출을 부담하고 있었다. 이러한 업무는 원칙적으로 각 군현에서 대동유치분이 지급되어야만 했다. 그러나 당시 수령은 중앙정부에서 지급된 공비를 착복하고, 이들 비용을 민고에 전가시켰다.[49] 게다가 수령의 사적인 용도와 관련된 비용도 민고에 전가시켰

---

45 정약용은 이러한 관행에 대하여 꿀과 전복을 사례로 들었다. 정약용에 의하면 당시 감영은 각 군현에 白淸 5두를 卜定하고, 백청 10두가 아니면 이를 수납하지 않았다. 그리고 黃淸도 그보다 가치가 높은 白淸을 요구하였다. 그리고 전복도 제주의 無穴鰒이나 울산의 照字鰒과 같은 高價의 물품만을 요구하였다(《역주 목민심서》, Ⅲ, 호전, 평부, 111-112쪽).

46 《역주 목민심서》Ⅲ, 호전, 평부, 112쪽.

47 권기중, 〈조선후기 부세운영과 감사의 역할〉, 《역사와 현실》 81(2011).

48 정약용의 감사에 대한 인식은 임성수, 〈다산 정약용의 監司論〉, 《민족문화연구》 68(2015) 참고.

49 《역주 목민심서》Ⅲ, 호전, 평부, 112쪽-113쪽.

다. 당시 수령은 경사와 하사의 구청, 동료와의 회음, 서원 수리를 희름으로 충당하지 않았고, 본인의 가정사와 관련된 지출도 민고가 부담하도록 한 것이다.[50]

마지막으로 정약용은 아전을 주목하였다. 정약용은 아전이 초래하는 문제가 수령에 비해 수십 배가 된다고 지적하였다. 이는 정약용이 민고의 파행적인 운영을 초래하는 핵심집단으로 아전을 주목하였음을 보여준다. 아전들은 지방행정의 일선 실무자로서, 실무지식이나 지역사회에 대한 이해가 수령에 비해 상대적으로 깊었다. 이를 기반으로 아전들은 지방재정 운영에 있어서 각종 회계부정을 통해 자신들의 이익을 도모하였다. 아전은《읍총기》를 미끼로 신임 수령이 부정을 저지르게 함으로써 수령과의 결탁을 시도하기도 하였다.[51] 이들은 민고 운영에 있어서도 각종 부당한 지출내역을 집행함으로써, 민고의 무절제한 지출을 초래하였다.

정약용은 아전에 의한 부당한 지출내역으로 진상첨가를 들었다. 대동법 시행 이후에도 공물과 달리 관찰사 등은 왕실에 대한 예헌 명목으로 각종 진상물을 현물로 봉진하였다. 이들 진상물은 각 군현에서 현물로 각영에 납부하면, 관찰사 등이 감봉한 후에 궐내각사에 상납하였다.[52] 그러나 각영에서 진상물을 수합하는 과정에서 영속들이 현리에게 진상물의 점퇴를 빌미로 각종 뇌물을 요구하였다. 또는 자신들과 밀접한 관계를 맺고 있는 영주인에게 물품을 구매하여 납부하도록 강요하기도 하였다. 이러한 납부관행이 정착되면서 영주인은 현리에게 진상가의 증액을 요구하고, 이러한 요구를 영속과의 결탁을 통해 각 군현에 관철시켰다. 영주인은 현리가 직접 마련하여 납부한 진상물을 영속이 점퇴하도록 함

---

50 《역주 목민심서》Ⅲ, 호전, 평부, 144쪽-147쪽.

51 《역주 목민심서》Ⅰ, 부임, 사조, 40-41쪽.

52 田川孝三, 〈進上考〉, 《李朝貢納制の研究》, 東洋文庫, 1964.

으로써 자신들의 요구를 들어주도록 강요한 것이다. 이렇게 되자 각 군현의 수령은 현리에게 진상가 이외에 진상첨가를 추가로 지급할 수밖에 없었다. 이는 영주인과 영속이 도내 진상물 조달체계를 악용하여 부정한 이익을 도모하고 있었음을 보여 준다.

그리고 진상첨가를 통해 이익을 얻고 있던 영주인은 자신들의 역가를 증액함으로써 추가적인 이익을 얻었다. 이에 대해 정약용은 감사의 염문을 주목하였다. 감사는 수령의 고과를 위해 감영의 서리를 각 군현에 파견하였다. 당시 감영의 서리는 영주인과 혼인관계 등으로 밀접한 관계를 맺고 있었다. 이로 인해 감영의 서리를 대신하여 영주인이 염문을 하는 등 수령의 고과에 영주인의 영향력이 지대한 상황에서 수령은 이들의 역가를 증액시켜 줌으로써 영주인에게 환심을 사고자 하였다. 경주인 역시 수령의 친인척에게 뇌물을 제공하는 방식으로 역가 증액을 수령에게 요구하였다. 수령은 경주인이 옥당의 계병 · 금부의 필채 · 이조 당참가 등 각종 예채를 부담하고 있었기 때문에 각 군현의 수령은 경주인 역가의 증액을 허락하였다.[53] 이처럼 아전들은 민고에 각종 부당한 지출 내역을 전가함으로써 자신들의 이익을 극대화시켰다. 이 과정에서 민고 지출의 빈번한 가하는 필연적으로 발생할 수밖에 없었다.

이 같은 상황에서 각 군현의 민고는 기존의 세입만으로 지출을 감당할 수 없었다. 이로 인해 각 군현의 민고는 재정결손분을 충당하기 위한 첩징 · 가징이 빈번히 이루어졌다. 정약용은 당시 수령과 아전이 민고의 가하된 부분을 연말에 첩징 · 가징을 통해 충당하고 있음을 지적하였다. 그리고 정약용은 민고세의 징수과정에서 일정한 규례가 없음을 비판하였다. 정약용은 연일현감 정만석의 상소를 인용하여 당시 민고세가 수십 종에 이르고, 각 군현마다 민고세의 부과대상과 징수액이 통일되지

53 《經世遺表》卷11, 地官修制, 賦貢制7, 邦賦考.

않고 있음을 지적하였다.[54] 이처럼 민고세의 징수규정이 정비되어 있지 않다 보니, 민고세 징수과정에서 각종 부정이 개입되었다. 이는 부세징수를 담당했던 아전들에 의해 자행되었다. 아전은 민고세를 별도로 징수하지 않고, 다른 세목과 함께 징수하여 민고세의 정확한 내역을 파악하기 힘들게 하였다. 그리고 민고세를 세미와 함께 징수하다가, 백성의 유망으로 민고세 징수가 어려우면 이를 환곡 명목으로 징수하였다. 그리고 이 과정에서 환곡에만 있는 간색미 · 낙정미 · 타섬미 등을 함께 징수하여 이를 착복하였다.[55]

이처럼 정약용은 민고 운영과정에서 발생하는 지출의 빈번한 가하와 이로 인한 첩징 · 가징의 관례화를 인식하고 있었다. 그리고 정약용은 이 같은 민고의 파행적인 운영의 원인을 기존 읍례와 절목에서 찾았다. 민고 설립 초창기의 절목은 수령과 아전에 의해 자의적으로 작성되었다. 이로 인해 지출내역이 체계적으로 책정되지 못하였다. 이러한 절목의 한계를 인식한 후임 수령은 기존의 절목을 반복적으로 재개정하였다. 이 과정에서 지출내역이 급증하였고, 지출내역의 적절성 여부도 파악할 수 없게 되었다. 게다가 절목의 반복적인 재개정으로 인해 민고의 세입 · 지출내역을 파악할 수 없는 지경에 이르게 되었다. 정약용은 당시 절목이 세입과 지출이 혼재되어 있어서, 예수조차도 절목만으로 민고 운영을 파악할 수 없다고 하였다.[56] 이 같은 읍례 · 절목의 한계에 대해서 정약용은 감사 순력과 관련된 지출을 예로 들었다. 당시 읍례에는 감사 순력에 사용되는 포진의 하기가 50-60여 줄에 이르고 있었다. 그리고 포진을 제외한 나머지 물품도 동일한 방식으로 기재하면 감사 순력에만 수백 줄에 이르는 하기가 기재될 수밖에 없었다. 이 같은 읍례 양식에서 지출내

54 《역주 목민심서》Ⅲ, 호전, 평부, 118-119쪽.

55 《역주 목민심서》Ⅲ, 호전, 곡부, 27-30쪽.

56 《역주 목민심서》Ⅲ, 호전, 평부, 143-144쪽.

역의 적절성을 판단하기는 현실적으로 불가능하였다. 게다가 아전들이 이를 악용하여 각종 부당한 지출을 집행하고, 장부에 문외한인 향유가 민고의 하기를 검토하면서 문제는 더욱 심각해졌다. 결국 기존의 읍례는 '각종 농간질의 소굴'이라는 악평을 받기에 이르렀다.[57]

요컨대, 정약용은 민고가 조선 후기 지방재정의 확립과 변화과정 속에서 설립되었고, 지방재정 내의 높은 위상을 인식하고 있었다. 그리고 정약용은 민고 운영상의 문제로 민고 지출의 빈번한 가하와 이로 인한 첩징 · 가징의 관례화를 들었다. 정약용은 이 같은 민고의 파행적인 운영이 가능했던 원인을 기존 읍례 · 절목에서 찾았다. 이렇다 보니, 민고 운영 개선에 관한 정약용의 관심은 읍례와 절목 정비에 초점이 맞추어져 있었다.

4.《금산현민고절목》에 반영된 정약용의 민고 운영개선 구상

정약용은 민고 운영 개선을 위해《경세유표》에서 중앙정부에서 전국의 민고절목을 수합하여 삼공(三公)과 육경(六卿)이 지출내역을 정비토록 하였다. 이를 통해 도에서 통용될 수 있는 절목을 간행 · 공포토록 하였다.[58] 이러한 민고 운영 개선시도는《목민심서》에도 반영되어 있다. 이는 정약용이 민고 운영 개선을 위해 중앙정부 주도의 민고절목 간행을 강조한 연일현감 정만석의 상소와 평안도 민고절목 간행 과정을 주목한 사실에서 알 수 있다.

그러나《목민심서》에서 정약용은 민고 운영 개선을 위해 수령의 역할을 강조하였다. 이는 국가 운영 전반의 개혁구상이 서술된《경세유표》와

57 《역주 목민심서》Ⅲ, 호전, 평부, 131-138쪽.

58 《經世遺表》卷11, 地官修制, 賦貢制7, 邦賦考.

달리《목민심서》가 수령의 입장에서 지방행정에 관한 인식과 운영 개선 방안이 서술되었기 때문이다. 이와 더불어《목민심서》에서 민고 운영 개선을 위해 수령의 역할을 강조한 것은 중앙정부의 민고 운영 개선책이 가진 한계와도 관련이 있었다. 중앙정부 주도로 작성된 민고절목을 통해 각 군현 민고의 다양한 세입 · 지출내역을 적절히 통제한다는 것은 사실상 불가능하였다. 수령이 중앙정부에서 작성한 민고절목을 준수하지 않고, 이중장부 작성이나 별고를 설치한 것은 중앙정부의 민고 운영 개선책이 가진 한계를 반영하는 것이다. 이 같은 기존의 중앙정부 주도의 민고 운영개선책이 가진 한계를 보완하기 위해서는 각 군현의 실상을 상대적으로 정확히 파악하고 있는 수령의 역할이 강조될 수밖에 없었다.

정약용은《목민심서》에서 민고 운영 개선을 위해 수령이 주도하여 군현의 실상에 적합한 민고절목 간행을 강조하였고, 이는《금산현민고절목》작성으로 이어졌다.[59] 우선 정약용은《금산현민고절목》에서 세

59 琴山縣은 가상의 군현이지만, 정약용이《琴山縣民庫節目》을 작성하는 과정에서 영암군 결역청 사례를 참고하였을 것으로 추정된다. 이러한 추정은 다음 사례를 통해 가능하다. ①《금산현민고절목》의 지출내역 중에서 제주인 희료, 제주 월해군관 노비 등 제주도 관리의 왕래와 관련된 지출내역이 책정되어 있다. 전라도에서 제주 3고을의 수령과 사객이 왕래할 때 필요한 경비는 강진 · 해남 · 영암 3고을에서 매년 윤회로 부담하고 있었다(《비변사등록》182권, 정조 18년 12월 25일). 이를 통해 금산현은 강진 · 해남 · 영암 3고을 중에서 하나일 가능성이 높다. ②《금산현민고절목》의 지출내역 중에는 進上 節扇價가 책정되어 있다. 절선(節扇)은 단오에 왕실에 봉진하는 방물진상의 일종으로 강진 · 해남 · 영암 3고을 중에서 영암군만이 부담하고 있었다(《영암군읍지》 진상(《전라도읍지》(서울대학교 규장각한국학연구원) 16(2006), 210쪽). 이 밖에 금산현 민고에서 進上 紫河車, 香蕈 상납과 관련된 비용을 부담하고 있다. 紫河車는 약재의 일종인 胎水로써, 영암군에만 분정되어 있었고(《여지도서》 전라도편, 영암군, 진공조), 표고버섯의 일종인 香蕈 역시 영암군에만 분정되어 있었다(《영암군읍지》 토산(《전라도읍지》(서울대학교 규장각한국학연구원) 16(2006), 208쪽). ③ 1895년에 간행된 호남읍지에 수록된 영암군읍지에는 읍사례가 수록되어 있다. 읍사례에 의하면 결역색이 업무내역이 제시되어 있는데, 이 중에는 민고와 관련된 업무도 함께 기재되어 있다. 그리고 일부 지출이 결역청절목에 근거하여 집행되고 있었다. 이를 통해 영암군에 설치된 결역청은 민고의 일종으로 보여진다. ④ 결역청은 순조 15년(1815) 이전에 설치된 것으로 보인다. 이는 순조 14년-순조15년에 영암군수를 역임했던 이종영이 결역청의 米穀을 作錢하는 과정에서 부정을 저질렀다는 명목으로 처벌받은 사례(《승정원일기》2072책, 순조 16년 윤6월 5일)를 통해 알 수 있다. 이를 통해 정약용이《목민심서》를 집필하는 시기에 영암군의 결역청이 운영상의 문제가 발생하고 있었음을 알 수 있다.

입 · 지출내역을 구분하여 각 내역을 기재하였다. 그리고 정약용은《금산현민고절목》의 지출내역에서 세세한 내역은 삭제하고, 용도만을 명기하였다. 이를 위해 정약용은 식례(式例)를 안출(案出)하여 그 총수(總數)를 기재(先出式例, 記以總數)하는 방식을 제안하였다. 이 방식은 식례에는 각 물품의 총 비용만을 기재하고, 이를 토대로 민고절목에는 용도의 총액만을 기재하였다. 이처럼 정약용은 명료한 양식으로《금산현민고절목》을 작성함으로써, 수령이 민고 운영의 현황을 손쉽게 파악하고, 아전들은 지출총액에 통제를 받도록 함으로써 민고 운영에 부정이 개입될 여지를 없애고자 한 것이다.[60]

정약용은《금산현민고절목》을 통해 '양입위출'에 근거한 민고 운영을 강조하였다. '양입위출'은 세입을 먼저 결정하고, 세입에 따라 지출을 집행하여 종국에는 세입과 지출의 균형을 유지하는 예산제도이다. 그러면 '양입위출'에 근거한 민고 운영이라는 정약용의 구상이《금산현민고절목》에 어떻게 반영되어 있는가에 대해 살펴보도록 하겠다. 다음은 금산현 민고의 세입내역이다.

〈표 2〉에서 보듯이, 정약용은《금산현민고절목》에서 금산현 민고의 세입내역을 결렴과 호렴을 구분하고, 각 항목별로 액수와 총액을 확정하였다. 그리고 정약용은 이렇게 책정된 세입을 안정적으로 확보하기 위한 제도적 장치를 두었다.

정약용은 결렴에서 재감으로 인해 결수의 감소가 발생하면, 은결(隱結)과 무토궁방전(無土宮房田)의 수입을 활용하여 보충토록 하였다. 정약용은 은결과 궁방전 · 둔전 등의 면세결에서 이루어지는 방결을 부정하지 않고, 이를 민고의 공적인 용도로 활용하도록 한 것이다. 이러한 정약용의 구상은 지방재정 전반에 걸친 그의 인식과 관련이 있었다. 정약용

60 송양섭, 앞의 논문, 2016, 92쪽.

〈표 2〉 금산현 민고 세입 내역 및 액수

세입내역	액수
結斂	米 200석 錢 1,200냥
戶斂	錢 1,000냥
계	米 200석 錢 2,200냥

은 당시 각 군현의 각종 기구들이 비공식적인 재원을 이용하여 독립적으로 재정이 운영되고 있다고 보았다.[61] 비공식적인 재원은 군현마다 차이가 있겠지만, 지방재정 운영 개선을 위해 정약용이 주목한 대상은 은여결과 방결이었다. 정약용은 은여결과 방결을 지방 차원에서 '연결(羨結)'이라는 형태로 운용하여 부세 운영에 소요되는 각종 비용과 지방재정에 필요한 각종 지출을 충당토록 하였다.[62] 이는 정약용이 재정 완충지대를 설정함으로써 지방재정의 안정적인 운영을 도모한 것이다. 이 같은 정약용의 지방재정 운영구상이 민고의 결렴에 반영되어 있었던 것이다.

정약용은 호렴에서 이정법을 활용하였다. 이정법은 양역상의 궐액에 대한 파악과 충정을 이(里) 자체의 기능에 부여함으로써 양역부과과정에서 연대책임을 강화한 제도이다.[63] 정약용은 각 리(各里)의 호를 부세를 부담할 수 있는 실호로 편제한 후에 호수를 기준으로 정액의 이전(里錢)을 배정하였다. 그리고 정약용은 이민(里民)이 이전(里錢) 납부에 있어서 연대책임을 가지도록 함으로써 호렴의 안정적인 확보를 극대화하였다.

이처럼 정약용은 은결과 무토궁방전의 세를 활용하거나, 이전(里錢) 납부에 있어서 이민(里民)의 연대책임을 강화함으로써 세입의 안정적인 확보를 도모하였다. 이 같은 민고 세입에 관한 정약용의 구상은 비총제

61 손병규, 앞의 논문, 2014.

62 송양섭, 앞의 논문, 2014.

63 김준형, 〈18세기 里定法의 전개—촌락의 기능강화와 관련하여〉, 《진단학보》 58(1984); 백승철, 〈17 · 18세기 軍役制의 變動과 運營〉, 《이재룡박사환력기념한국사학논총》, 1990; 송양섭, 〈19세기 양역수취법의 변화— 동포제의 성립과 관련하여〉, 《한국사연구》 89(1995).

와 밀접한 관련이 있었다. 비총제는 부세의 안정적인 확보를 위해 각도의 부세를 확정하는 총액제적 재정 방식이다. 비총제는 전세 수취에 처음 적용되어, 이후 군정 · 환정 · 노비 · 어세 · 선세 등 부세 전반에 걸쳐 확대 시행되었다.[64] 정약용은《금산현민고절목》에서 6,000결과 4,000호를 대상으로 세입의 총액을 미 200석, 전 2,200냥을 고정시켰다. 그리고 이렇게 확정된 세입을 안정적으로 확보하기 위해 은결과 무토궁방전의 세를 활용하거나, 각리(各里)의 연대책임을 강화하였다. 이는 정약용이 민고 세입의 안정적인 확보를 위해 당시 국가재정 운영 전반에 걸쳐서 시행되고 있었던 비총제를 적극 활용하고 있었음을 보여 준다.

이처럼 정약용은《금산현민고절목》에서 세입의 규모를 확정하고, 이렇게 확정된 세입의 안정적인 확보를 강조하였다. 이를 토대로 정약용은 지출내역에 대한 정비를 감행하였다. 정약용은 절용을 강조하면서, 일정한 규정에 근거하여 지출을 집행함으로써 부적절한 지출의 대대적인 삭감을 시도하였다.[65] 그러나 민고의 각종 지출내역이 지방사회 내의 다양한 이해관계가 얽혀 있었다. 이 같은 상황에서 민고 지출내역의 대대적인 삭감은 이해당사자의 반발을 초래할 수 있었다. 이로 인해 정약용은 '양입위출'에 근거한 민고 운영이라는 원칙이 훼손되지 않는 범위 내에서 일정한 타협점을 찾을 수밖에 없었다. 이 과정에서 정약용은 지방사회 내에서 효용성을 인정받은 다양한 관행을 일정 부분 인정하게 되었다.[66]

우선 정약용은 민고 운영 개선과정에서 발생할 수 있는 각종 반발을

---

64 이철성, 〈18세기 전세 비총제의 실시와 그 성격〉,《한국사연구》81(1993); 송양섭, 앞의 논문, 2013.

65 《역주 목민심서》1, 율기, 절용, 178-179쪽.

66 《목민심서》 전반에 걸쳐서, 정약용은 주례적 이상을 추구하면서, 18세기 조선의 지방사회에 정착된 다양한 관행을 용인하고 있다. 이 같은 정약용의 구상에 대해선 이영훈, 앞의 논문, 1996; 송양섭, 앞의 논문, 2014의 연구가 참고된다.

〈표 3〉 금산현 민고 지출내역 및 액수

구분	應下		別下	
	지출내역	액수	지출내역	액수
上納	進上節扇物種價	30석	進上靑大竹價	150냥
	巡營主人進上添價	400냥	別使求請, 皮物等價	30냥
	進上紫河車價	6.6냥	吏曹堂參價	50냥
	進上節扇價添給	60냥	巡營別卜定香蕈二十斗價	20냥
	分養馬, 去來浮費及喂養價	75냥		
	統營箭竹價	70냥		
	兵營箭竹價	60냥		
	水營弓巢竹價	60냥		
	水營旗桿竹價	60냥		
	京司納竹物·木物人情	40냥		
	奎章閣冊紙·壁紙價	50냥		
	冬至使求請皮物·鐵物價	45.4냥		
邑用	巡營主人役價	80석	濟州人饋料, 蘇安島庫子給	50냥
	兵營主人役價	20석	濟州越海軍官路費	8냥
	春秋釋奠大祭, 羊腥·豕腥添價條	4석	濟州進上物種領去軍官上京路費	8냥
	縣司柴炭價添給	60석	漂船到泊時支供器皿價	50냥
	本庫監官一年料	2석	巡歷時南禮院修理價	20냥
	本庫色吏庫子一年料	4석	巡歷時院站支待價添給	40냥
	京主人役價	100냥	巡歷時, 鋪陳帳幄價	120냥
	傳關色脚價	240냥 (月別20냥)	衙舍修理價	60냥
	傳關色夏三朔農形狀, 脚價添給	30냥 (月別10냥)	閏月雉雞柴炭價	20냥
	官用雉鷄柴炭價	240냥 (月別20냥)	先生致賻條	60냥
	本庫所用紙筆墨價	12냥 (月別1냥)	閏月本庫紙筆墨價	1냥
	本庫燈油價	1냥		
合計	미 200석 전 1,500냥			

무마하고, 민고 운영 개선을 위한 명분을 선점하기 위해 수령의 자기규율을 강조하였다. 정약용은 수령 개인의 사적인 수요는 희름으로 충당토록 하고, 이와 관련된 민고의 기존 지출내역은 삭감하였다. 그리고 수령 부임 시에 처자를 대동하지 않고, 수령의 형제가 임지에 장기간 머

물지 않도록 함으로써 민고가 수령의 사적 비용을 담당하는 일을 사전에 방지하였다.[67] 이 밖에 정약용은 수령의 공비 착복을 문제시했다. 정약용은 곡산부사 시절 수령이 국가에서 지급한 쇄마비를 착복하는 사례를 들면서, 수령은 쇄마비를 민고 등에 납입하여 공용에 지출되도록 하였다.[68] 정약용은 수령이 민고 운영 개선을 위한 명분을 확보한 후에 민고 지출내역의 삭감을 진행하였다. 다음은 금산현 민고의 지출내역을 정리한 것이다.

〈표 3〉에서 보듯이, 《금산현민고절목》의 상납 내역에는 중앙과 각영에서 분정한 절선 · 자하거 · 전죽 · 향심 등의 조달비용이 책정되어 있었다. 이는 수령의 입장에서 중앙각사와 각영의 요구를 자의적으로 거절하는 것은 현실적으로 불가능하였기 때문이다. 이로 인해 정약용은 수령이 중앙과 각영에서 분정한 각종 물품을 각별히 봉진토록 하였다. 다만 군현내에서 조달하기 어려운 물품이 분정되거나, 상사의 과도한 요구는 상소를 통해 거절토록 하였다.[69] 《금산현민고절목》에서도 정약용은 진상 자하거 · 목물 · 청대죽 · 분양마와 관련된 비용은 수령이 혁파되도록 부당함을 상소하도록 하였다.

반면에 정약용은 상납과 달리 읍용과 관련된 지출내역은 대대적으로 삭감하였다.[70] 이를 위해 정약용은 응하와 별하 등 지출명목에 따라 회계처리에 차등을 두었다. 정약용은 응하와 같은 정기적인 지출은 식례

---

67 《역주 목민심서》 II, 율기, 제가, 140-142쪽.

68 《역주 목민심서》 III, 호전, 평부, 141-144쪽.

69 《역주 목민심서》 I, 부임, 공납, 273-276쪽.

70 정약용이 《금산현민고절목》 작성과정에서 참고했을 것으로 추정되는 결역청절목이 현존하지 않는 상황에서 금산현 민고 지출내역의 구체적인 삭감 양상을 파악하기가 어렵다. 다만 정약용은 《목민심서》에서 당시 민고의 지출내역과 액수를 일부 언급하고 있다. 이에 의하면 당시 민고는 포진가 300냥, 쌍교가 200냥, 분양마가 150냥, 전관각가가 1,200냥을 부담하고 있다고 하였다. 이들 비용은 《금산현민고절목》에서는 포진가는 120냥, 분양마가는 75냥, 전관각가는 270냥으로 기존에 비해 50% 이상 삭감되었다.

만 밝히고, 말미에 1년에 응하한 총액만을 기재하였다. 이는 매년 지출액수가 고정된 상황에서 복잡한 회계절차가 필요 없었기 때문이다. 반면에 별하와 같은 부정기적인 지출은 식례와 함께 하기도 제시토록 하였다. 그리고 연말에 별하에 대한 회계도 집행하였다. 이는 무절제한 지출의 원인이 별하에서 발생하던 상황에서 이에 대한 회계를 철저히 할 필요가 있었기 때문이다. 이렇다 보니, 《금산현민고절목》에는 별하에 대해서는 세부적인 지출지침을 명기하였다. 진상청대죽가와 제주월해군관노비(濟州越海軍官路費) 등 공무로 인한 제주 왕래비용은 해당 연도에만 지급하고, 이조당참가와 아사수리가는 수령이 부임·체임시에만 지급토록 하였다. 그리고 민고의 과도한 지출이 발생하는 주된 사례로 들었던 감사 순력 시 소모되는 비용에 대해서도 세부적인 지침을 명기하였다. 포진장막가와 남례원수리가는 감사가 연 2회 방문 시에는 1회에 대해선 책정된 비용의 절반만 지급토록 하였다. 특히 남례원수리가의 경우는 감사가 방문하였을 때에만 지급하고, 감사의 임기가 1년 미만일 경우는 지급하지 않도록 하였다.

이처럼 정약용은 민고 지출내역에 대해서 대대적인 삭감을 감행하였다. 그러나 민고 지출에 대한 과도한 삭감은 아전들의 반발을 유발할 수 있었다. 이를 위해 정약용은 조선시대에 아전들에 대한 급료가 공식적으로 지급되지 않는 상황[71]에서 아전들의 사소한 부정은 묵인해 주었다. 이는 아전들의 생계를 일정부분 보장함으로써 아전들의 반발을 무마시키고자 한 것이다.[72] 이러한 태도는 《금산현민고절목》에서도 보인다. 당시 민고의 감관은 민고의 재원을 이용하여 경제적 이익을 얻고 있었다. 이에 대해서 정약용은 감관의 행위를 금하지 않고, 이들에 대한 급료를

71 오수창, 〈조선시대 지방 이서층 급료문제의 역사적 맥락—일본 전근대 대민행정과의 비교〉, 《역사와 현실》 32(1999).

72 《역주 목민심서》 II, 이전, 찰물, 137-138쪽.

박하게 지급하였을 뿐이다. 그러나 정약용은 아전들의 부정을 제어할 회계규정도 두었다. 정약용은 전관색각가(傳關色脚價) 등 일부 지출내역에 대해서 월별로 지급토록 하였다. 이는 아전들이 월별 지급액 내에서 지출을 집행토록 함으로써, 민고 지출의 가하를 방지하기 위한 조치였다. 특히 정약용은 전관각가(傳關色脚價)에 대해선 세심한 조치를 하였다. 정약용은 감영에 문보 올리는 횟수가 5, 6차례인 상황에서 1,200냥에 이르는 전관각가(傳關脚價)가 과도하다고 지적하면서,《금산현민고절목》에서는 이를 크게 삭감하였다. 반면에 전관색하3삭농형장각가첨급(傳關色夏三朔農形狀 脚價添給)을 월10냥씩 총 30냥으로 책정하였다. 이는 하절기에 농사작황 보고로 인한 행정업무 증가를 대비하기 위해 사전에 별도의 비용을 책정해 둔 것이다.

이처럼 정약용은 '양입위출'에 근거한 민고의 재정 운영을 도모하기 위해 결렴과 호렴에서 세입의 총액을 확정하고 이를 토대로 민고 지출내역을 정비함으로써 세입 범위내에서 지출이 집행되도록 하였다. 이를 통해 정약용은 군현 내에서 별도의 재원을 확보하여 군현 내에 부과되는 추가적·비정기적인 재정부담을 감당하는 민고의 설립 취지[73]를 구현하고자 하였다. 이 같은 정약용의 민고 운영 개선 구상은 민고의 독자적인 재원 확보를 강조하는 지점에서 더욱 구체화되어 있다.

정약용은 민고의 1년 세입에서 지출하고 남은 여전(餘錢)을 급채식리함으로써 불시의 지출에 대비하도록 하였다. 정약용은 여전(餘錢)이 발생하면 경내 부민에게 지급하여 가하가 발생하였거나, 재감으로 민결이 축소되었을 때 지출토록 하였다. 그러나 이 같은 급채식리 방식은 고리대로 악용될 여지가 있었다.《속대전》에서 이율을 2할로 규정한 것도 이와 관련이 깊었다.[74] 정약용 역시 여전(餘錢)의 급채식리 방식이 고리대

73 송양섭, 앞의 논문, 2010, 118쪽.

74 《續大典》戶典, 徵債條.

로 전락하는 것을 방지하기 위해 이율을 2할로 규정하였고, 처음의 본전(本錢)에서 이자를 받는 단리법을 적용하였다.[75]

그리고 정약용은 언답(堰畓)과 도서 개간을 통한 공전 확보를 강조하였다. 이러한 측면에서 정약용은 도서 지역의 개발이익을 주목하였다.[76] 당시 도서 지역의 각종 개발이익을 중앙의 궁방과 아문이 장악하거나,[77] 특정계층에 의해 점유되고 있었다. 정약용은 수령이 중앙의 궁방과 아문에 대한 조치가 현실적으로 불가능한 상황에서 특정계층에 의해 점유되는 부분을 주목하였다. 정약용은 나주 일대 도서 지역에서 매년 6,000여 석이 생산된다고 하였다. 이를 군교가 관찰사에게 바치는 목물만 부담하고, 전부 차지하고 있음을 지적하였다. 이에 대해서 정약용은 나주 일대 도서 지역의 개간지를 민고로 이속하여 공전으로 만들어 민고의 독자적인 재원으로 삼을 것을 제안하였다. 그리고 유민의 안집과 지속적인 개간을 통해 공전의 확대, 재생산을 강조하였다. 이로 인해 정약용은 역역 징발이 신중해야함에도 불구하고, 공전 확보를 위한 역역 징발에 대해선 완화된 입장을 보이기도 하였다.[78] 이 밖에 정약용은 상품작물 재배를 통한 민고 세입 확충을 강조하였다.[79] 정약용은 관유지에 지전(桑田)・저전(苧田)을 설치한 다음에 이곳에서 발생하는 수입을 민고에 소속시켜 민역에 보태도록 하였다.[80] 그리고 정약용은 수령이 진전으로 개간되지 못한 황무지를 헐값에 구매하여 지상(地桑)과 지저(地苧)를 심어 배양한 후에 그 수입을 민고의 세입으로 삼도록 하였다.

---

75 《역주 목민심서》Ⅲ, 호전, 평부, 137-138쪽.

76 《역주 목민심서》Ⅲ, 호전, 평부, 140-143쪽.

77 송양섭, 〈조선후기 나주제도의 절수와 설읍논의의 전개〉, 《대동문화연구》 50(2005).

78 《역주 목민심서》Ⅲ, 호전, 평부, 160-161쪽.

79 농업경영에 있어서 상품작물 재배를 강조한 정약용의 견해는 안병직, 〈다산의 농업경영론〉, 《다산의 정치경제사상》, 창작과 비평사, 1990 참고.

80 《역주 목민심서》Ⅲ, 호전, 권농, 190-194쪽.

이처럼 정약용은《금산현민고절목》에서 '양입위출'에 입각한 민고 운영을 강조하였다. 이 과정에서 민고 운영이 공식화 · 체계화가 이루어졌다. 정약용은 민고 세입에 있어서 호렴 · 결렴 · 민고전 등 공식적인 재원을 배분하였다. 그리고 민고 지출에 있어서도 무절제한 지출내역을 정비함으로써 민고 지출 집행과정의 체계화를 도모하였다. 이는 조선 후기 지방재정의 공식화 · 체계화 경향이 정약용의 민고 운영 개선 구상에도 반영되었음을 보여 준다.

요컨대, 정약용은 민고 운영 개선을 위해 '양입위출'에 입각한 민고 운영을 강조하였다. 이를 위해 정약용은 책정된 세입의 안정적인 확보, 이를 토대로 한 지출내역의 정비를 통해 세입 범위내에서 지출이 집행되도록 하였다. 이러한 정약용의 민고 운영 개선구상은《금산현민고절목》에 반영되었다. 정약용은《금산현민고절목》에서 비총제를 전제로 하여 은결과 무토궁방전의 세 활용, 이정법을 활용한 이전(里錢) 배분을 통해 세입의 안정적인 확보를 도모하였다. 이를 토대로 정약용은 민고 지출내역을 정비하였고, 이 과정에서 이해당사자의 반발을 우려하여 지역사회 내의 관행을 일정부분 용인하기도 하였다. 그리고 도서 지역의 공전 확보, 상품작물 재배를 통한 민고의 세수 확충 등 민고의 독자적인 재원 확보를 강조하였다. 이를 통해 정약용은 군현에 가해지는 추가적이거나, 부정기적인 지출을 대비하는 민고의 설립취지를 구현하고자 하였다. 이러한 정약용의 민고 개선구상은 지방재정의 공식화 · 체계화 경향이 반영되어 있었다.

5. 맺음말

이 글은《목민심서》에 나타난 정약용의 민고 인식과 운영 개선론을 살펴보고자 했다. 조선 후기 지방재정은 대동법 시행 이후 유치미가 획급되면서 종래에 비해 공식화·체계화되었다. 그러나 지출내역 중 일부는 대동미에 포함되지 않았고, 대동미에 포함된 지출내역조차도 배정된 유치미가 부족한 경우가 많았다. 이로 인해 각 군현에서는 잡역을 징수하여 부족한 세입을 충당하였고, 18세기에 접어들면서 잡역세의 비중은 급증하였다. 균역법 시행 이후 감필에 대한 급대재원 확보과정에서 기존의 지방재정 주요 수입원이었던 은여결, 어염선세, 화전세 등이 균역청에 이속되었다. 이 같은 상황에서 각 군현은 자체적으로 민고를 설립하여 부정기적·추가적인 재정지출에 대비하였다. 19세기 민고는 지방재정의 핵심기구로 성장하였지만, 민고의 운영규정이 미흡한 상황이었다. 이로 인해 민고 지출의 가하와 이로 인한 첩징·가징이 빈번하였다. 이러한 민고의 파행적인 운영을 인식한 중앙정부는 민고절목을 간행하여 민고 운영을 통제하고자 하였다. 그러나 지출·세입내역의 부정확한 책정으로 인해 소기의 목적을 달성하지 못하고, 민고절목의 개정만 반복하고 있을 뿐이었다. 이 과정에서 중앙에 비해 상대적으로 민고 운영의 실상을 정확히 파악할 수 있는 수령의 역할이 강조되기도 하였다.

곡산부사 시절 민고의 운영상 문제를 목격한 정약용은 민고절목을 작성할 정도로 민고 운영 개선에 관심이 많았다. 정약용은 지방재정 내에서의 민고의 높은 위상에도 불구하고, 운영상의 문제를 안고 있다고 보았다. 정약용은 민고 운영상의 문제로 민고 지출의 빈번한 가하와 이로 인한 첩징·가징의 관례화를 들었다. 그리고 정약용은 이 같은 민고의 파행적인 운영이 가능했던 원인을 기존 읍례와 절목에서 찾았다. 이로 인해 정약용의 민고 운영 개선구상은 종래의 읍례와 절목의 정비에 초점이 맞추어져 있었고, 이는《금산현민고절목》에 집약화되었다.

정약용은《금산현민고절목》을 통해 '양입위출'에 근거한 민고 운영을 강조하였다. 이를 위한 방안으로 정약용은 책정된 세입의 안정적인 확보,

이를 토대로 한 지출내역의 정비를 통해 세입 범위 내에서 지출이 집행되도록 하였다. 정약용은《금산현민고절목》에서 비총제를 전제로 하여 은결(隱結)과 무토궁방전(無土宮房田)의 세(稅) 활용, 이정법을 활용하여 정액화된 이전(里錢)의 배분 · 징수를 통한 세입의 안정적인 확보를 도모하였다. 이를 토대로 정약용은 민고 지출내역에 대한 정비를 감행하였다. 그러나 당시 민고의 각종 지출내역이 다양한 이해관계가 얽혀 있는 상황에서 정약용은 지방사회 내에서 오랜 기간 축적된 관행에 대해선 일정 부분 용인하였다. 이를 통해 정약용은 민고가 '양입위출'에 근거하여 운영되도록 함으로써 부정기적 · 추가적인 재정지출에 대비하는 민고의 설립취지를 구현하고자 하였다. 이는 정약용이 급채식리를 활용한 여전(餘錢)의 관리, 도서 지역이 공전 확보, 상품작물 재배를 통한 민고의 세수 확충 등 민고의 독자적인 재원 확보를 강조하는 지점에서 더욱 구체화되었다. 이 같은 정약용의 민고 운영 개선구상은 조선 후기 지방재정의 공식화 · 체계화 경향이 반영되어 있었다. ■《다산학》(다산학술문화재단) 31(2017).

참고문헌

《經世遺表》.

《譯註 牧民心書》.

《關西良役實總》.

《琴山縣民庫節目》.

《備邊司謄錄》.

《續大典》.

《純祖實錄》.

《承政院日記》.

《輿地圖書》.

《靈巖郡邑誌》.

《正祖實錄》.

강만길, 〈정약용의 세제개혁론—부세를 중심으로〉, 《다산학의 탐구》, 민음사, 1990.

권기중, 〈조선후기 부세운영과 감사의 역할〉, 《역사와 현실》 81(2011).

김덕진. 《조선후기 지방재정과 잡역세》, 국학자료원, 1998.

______, 〈조선후기 지방관청의 雇馬庫 설립과 운영〉, 《한국사연구》 112(2001).

______, 《朝鮮後期 經濟史硏究》, 선인, 2002.

김용섭, 〈조선후기의 민고와 민고전〉, 《동방학지》 23 · 24(1980).

김준형, 〈18세기 里定法의 전개—촌락의 기능강화와 관련하여〉, 《진단학보》 58(1984).

김현구, 〈18 · 9세기 거제부의 해세운영과 민고〉, 《부대사학》19(2007).

백승철, 〈17 · 18세기 軍役制의 變動과 運營〉, 《이재룡박사환력기념한국사학논총》, 1990.

손병규, 〈정약용의 재정개혁론—지방재정에 대한 현실인식을 중심으로〉, 《한국실학연구》 27(2014).

송양섭, 〈19세기 양역수취법의 변화 – 동포제의 성립과 관련하여〉, 《한국사연구》89(1995).

______, 〈조선후기 나주제도의 절수와 설읍논의의 전개〉, 《대동문화연구》 50(2005).

______, 〈균역법 시행기 잡역가의 상정과 지방재정 운영의 변화—충청도 지역을 중심으로〉, 《한국사학보》 38(2010).

송양섭, 〈18-19세기 공주목의 재정구조와 민역청의 운영—《민역청절목》·《견역청(추)절목》을 중심으로〉, 《동방학지》 154(2011).

______, 〈《목민심서》에 나타난 다산 정약용의 '인시순속'적 지방재정 운영론〉, 《다산과 현대》 7(2014).

______, 〈《목민심서》에 나타난 다산 정약용의 수령 인식과 지방행정의 방향〉, 《다산학》 28(2016).

安達義博, 〈18 · 9세기 전반의 대동미 · 목 · 포 · 전의 징수 · 지출과 국가재정〉, 《봉건사회 해체기의 사회경제구조》, 청아출판사, 1982.

안병직, 〈다산의 농업경영론〉, 《다산의 정치경제사상》, 창작과 비평사, 1990.

오미일, 〈18-19세기 공물정책의 변화와 공인층의 변동〉, 《한국사론》 14(1986).

오수창, 〈조선시대 지방 이서층 급료문제의 역사적 맥락—일본 전근대 대민행정과의 비교〉, 《역사와 현실》 32(1999).

이정철. 《대동법》, 역사비평사, 2011.

이철성, 〈18세기 전세 비총제의 실시와 그 성격〉, 《한국사연구》 81(1993).

임성수, 〈다산 정약용의 監司論〉, 《민족문화연구》 68(2015).

장동표, 〈조선후기 민고 운영의 성격과 운영권〉, 《벽사이우성교수정년퇴직기념논총》, 여강출판사(1990).

정연식, 〈균역법 시행 이후의 지방재정의 변화〉, 《진단학보》 67(1989).

정윤형, 〈다산의 재정개혁론〉, 《다산학의 탐구》, 민음사, 1990.

______, 〈다산의 환자개혁론〉, 《다산의 정치경제 사상》, 창작과비평사, 1990.

한영국, 〈대동법의 실시〉, 《한국사》, 13, 국사편찬위원회, 1981.

田川孝三, 〈進上考〉, 《李朝貢納制の硏究》, 東洋文庫, 1964.

2부

향촌사회의 현실과 지방통치론

향촌통치구상과 사족위상강화론

백성 구별짓기와 노비세습제 복구론

도주경

1. 머리말

조선 후기를 대표하는 인물인 다산 정약용(1762-1836)의 삶은 18-19세기에 두루 걸쳐 있으며, 전반부는 관료로서 후반부는 향촌지식인으로서 구별되었다. 그는 1801년(순조 원년)부터 18여 년에 달하는 강진 유배기 동안《경세유표》,《목민심서》,《흠흠신서》등 일표이서의 대표적인 경세서를 남겼으며 다양한 경전 역주 작업을 진행하였다. 국가시스템의 운영에 참여하던 관료는 이제 향촌사회 내 현실을 직접 목격하게 되었으며, 유교 경전을 탐구해 경세의 원리를 익히고 다양한 사회개혁안을 제시하기에 이르렀다. 이러한 점에서《경세유표》나《목민심서》는 19세기의 시대상을 풍부히 반영한 산물이자 재경관료·재지사족으로서 정약용의 가치관을 잘 보여 주는 저서라 할 수 있다. 이 때문에 일찍부터 많은 연구자들이 정약용의 저서에 관심을 갖고 당대의 역사상을 추적하였으며, 그의 개혁안으로부터 조선 후기 현실을 뛰어넘는 진보성, 개혁성을 발견하였다. 신분제에 대해서는 정약용이 평등주의에 입각한 심성론과 민권사상을 주장했다고 보았다. 특히 '모든 백성의 양반되기를 꿈꾼다'는 문장을 높이 평가하였다.[1]

그러나 정약용을 평등주의자로 규정하려는 시도와 달리 그의 저작에는 백성을 구직(九職)과 신분(身分)에 따라 구별하고 왕토에 차등적으로 배치하려는 구상이 엿보인다.《경세유표》에는 왕성건설과 정전제 실시를 축으로 하는 체국경야(體國經野)의 개혁론이 드러난다. 이때 왕성인 6향(鄕)에는 신분에 따라 거주 지역과 가옥의 등급을 구별해 백성을 배치하며[2] 왕성 바깥의 6수(遂)에는 '어리석은' 농민만 따로 배치하고자 하였다.[3] 한편《목민심서》예전육조에서는 귀족을 향촌교화와 공론 수합의 주체로 두며 그 이외의 소민은 이들을 잘 따르도록 해야 한다는 구상이 드러난다. 이를 위해 정약용은 신분차별론인 변등(辨等)과 일천즉천(一賤則賤) 복구론을 소개하기도 하였다.[4]

정약용의 이와 같은 차별적 면모는 평등주의 입장에서 아예 언급하지 않거나[5] 저자가 정약용이 아닐 것이라며 사료 진위를 부정하는 방식으로 회피되어 온 감이 있다.[6] 혹은《목민심서》의 개혁 수준이《경세유표》나〈전론〉에 비해 떨어진다며 변등, 노비세습제 옹호는 현실 타협책

---

1 조광,〈정약용의_민권의식연구〉,《아세아연구》19-2호(1976); 조성을,〈정약용의 신분제 개혁론〉,《동방학지》51(1986); 임형택,〈다산의 민주체 정치사상의 이론적 현실적 근저—탕론, 원목의 이해를 위하여〉,《다산의 정치 경제사상》, 창작과 비평사, 1990.

2 《經世遺表》卷3, 天官修制, 三班官制, 匠人營國圖.

3 《經世遺表》卷13, 地官修制, 敎民之法.

4 《牧民心書》卷7, 禮典六條, 辨等.

5 平木實,〈실학파 학자들의 노비제론〉,《조선후기노비제연구》, 지식산업사, 1981; 전형택,〈19세기초 내시노비 혁파〉,《조선후기 노비신분연구》, 일조각, 1991.

6 변등절은 노비세습제 복구 근거로《유산필담》을 활용하는데 이는 그의 첫째 아들 정학연의 저술이라는 정황을 내세웠다. 즉 노비세습제 복구 등으로 대변되는 신분 차별론은 정약용의 본의가 아니라고 하였다(조성을, 앞의 논문, 1986).

의 일환에서 제기된 것이라 보기도 하였다.[7]

2000년대 들어서는 정약용의 위계질서 및 기강 확립을 강조한 배경을 본격적으로 분석한 연구가 등장하였다. 우선 변등을 1810-1820년대 경제위기로 인해 발생한 사회 갈등 봉합의 시도라 평가한 연구가 있다.[8] 이 연구에서는 정약용의 인간관계를 도덕이 적용될 수 있는 천속(天屬)과 정치가 적용되는 의합(義合) 및 족류(族類)로 나눈 후, 정치의 관점에서 변등과 노비세습제 옹호를 이해하고자 하였다. 정약용의 전체 정치사상 속에서 신분 차별적 면모를 이해하려는 시도는 흥미롭지만 도덕과 정치의 분리, 자연과 인위의 분리라는 구도는 서구 근대의 이분법적 세계관을 암시하며 결국 정약용의 신분 차별적 면모조차 근대적으로 해석될 여지를 남긴다. 앞서 정약용을 평등주의자로 해석하는 것 역시 그를 중세에서 근대로 넘어가는 과도기의 인물로 간주하고 그 진보성을 평가하려는 시도와 관련 있었다. 이 점에서 양자는 결론은 다르지만 '실학의 근대성'이라는 공통의 기반 위에 서 있다.

최근에는 실학의 근대성이라는 구도 자체를 비판하며 정약용의 신분 차별을 전근대 보편 윤리의 회복, 공공성 지향, 정교한 교화 시스템 구축 등 예치(禮治)의 시도로 보는 연구가 진행되고 있다.[9] 《목민심서》에 나오는 변등을 보편적 유교와 조선만의 국속이 길항하며 등장했다고 분석하

7 신용하, 〈다산 정약용의 사회신분제도 개혁사상〉, 《다산학의 탐구》, 민음사, 1990.

8 이영훈, 〈다산 경세론의 경학적 기초〉, 《다산학》 1(2000); 〈다산의 인간관계 범주 구분과 사회 인식〉, 《다산학》 4(2003).

9 백민정은 전근대의 公이나 均을 오늘날의 수리적 평균, 평등과 달리 왕이 민에게 각자의 사회적 입장과 위상에 맞춰 孝悌慈라는 보편적 윤리덕목을 실천토록 하는 것이라 규정하였다. 이런 맥락에서 《목민심서》에 드러나는 사회적, 신분적 지위 차등의 합리화는 윤리 공동체를 유지하기 위한 방안으로 간주된다. 김호는 예치의 정교화라는 문제의식 아래 구체적으로 威逼律을 분석한 바 있다(백민정, 〈《경세유표》의 정치 철학—공적 권력과 왕정의 이념〉, 《다산과 현대》 6(2012); 〈정약용의 士族 인식과 그 의미—다산 經世書에 나타난 士族의 지위와 역할을 중심으로〉, 《민족문화연구》 81(2018); 김호, 〈다산 정약용의 '민주' 기획〉, 《다산과 현대》 6(2012); 〈조선후기 "위핍률"의 적용과 다산 정약용의 對民觀〉, 《역사와 현실》 87(2013)).

는 연구도 이루어졌다. 이때 등급은 하위자의 일방적인 의무가 더 요구된다는 점에서 차별적이지만, 결국 쌍방의 합의를 전제한 인간관계이기 때문에 상호호혜적 윤리로 전환될 가능성을 지닌다고 하였다.[10]

전근대 예치, 상대방을 전제한 새로운 윤리 등 변등을 둘러싼 다양한 독법들이 개발되면서, 정약용의 신분관이 전체 개혁론 속에서 가지는 의미는 보다 정합적으로 이해될 수 있게 되었다. 그렇지만 이상의 연구는 신분차별론의 대표 주장인 변등과 노비세습제 복구론이 수령의 업무지침서인《목민심서》에 실려 있다는 사실에는 크게 주목하지 않았다.《목민심서》는 정약용이 직접 목격한 19세기 향촌사회의 실상을 담아, 수령이 행해야 할 바람직한 통치방법에 대해 논한 저서이다.[11] 여기에서 사족의 위상 제고를 기획하며 사족과 그 이외 신분을 엄격히 구별하는 변등, 사족의 위세를 높여 주는 노비를 늘리자는 논의가 제기된 것은, 그것이 정약용의 향촌통치구상과 밀접한 관계가 있음을 보여 준다. 보편적인 철학의 관점과 함께 19세기 조선의 시공간적 특징을 고려한 접근 역시 요청된다고 하겠다.

따라서 본고는《목민심서》에서 드러나는 두 가지 신분차별 구상을 중심으로 이것이 정약용의 향촌통치구상에서 차지하는 의미에 대해 살펴보고자 한다. 19세기 관 주도 향촌지배의 심화, '홍경래의 난'으로 대표되는 민란의 위기 아래 정약용이 사족의 위상 강화를 정당화하는 과정, 이를 수령 중심의 향촌통치구상에 연계하는 과정 등에 주목할 것이다. 이를 통해 정약용이 사족에게 기대한 사회적 역할과 의미를 이해하고, 그의 신분차별론이 부정되거나 숨겨지기보다 그가 처한 시대적 문제 속에서 도출된 결론이었음을 적극적으로 평가할 수 있었으면 한다.

---

10 김문용, 〈정약용의 변등론과 유교 사회윤리의 확장 가능성〉,《국학연구》26(2015).

11 송양섭, 〈《목민심서》에 나타난 다산 정약용의 수령인식과 지방행정의 방향〉,《다산학》28(2016).

2. 19세기 향촌통치 양상과 정약용의 현실 인식

1) 관 주도 향촌통치와 사족의 현실

조선의 향촌지배는 시기별로 실제 운영상은 약간씩 달랐지만, 군현에 국왕의 대리인인 수령을 파견하여 지방의 장악을 도모했다는 점에서 일관된 지향성을 가진다. 국가는 국초부터 군현제와 면리제의 정비를 통해 말단의 행정단위까지 파악하며, 수령권이 향촌사회에서 공고한 입지를 다질 수 있도록 다양한 법제를 만들어 나갔다. 물론 관치의 강한 의지는 법제적 · 외형적인 수준에 그칠 때도 많았으며, 16 · 17세기에는 사족을 매개로 하여 향촌을 통치하는 사족 지배체제로 변형되기도 하였다. 그렇지만 18세기가 되면 '관 주도 향촌통치의 심층화'라고 불릴 만큼 이전 시기와는 다른 양상이 나타나기 시작하였다.[12]

이 시기에는 국왕이 직접 제민지배(齊民支配)를 강조하며 국왕과 민의 직접적인 소통을 강조, 사족으로 대변되던 특권 신분층을 균질적인 민으로 재편하려는 시도가 이루어졌다. 재정의 측면에서는 둔전과 궁방을 비롯한 전결세 · 군포 · 노비공 · 어염선세 등 국가의 주요재원에 대해 수세 총액을 고정하는 비총제적 운영 방식이 채택되었다. 종래 각종 국가기관에서 차인 · 감관을 파견하던 방식에서 '호조-감영-군현'으로 이어지는 행정체계 아래 정해진 총액을 수세하게 됨에 따라 수령과 면 · 리 내 실무 담당자의 역할이 증대되었다.[13] 수령의 행정 · 사법 · 재정 · 군사적 역할과 권한, 그리고 수령을 돕는 이향층과 신흥세력의 영향력은 이와 같은 사회경제적 변화 속에서 더욱 확대되었다.

16 · 17세기 사족은 수령의 통치를 보조하되 자치의 영역을 확보해 향

12 이해준, 〈관 주도 지방지배의 심층화〉, 《조선은 지방을 어떻게 지배했는가》, 아카넷, 2000.

13 송양섭, 〈조선시대 관권과 사족, 타협과 충돌〉, 《역사비평》 65(2003).

촌사회 운영에 적극적으로 개입하면서 '사족 지배체제'를 구축하였다. 사족 지배체제란 군현과 촌락을 단위로 향약·향소, 향안·동약·동계, 서원·향교 등 종횡으로 연결된 지배조직을 배타적으로 장악함으로써 사족들이 자신의 신분적·경제적 특권을 유지하고자 한 체제로 이해된다. 이들은 중앙관직을 역임하면서 획득한 명망을 바탕으로, 출사하지 못한 채 향촌에 세거하던 토족이나 향리층과 스스로를 구별하면서 사족의 배타적인 범주를 만들어 나갔다. 이러한 점에서 사족은 사회적으로 만들어진 신분이라 할 수 있었다.[14] 그러나 당파의 분열과 대립이 심해지면서 사족 가운데 일부는 중앙권력으로부터 완전히 멀어지는 등 경향 분기의 현상이 뚜렷해졌다. 토지 및 노비를 더 증식하기 어려운 상황이 되면서 종가(宗家) 중심으로 경제력을 유지하는 전략이 채택되어 몰락하는 이들도 다수 등장하였다. 정치적·경제적으로 양극화된 사족의 처지는, 이들의 지위를 모방하며 신분 상승을 도모하는 신흥세력 등장과 함께 크게 위협받게 되었다. 배제와 차별을 통해 배타적으로 형성된 사족의 정체성은 조금씩 균열하며 근본적인 의문에 부딪혔다.

수령은 연고지가 아닌 지역에 파견되어 내부 사정에 정통하지 못한 상태로 여러 업무를 처리해야 했으므로, 통치를 도와줄 조력자의 존재가 필수적이었다. 그런데 18세기 이래 사족의 위세가 약화되면서 그들을 통해 얻을 수 있는 통치효용성이 줄어들자, 사족을 대신하여 신흥세력 또는 부민(富民)으로도 불리는 이들이 새롭게 주목되었다. 신흥세력은 다양한 출처를 가지는데 대체로 평·천민으로서 경제적 기반을 닦고 신분 상승을 꾀하는 이들, 종래 향촌 지배로부터 소외되었던 서얼이나 토족 등의 하층 양반인 경우가 많았다.[15]

---

14 정진영, 〈16·17세기 재지사족의 향촌지배와 그 성격〉, 《조선시대향촌사회사》, 한길사, 1998.

15 이해준, 앞의 책, 2000; 정진영, 앞의 책, 1990.

이들은 향리직, 군현 전체를 통솔하는 좌수·별감, 면리 단위의 풍헌·약정 등 향임직을 차지하였다. 사족이 꺼리던 면·리임직 역시 도맡으며 수령의 실무를 보좌하였다. 특히 고도의 전문성과 행정력을 필요로 하는 부세 관련 업무를 전담함으로써 관권으로부터 향촌사회 내 주도권을 공인받았다.

18세기 이래 총액제에 입각한 재정원칙이 확립되면서 상납해야 할 부세액은 군현 단위로 고정되었으며, 이는 다시 면리마다 할당되었다. 전세든 군포든 노비신공이든 대부분의 부세가 면리에서 공동으로 책임지고 납부해야 하는 부담이 되었다. 신분적 특권에 따른 면역은 용인되기 어려워졌으며, 종래 향회 등을 통해 부세수취에 개입했던 사족들의 입지 역시 크게 줄어들었다. 대신 면리를 배경으로 활동하는 실무자들의 권한이 반비례해 커졌다.[16] 관 주도의 향촌지배는 수령-이향층의 연대라는 형태로 현실에 구현되었다. 이와 같은 지배 방식의 변화 아래 향촌사회의 권력 동향 역시 크게 바뀌어, 사족의 입지는 축소되는 반면 이향층과 부민은 새로운 신분 범주로서 자리매김하였다.[17]

정약용은 변화한 향촌사회의 현실에 대해 충분히 인지하였으며《목민심서》에도 이를 반영한 향촌통치구상을 제시하였다.[18] 향촌사회 구성

---

16 김인걸,《조선후기 공론정치의 새로운 전개—18,19세기 향회, 민회를 중심으로》, 서울대학교 출판문화원, 2017.

17 향촌사회에서 향약·동계·동약의 실시, 향안·유안·교안의 작성 등을 통해 끊임없이 구성원의 신분을 구별하였다. 향약과 동약에서의 座次는 신분의 위계를 가시적으로 보여 주는 대표적인 사례이다. 이를 보면 18세기 전반까지만 해도 상·하청의 구별을 통해 사족과 평·천민을 나누었으나, 18세기 후반 이후로 모칭유학하는 광범위한 중서층의 등장으로 인해 사족의 상청과 평·천민의 하청 사이 中廳이 신설되었다. 아울러 하청에서 상청으로 올라가는 升廳 관련 절목도 구비되어갔다(정진영, 〈향촌사회에서 본 조선후기 신분과 신분변화〉,《역사와 현실》48(2003), 68-71쪽

18 예컨대 수령이 진휼을 당하여 權分할 경우 각 면의 상족과 중족 2인씩을 불러 모아 요호부민을 가려 달라고 부탁하거나 번상군을 첨정할 경우 각 면의 상족 4인과 중족 2인이 함께 논의해 정해 오라고 하는 것이다(《牧民心書》卷13, 賑荒六條, 勸分;《牧民心書》卷8, 兵典六條〉簽丁).

원을 상·중·하족으로 나누어, 상족(上族)과 중족(中族)은 수령이 향촌통치를 함께 주관할 만한 이들, 하족(下族)은 통치대상인 백성으로 규정하였다. 이때 상족은 사족과 토족을 지칭하였다. 정약용의 입장에서 수령이 가장 의지해야 할 세력은 상족, 그중에서도 사족뿐이었다. 상족의 일원인 토족조차도 정약용의 입장에선 대부분 향리와 교제하거나 부잣집 자제에게 뇌물을 얻기 위해 향교를 드나드는, 긍정적으로 보기 힘든 존재였다.[19] 사정이 이와 같다면 중족은 말할 것도 없었다.

따라서《목민심서》에서는 향촌사회 내 권력이 이향층, 부민 등 신흥세력에게 쏠림에 따라 사족의 입지가 좁아진 현실을 집요하게 비판하였다. 특히 이들이 사족의 겉모습을 흉내 내며 '사족 따라잡기'를 시도하는 것, 억강부약(抑强扶弱)을 내세워 사족을 핍박하고 역차별 가하는 모습 등을 부정적으로 묘사하였다.

'사족 따라잡기'는 다방면에서 행해졌다. 예컨대 군역은 사족의 면제로 인해 양인에게만 부담되었으므로 비천한 신분 표식인 동시에 과중한 경제적 부담을 의미하였다. 부민은 경제력을 동원해 사족을 모방함으로써 군역에서 벗어나고자 하였는데 주로 유력가문의 족보를 사거나 선원보략에 거짓으로 종(宗)을 대는 방법,[20] 고신(告身)을 사서 호적을 유학으로 수정하였다.[21] 그리고는 수령에게 가서 자신의 가문은 대대로 유학자 집안이었다고 억울함을 호소하며 군역을 면제받았다.

비슷한 양상은 과거 응시, 사치 등의 부문에서도 드러났다. 관직과 멀어진 재지사족에게 과거는 합격 여부와 상관없이 자신이 유학임을 증명하는 공간이 되었는데 이러한 기회를 사족뿐 아니라 그들을 따라잡고자 했던 백성들도 적극 활용하였던 것이다.[22] 백성들은 또한 사족을 따

19 《牧民心書》卷7, 禮典六條, 興學.

20 《牧民心書》卷8, 兵典六條, 簽丁.

21 《牧民心書》卷8, 兵典六條, 簽丁.

라 도포를 입고 큰 소매를 늘어뜨리거나, 옥교를 타고 다니면서 관리를 흉내 내었다. 중국과 일본의 기물을 들여와 과시하거나, 비단과 금은으로 화려하게 치장하는 경우도 있었다. 정약용은 이 모두를 두고 참람하다고 언급한 바 있다.[23]

물론 사족을 모방한다고 해서 이들이 향촌사회 내에서 진짜 사족으로 인정받았던 것은 아니다. 일부는 향리[軍吏]로부터 유학 사칭을 폭로하겠다고 협박받기도 했다.[24] 유학 모칭을 폭로하겠다는 것 자체가 이미 그들이 사족이 아니라는 의미였다. 그러나 부민이 호적의 수정, 족보 작성, 군역 면제, 사치와 과시적 소비 등을 통해 기존의 사족들과 형식적인 측면에서 비슷하게 되었다는 사실이 갖는 함의는 작지 않다. 사족 정체성에 대한 근본적인 의문을 제기함으로써 사족의 위상을 저하시키고 그들이 주도하던 사족 지배체제를 흔드는 효과를 가져왔기 때문이다.

향촌사회의 변화한 권력 동향을 보여 주는 또 한 가지 사례는 이향층, 부민이 '억강부약'을 전복적으로 활용하는 것이었다. 억강부약이란 본래 '호강한 자는 억누르고 약한 자는 돌보아 준다'는 의미로, 강자(强者)의 소민(小民)에 대한 횡포가 발생할 경우 소민을 우선 보호하는 원칙을 가리킨다. 유교는 사족과 백성, 남성과 여성 사이의 상하위계를 명분이라 설정하고 이에 입각한 사회 질서를 수립하였지만, 차별에 기초한 무단적 폭력까지 용납할 수는 없었기에 억강부약을 통해 최소한의 보호 장치를 마련하였다.[25] 실제로 향촌사회에서 그간 사족이 소민에게 가했던 억압의 실상을 보면, 수령의 억강부약에 따른 판결이 유교 나름대로 공정을 행하는 데 유의미한 수단이었음을 알 수 있다.[26]

---

22 《牧民心書》卷6, 戶典六條, 戶籍.

23 《牧民心書》卷7, 禮典六條, 辨等.

24 《牧民心書》卷8, 兵典六條, 簽丁.

25 김호, 앞의 논문, 2013.

26 향촌사회에서 사족이 평·천민에게 가했던 억압의 사정을 보면 억강부약이 고안된 이유를

그렇지만 세간에서는 소민을 보호한다는 이유로 사족을 가해자라 일방적으로 규정하는 억강부약이 오히려 불공평하다는 논의도 분분하였다. 특히 18세기 후반이 되면 억강부약은 상하의 분의(分義)를 훼손하는 사회적 문제로 비화되기에 이르렀다.[27] 사족들은 처지가 이미 외로워졌음에도 불구하고 수령이 억강부약을 능사로 여긴 나머지 역차별을 가한다는 것이다.[28] 이러한 조정 내 논의에 대해 정약용 역시 공감하였다.

> 백 년 이래로 작록이 변두리 지방까지 주어지지 않아서 옛 사대부의 자손들이 몰락하고 가산이 없어져서 모양을 이룰 수 없게 되자 토족이 실권을 잡아서 갖가지 꾀로 이들을 모함하고 박해하여 여러 대로 억눌려 살던 수치를 보복한다. 새로 부임한 수령은 헛소문을 잘못 듣고 어느 고을 누구 집은 원래 대족(大族)이므로 무단하는 것이 당연하다고 말하기도 하고, 또 간사한 향임의 모략을 받아들여 오로지 그 집안을 억누르고자 마음을 쓰는 수령이 많으니 역시 잘못이 아닌가.[29]

정약용은 억강부약이 유효했던 것은 100년 전이며 지금은 토족의 수령을 앞세운 사족 핍박 수단일 뿐이라고 보고 있었다. 지금은 관직이 사족에게 미치지 않아 권력을 상실한 데다, 경제적 기반이었던 토지 · 노비를 잃어버려 대세가 완전히 바뀐 상황이었다. 사족 가운데는 호강이 아

짐작할 수 있다. 정조대 함평에 살던 下賤 박유재가 술에 취해 동네 사족을 욕하자 사족 안승렴이 그를 잡아 나막신으로 마구 때리고 오줌을 들이부어 죽인 사건이 발생하였다. 경주에 살던 양인 이세태의 경우 이유도 모른 채 사족 최주돈에게 구타당해 죽기도 하였다. 이상의 사건에 대해 정조는 규정된 법보다 훨씬 강한 형벌을 집행함으로써 억강부약의 정신을 실천하고자 하였다. 반면에 정약용은 정조의 처분이 지나쳐 사족의 기세를 꺾어 버렸다고 평가한 후, 사족이 비록 살인을 저질렀을지라도 처벌을 내리지 않는 편이 타당했을 것이라는 견해를 밝혔다. 그의 억강부약에 대한 부정적인 인식을 엿볼 수 있는 대목이다(《欽欽新書》卷 7, 祥刑追議 九, 豪强之虐 1; 豪强之虐 2).

27 김호, 앞의 논문, 2013.

28 《正祖實錄》 권2, 정조 즉위년 11월 19일 정해; 《正祖實錄》 권15, 정조 7년 6월 20일 경진; 《正祖實錄》 권19, 정조 9년 1월 27일 정축.

29 《牧民心書》 卷7, 禮典六條, 辨等.

니라 잔약한 처지로 전락한 약자 역시 많아졌던 것이다. 그럼에도 불구하고 토족, 이향층은 그동안 받았던 수모를 갚기 위해 억강부약을 내세워 사족은 무조건 호강이라 지칭하며 수령에게 억누를 것을 권하였다. 수령이 이러한 실상을 고려하지 않고 억강부약한다면 그것은 곧 이들의 편을 들어 사족을 억누르는 것과 다름없다고 하였다.

억강부약에 대한 비판은《목민심서》외 각종 목민서에서도 확인된다. 시비 구별보다는 약자 보호에 초점을 맞추는 억강부약에 대해, 목민서에서는 억강부약이 꼭 공정하지 않을 수도 있다며 사실 관계를 잘 따지도록 하였다. 사족과 백성 사이에 분쟁이 발생할 경우, 무조건 사족을 처벌하기보다는 호강한 사족의 백성에 대한 핍박인지 호강한 완민의 잔약한 사족에 대한 능욕인지 분명히 가리도록 하였던 것이다.[30] 억강부약이 표방하는 가치를 완전히 부정할 수 없는 상황에서 에둘러 비판한 셈이다. 그런데 정약용은 여기서 더 나아가 억강부약을 견제하는 변등의 개념을 직접 제시하며 사족의 위상이 약화된 현실을 적극적으로 해결하려고 하였다.

정약용은 사족의 입지 축소가 사족만의 문제가 아니라 향촌사회의 안위와 직결된다고 보았다. 이러한 인식은 19세기 들어 빈발하는 민란과의 연관 속에서 보다 분명해졌다. 특히 1811년(순조 11) 평안도 가산에서 발생한 '홍경래의 난'을 겪으면서, 백성들의 불만을 향촌사회에서 제대로 관리하지 않을 경우 어떻게 민란으로까지 이어지는지 확인하였다. 사족 위상 저하와 그것이 가져온 국가적 위기에 대해 체감하였던 것이다.

---

30 이를테면《거관대요》에서는 수령이 억강부약한다면서 외롭고 잔약한 사족이 호강하고 완악한 상한으로부터 능욕당하게 내버려둔다고 지적하였다(《居官大要》聽訟).《치군요결》역시 양반과 소민 사이에 쟁송이 발생할 때, 호강 양반이 소민을 침학한 것인지 아니면 잔약한 양반이 완민에게 침욕당한 것인지 분명히 밝히도록 하였다. 그런데 대부분 분쟁의 원인은 等級不明, 紀綱不嚴 등과 관련 있으니 억강부약이 꼭 공평한 것은 아니라고 하여 억강부약에 대해 간접적인 비판을 제기하고 있다. 그 외《선각》·《임관정요》《신편목민고》등에서도 비슷한 내용이 반복된다.

2) '홍경래의 난'과 민란의 공포

1811년(순조 11) 12월, 평안도 가산에서는 거듭된 자연재해와 가중된 부세압박, 서북민에 대한 차별 문제 등이 복합적으로 결합하여 '홍경래의 난'이 발생하였다. 이 난은 19세기 들어 백성들 사이에 퍼지고 있던 사회에 대한 불만이 본격적으로 분출된 계기로, 이전에 없던 민란의 양상을 띠어 당시 위정자들에게 많은 위협감을 안겼다. 민란은 농민들의 광범위한 지지를 받으며 보름도 되지 않은 시점에 청북 지역 8개 군현을 무력으로 장악하였으며, 관군의 반격에도 불구하고 정주성을 중심으로 장기 농성전을 벌이는 등 위세를 떨쳤다.[31]

정약용은 홍경래의 난이 일어날 당시 전라도 강진에서 유배생활을 하고 있었지만, 관련 소식을 실시간으로 수집하면서 난의 위세를 추적하였다. 그는 이듬해 3월까지도 난이 진압되지 않자 〈전라도창의통문〉을 작성해 관군을 도울 의병(義兵) 창의를 호소하였다. 전라도 사족은 임진왜란, 이괄의 난, 정묘호란, 이인좌의 난 등 나라에 큰 일이 있을 때마다 창의하여 분주히 힘쓴 것이 팔도 가운데 제일이었으므로 이번에도 외면해서는 안 된다는 것이다.[32] 촌락 단위로 민보(民堡)를 설치해 상시적으로 군사훈련을 함으로서 대내외적인 방비에 힘써야 한다고 주장한 〈민보의〉 역시 홍경래의 난이 일어난 그 해 작성된 글이었다.[33]

정약용의 위기감은 홍경래의 난이 끝난 이후에도 가시지 않았다. 그

---

31 홍경래의 난에 대한 서술은 다음의 연구 성과를 참고하였다: 정석종, 〈홍경래난의 성격〉, 《한국사연구》 7(1972); 〈홍경래난과 내응세력〉, 《교남사학》 창간호(1984); 鶴園裕, 〈평안도 농민전쟁의 참가층〉, 《전통시대의 민중운동》, 상, 풀빛, 1981; 박찬승, 〈조선후기 농민항쟁사 연구현황〉, 《한국중세사회 해체기의 제문제》, 하, 한울아카데미, 1987; 고석규, 〈19세기 전반기 향촌지배세력의 변동과 대립양상〉, 《19세기 조선의 향촌사회연구—지배와 저항의 구조》, 서울대학교출판부, 1998.

32 《與猶堂全書》 文集 卷22, 雜文, 全羅道倡義通文. 통문을 작성한 후 홍경래의 난이 끝났으므로 이 글이 실제 전라도 사족에게 발송되지는 못했다.

33 최진욱, 〈정약용의 民堡防衛論의 성격〉, 《사학연구》 87(2007).

흔적은 《경세유표》, 《목민심서》 곳곳에서 확인된다. 《경세유표》에서는 평안도 폐사군이 위기에 취약한 지역임을 들어 철저한 방비를 주문했는데 그 근거 중 하나가 홍경래의 난이었다.[34] 《목민심서》에서도 수령이 평소 경계해야 할 민란의 대명사로 홍경래의 난을 자주 언급하였다. 광산의 신설은 변란의 싹이므로 무조건 잡아서 꺾어 버려야 한다며 홍경래가 금점(金店)을 운영했던 사실을 예시로 들었다. 이는 홍경래가 군자금과 봉기군 모집을 위해 운산 촉대봉(燭臺峰)에서 금광을 개발한 사실을 염두에 둔 것이었다. 또한 농사철인데도 수그러들지 않는 유언비어는 그 뒤에 분명히 실체가 있다며 홍경래의 난을 예시로 들고는, 수령에게 철저한 수색을 요구하였다.[35] 민란에 대한 공포는 정약용의 백성관에 의해 한층 더해진 감이 있다.

> 대저 소민은 어리석어서 군신의 의리도 사우(師友)의 가르침도 없으므로, 귀족과 고문에서 그들에게 기강을 세워 주지 않으면 한 사람도 난민(亂民)이 아닌 자가 없을 것이다.[36]

> 농민만은 성 밖에 살면서 밭을 다루는 만큼 농민에게는 덕행과 도예를 요구할 수 없다. 그러므로 6수 바깥에는 교육법이 없었다. 《주례》 수인(遂人) 조에 이르기를 '농사를 지도함에 있어서 농민에게 낮은 조세[下劑]를 부과하며 전택으로 농민을 안착시키며 혼인을 맺어 농민을 순종하게 하며 어떤 곡종이 어떤 토지에 적합하다는 것으로 농민을 가르쳐 준다'고 하였는데 여기서는 백성을 다 맹(氓)이라 하

---

34 홍경래는 난 초반에 격문을 돌리면서 폐사군 지역에서 鐵騎 10만 군이 오기로 하였다며 백성들의 참여를 독려하였다. 정약용은 이를 '폐사군이 응원한다는 허튼 공갈'로 치부하면서도 이러한 격문 발송이 백성들에게 호소력이 있었던 것은 폐사군에서 사달이 날 것이라는 분위기가 형성되어 있기 때문이라고 지적하였다. 그가 홍경래의 난을 조사하면서 격문의 세세한 내용까지도 파악하였음을 알 수 있다(《經世遺表》 卷3, 天官修制, 郡縣分隷).

35 《牧民心書》 卷8, 兵典六條, 應變; 《牧民心書》 卷11, 工典六條, 山林.

36 《牧民心書》 卷7, 禮典六條, 辨等.

고 민(民)이라고는 부르지 않았으니 대사도(大司徒)에 백성을 부르는 법과는 완전히 구별되었다.[37]

정약용은 '백성[小民]'이란 본래 어리석어서 귀족과 고문이 기강을 세워 주지 않으면 한 사람도 난민(亂民) 아닌 자가 없으며, 농사짓는 이들은 민(民)의 수준에도 미치지 못하는 맹예(氓隷)로 덕행과 도예를 요구할 수 없다고 보았다. 그저 낮은 조세와 전택, 혼인 장려, 농법 소개 등으로 '간사한 마음'이 일어나지 않게 할 뿐이었다. 그다음에야 사족들이 나서서 기강을 세워 주거나, 농한기인 겨울철에 효제(孝悌) 정도를 가르침으로써 난민을 면하게 할 뿐이었다.[38] 요컨대 항산(恒産)이 보장되지 않으면 가장 쉽게 동요하고 사회 불안 요소로 떠오를 이들이 바로 '백성'이라 할 수 있다.

문제는 19세기 초반 들어 자연재해가 심하게 닥치면서 기근과 부세에 따른 압박이 가중되었다는 사실이다. 이 시기 작황의 악화는 19세기를 통틀어 가장 심각하였다.[39] 그럼에도 불구하고 각읍에서는 관행에 따라 전과 같이 조세를 수취하였으므로 부세 압박은 더욱 심해졌으며, 백

37 《經世遺表》 권13, 地官修制, 教民之法. 《경세유표》와 《목민심서》는 저술의 목적이 달라 동일한 소재에 대해 상충된 인식을 보일 때도 있으므로 함께 인용하는 데는 많은 주의가 필요하다. 다만 백성들의 도덕적 능력에 한계가 있다는 점에 대해서는 두 저서 모두 동일하게 다루고 있으므로, 여기에서는 《목민심서》의 내용을 보충하는 의미에서 《경세유표》를 인용하였음을 밝혀 둔다.

38 《牧民心書》 卷7, 禮典六條, 教民. "6향에는 學道해서 다스리는 자가 거주하는 곳으로 교민의 법이 있으나 6수에는 농사짓는 이들이 거주하며 교민의 법이 없다. 《관자》에서 사는 사끼리, 농부는 농부끼리 산다는 말이 이를 가리킨다. 그런데 지금은 백성을 거주케 하는 법이 없어서 흩어져 사니 오늘날 교민은 안팎으로 사와 농부를 구별할 수 없다. 가르치고 훈계하는 일은 도덕을 배우는 사에게 있으니 농부는 그 향리에서 겨울철에 가르치되 맹자의 법대로 효제의 뜻을 펴게 할 뿐이다."

39 호조가 지급한 재결이 가장 많은 연도가 1809년 194,382결, 1814년 195,777결, 1812년 110,377결 순이었다는 데서도 짐작된다. 기민의 숫자 역시 1810년 8,401,239명, 1815년 5,531,790명, 1813년 2,494,987명 순을 기록하였다. 1810년대를 중심으로 기록적인 기근과 재난이 집중되었던 것이다(문용식, 《조선후기 진정과 환곡운영》, 경인문화사, 222쪽; 295-296쪽, 2001).

성들 사이에서는 사회에 대한 불만이 고조되어 갔다.

이처럼 항산이 제대로 보장되지 못하는 상황에서 정약용의 표현을 빌리면 '난민이 되기 십상인 백성'들은 향촌사회 내부에 이미 불만을 터뜨리고 있었다. 백성들의 저항이 일차적으로 향하는 표적은 바로 수령이었다. 단천 · 북청(1808) · 개성(1809) · 춘천(1810) 등에서는 수령에 대한 공격이 한차례 휩쓸고 지나갔으며, 1811년(순조 11)에는 군현민의 절반이 가담한 곡산민란이 발생하였다. 수령이 군포를 과다하게 수취하는 행태를 비판하며 그를 가마니에 실어 고을 밖에 내다버리는 사건이 일어났던 것이다.[40] 백성들의 불만이 관리되지 않았던 사정은 서북뿐만 아니라 남부 지역에서도 마찬가지였다. 정약용이 1809년(순조 9) 쓴 편지에는 흉년으로 인하여 전라도에서는 난리가 난다는 소문이 도는데 이는 진휼의 미비함, 수령과 이향층이 관례대로 저지르는 불법 때문이라는 내용이 담겨 있었다.[41]

홍경래의 난은 이러한 분위기 속에서 준비와 거사가 이루어졌다. 정약용은 근래 백성들이 편안히 살 수 없어 모두 난리가 나길 바라며 유언비어를 퍼뜨리는데, 홍경래의 난이 있기 1-2년 전에도 뜬소문이 그치지 않았다고 전하였다.[42] 실제로 홍경래 등이 봉기 계획을 세웠다는 소문이 퍼져 나가자 백성들은 이에 적극적으로 호응하였다.[43] 홍경래 등이 12월 18일 가산관아를 점령하면서 난을 일으키자 많은 백성들이 대거 합류

40 한상권, 〈1811년 황해도 곡산 지방의 농민항쟁〉, 《역사와 현실》 5(1991); 최진욱, 앞의 논문, 2007.

41 정약용은 1809년 중앙에 복귀한 김이재에게 세 차례나 편지를 보내 흉년으로 인한 백성의 참상, 진휼의 미비함, 민란의 조짐이 있는 가운데 수령과 이향층이 저지르는 불법 등을 지적한 바 있다(최진욱, 앞의 논문, 2007).

42 《牧民心書》 卷8, 兵典六條〉應變.

43 민란의 거점이었던 가산 다복동은 1811년 12월에 이미 말을 타고 머리에 수건을 동인 사람들에 의해 소란스러운 상태였으며, 들뜬 분위기 아래 인근 백성들의 기대감도 고조되었다. 정주 納淸亭에서 조만간 난리가 날 것이라며 환곡 갚기를 거부하는 소동이 벌어지기도 했다.

하였고 봉기군의 주요 구성원 역시 광산노동자에서 농민으로 바뀌었다. 이들의 지지와 내응세력의 조력 덕분에 봉기군은 빠르게 청북 일대 8개 군현(가산 · 곽산 · 박천 · 정주 · 선천 · 철산 · 용천 · 태천)을 점령하고 수령을 몰아낸 후 유진장(留鎭將)을 임명하며 자체적인 지배를 꾀하기도 하였다.

봉기세력은 관군과의 접전에서 패하여 이듬해 1월부터는 정주성을 거점으로 농성전에 돌입할 수밖에 없었지만, 백성들의 물적 지원과 정보 탐지 등을 통해 넉 달에 걸쳐 저항하였다. 관군이 전투를 통한 진압을 포기하고 정주성을 폭파시킨 것도 이 때문이었다. 관군은 정주성에서 2,983명을 체포하였으며, 이 가운데 아녀자를 제외한 1,917명을 모두 효수함으로써 철저하게 진압하였다. 한 번 이반된 민심은 쉽게 수습되기 어려웠다.

홍경래의 난이 정약용의 위기감을 촉발한 또 한 가지 지점은 난리를 수습하는 주체에 관한 것이었다. 홍경래의 난은 주도와 진압 모두 향리 · 향임 · 부민 등에 의해 이루어졌다. 이 때문에 홍경래의 난 수습 과정은 서북 지역의 독특한 향전 양상으로 이해되기도 한다.[44] 예를 들어 홍경래의 난 세력이 수령을 갈아치우고 새로 세운 유진장을 보면 대체로 좌수 등의 향임이나 장교, 향리였다.[45] 그리고 이 민란을 진압하는 데 가장 많은 공을 세웠던 정주의병 현인복, 강계의병 송지렴, 의주의병 김견신 · 허항 · 최신엽 등은 모두 군교(軍校)였다. 민란을 일으킨 세력과 이를

---

44 삼남 지역에서는 사족 지배체제가 정착한 상태였으며 18세기 이래 관 주도 향촌지배가 성립하면서 구향-신향의 대립이 심화되고, 결국 수령과 결탁한 이향층 및 부민 세력이 부상한 것으로 이해된다. 반면 서북 지역은 사족의 권세가 약하였으므로 사족 대신 향리나 향임 · 향무 등이 원래부터 향권을 장악하였다. 그러나 관 주도 향촌지배 이후 수령과 대립하던 이향층을 대신해 새로운 이향층이 등장하였으며, 홍경래의 난은 이러한 갈등을 잘 보여주는 사건이라는 것이다. 이 과정에서 수령-이향지배체제는 삼남을 넘어 전국의 보편적인 현상으로 자리잡을 수 있었다고 보았다(고석규, 앞의 논문, 1998).

45 유진장의 출신을 살펴보면 가산 윤원섭은 未詳, 곽산 박성신은 前僉使, 박천 한일항은 執事, 정주 최이륜과 김이대는 각각 州校, 座首, 선천 유문제와 최봉관은 모두 將校, 철산 정복일과 장한우는 각각 將校, 鄕任, 용천 정성한은 營將, 태천 변대익은 倉監 등이었다(고석규, 앞의 논문, 1998, 116쪽).

수습한 세력 모두 향임·향무라는 공통의 계급적 기반을 공유하고 있었다. 여기에서 '평소에는 교화를 통해 백성의 마음을 관리하고, 위급 시에는 노비를 의병으로 동원해 타개하던' 사족의 모습을 찾기란 힘들었다.

평안도는 본래 사족의 세가 미약하였으므로 지역적 특수성을 감안하면 이는 자연스러운 현상일 수도 있었다. 하지만 정약용의 감각에서 볼 때 홍경래의 난은 그저 서북에서 해결해야 할 지역 차원의 문제가 아니었으며, 임진왜란 등에 필적하는 국가적인 변란이었다. 〈전라도창의통문〉을 작성해 전라도 사족을 대상으로 의병 창의를 호소한 것은 이러한 위기감 때문이었다. 명망 있는 사족이 공론을 주도해 의병에 참여할 명단을 작성하고 감영에 올리자는 구체적인 방법도 제시하였다.[46] 그러나 그의 기대와 달리 전라도 사족 가운데 이 난의 진압을 위해 의병을 자원하거나 노비를 내놓는 이는 없었다. 《목민심서》에는 이와 관련한 실망감이 나타나 있다.

> 임진왜란 때에는 남방에서 의병을 일으킨 집은 모두 가동(家僮) 수백 명으로 대오를 편성할 수 있었으나 1812년의 난리(홍경래 난) 때에는 고가(故家)·명족(名族)이 서로 일을 논의하였지만 한 집에서 한 사람의 가노(家奴)도 얻기 어려웠다. 이 한 가지 사실로도 곧 그 대세가 온통 변한 것을 알 수 있을 것이다. 국가가 의지하는 바는 사족인데, 그 사족이 권세를 잃은 것이 이와 같다. 혹시 국가에 급한 일이 생겨서 소민들이 무리지어 난을 일으킨다면 누가 이를 능히 막을 것인가.[47]

인용문에 따르면 전라도 사족은 이전과 달리 변란에 소극적으로 대처하였으며, 임진왜란 당시 활발하게 전개된 의병 운동과 대조적인 양상을 띠었다. 이러한 변화는 사족의 위상이 바닥에 떨어진 19세기 현실에서

46 《與猶堂全書》文集 卷22, 雜文, 全羅道倡義通文.

47 《牧民心書》卷7, 禮典六條, 辨等.

비롯된 것으로 여겨졌다. 변해 버린 상층과 하층의 대세는 국가적 위기 앞에 사족의 활약을 기대할 수 없도록 한다는 것이다. 정약용의 이와 같은 진단에 따라 사족의 위상 제고는 이제 사족의 명예나 계급이익을 위한 옹호를 넘어 향촌사회 안정화에 직결되는 문제로 부상하게 된다. 이러한 통치구상 아래《목민심서》에서는 사족을 우대하며, 사족의 실질적인 위협세력이자 사회 불안을 조장할 가능성이 높은 이향층, 부민을 일정하게 억제하고자 하였다. 변등과 일천즉천의 노비세습제 복구론은 이를 위한 구체적 내용들이라고 할 수 있다.

3. 변등적 사회질서 재편과 사족 위상 강화론

1) 사족의 역할과 변등론

정약용은 향촌 내 사족 위상의 약화와 사회 불안정은 서로 긴밀하게 연결되어 있다고 보았다. 수령-이향층만으로는 향촌사회의 불안정한 요소를 통제하기 힘들다는 인식이 홍경래의 난을 통해 구체화되었다. 따라서 그는 사족 위상 강화를 축으로 삼는 향촌통치구상을《목민심서》에 담았다. 너무 멀리 떨어진 국왕, 잠시 스쳐 지나갈 뿐인 수령의 한계를 인정하고 대대로 향촌사회에 세거한 사족을 향촌사회의 통치 주체로 다시금 호명하려는 기획이었다. 여기에서 사족은 향촌사회에 유교적 가치를 가르치며, 공론 수집을 통해 수령의 대민업무를 보조하는 존재로 규정되었다.

사족은 우선 교화의 측면에서 중요한 역할을 기대받았다. 정약용은 당시 수령이 "오래 있어야 3년, 짧으면 1년이니 이것은 과객이다"라고 표현하며 한 세대 지난 후에야 인(仁)이, 백 년 지난 후에야 예악(禮樂)이 일어나는 교화는 과객이 할 수 없는 일이라고 지적하였다.[48] 그러나 백성이란 어리석어서 통제되지 않으면 사회가 분열할 것이므로 가르치고 교화시키지 않을 수 없었다. 이때 이상적인 교화의 주체로 상정된 것이 사족이었다. 사족은 평소에 도(道)를 배우는 것을 업으로 삼으며, 향촌사회에서 백성과 함께 대대로 세거하였으므로 국왕이나 수령과 달리 직접적이면서도 장기적으로 교화를 도모할 수 있다고 여겨졌다.

사족은 또한 이향층을 대신해 수령에게 민심을 정확히 전달하는 통로로 활용되었다. 정약용은 수령이 부임하면 우선 사족을 통해 향촌사회의 폐막을 파악하도록 권하였다. 한 면의 일을 잘 아는 5-6명이 한곳에 모여 조목을 들어 의논하고 문서를 갖춘 다음 수령에게 직접 폐막을 고하게 하였다. 이향·토호·군교 등은 '간민(奸民)'이라고 하여 수령의 공론 수집을 위해 배제해야 할 존재로 상정했다.[49]

사족을 통해 향촌사회의 동향을 파악하는 일은 일회성에 그치지 않았다. 맹삭(孟朔)마다 각 면에서 선출된 4인의 향로(鄕老)가 ① 부세 수취에 대한 평가, ② (수령의) 소송 판결에 대한 평가, ③ 향리와 관예, 풍헌과 약정의 농간 여부 등을 열거해 향교에 제출하면, 장의(掌議)가 이를 수합해 수령에게 직접 올리도록 하였다. 사족이 향리·향임을 견제하되 수령의 참된 이목이 되는 것, 이것이 바로 '유사(儒士)를 책문(策問)하는 방법'이었다.[50]

사족의 진가는 부세수취를 둘러싸고 백성의 불만이 고조되는 상황을 타파하는 데서도 발휘되었다. 《목민심서》에는 사족을 통해 전정(田政)·호정(戶政)·군정(軍政) 등을 관리하려는 구상이 드러난다. 당시 부세수취는 업무의 전문성이나 복잡한 관행으로 인해 대부분 이향층에게

48 《牧民心書》卷7, 禮典六條, 敎民.

49 《牧民心書》卷1, 赴任六條, 莅事.

50 《牧民心書》卷3, 吏典六條, 察物.

맡겨졌으며 이로 인한 폐단이 다수 제기되었다. 물론 정약용은 특유의 현실감각을 발휘해 이향층이 기존에 누려 오던 기득권도 심각한 문제가 아닐 경우 일정하게 눈감아 주는 인시순속(因時順俗)의 방안을 제안하였다.[51] 그렇다고 해서 이향층의 감시·견제까지 방기한 것은 아니었다. 그 역할은 사족이 맡도록 하였다.

예컨대 전정은 집재(執災)·표재(俵災)·작부(作夫) 세 과정으로 이루어졌으며, 서원이나 면임의 주도 아래 재결단자(災結單子)가 수봉되고 재결장부가 성책·마감되는 것이 관행이었다. 그러나 정약용은 이향층이 모든 업무를 수행하는 것에 비판적이었다. 대신 이향층이 일차로 토지의 재결을 조사해 성책하면 각 면의 명망 있는 사족[望士]이 누락된 재결이 없는지 확인한 후 마감하게 했다. 재결을 나눠 줄[표재] 때도 수령이 각 면별로 재결을 할당하면 그 장부를 3부씩 복사하여 1부는 본인, 1부는 이향층, 1부는 사족에게 나눠준 후, 모든 백성이 지켜보는 앞에서 재결을 주지 않아도 될 토지를 골라내도록 하였다. 이향층이 재결을 조사해 급재할 토지를 정리해 오면, 사족이 한 번 감시하고 당사자들이 모여 다시 감시함으로써 전세 수취를 둘러싼 이해관계가 공론에 의해 조정되기를 기대하였다.[52]

---

51 송양섭, 〈《목민심서》에 나타난 다산 정약용의 '인시순속'적 지방재정 운영론〉, 《다산과 현대》 7(2014); 이주영, 〈《목민심서》에 나타난 다산 정약용의 향리 관리 방안〉, 고려대학교 한국사학과 석사논문, 2017.

52 전정의 종래 관행과 정약용 개혁안을 비교하면 다음과 같다.

업무 내용		기존 담당자	새로운 담당자	비고
집재	이앙한 토지의 재결 조사	향리·향임	향리, 사족	향리가 재결을 일차로 조사하되 마감은 각 면의 望士가 담당
	미이앙 토지의 재결 조사	향리·향임	각 면의 사족 2인	2인은 각 면의 望士 10여 인이 추천해서 선발, 재결 직접 조사
표재	재결 지급할 토지 확정	향리·향임	향리, 사족	재결장부 3부 중 1부를 각 면의 사족 2인에게 보내면 이향이 조사한 재결 가운데 僞災를 가려냄
작부	이거이래, 작부장부 작성	향리·향임	사족	각 면의 사족이 富戶의 땅을 가려 왕세에 일단 충당
	이록, 징미장부 작성	향리·향임		

*《牧民心書》卷4, 戶典六條, 稅法 上

이러한 시도는 전정 외의 부문에서도 원용되었다. 호적을 작성할 때도 수령이 호총(戶摠)을 반포하면 사족은 향임을 배제하고 직접 한 자리에 모여서 호를 세워야 했다.[53] 진휼 재원을 갹출할 요호(饒戶)의 선정, 모두가 가기를 꺼리는 상번군 첨정 등도 사족이 논의를 주도하여 처리하도록 했다.[54] 이처럼 《목민심서》는 당사자들의 이해가 첨예하게 충돌하는 사안에 수령, 향리 · 향임이 직접 개입하기보다는 향촌사회 내 명망과 도덕적 우위를 인정받은 사족이 해결하도록 하였다. 사족의 입지는 이향층을 대신하는 수령의 새로운 통치 파트너이자, 향촌사회의 위기 완충재로 재정립되었다.

수령-이향층을 수령-사족이라는 통치주체로 교체해 향촌사회를 안정시키겠다는 구상에는 사족이 갖춘 문화적 권력을 높이 평가한 정약용의 인식이 반영되었다. 정약용이 보기에 이향층은 군현의 업무를 수행하면서 이권 획득에만 관심을 가져 수령의 이목을 가리는 반면, 사족은 향촌사회 내에 확실한 권위를 갖추고 나름의 전망 속에서 향촌통치에 임하는 존재였다. 명망가가 수집한 민심이나 공론은 수령이 함부로 부정할 수 없는 만큼, 백성들 역시 이의 없이 받아들여야 했다. 이는 이향층의 관행화된 행정업무가 가지는 강제성보다도 더 강력하게 향촌사회 내부에 침투할 수 있었다. 수령이 사족을 파트너로 삼는다는 것은 이러한 권위까지 활용하겠다는 의미였다.

다만 사족의 역할과 권한은 결코 수령을 넘어서서는 안 되었다. 이러한 구도를 정약용은 '수령이 제후, 사족은 대부'라고 상징적으로 비유하였다.[55] 사족은 어디까지나 수령의 하부기구로서 자리매김하였으며, 그

53 《牧民心書》 卷6, 戶籍.

54 《牧民心書》 卷13, 賑荒六條, 勸分; 《牧民心書》 卷7, 兵典六條, 簽丁.

55 정약용은 향승이 滕 · 薛 같은 작은 제후국의 大夫와 같다고 하였는데, 이때 향승은 현재 수령과 결탁하여 자신의 이권을 누리는 향임이 아니라 한 고을 내 명망 있는 사족으로 임명되어야 할 이상적인 향임을 가리킨다. 관련 내용은 변등의 분석에서 다루었다.

업무에는 재결 조사나 호적에 올릴 호, 번상군 선정 등 잡다한 것이 포함되었다. 종래의 사족 지배체제라고 해서 사족이 관권과 항상 대립한 것은 아니지만 수령의 하부기구에 들어가는 일을 바람직하다고 여기진 않았다. 오가통(五家統) 시행 당시 면 · 리임을 사족으로 임명하려던 국가의 시도에 반기를 들기도 했다. 그간의 역사를 보건대 사족이 정약용의 구상대로 향촌사회의 말단 업무까지 맡고자 하지는 않았을 것이다. 그럼에도 불구하고 정약용은 국가와 수령으로 대변되는 관권으로부터 사족의 위상 제고를 정당화하였던 만큼 사족의 역할도 수령과 연계해 규정할 수밖에 없었다. 이는 정약용의 향촌통치구상이 관 주도 향촌지배의 심화라는 19세기 조선의 현실을 떠나 전개되기 어려웠음을 보여 준다.[56]

사족이 교화를 책임지며 수령의 자문에 응해 공론을 수집하고 삼정에 개입할 수 있기 위해서는 그 스스로 도덕성이나 명망 등의 통치 자격을 갖출 필요가 있었다. 이때 수령의 통치 파트너인 '진짜 사족'과 사족의 겉모습만 따라 하는 '가짜 사족'의 구별이 요청되었다. 변등론은 바로 이 지점에서 출발한다.

변등이란 족(族)을 두 등급으로 나누어 '통치자인 군자(君子)'-'통치대상인 소인(小人)' 사이의 위계질서 밝히는 것이다. 등급은 관작과 나이, 덕행의 삼달존(三達尊)에 의해 나뉘며, 등급을 따져 대하는 것은 곧 천하를 다스리는 네 가지 대의—친친(親親) · 존존(尊尊) · 장장(長長) · 현현(賢

---

56 한편 사족으로 이향층을 대신하려는 정약용의 구상은 생원으로 이향층을 대신하려는 고염무의 논의와 상당히 비슷한 지점이 많다. 고염무는 명대의 황제 중심의 집권체제가 이민족의 침입을 초래했다고 본 경사학파로, 중앙-지방의 권력 분산을 강조한 인물이었다. 다만 그는 향촌사회 내 자치보다는 수령의 역할을 중시하는 개혁안을 제시하며 군현제를 강조하였고, 이를 위해 서리 대신 하층 紳士인 생원을 말단 행정기구에 배치해 관료제에 포섭하려 하였다. 삼대의 복고를 표방하면서도 군현제 현실을 반영해 한 · 당의 제도를 참작한 고염무 논의의 특징을 잘 보여 준다(조병한, 〈명말청초 經史학파의 專制的 帝國체제 비판 —黃鍾禧와 顧炎武를 중심으로〉, 《명청사연구》 36(2011)). 정약용이 고염무의 논의를 그대로 추종한 것은 아니지만 군현, 수령으로 대변되는 관권의 틀 안에서 사족의 입지를 정하고자 했다는 점에서 공통점이 발견된다.

賢)—가운데 의 · 예 · 지를 실천하는 것과 동일시되었다.

기존에는 등급을 천속(天屬) · 의합(義合)과 함께 정약용이 경서 연구를 통해 새롭게 고안한 인간관계 범주로 이해하였다.[57] 등급은 타고나는 것이 아니라 '천하를 통해 어느 시대에나 존중되는 보편적 가치(나이 · 덕행)' 등을 중시한다는 점에서 개인이 역량에 따라 후천적으로 바뀔 수 있다. 또한 명분과 달리 무조건적인 복종을 전제하지 않으므로 상호호혜성으로 전환될 가능성을 내포하였다.[58] 이러한 관점은 등급을 정약용의 인간관 · 도덕관 · 성품론 등과 연계해 조명한 것이라 할 수 있다.

그렇지만 등급의 높고 낮음은, 정약용뿐만 아니라 18-19세기 통용되던 각종 목민서가 수령의 공정한 대민업무를 위해 고려해야 할 현실적 조건으로 제시해 왔던 개념이다. 목민서들은 수령이 세력의 강약을 고려해 억강부약도 해야 하지만, 그들의 등급 · 귀천도 함께 고려해 기강이 무너지고 사회 풍속이 어그러지지 않도록 할 임무가 있다고 두루 강조하였다. 다만 《목민심서》는 《거관대요》나 《치군요결》 등의 목민서와 달리, 억강부약을 견제하는 행위로서 변등의 개념을 제시하고, 억강부약과 변등의 관계를 미묘하게 재조정하며 후자에 힘을 실어 주고자 하였다.

정약용에 따르면 사족을 강자, 소민을 약자라고 보는 당대의 통념은 지나치게 단순하여 사족과 소민이라는 등급 안에 다시 세력의 강약이 나뉘는 현실을 반영하지 못하였다(〈표 1〉). 사족 안에서도 세력이 강한 자와 약한 자, 소민 안에서도 세력이 강한 자와 약한 자로 나뉘므로 이를 고려해 변등과 억강부약을 정교하게 작동시켜야 한다는 것이다. 〈표 2〉

57 정약용의 인간관계를 분석한 기존 연구에서는 이를 天屬과 義合, 等級 세 범주로 나눈다. 천속은 태어나면서부터 주어지는 관계로 친족을 포함하며, 의합은 예를 통해 맺어진 인위적인 관계로 군신 · 부부 · 붕우 · 사제 · 주노 등을 포함하고, 등급은 관작 · 나이 · 덕행에 따라 구별되는 관계라는 것이다. 의합에 포함되는 관계가 등급에서는 발견되지 않으므로 양자는 다른 것이라 간주하였다(이영훈, 앞의 논문, 2003; 김문용, 앞의 논문, 2015).

58 백민정, 〈《經世遺表》 구성의 철학적 원리—六經四書에 대한 다산의 經學 註釋을 중심으로〉, 《동양철학》 37(2012).

〈표 1〉 기존의 억강부약

등급 · 세력	高(强)	下(弱)
	사족	소민

→

〈표 2〉 정약용의 변등을 고려한 억강부약

세력 \ 등급	高	下
强	호강한 사족	이향층, 토족
弱	잔약한 사족	소민

에 음영으로 처리된 부분이 바로 수령이 향촌사회에서 키워 줘야 하는 세력이다. "족에는 귀천이 있어 등급을 구별해야 하고, 세력에는 강약이 있어 그 사정을 살펴야 하니 두 가지 중 어느 하나도 폐할 수 없다"는 말에는 억강부약을 변등을 통해 일정하게 규제하겠다는 정약용의 의지가 반영되어 있다.[59] 그리고 수령이 변등을 잘 수행하기 위해 다음과 같은 세 가지 방법을 제시하였다.

[A] 소위 존귀한 사람을 존귀하게 대접한다는 것은, 벼슬을 해서 군자가 되는 사람은 그 지위가 존귀하며, 생업에 종사하여 소인이 되는 사람은 그 지위가 비천하니 두 등급이 있을 뿐이라는 것이다. 그러나 군자의 자손이 그 도(道)를 지키며 학문[文]을 쌓고 예(禮)를 지키면, 비록 벼슬은 하지 않더라도 오히려 귀족이다. 저 맹예지천의 아들이나 손자들이 감히 이들을 공경하게 대하지 아니하니, 이것이 첫째로 분별해야 할 경우이다.

[B] 향승은 비록 벼슬하는 관리는 아니지만 본 고을에 있어서 대대로 수령의 정사(政事)를 보좌하므로 역시 등(滕)·설(薛) 같은 작은 제후국의 대부(大夫) 격이다. 저 맹예지천은 마땅히 예모를 갖추어 대하여야 할 것이다. 이것이 둘째로 분별해야 할 경우이다.

[C] 저 맹예지천이 재물을 모아 부자가 되어 그 아들이나 손자가 뇌물을 바쳐 차임을 받고자 해서 향승이 되기도 하고, 애비와 할애비를 바꾸어 거짓 족보를 만들

59 《牧民心書》 卷7, 禮典六條, 辨等.

어내기도 하고, 땅을 바치고 비(婢)를 헌납해서 귀족과 혼인을 맺기도 하며, 구멍을 뚫고 샛길을 찾아 수령과 연줄을 맺기도 한다. 이러한 무리는 징계해서 억눌러야 할 것이고 키워 주어서는 안 된다. 그러나 혹시 그들 중에 행실이 돈후하여 그 조짐이 앞으로 일어날 만한 사람은 북돋우고 키워 주는 것이 덕에 해롭지 않다. 만일 마을의 머슴 따위들이 술에 취하여 소란을 피우면 의당 조금이나마 징벌해야 하니, 이것이 셋째로 분별해야 할 경우이다.[60]

변등은 향촌사회에서 통치의 자격을 갖춰 수령의 자문에 응할 만한 이들을 정교하게 가려내는 것을 목표로 삼았다. 이는 곧 사족을 어떻게 범주화할 것인가 하는 문제와 직결되었다. [A]는 변등의 기본적인 틀을 보여 주는 것으로 향촌사회의 모든 구성원을 군자와 소인의 두 등급으로 구별하였다. 군자는 곧 통치의 주체로 여기에서는 수령을 보좌하고 향촌사회 내 업무를 주도하는 사족으로 상정되었다. 소인은 그 이외 모든 통치 대상을 가리켰다.

원칙적으로는 관작을 갖춘 이들만 군자로 호명될 수 있었다. 하지만 당시는 작록이 한쪽으로 치우친 데다 백성들의 사족 따라잡기가 만연하였다. 대부분의 관직은 도성에 거주하는 문벌에 의해 장악되었으므로 향촌사회에서 출사하기란 대단히 어려웠다, 사족이라 하더라도 관직을 갖추지 못한 경우가 허다하였던 것이다. 따라서 정약용은 군자를 범주화할 때 관직을 지낸 이의 '후손'이라는 혈연적 요소를 강조하였다. 대신 본인은 관직과 인연이 없었더라도 도 · 문 · 예 등의 유교적 소양은 갖추어야 했다. 보편적 가치를 지닌 덕목을 강조함으로써 사족 편입의 길을 넓힌 것처럼 보이기도 하지만[61] 다른 말로 하면 이런 애매하고 객관적이지 않

60 《牧民心書》 卷7, 禮典六條, 辨等.

61 백민정, 〈《목민심서(牧民心書)》를 통해 본 다산 정약용의 지방운영의 정치적 논리와 특징〉, 《동방학지》 176(2016).

은 지표를 써야 종래 사족의 범주를 지킬 수 있다는 뜻이었다. 정약용이 향촌사회 내 사족을 지칭하는 용어로 혈연 · 세습과 연계된 '귀족'을 선호하며, 관직과 결부된 '양반', '사대부' 등은 바람직하지 않다고 본 것도 이러한 맥락과 맞닿아 있다.

[B]는 사족이 맡아야 할 구체적 직임으로 향임을 규정하고 사족(향임)과 백성을 구별하는 것이다. 당시 향임은 부민(富民)이나 사족 따라잡기를 시도하는 이들이 장악하였으며, 개인의 이권을 추구하는 자리로 간주되었다. 하지만 본래 향임은 제후인 수령을 보좌하는 등 · 설 등의 대부에 해당하며 향촌사회에서 통치자로 자임할 자격이 있는 이들이 도맡아야 하는 자리였다. 정약용이 향임에게 기대한 역할은 수령이 의지할 가장 가까운 존재이자, 감사(監司) · 도사(都事)와 함께 수령의 통치를 감시하는 것 등이었다. 수령의 행정 및 대민업무를 무조건 따르지 말고 나름의 소신과 전망을 갖고 향촌사회 운영에 개입해야 한다는 것이다. 그렇기에 향임은 해당 지역의 명사(名士)로 임명해야 하나 당시 이런 풍속이 전해지는 것은 안동뿐이었으므로 정약용은 이에 대한 안타까움을 표하였다.[62]

사족을 수령의 통치 파트너로서 규정하려는 정약용의 구상 속에서, 향임은 사족이 가져야 할 권력이자 직임이었다. 수령이 향임과 소인을 구별해야 한다는 것은, 자신의 통치 파트너가 될 사족에게 힘을 실어주는 한 과정이라 볼 수 있다. 나아가 정약용은 현실의 향임을 비판하면서도 원론적 측면에선 좌수는 향대승(鄕大丞), 별감은 좌 · 우부승(左 · 右副丞)이라 지칭하며 종사랑(정9품)의 품계를 주며 경관(京官)에 진출할 수 있는 통로로 삼아야 한다고 주장하였다.[63] 물론 이는 국가에서 강구할 일이기에 더 자세한 이야기를 생략하지만 관직에서 멀어진 사족에게 다

---

62 《牧民心書》 卷4, 吏典六條, 用人.

63 《牧民心書》 卷4, 吏典六條, 用人.

시 한번 향촌사회, 나아가 중앙의 권력을 쥐여 주고자 했다는 점에서 주목된다.

마지막으로 [C]는 정약용이 변등에서 가장 역점을 두고 설명한 부분이자 앞의 두 가지 방법과 달리 수령의 역량이 직접 발휘되는 방법이었다. 통치 대상인 백성 가운데 북돋울 만한 자와 아닌 자를 구별하는 것을 주요 골자로 삼는다. 정확히는 향임을 자임하거나 사족 따라잡기를 시도하면서 통치자처럼 행세하는 신흥세력을 억제하는 것이었다.

예컨대 정약용은 토족이 그동안 억눌려 살던 수치를 갚기 위해 억강부약을 끌어와 사족을 핍박하는 행위, 향리의 자손으로서 사족을 만나도 절을 하지 않고 평교(平交)하며 너나들이하는 경우를 예시로 들었다. 이 경우 수령은 토족이나 향리의 자손을 타이르며 준절히 처벌해야 했다. 그것이야말로 '사족을 기쁘게 하는 일이자 변등의 가장 중요한 것'이기 때문이다. 토족, 향리로 대변되는 이향층, 즉 '가짜 사족'을 사족에서 배제함으로써 '진짜 사족'의 범주를 확고히 하는 것이 변등의 가장 중요한 목표였다.

물론 변등의 목적이 사족을 무조건 옹호하며 기득권을 보장하는 데 있지는 않았다. 등급은 군신이나 노주(奴主) 관계에서 드러나는 명분처럼 절대 거스를 수 없는 것은 아니었다. 사족이 사족으로서 대접받아야 하는 이유는 그들이 향촌 내에서 맡고 있는 사회적 역할 때문이며, 도·문·예 등의 유교적 소양을 평소에 갖추려 노력하기 때문이었다. 덕행을 갖추지 않은 자나 노력하지 않는 자는 사족의 대우에서 제외되어야 했다.

> 사족 중에서 간사한 자가 세력 있는 아전에게 찰싹 붙어 향임 자리나 얻어 보려 너나들이하고 지낸다면, 굳이 (등급을) 밝힐 것이 아니라 하는 대로 내버려

두어야 할 것이다.[64]

향원(鄕原)과 냉족(冷族)이 몸소 농사를 지으며 농사꾼과 어울려 무례하게 잡된 농담짓거리나 하고 개울이나 시장거리에서 술에 취해 싸움을 하며 서로 더러운 말을 떠들어 놓는다. 그러고서 술이 깬 뒤에는 유의(儒衣)를 걸치고 와서 명분을 바로잡아 달라고 호소한다. 이러한 경우 수령이 그 말을 듣고 농사꾼을 엄중하게 다스린다면 백성이 납득하지 않을 것이다. 그러니 역시 변등만을 마음에 두어서는 안 될 것이다.[65]

여기에 등장하는 향원과 냉족은 몰락한 사족으로 직접 토지를 경작하는데 평소에는 농사꾼과 하나도 다를 바 없다가 자신이 불리할 때만 유의(儒衣)를 차려입고 와서 명분을 바로잡아 달라고 요청한다. 정약용은 이 경우엔 수령의 변등이 옳지 않다고 판단하였다. 이를 통해 변등은 단순히 사족과 그 이외를 구별해 사족의 권위를 무조건 세워 주려는 것이 아니라 사족의 자격이 있는 자들을 가려냄으로써 이들을 향촌 통치 질서에 포함시키려 하는 것이었음을 알 수 있다.

2) 노비세습제 복구론

변등은 수령이 진짜 사족을 가려내고 우대함으로써 그들의 지위를 높이는 작업이었지만, 이것만으로 사족이 향촌사회에서 주요한 행위주체가 될 권위를 갖추기란 어려웠다. 이때 주목된 것이 바로 노비였다. 노비는 그 자체로 명분과 기강의 상징이었으며, 위급 시에는 의병으로 활용돼

---

64 《牧民心書》卷7, 禮典六條, 辨等.

65 《牧民心書》卷7, 禮典六條, 辨等.

사족의 향촌사회 통제를 보조하는 물리력이 될 수 있었다. 따라서 정약용은 〈변등절〉 후반부에서 영조 7년(1731) 개정된 종모종량법을 폐지하고 본래의 노비세습제인 일천즉천을 복구해 사족이 다수의 노비를 확보해야 한다고 주장하였다.

기존에는《목민심서》의 일천즉천 복구론이《경세유표》의 종모종량법 옹호와 완전히 상충된다고 하여, 진의를 의심하거나 개혁성이 후퇴했다고 간주하였다. 정약용의 개혁성은 노비제를 혁파하고 평등한 공동체를 도모한《전론》, 종모종량법을 옹호한《경세유표》, 일천즉천을 주장한《목민심서》 순으로 떨어진다는 것이다.[66] 실제로 그는 같은 소재를 두고 저술 시기나 목적에 따라 상이한 입장을 취하기도 하였다. 그렇지만 사족과 노비의 관계에 대해 이렇게까지 극적인 논지 변화를 보였다는 것은 재고의 여지가 있다.《전론》에는 노비제를 직접 다루지 않으므로 그 입장을 자세히 알 수는 없지만 사족에 대한 우대는 나타난다. 예를 들어 재지사족은 여전(閭田)을 공동경작하는 데 참여하지 않으나 독서하며 지식을 전달하는 일을 하므로 이를 10일치 역사로 계산해 곡물을 나눠줘야 한다거나, 재경관료에게는 녹봉을 넉넉하게 지급해 노비를 배불리 건사해야 한다고 지적하였다. 여전제에 노비제나 신분제가 여전히 전제되었음을 알 수 있다.[67]

노비에 대해 직접 견해를 밝힌《경세유표》와《목민심서》 역시 맥락을 따라가 보면 논지상 큰 차이가 없음을 알 수 있다. 정약용이《경세유표》 단계에서 종모종량법을 옹호했다는 근거는 〈방례초본인〉에서 영조의 노비법 개혁이 천리(天理)와 인정(人情)에 부합하였다고 평가한 대목이 유일하다.[68] 그러나 해당 대목을 보면 "우리 효종대왕이 공법(貢法)을 고쳐

66 신용하, 앞의 논문, 1990.

67 《與猶堂全書》詩文集 卷11, 〈田論〉 5; 〈田論〉 6.

68 《經世遺表》卷1, 〈邦禮草本引〉.

대동으로 하였으며 우리 영조대왕이 노비법을 고치고 군포법을 고치고 한림천법을 고쳤으니 이는 모두 천리와 인정에 부합하여 사시가 변하지 않을 수 없는 것과 같았다"는 것으로, 전후 맥락으로 볼 때 논의의 초점은 종모종량법에 대한 옹호보다 효종과 영조의 조종지법에 대한 과감한 변통에 맞추어져 있다. 당시 조종지법은 선왕의 의도가 담겨 함부로 고칠 수 없다고 인식되었으나 정약용은 이에 비판적이었다. '사시가 변하지 않을 수 없다'는 것은 법이란 계속해서 변해야 한다는 의미로 변법에 대한 옹호였다.《경세유표》는 주례에 맞춰 조선을 변법하려는 저서였으므로 서론인 〈방례초본인〉에서 위의 사례를 들어 변법의 정당성을 드러내고자 했던 것이다.

게다가《경세유표》의 여타 부분에는 종모종량법이나 평등한 신분관에 대한 정약용의 견해가 드러나지 않는다. 관제 개편안에서는 오히려 장예원(掌隷院)을 별도로 설치해 공·사노비의 관리를 전담하도록 하였다.[69] 장예원은 본래 노비 문서와 결송을 담당하던 관청이었으나 점차 업무가 한가해져 1764년(영조 40) 형조에 통폐합된 상황이었다. 그럼에도 불구하고 정약용은 노비란 국가의 중대한 정사(政事)이기 때문에 전담관서가 필요하다며 굳이 다시 복구하도록 했던 것이다. 이러한 점으로 보건대 정약용은《경세유표》와《목민심서》에서 노비제의 유지·존속에 일관된 관심을 표명해 왔다고 할 수 있다. 이제 논의로 돌아가 정약용이《목민심서》에서 직접 밝힌 일천즉천과 종모종량법에 대한 견해를 살펴보도록 하자.

> 영조 7년(1731) 이후로 무릇 사노(私奴)와 양인 여자의 소생은 모두 양인 신분을 따르게 되었다. 이 이후로 상층은 약해지고 하층은 강해져서 기강은 무너지고 백성

---

69 《經世遺表》卷2, 秋官刑曹, 掌隷院.

들의 뜻은 흩어져서 통령(統領)할 수 없게 되었다. 시험 삼아 그 뚜렷한 예를 들어 말한다면, 임진왜란 때에는 남방에서 의병을 일으킨 집은 모두 가동(家僮) 수백 명으로 대오를 편성할 수 있었으나 순조 12년(1812)의 난리(홍경래의 난) 때에는 고가·명족이 서로 일을 논의하였지만 한 집에서 한 사람의 가노(家奴)도 얻어내기가 어려웠다. 이 한 가지 사실로도 곧 그 대세가 온통 변한 것을 알 수 있을 것이다. 국가가 의지하는 바는 사족인데, 그 사족이 권세를 잃은 것이 이와 같다. 혹시 국가에 급한 일이 생겨서 소민들이 무리지어 난을 일으킨다면 누가 이를 능히 막을 것인가. (…) 그러므로 내가 노비법을 복구하지 않으면 어지러움으로 망하는 것을 구할 수 없다고 하는 것이다.[70]

이에 따르면 1731년(영조 7) 시행된 종모종량법은 상층과 하층의 세력을 뒤바꾸며, 국가에 급한 일이 생기면 이를 수습해야 할 사족이 권력을 잃도록 만들었다. 조선의 노비세습제는《경국대전》이 편찬된 이래 자식의 신분과 소속을 어머니에 따르도록 하는 종모역(從母役)을 원칙으로 삼았다. 다만 '노와 양인 여자의 소생은 종부역(從父役)한다'고 해 양인이 아닌 노비로 삼았으므로, 기존의 종모역은 일천즉천과 동일시되었다.[71] 일천즉천 아래 양천교혼 소생은 모두 노비가 되었으므로 사족들은 이를 통해 노비를 증식하였고, 늘어난 노비는 사족의 권세를 뒷받침하였다.[72]

---

70 《牧民心書》卷7, 禮典六條, 辨等.

71 《경국대전》형전 공노비조 "凡賤人所係從母役 [唯賤人聚良女所生從父役 僧人所生雖良役從賤]"에 따르면, 모든 노비는 원칙적으로 종모역이나, 노와 양인여자의 혼인하여 낳은 소생에게는 예외적으로 종부역을 적용해 노비로 만들었다. 이 예외조항 때문에 부모 중 한 사람이라도 노비이면 그 소생은 무조건 노비가 되었다. 1731년 노비제 개혁은 기존의 종모역에 있던 이 예외조항을 삭제하도록 한 조처였다. 따라서 엄밀한 의미에서 조선의 노비세습제는 종모역이라는 원칙을 변경한 적이 없지만 본고에서는 혼동을 방지하기 위해 기존의 종모역은 일천즉천, 1731년 이후 종모역은 종모종량법으로 칭하였음을 밝혀 둔다.

72 15-16세기 경상도 분재기에서 노비 결혼의 거의 절반이, 1609년 울산호적에서도 솔노의 경우 86%, 솔비의 경우 53%, 외거노비의 경우는 53%가 교혼한 것으로 분석되고 있다(한영국, 〈조선 중엽의 노비결혼양태(상)—1609년의 울산호적에 나타난 사례를 중심으로〉, 《역사학보》75 · 76(1977); 〈조선 중엽의 노비결혼양태(하)—1609년의 울산호적에 나타난

16-17세기에는 노비가 전체 인구의 30%를 차지했던 것으로 추정된다.

18세기 무렵부터 조선의 주요 국정현안은 양역 폐단의 수습이었고, 지나치게 늘어난 노비의 숫자를 줄여 양인에 충당하려는 정책이 모색되었다. 이 과정에서《경국대전》의 단서조항을 삭제해 모든 노비에게 일괄적으로 종모역을 적용하자는 논의가 제기되었다. '노와 양인 여자의 소생'도 종모종량하면 노비가 무한정 늘어나는 추세를 저지할 수 있기 때문이었다. 사소한 조항 수정이지만 노비의 재생산을 규정하는 핵심 내용이었기 때문에 종모종량법이 가져올 후폭풍은 상당할 것으로 여겨졌다.

숙종대 네 차례의 폐치를 겪은 끝에 영조대 이르러 겨우 시행된 종모종량법은 실제로 양적인 측면에서 노비를 대폭 감소시켰다. 종모종량법 시행 30년 만에 '노비의 씨가 끊어질 지경'이라거나[73] '종모종량법이 이치로 보면 절반이 감해지는 것이지만 1대에 반, 2대에 또 그 반이 줄어들어 세대가 오래되자 점점 없어지기에 이르렀다'는 평가가 나왔다. 이로 보아 종모종량법의 극적인 효과를 짐작할 수 있다.[74] 뿐만 아니라 노의 경우, 양인 여자와 혼인하면 신분을 자식에게 물려주지 않아도 된다는 점에서 신분세습성이 사실상 소멸되었다. 사족들은 "내 자식이 이미 양인이므로 나는 양인의 아버지이다"라며 노주관계를 전복하려 하는 노에게 당황하였고,[75] 노비 유출을 막기 위해 최대한 비를 활용하는 등 새로운 전략을 모색하도록 내몰렸다.[76]

사례를 중심으로〉,《역사학보》77(1978)).

73 《비변사등록》, 영조 37년 12월 5일.

74 《牧民心書》卷9, 刑典六條, 聽訟 下.

75 魏伯珪,《存齋集》卷19, 雜著, 奴婢.

76 종모종량법 이후 노의 신분세습성이 소멸하자, 비를 통한 노비의 가계 계승이라는 관행이 등장하였다. 시간이 더 흐르면 모(母)가 같은 여러 종(婢) 중에서 한 명만 신분을 세습하고 나머지는 세습하지 않는 비의 단구세습 경향도 나타났다. 노비의 신분세습이 불안정해지는 상황에서 노비주가 노비를 잃지 않기 위해 고안한 방법이었다. (이영훈,〈18-19세기 노비 세습원리의 변화—강원도 원주목 권씨 양반가의 사례분석〉,《한국중세사논총—이수건교수정년기념》동 논총간행위원회, 2000)

사족을 수령의 통치 파트너로 삼아 향촌사회를 안정시키고자 했던 정약용에게 이와 같은 사태를 초래한 종모종량법은 노비제의 유지 · 존속을 방해하고 사족의 권위를 떨어뜨리는 악법에 지나지 않았다. 그 심각성은 임진왜란과 홍경래의 난이라는 국가의 큰 변란에 사족들의 대처 양상이 상이했다는 점에서 드러났다. 앞 시기에는 사족들이 노비를 의병으로 삼아 극복하였지만, 이후 시기에는 명문 · 고가 가운데 1명의 노비도 얻지 못하였다는 것이다. 정약용은 국가가 의지하는 바는 사족인데, 이들이 궤열을 수습할 수 없게 되었으므로 나라가 망하고 말 것이라고 비관하였다. 이 지점에서 종모종량법의 폐기와 일천즉천 복구는 단순히 노비의 숫자를 늘리는 것이 아니라, 사족의 위상을 강화해 향촌사회와 국가를 안정시키는 요체로 부상하게 된다.

사실 노비제 강화를 통해 사족의 위상을 높이고 국가를 지켜야 한다는 인식은 정약용뿐만 아니라 국초 이래 조선의 많은 유학자들이 견지해온 지적 전통이었다. 반대로 노비가 국가의 세원(稅源)에서 제외되어 개인의 부를 늘리는 수단에 불과하다는 비판도 만만치 않았다. 이러한 논쟁은 노비뿐만 아니라 그들의 실소유주인 사족의 정체성을 어떻게 규정할 것인가 하는 문제로까지 확대되기 일쑤였다. 만약 정약용의 노비에 대한 인식이나 사족을 매개로 한 향촌사회 구상을 비슷한 시기의 여러 인물과 비교할 수 있다면, 그가 역사 속에서 갖는 좌표 역시 분명해질 것이다.

이때 좋은 비교대상은 정약용 보다 약간 이른 시기인 18세기 전반에 활동하였던 이익(1681-1763) · 유수원(1694-1755) 등을 들 수 있다. 이들은 노비제에 대한 견해를 상세히 밝힌 논저를 남겼는데, 정약용과는 정반대의 사족-노비론을 논하고 있다. ① 노비세습제의 역사적 연원, ② 사족 · 노비가 국가와 갖는 관계, ③ 노비제 전망 등의 부문에서 첨예한 대립이 나타나 주목된다. 이는 물론 이익 · 유수원과 정약용이 살아온 개인적인 환경이 다른 탓도 있지만,[77] 18세기 전반과 18세기 후반-19세기 전반 사이 시대적 관심사가 달라진 것과도 관련해 생각해 볼 수 있다.

우선 노비세습제의 역사적 연원에 대한 입장차이다. 이익과 유수원은 노비세습이 비인도적인 처사로 조선에만 있는 비법(非法)이라 보았다. 당시 조선의 지식인들은 《한서(漢書)》에 실린 기자 8조 금법 가운데 "남의 재물을 도둑질한 자는 적몰하여 그 집 노비로 만든다. 노비는 속(贖)을 바치고 양인이 되어도 사람들이 수치스럽게 여겼다"는 대목을 근거로 노비 세습 이전 기자(箕子)의 유제(遺制)라 간주하였다. 그러나 이익은 이 말이 도둑 본인에 한하여 부끄러움을 안겨 주기 위한 것이라 하였으며,[78] 유수원 역시 노비로 전락한 인물은 도둑이기에 속량하더라도 사람들의 질타를 받았다는 의미라고 보았다.[79] 두 사람 모두 고려대부터 이 관행이 와전되어 노비세습으로 규정되었고, 조선에서 더욱 심해졌다고 생각하였다. 고려 태조가 전쟁포로를 해방시켜 양인으로 만들고자 했으나 실패한 뒤 정종이 일천즉천을 법제화하였고, 성종이 속량한 자의 소생은 다시 노비로 삼는 노비환천법을 실시하였는데, 이는 천하에 없던 일이라는 것이다.

노비세습이 고려의 잘못된 폐습이라며 폐지의 이론적 근거를 찾은 이익·유수원과 달리, 정약용은 〈변등절〉에서 조선뿐만 아니라 중국에

77 이익이나 유수원은 각각 남인, 소론으로서 환국을 통해 한차례 권력에서 배제된 당파에 소속되어 현달한 관직을 지내지 못하였다. 이익은 아버지 이하진, 형인 이잠 등이 모두 당쟁과 관련하여 사망하였으므로 관직 진출을 포기하였으며 시세를 잘 타고나야 한다는 造命論을 주장하였다. 유수원 역시 노론이 득세한 시대에 소론 가운데서도 준소로 분류되었으므로 公議에 저지되어 높은 관직을 역임할 수 없었고, 영조 31년에는 을해옥사에 휘말려 생을 마쳤다. 이러한 불우한 관력이 문벌세습과 그 경제적 기반인 노비제에 대한 강한 비판의식으로 이어지는 데 영향을 미쳤던 것으로 이해된다. 반면 정약용은 촉망받는 관료로서 이력을 쌓다가 순조 원년(1801) 강진에 유배당하였으며 멸문의 위기에 직면하였다. 그는 자식들에게 사족으로서 지위를 놓치지 않기 위해 경전과 사서 공부를 포기하지 말며, 놀고먹느라 가정경제 규모를 고치지 못해서는 안 된다고 거듭 강조한 바 있다.

78 《星湖僿說》卷9, 人事門, 奴婢還賤.

79 《迂書》卷1, 論麗制, 門閥.

서도 노비가 세습되었음을 증명하고자 하였다.《춘추전(春秋傳)》·《진승전(陳勝傳)》·《위청전(衛靑傳)》·《당 고종이 내린 칙령》·《대청율례(大淸律例)》·《연문석의(連文釋義)》등 다양한 사료를 인용해 삼대 이래 명 · 청에 이르기까지 중국의 역대 왕조는 모두 노비를 세습했다고 하였다. 또한 고려 때 원 세조가 고르기스[闊里吉思]를 통해 노비세습제를 고치려 하자, 충렬왕이 표문을 올려 고려의 국속(國俗)을 존중해 달라고 간청했던 사실을 강조하였다. 원 세조가 요구한 것은 노비로 하여금 양인이 될 길을 열어 놓자는 것이지 일천즉천을 훼손하자는 말이 아니었는데, 그럼에도 불구하고 충렬왕은 이렇게 될 경우 국가가 위태로워질까 봐 절절하게 호소하였다는 것이다.[80] 이러한 논증 방식으로 정약용은 일천즉천을 중국 황제의 승인을 받은 오래된 법으로 규정하고, 영조 7년(1731)의 조처는 본의를 이해하지 못한 것이라 되받아쳤다.

노비와 사족이 국가에 기여하는 바의 유무를 둘러싸고도 양측은 입장차를 드러냈다. 이익 · 유수원은 노비가 공민(公民)임에도 불구하고 용(庸) · 조(調)를 내지 않고 개인의 사민(私民)이 되었음을 비판하였다. 이익의 '사가(私家)의 권한이 너무 크다'거나 유수원의 '주인이 하는 대로 맡겨 (국가가) 감히 간섭하지 못한다'는 불만은 18세기 현실과 맞닿아 노비가 양역 폐단의 주요 원인으로 지목되도록 하였다. 국가가 사족과 노비는 면역시키면서 어디에도 소속되지 않는 양인만을 만만한 책징의 대상으로 삼아 군포의 부담을 불균하게 강요한다는 것이다.

아울러 노비는 문벌세습의 경제적 기반이자 사족의 무위도식을 심화

80 충렬왕과 정동행성의 관원인 활리길사 사이 노비세습법을 둘러싸고 입장 차가 발생했던 내용은《고려사절요》권4, 충렬왕조에 자세하다. 활리길사는 양천교혼의 소생에 대해 부모가 한쪽이라도 양인이면 양인으로 삼는 一良爲良을 고려에 적용하고자 하였는데, 이에 대해 충렬왕은 고려의 선왕이 천인과 양인을 엄격히 구별하라고 유지를 내렸다며 고려의 국속을 자세히 논하였다. 그렇지만 활리길사가 일량위량의 정책을 시행하고자 한 이유는 여전히 분명치 않으며(이강한, 〈征東行省官 闊里吉思의 고려제도 개변 시도〉,《한국사연구》139(2007), 99쪽), 원 세조가 일천즉천을 훼손하려 하지 않았다는 정약용의 주장 역시 이를 뒷받침할 근거가 없다.

한다는 점에서도 비판적으로 인식되었다. 노비는 각종 신공과 선물, 노동력 등을 바쳐 사족이 별다른 노력 없이도 경제적 기반을 늘려 나가며, 여타 생산적인 업종에 종사할 필요성도 느끼지 못하도록 하였다. 이익은 전혀 자격 없는 이들조차 문벌이라는 이유만으로 농사를 천시하는데 그 배경에는 노비법이 마땅함을 잃었기 때문이라고 지적하였다. 농사에 힘쓰지 않는 여섯 가지 좀을 들 때도 세 가지는 사족(문벌 · 과업)과 노비라고 해, 노비를 빌미로 사족들이 무위도식하는 행위를 비판하였다.[81]

유수원은 사민(四民)의 분업이 제대로 되지 않는 상황을 구조적으로 개괄하며 사족이 농·공·상에 나아갈 생각을 하지 않고 노비로부터 공선(貢膳)과 기상(己上)을 강요하는 현실을 비판하였다. 종합하면 노비가 사족의 영달을 지지하는 수단이며, 사족 역시 민산을 늘리는 생산적인 업에 종사하지 않는다는 점에서 국가 운영에 별 도움이 안 된다는 주장이었다.

이에 비해 정약용은 노비의 사민적 성격이 국가에 미치는 재정 손실이나 사족의 무위도식에 대해 크게 문제 삼지 않았다. 대신 사족이란 국가가 의지하는 바, 원기(元氣), 혈맥을 통하게 하는 주체라 규정하고 국가의 유지 · 존속에 유의미함을 강조하였다. 노비가 비록 사민(私民)이라도 사족을 매개로 국가에 기여하는 바가 있으므로 노비제 역시 유지되어야 한다는 논리였다. 정약용과 비슷하게 종모종량법 이후 노비 감소를 부정적으로 인식하며 이를 폐기해야 한다고 주장한 정조대 강치휴라는 인물이 있다. 그가 사족이 노비 점유를 정당화하며 제시한 논리는 정약용의 노비에 대한 이해를 보완하는 데 참고가 된다.

종모종량법에 이르러서는 사민(士民)이 그 폐단을 치우치게 받습니다. 사부가 노비를 소유하는 것은 사람의 고굉(股肱), 짐승의 조아(爪牙)와 같음이 있습니다. 그

81 《星湖全集》 卷46, 雜著, 論奴婢; 《星湖僿說》 卷12, 人事門, 六蠹.

런데 이 법이 실시된 후 고공은 끊어지고 조아는 사라졌습니다. 사족의 부녀(婦女)가 물 긷고 절구질을 직접 하며 반가(班家)의 자제는 농사의 수고로움을 직접 담당하여 비천한 일과 천역(賤役)을 맡지 않음이 없으니 사농공상의 구별이 진실로 어디에 있습니까? 우리나라가 300년 동안 원기를 배양한 것은 오직 오직 사(士)에게 있었으며 사가 귀한 바는 사서(史書)를 읽고 의리를 궁구함으로써 명교(名敎)를 돋우고 추향(趨向)을 바로잡아서입니다. 배고프고 궁핍한 것이 이와 같다면 어찌 사서를 읽고 의리를 궁구하는 데 한가로우며, 비천함이 이와 같다면 어찌 명교를 북돋고 추향을 바로잡는 데 충분하겠습니까?[82]

정약용이 평시에는 노비가 기강·명분을 바로잡는 근거가 된다고 밝힌 부분을 강치휴는 다양한 사례를 들어 설명하고 있다. 그는 사족이 노비로 인해 여타 업종에 종사하지 않는 것을 무위도식이나 비생산적이라 보지 않았다. 노비가 물 긷고 절구질하고 농사짓는 등 온갖 잡무를 도맡는 것은 사족이 사서를 통해 의리를 궁구하며 이를 향촌사회와 국가에 구현하는 교화에 전념하도록 하기 위해서였다. 노비 덕분에 사족이 통치 덕목을 갖추고 사회의 안정을 도모할 수 있었으며, 조선은 300년을 유지할 수 있었다는 것이다. 요컨대 사족을 사족답게 만드는 전제는 바로 노비에게 있었다. 이 노비가 위급 시에는 의병을 창의하는 기반이 됨은 앞서 살펴본 대로이다. 노비제의 본의가 이와 같은 이상, 노비는 그저 국가의 세원을 빼앗는 사재·사민이 아니라 사족을 매개해 국가 안위에 기여하는 존재가 된다.

마지막으로 노비제의 전망에 대한 입장을 간략히 살펴보면, 이익과 유수원은 노비의 사적인 성격을 지우기 위해 이들을 양인으로 전환하는 통로를 확대하거나 양인과 동일하게 대우할 것을 강조하였다. 이익은 노비가 줄어야 국가가 살아날 것이라고 확신하기도 했다. 이러한 문제의식

82 《承政院日記》, 정조 즉위년 6월 13일 임자.

아래 종모종량법, 속량의 장려가 공통적으로 제안되었다. 물론 세부적인 계획에서는 차이가 있어 그들의 노비제 운영에 대한 독창성이 드러난다.

예컨대 이익은 노비 소유 상한제와 노비 매매금지법을 제안하였다. 1가(家)는 노비를 100구까지만 소유할 수 있으며 그 이상은 무조건 속량시켜야 하고, 경제력이 없는 노비는 관에서 비용을 지원해 속량시키자고 하였다. 하다못해 노비를 함부로 매매하지 못하도록 하며, 매매할 경우 중국의 고공처럼 해당인만 사역하고 나머지는 양인으로 삼도록 하였다. 이는 노비를 사적으로 무한정 점유하는 행태를 국가 차원에서 제어해야 한다는 의지를 담은 것이었다.[83] 유수원은 아예 노비더러 용(庸)·조(調)에 해당하는 세금을 내도록 하였으며, 장기적으로는 고용노동제로 전환할 것을 제안해 노비제의 점진적 폐지를 전망하였다.[84]

이와 달리 정약용에게서는 종모종량법을 폐지하고 일천즉천을 복구하는 것 외에 이렇다 할 운영안이 보이지 않는다. 노비제는 국가시스템 차원의 문제로 수령이 발휘할 수 있는 영향력은 제한적이었으므로 《목민심서》에서 이 이상의 구체적인 논의를 제시하긴 어려웠을 것이다. 그렇다 하더라도 이익이나 유수원 등 앞선 학자들은 노비를 먹이고 입히는 데 많은 비용이 들며 노비가 남의 일을 하기 때문에 낮은 생산성을 보이는 것에 대한 대책을 다방면으로 고민한 데 비해, 정약용은 이러한 문제를 거의 고려하지 않았다. 그의 구상은 사족이라는 지배층을 중심으로 짜여 있었으며, 노비는 사족을 사족답게 만드는 전제에 불과하였으므로 기존의 법을 복구하는 것만으로도 충분하였기 때문으로 보인다.

이처럼 노비의 유지·존속을 둘러싸고 좁힐 수 없는 간극이 있지만 양측 모두 자신의 주장을 국가와의 관계 속에서 논증하는 것은 공통적이다. 노비를 점진적으로 폐지하자는 쪽도, 노비를 유지해야 한다는 쪽

---

83 《星湖全集》卷46, 雜著, 論奴婢;《星湖僿說》卷12, 人事門, 禁民賣奴.

84 《迂書》卷6, 論戶口格式; 卷9, 論閑民.

도 모두 국가의 안위라는 명분을 들었다. 여기에 각 시대마다의 현안이 반영되어 노비제를 둘러싼 담론이 부침을 거듭한 것이었다. 18세기 전반 양역변통의 시대를 지나 영조대《양역실총》이 간행되고 균역법이 실시되자, 그 이후에는 노비 상실로 인한 사족의 피해가 가시화되었다. 여기에 사족에 도전하는 다양한 백성의 등장과 '홍경래의 난'이라는 대대적인 민란의 발생은 당시 지배층의 위기감을 자극하는 계기가 되었다. 정약용의 사족과 노비에 대한 강조는 이러한 시대적 배경 속에서 이해될 여지가 있다.

4. 맺음말

정약용이 유배지에서 직접 목격한 19세기 조선의 향촌사회는 유례를 찾아볼 수 없을 만큼 사족의 위상이 크게 저하된 상태였다. 관 주도의 향촌지배와 함께 사족은 국가의 균질적인 통치대상으로 편제되어 갔으며, 서울·지방의 분기가 심화되면서 중앙관직으로 진출을 기대하기 힘들어졌다. 토지와 노비의 소유 역시 양극화됨에 따라 몰락한 사족이 속출하였다. 대신 종래 사족들의 특권과 지배조직을 장악하며 '사족 따라잡기'를 시도하는 백성이 등장하면서 향촌 내 권력은 대대적인 변화에 직면하였다.

사족과 백성의 지위가 역전되는 이와 같은 양상은 정약용에게 위기로 인식되었다. 거듭된 자연재해와 부세압박으로 인해 광범위하게 일어나던 민심 이반이 1811년(순조 11년) '홍경래의 난'을 계기로 분출하자, 이러한 의식은 보다 분명해졌다. 1810년대 작황의 악화로 인해 '난리를 바라는 마음'이 실제 '민란 · 변란'으로 구체화되는 양상을 목격한 후, 그는 백성이란 사족이 평소에 기강을 세워 주지 않으면 '난민'이 되기 쉬운 이들임을 다시 한번 체감하였다.

따라서 정약용은 지배층의 위기관리 능력을 강조하며 향촌사회 내에서 교화와 통령을 담당할 주체로 사족을 내세웠다. 국왕은 너무 멀리 있고, 수령은 짧은 임기로 스쳐 지나갈 뿐이며, 이향층은 수령과 결탁해 사리를 추구하기 때문에 사족을 다시 호명하기로 했던 것이다. 단 사족은 어디까지나 수령의 통치 파트너, 업무 보조자로 존재해야 했다. 이는 사족의 위상을 제고하기 위해 사족의 정체성 자체를 국가(관권)와의 관계 속에서 재정립하려는 전략에서 비롯하였다. 관 주도의 향촌지배라는 시대적 흐름 속에서 수령-이향의 지배체제를 수령-사족으로 다시 전환하려는 시도였다.

사족의 위상 제고가 안정적인 향촌사회의 유지·존속을 위한 선결과제가 되자, 정약용은 보수적이고 반동적으로 보이리만치 강하게 이를 밀어붙였다. 사족을 매개한 향촌통치구상은 사족다운 사족을 구별해 범주화(변등)한 다음, 일천즉천을 통해 사족의 노비 소유 규모를 늘리는(일천즉천 복구) 2단계 과정으로 구성되었다. 사족이 될 자격이 있는 '진짜 사족'을 그저 사족 겉모습이나 모방하는 '가짜 사족'으로부터 추려내고, 노비를 대규모로 붙여 준다. 사족은 이를 통해 향촌사회의 교화를 담당하며, 국가를 변란으로부터 막는 제방이자 의병이 된다. 이것이 정약용이 19세기의 문제를 진단하고 내놓은 답이었다.

이처럼 변등과 노비세습제 복구라는 보수적 면모도 그가 꿈꾼 향촌사회 나아가 국가 전체의 안정화라는 이상 속에서 정합적으로 이해될 수 있다. 사실 위기의 국면마다 사족의 정당성을 강조한 것은 조선의 오랜 지적 전통이었으며, 정약용 역시 이러한 맥락 위에 서 있었다. 17세기 양란 이후 사족은 전란 수습을 위한 국가의 통치 파트너로서 지위를 인정받았고 향촌사회에 사족 지배체제를 공고히 다질 수 있었다. 정약용이 19세기 들어 사족을 강조한 이면에도, 민란과 홍경래의 난으로 인한 사회의 혼란을 수습하겠다는 명분이 있었다. 정약용은 경험하지 못했지만

19세기 말 의병운동에서도 마찬가지였다. 다만 이 시기에는 사족뿐만 아니라 모든 백성이 나서 활발하게 의병운동을 조직하고 참여하였다는 점에서 정약용의 구상과 완전히 다른 양상을 띠었다. 정약용의 사족에 관한 논리는 어느 지점에서 현실과 괴리되고 있었던 것일까.

정약용은 19세기의 여러 사회적 변화 가운데 '관 주도의 향촌지배'에 대해 적극적으로 받아들이며 사족의 기반을 제고하는 발판으로 삼았다. 사족은 관권을 매개로 이향을 대신해 향촌사회의 지배층으로 거듭나야 한다는 것이다. 반면에 '백성의 사족 따라잡기'라는 변화에 대해서는 억제하고 부정해야 할 대상, 민란과 같이 국가에 위기를 초래하는 계기로 인식하였다. 실제로 정약용의 교화와 의병에 대한 지향점 끝에는 종래의 위계질서를 부정하는 각양각색의 백성들이 있었다. 변등과 노비세습제 복구가 통치 덕목을 갖춘 '진짜 사족'을 겉모습만 따라 하는 '가짜 사족'으로부터 가려내는 데 일차적인 목적을 둔 것도 이 때문이었다. 그렇지만 사족 따라잡기가 무시하거나 외면하는 것만으로는 막을 수 없는 추세였음은, 1세기도 채 지나지 않은 시점에 백성들이 사족의 겉모습뿐만 아니라 사족을 정당화하는 가치까지 내면화하며 스스로를 의병이라 칭하고 나라를 구하겠다고 나서는 데서 잘 드러난다.정약용의 사족 정당화는 19세기 말 모든 백성의 '사(士) 되기'라는 역설적인 결과로 증명된 셈이다. ■《조선시대사학보》(조선시대사학회) 92(2020).

참고문헌

《經世遺表》.

《牧民心書》.

《與猶堂全書》.

《欽欽新書》.

《居官大要》.

《經國大典》.

《先覺》.

《星湖僿說》.

《星湖全集》.

《承政院日記》.

《新編牧民考》.

《迂書》.

《臨官政要》.

《正祖實錄》.

《存齋集》.

고석규, 〈19세기 전반기 향촌지배세력의 변동과 대립양상〉, 《19세기 조선의 향촌사회 연구—지배와 저항의 구조》, 서울대학교출판부, 1998.

김문용, 〈정약용의 변등론과 유교 사회윤리의 확장 가능성〉, 《국학연구》 26(2015).

김인걸, 《조선후기 공론정치의 새로운 전개－18.19세기 향회. 민회를 중심으로》, 서울대학교 출판문화원, 2017.

김호, 〈다산 정약용의 '민주' 기획〉, 《다산과 현대》 6(2012).

______, 〈조선후기 "위핍률"의 적용과 다산 정약용의 對民觀〉, 《역사와 현실》 87(2013).

문용식, 《조선후기 진정과 환곡운영》, 경인문화사, 2000.

박찬승, 〈조선후기 농민항쟁사 연구현황〉, 《한국중세사회 해체기의 제문제》, 하, 한울아카데미, 1987.

백민정, 〈《經世遺表》 구성의 철학적 원리—六經四書에 대한 다산의 經學 註釋을 중심으로〉, 《동양철학》 37(2012).

백민정, 〈《경세유표》의 정치 철학—공적 권력과 왕정의 이념〉, 《다산과 현대》 6(2012).

______, 〈《목민심서(牧民心書)》를 통해 본 다산 정약용의 지방운영의 정치적 논리와 특징〉, 《동방학지》 176(2016).

______, 〈정약용의 士族 인식과 그 의미—다산 經世書에 나타난 士族의 지위와 역할을 중심으로〉, 《민족문화연구》 81(2018).

송양섭, 〈《목민심서》에 나타난 다산 정약용의 '인시순속'적 지방재정 운영론〉, 《다산과 현대》 7(2014).

______, 〈《목민심서》에 나타난 다산 정약용의 수령인식과 지방행정의 방향〉, 《다산학》 28(2016).

______, 〈조선시대 관권과 사족. 타협과 충돌〉, 《역사비평》 65(2003).

신용하, 〈다산 정약용의 사회신분제도 개혁사상〉, 《다산학의 탐구》, 민음사, 1990.

이강한, 〈征東行省官 闊里吉思의 고려제도 개변 시도〉, 《한국사연구》 139(2007).

이영훈, 〈다산 경세론의 경학적 기초〉, 《다산학》 1(2000).

______, 〈다산의 인간관계 범주 구분과 사회 인식〉, 《다산학》 4(2003).

이주영, 〈《목민심서》에 나타난 다산 정약용의 향리 관리 방안〉 고려대학교 석사학위논문, 2017.

이해준, 〈관 주도 지방지배의 심층화〉, 《조선은 지방을 어떻게 지배했는가》, 아카넷, 2000.

임형택, 〈다산의 민주체 정치사상의 이론적 현실적 근저—탕론. 원목의 이해를 위하여〉, 《다산의 정치 경제사상》, 창작과 비평사, 1990.

전형택, 〈19세기초 내시노비 혁파〉, 《조선후기 노비신분연구》, 일조각, 1991.

정석종, 〈홍경래난과 내응세력〉, 《교남사학》 창간호(1984).

______, 〈홍경래난의 성격〉, 《한국사연구》 7(1972).

정진영, 〈16 · 17세기 재지사족의 향촌지배와 그 성격〉, 《조선시대향촌사회사》, 한길사, 1998.

______, 〈향촌사회에서 본 조선후기 신분과 신분변화〉, 《역사와 현실》 48(2003).

조광, 〈정약용의_민권의식연구〉, 《아세아연구》 19-2호(1976).

조병한, 〈명말청초 經史학파의 專制的 帝國체제 비판—黃鍾禧와 顧炎武를 중심으로〉, 《명청사연구》 36(2011).

조성을, 〈정약용의 신분제 개혁론〉, 《동방학지》 51(1986).

최진욱, 〈정약용의 民堡防衛論의 성격〉, 《사학연구》 87(2007).

平木實, 〈실학파 학자들의 노비제론〉, 《조선후기노비제연구》, 지식산업사, 1981.

鶴園裕, 〈평안도 농민전쟁의 참가층〉, 《전통시대의 민중운동》, 상, 풀빛, 1981.

한상권, 〈1811년 황해도 곡산 지방의 농민항쟁〉, 《역사와 현실》 5(1991).

한영국, 〈조선 중엽의 노비결혼양태(상)—1609년의 울산호적에 나타난 사례를 중심으로〉, 《역사학보》 75 · 76(1977).

______, 〈조선 중엽의 노비결혼양태(하)—1609년의 울산호적에 나타난 사례를 중심으로〉, 《역사학보》 77(1978).

지방관의 위상과 감사론

임성수

1. 머리말

조선 후기 대표적 사상가인 정약용은 방대한 저술을 통해 자신의 학문적 · 사상적 결실을 정리하였다. 그는 국가와 사회 문제에 대해서도 관심이 많았는데, 특히 '일표이서(一表二書)'로 불리는 《경세유표》·《목민심서》·《흠흠신서》 등을 저술하면서 당대 사회 현실을 직시하고 다양한 해결 방안을 구상하였다. 〈자찬묘지명(自撰墓誌銘)〉에서 밝혔듯이 '일표이서'에는 천하국가를 다스리는 정약용의 방책이 가감 없이 담겨 있다.[1] 그는 장기적인 관점에서 조선 사회가 가진 총체적 문제를 근본적으로 해결하기 위해 국가 제도 전반의 개혁을 기획하는가 하면, 자신이 목도한 당대 지방사회의 문제를 즉각적으로 해결하기 위해 다양한 형태의 개선안도 마련하였다.

1 《與猶堂全書》第1集, 詩文集 16卷, 墓誌銘.

정약용이 제시한 문제 해결 방식은 각각의 저술마다 그 층위가 다르기 때문에 자칫 일관성 없는 논의로도 비칠 수 있다. 그러나 그것은 자신의 구상이 실현되는 시기와 단계의 차이에서 비롯된 것이지 근본적으로 정약용이 구상하던 사회상은 크게 다르지는 않았다고 생각된다. 기본적으로 정약용은 《주례》를 원용한 안정된 중앙의 정부조직을 바탕으로 통치 질서를 바로잡고, 지방행정을 원활히 하고 공공성을 제고하여 국가존립에 기반이 되는 백성의 삶을 안정시키고자 하였다. 그 중에서도 지방행정에 관한 부분은 백성들과 직접적으로 접하는 부분이었기 때문에 많은 관심과 심혈을 기울였다. 정약용의 대표적 저술이라 할 수 있는 《목민심서》의 주된 내용이 지방 군현의 실질적 통치자인 수령을 위한 업무지침이라는 사실도 그러한 점을 잘 보여 준다.

정약용의 지방제도에 관해서는 몇 가지 연구가 진행되었다. 이존희는 정약용 개혁사상의 성격을 전반적으로 설명하면서 지방행정 관련 개혁안을 소개하였다.[2] 강석화는 《경세유표》를 중심으로 정약용이 구상한 행정구획 개편, 군현등급 조정 등의 지방제도를 구체적으로 분석하였다. 특히 정약용의 개혁안과 광무개혁의 차이점을 비교한 것은 주목할 부분이다.[3] 이들 연구가 《경세유표》를 중심으로 한 개혁안에 집중하였다면 조성을은 《목민심서》에 나타나는 지방행정의 운영 개선론과 《경세유표》의 개혁론을 구분하여 분석을 시도하였다.[4] 이진형은 지방제도 중에서도 외관제(外官制)를 중심으로 수령과 향리, 향임에 대한 정약용의 현실인식과 이들의 안정적 관리를 위한 고적법(考績法)을 중점적으로 고찰하였다.[5]

---

2 이존희, 〈다산 정약용의 지방행정개혁론〉, 《용암차문섭교수화갑기념논총》, 1989.

3 강석화, 〈조선후기 지방제도의 운영과 정약용의 개혁안〉, 《한국학보》 65(1991); 강석화, 〈정약용의 지방제개혁안 연구〉, 《국사관논총》 34(1992).

4 조성을, 〈정약용의 지방제도 개혁론〉, 《동방학지》 77 · 78 · 79 합집(1993).

5 이진형, 〈다산 정약용의 외관제 개혁론 -《경세유표》를 中心으로〉, 《한국사상사학》 48(2014).

일련의 연구들은 공통적으로 정약용의 지방제도 개혁론을 주제로 하고 있다. 특히 정약용이 제시한 방책 중에서도 지방행정에 관한 제도 변화에 주목하였다. 그런데 정약용은 여러 저술에서 제도적 측면뿐 아니라 실제 지방행정을 담당하는 수령의 역할에 대해 많은 부분을 할애하였다. 자신이 구상한 개혁안 혹은 개선안도 결국 실무자인 수령의 통해 실현될 수 있었기 때문이다.

한편 지방행정에서 수령 못지않게 중요한 역할을 담당하던 것이 감사였다. 감사는 조선의 지방행정 체계에서 최고 책임자였으며 중앙과 지방을 잇는 가교 역할을 하였다. 감사의 주요 업무는 수령을 감찰하고 왕명에 따라 지방행정을 총괄하는 것이었다. 정약용의 지방제도 개선안에는 수령이 중심적인 역할을 하지만, 수령을 실질적으로 견제할 수 있는 감사의 역할도 비중 있게 다루어졌다. 그가 계획한대로 수령이 지방행정을 이끌기 위해서는 감사가 본연의 기능을 충실히 이행해야만 했다. 따라서 정약용이 구상한 지방제도를 보다 총체적으로 이해하기 위해서는 그의 감사 인식과 개선안도 함께 살펴볼 필요가 있다.

정약용은 별도로 〈감사론(監司論)〉이라는 저술을 남기기도 하였지만, 이 글에서는 감사에 대한 자신의 부정적 인식을 피력하는 데 치중하였다.[6] 《목민심서》의 수령에 대한 논의와 비교해도 감사 관련 논의는 그 구체성이 떨어지고 소략한 것이 사실이다. 또한 감사에 대한 내용은 별도 항목으로 구성하지 않아 산발적으로 등장하기 때문에 종합적인 분석이 쉽지 않다. 이러한 이유 때문인지 선행 연구에서도 주로 수령에 대한 문제에 주목하였을 뿐, 지방행정의 최고 책임자인 감사까지는 접근을 시도하지 않았다.

이 글에서는 정약용의 여러 저술에서 보이는 감사와 관련한 논의들을

6 《茶山詩文集》卷12, 監司論.

모아 정약용의 시각으로 본 18세기 지방사회에서 감사의 역할과 문제점, 개선방안 등을 종합적으로 고찰하고자 한다. 조선은 17세기 이후 감사제가 일정 부분 변경 · 확립된 이후에도 18세기를 기점으로 많은 사회 · 경제적 변화를 맞이하였다. 이로 인해 감사의 위상과 책임은 크게 변화하였으며, 업무 환경과 방식도 달라질 수밖에 없었다. 정약용은 감사의 업무 실상과 지방사회에 미치는 영향, 개선 방안 등에 대해 여러 의견을 제시하였다. 이것은 그가 곡산부사로서의 경험과 오랜 유배기간 동안 관찰한 지방사회의 현실이 고스란히 반영된 결과였다. 따라서 그의 저술을 충실히 분석하면 18세기 이후 조선의 지방사회 현실과 문제점을 조금 더 사실적으로 파악할 수 있는 것이다. 이 글이 선행 연구와 어우러져 18세기 이후 감사제의 운영 실상과 정약용의 지방제도 개혁 구상을 체계적으로 이해하는 데 보탬이 되었으면 한다.

2. 18세기 감사의 위상과 제도적 변화

조선의 지방제도는 군현제를 기반으로 하였으며, 각급 군현을 효과적으로 통치하기 위해 전국을 8도 체제로 나누어 관리하였다. 감사는 각 도(道)의 수장으로서 왕명을 군현에 전달하고 수령을 감독하며 지역 사회를 안정시키는 역할을 수행하였다. 국왕이 모든 정사를 관장하는 왕조국가에서는 중앙과 지방을 모두 왕이 통치해야 했으나 지방까지 직접 살피기는 현실적으로 불가능했다. 이에 왕의 대행자로서 감사가 임명되어 그 역할을 대신한 것이다. 정약용이 감사를 왕의 사신(使臣)이라 표현한 것도 이러한 이유에서였다.[7]

---

7 《譯註牧民心書》II, 吏典六條 察物, 156쪽.

관할 도내에서 감사의 역할은 수행하는 업무로 본다면 국왕과 다름이 없었다. 감사는 행정권, 군사권, 감찰권 등을 모두 가지고 있었다. 세부적으로 살펴보면, 왕명을 전달하고 수령의 의견을 장청(狀請)하는 중간 행정기능과 권농(勸農)·시취(試取)·진휼(賑恤)·부세징수와 상납·수령 감찰과 고공(考功)·사법·치안·군사 등 거의 모든 부문의 권한을 가졌다. 그리고 이러한 권한을 사실상 별다른 견제 없이 독자적으로 행사할 수 있었기 때문에 지역사회에서 감사의 위상은 누구와 비견될 수 없을 만큼 높았다. 인조가 반정에 성공한 직후 급히 팔도 감사의 교체를 단행한 것도 지역사회에서 가지는 감사의 막강한 권한 때문이었다.[8]

감사와 수령의 관계는 복잡한 업무 관계 속에서 형성되었다. 기본적으로 수령은 행정체계상에서 상급 기관의 수장인 감사와 상하 관계를 가질 수밖에 없었지만, 감사가 행사하는 수령에 대한 인사 평정 권한은 둘의 관계를 더욱 종속적으로 만들었다. 감사는 매년 6월과 12월에 수령을 포폄하여 왕에게 보고하고,[9] 매년 말에는 수령칠사에 관한 실적을 갖추어 보고하는 것이 법에 규정된 사항이었다.[10] 감사의 인사 평가 결과는 수령의 향후 관직 활동에 지대한 영향을 미쳤을 뿐만 아니라, 경중에 따라서는 바로 파직될 수도 있었다. 게다가 감사는 공사(公事)에 관계된 일이라면 타도의 수령일지라도 파면을 건의할 수 있었기 때문에 수령에게 감사는 자신의 관직 생활을 좌우할 수 있는 매우 부담스러운 존재였다.[11] 또한 감사는 도내 각 군현의 부세 운영에도 깊이 관여하고 있었기 때문에 수령은 자기 관할 군현의 행정 편의와 재정 안정을 위해 감사에게 크게 의지할 수밖에 없었다.

---

8 《承政院日記》 1책, 인조 원년 4월 11일(경오); 《承政院日記》 1책, 인조 원년 4월 28일(정해).

9 《經國大典》 吏典 褒貶.

10 《經國大典》 吏典 考課.

11 《經國大典》 吏典 外官職.

이러한 상황에서 18세기 이후 추진된 전세제도 개편 · 양역변통과 군제 변통 · 노비제 변화 등과 같은 각종 부세제도 개편은 감사의 권한이 더욱 강화되는 주요한 요인이 되었다. 먼저 전세제도 변화는 지방행정 체계에서 감사의 권한과 책임을 끌어올린 가장 큰 변화였다. 지방행정의 궁극적 목표는 인민과 토지의 안정적인 관리를 토대로 국가 운영에 필요한 인적 · 물적 자원을 징수하고 지속적인 재생산을 유도하는 것이었다. 전세는 관료제 운영의 핵심 요소인 녹봉과 하급관리들 및 군인들의 급료를 지급하는 재원으로 활용되었다. 따라서 '유정지공(惟正之供)'이라 불리는 전세의 안정적인 확보는 왕조 운영에 필수적인 사안이었다.

16 · 17세기를 거치면서 전세는 연분(年分)이 하하(下下) 또는 하중(下中)으로 고정되어 매년 일정하게 4-6두를 징수하는 정액세제가 성립되었고,[12] 18세기 초반 다시 개정되어 비총제가 시행되었다.[13] 비총제는 매년 지역별로 전세 총량을 할당하는 총액제의 방식으로 운영되었는데, 이때 세액 결정에 가장 중요한 기준은 급재(給災)였다.[14] 18세기 후반이 되면 감사가 추가로 요구하는 가청재(加請災)의 비중이 커지면서 지역사회

---

12 박종수, 〈16 · 17세기 전세의 정액화 과정〉, 《한국사론》 30(1993).

13 정선남, 〈18 · 19세기 전결세의 수취제도와 그 운영〉, 《한국사론》 22(1990); 이철성, 〈18세기 전세 비총제의 실시와 그 성격〉, 《한국사연구》 81(1993).

14 지역별 전세 총액은 元摠에서 給災을 제외한 출세실결을 기준으로 산정되었다. 따라서 비총제하에서는 급재가 출세실결을 결정하는 가장 중요한 요소였다. 일반적으로 급재는 事目災 · 加請災(狀請災) · 永災 등 세 가지로 구분되었다. 본래 급재는 중앙에서 경차관을 파견하여 각 지역별 풍흉을 보고 결정하는 것이 원칙이었으나 18세기 이후 경차관을 파견하지 않고 호조에서 그 해 농사의 풍흉을 참작하여 급재결수를 정하고 이를 각 도에 나누어 주면 감사가 그 재결을 가지고 여러 고을에 나누어 주는 방법인 정한급재 방식이 채택되었는데, 이것이 바로 사목재이다. 한편, 사목재와는 별도로 감사가 추가로 호조에 신청하는 가청재가 있었다. 가청재를 많이 확보할수록 관할 지역의 부세를 줄일 수 있었기 때문에 원활한 지방재정 운영을 위해서는 가청재가 매우 중요했다. 그런데 전체 급재의 절반에도 미치지 못했던 가청재는 18세기 중반 이후 꾸준히 증가하여 18세기 말에는 이미 호조에서 내려 주는 사목재를 압도하고 있었다. 뿐만 아니라 19세기 들어서면 사목재는 사실상 유명무실해지고 가청재가 급재의 대부분을 차지하게 된다. 그만큼 전세 운영에서 감사의 역할이 증대되고 있던 것이다(이철성, 《17.18세기 전정 운영론과 전세제도연구》, 선인, 2003; 임성수, 〈《탁지전부고》를 통해 본 호조의 재원 파악방식과 재정구조 변화〉, 《민족문화연구》 59(2013)).

에서 감사의 위상도 더욱 높아질 수밖에 없었다. 그러나 감사가 지역민을 위해 무턱대고 급재를 늘릴 수만도 없었다. 감사는 도 단위 행정의 최고책임자이면서 동시에 왕을 대행해 파견된 관리였다. 따라서 지방재정뿐 아니라 중앙의 재정수입도 고려해야 했기 때문에 감사는 항상 뛰어난 업무능력과 통찰력으로 절충점을 찾아야만 했다.

양역변통 논의의 결과로 시행된 균역법은 지방재정에도 큰 변화를 가져왔다. 특히 감필 비용을 보전하기 위한 급대 재원에 지방재정의 주요 세원이 다수 포함되면서 지방재정은 큰 혼란에 빠졌다.[15] 일부 지역에서는 지방재정 확보를 위한 감사와 급대를 주관하는 균역청 간에 치열한 논쟁이 벌어지기도 하였다.[16] 감사는 도 재정과 도민 생활의 안정을 도모해야 했으며, 중앙의 급대 재원도 책임져야 하는 막중한 부담을 지고 있었다.

도별 노비 총수를 규정하는 노비 비총제의 시행도 지방재정에 영향을 주었을 것으로 추정된다.[17] 노비 총수는 지역에 따라 큰 폭의 차이를 보이기 때문에 이를 둘러싼 감사들의 막후 경쟁이 치열했을 것으로 보이지만 그 자세한 내막은 아직까지 연구된 것이 없다. 그러나 총액제 시행 이후 지역 내 노비재정에 관한 감사의 권한과 책임이 높아졌음은 의심의 여지가 없다. 18세기 후반 이후에 양정(良丁)에 대한 군포 부과에 있어서 마을 단위 총액제적 운영 방식으로 변화한 상황도 지방 군현과 감영에 자율권을 부여하면서도 재정적 책임을 완수하게 하려는 목적이었다.[18] 각 도별 자율권을 부여한 것은 최종 책임자인 감사에게 모든 권한

15 정연식, 〈균역법 시행 이후의 지방재정의 변화〉, 《진단학보》 67(1989); 송양섭, 《균역법 시행과 균역청의 재정운영》, 《영조의 국가정책과 정치이념》, 한국학중앙연구원, 2012.

16 송양섭, 〈균역법 시행기 雜役價의 詳定과 지방재정 운영의 변화—충청도 지역을 중심으로〉, 《한국사학보》 38(2010).

17 조선 후기 노비제에 대해서는 다음 연구를 참조한다. 平木實, 《조선후기 노비제 연구》, 지식산업사, 1982; 전형택, 《조선후기노비신분연구》, 일조각, 1989; 도주경, 〈18세기 내시노비 비총제의 시행과 운영〉, 《조선시대사학보》 88(2019).

을 위임한 것이나 다름없었다.

한편, 18세기 사회적 변화도 감사와 수령의 위상을 강화시켰으며, 여러 제도 변화를 야기하는 원인이 되었다. 17세기까지 향촌사회는 관권에 의한 일방적인 지배가 아닌 사족 중심의 지배질서가 강하게 작용하고 있었다는 사실은 이미 여러 연구에서 제기된 바 있다.[19] 그러나 18세기에 이르러 군현을 매개로 최상단에서부터 최말단에 이르기까지 관료제적인 지방통치체제가 완비되어 갔다.[20] 여기에는 면리제(面里制)의 정비와[21] 향촌사회의 지배구조 변화[22] 등의 다양한 요인이 영향을 미쳤다. 결과적으로 18세기 이후 지방사회에서 사족의 지배 권력은 약화된 것에 반해, 수령권은 점차 강화되어 강력한 관권을 확립하는 계기가 되었다.

수령권의 강화는 지위체계상 바로 위에 위치한 감사의 권한도 더불어 높아지는 결과를 가져왔다. 중앙 정부는 지방 군현에서 독자적인 업무를 수행하는 수령을 견제할 방법에 대해 오래전부터 고민했다. 그 방안이 감사를 통한 감찰이었는데, 감사의 임기가 1년으로 짧다 보니 관할 군현을 제대로 파악하기에는 한계가 있었다. 이를 보완하기 위해 세종 17년(1435) 임기를 1년에서 3년으로 연장하기도 하였으나, 임기가 길어지자 권솔(眷率)에 따른 재정 문제가 대두되면서 중종대 다시 기년제(期年制)로 돌아갔다.[23] 그러나 17세기 이후 지방 사회의 변화로 인해 감사의 중요

---

18 송양섭, 〈19세기 양역수취법의 변화—동포제의 성립과 관련하여〉, 《한국사연구》 89(1995).

19 한영우, 《조선전기사회사상사연구》, 지식산업사, 1983; 이수건, 《한국중세사회사연구》, 일조각, 1984; 이태진, 《한국사회사연구》, 지식산업사, 1986; 정진영, 〈조선후기 재지사족의 촌락지배와 그 해체과정〉, 영남대학교 박사학위논문, 1993.

20 한상권, 〈조선시기 국가의 지방지배 연구현황—군현제 · 외관 연구를 중심으로〉, 《역사와 현실》 18(1995), 243-244쪽.

21 김준형, 〈조선후기면리제의 성격〉, 서울대학교 국사학과 석사학위논문, 1982; 김선경, 〈조선후기의 조세수취와 면리운영〉, 연세대학교 석사학위논문, 1984.

22 김인걸, 〈조선후기 향촌사회 변동에 관한 연구—18, 19세기 〈향권〉 담당층의 변화를 중심으로〉, 서울대학교 박사학위논문, 1991; 정진영, 앞의 논문.

23 김태웅, 〈조선후기 감영 재정체계의 성립과 변화—전라감영 재정을 중심으로〉, 《역사교육》 89(2004), 165-169쪽.

성은 재차 강조되었고, 마침내 감사의 임기는《경국대전》에 360일이던 것이《속대전》에서는 2년[24]으로 연장되었다.[25]

감사의 임기 연장과 함께 대두된 것은 바로 유영(留營)과 감사의 권솔 문제였다.[26] 우선 감사가 장기간에 걸쳐 안정적으로 행정업무에 전념할 수 있도록 유영(留營)의 필요성이 제기되었는데, 이는 감사의 임기가 연장되고 감사가 도내 대읍의 행정을 겸하게 되면서 자연스럽게 정착되었다. 감사가 2년의 임기를 임지에서 보내기 위해서는 가족과 함께 생활할 수 있도록 하는 권솔이 무엇보다 중요했다. 이에 현종 10년(1669) 하삼도 감사의 임기를 2년으로 정하면서 권솔을 일부 허용하였으나, 숙종 3년(1677) 호서와 영남은 폐지되었다.[27]

권솔 문제는 영조 즉위 후 활발하게 논의가 재개되었다. 영조 2년(1726) 좌의정 홍치중(洪致中)은 새로 제수된 충청감사 김려(金礪)가 부모님과 떨어져 홀로 임지에 가기 어렵다며 사양하자 영조에게 임기를 2년으로 정하여 구임(久任)의 책임을 다하게 하는 대신 권솔을 허용할 것을 제안하였다. 영조는 권솔 후 발생할 문제를 우려하였으나, 홍치중은 부모와 처자식의 생활비용, 제사 수용(需用), 노복(奴僕) 비용 등이 발생할 수 있으니 영수미(營需米)와 함께 염분(鹽盆)과 어전(魚箭)을 획급해 줄 것을 건의하였고, 영조가 승인하면서 재차 권솔이 허용되었다.[28] 감사 구임에 가장 큰 걸림돌이 가족 부양이었고, 이를 해결하기 위해 권솔을 허용하는데 있어서는 재정이 가장 큰 문제였다는 점을 잘 보여 주

24 경기감사의 경우《속대전》단계에서도 임기가 1년이었다.

25 《經國大典》吏典 外官職;《續大典》吏典 外官職.

26 감사가 가족과 함께 任地에서 생활하는 제도를 연대기사료에서는 眷率·率眷·挈眷 등의 명칭이 사용되었다. 모두 같은 의미지만, 이를 규정한 절목에서 대부분 〈眷率節目〉이라 명명하였기 때문에 이 글에서도 '권솔(眷率)'이라는 표현을 사용하고자 한다.

27 김태웅, 앞의 논문, 176-177쪽.

28 《承政院日記》626책, 영조 2년 11월 3일.

는 사례이다.

권솔 이후 감사의 수령 감찰 기능이 약화되었다는 논의가 제기되기도 하였다. 영조 4년(1728) 수찬 정우량(鄭羽良)은 감사 권솔이 시작된 후부터 수령이 불법이 있어도 제대로 금지시키지 않거나, 수령이 감사를 두려워하지 않는 경우가 있다면서 권솔을 혁파하고 감사가 고을을 돌며 수령을 감찰하고 도착한 곳을 행영(行營)으로 삼아 백성을 위문하는 순영제로 돌아갈 것을 제안하였다.[29] 그러나 이미 시행된 법규를 갑자기 변경하는 것은 쉽지 않았기 때문에 현행 방식이 유지되었다.

그러던 중 영조 26년(1750) 감사 권솔제는 중대한 변화를 맞이하였다. 영조는 권솔 이후 지속적으로 제기된 지방재정 문제와 고적(考績)을 비롯한 수령 감찰기능의 약화 등을 이유로 감사 권솔을 폐지하려 하였다. 이때는 영의정 조현명(趙顯命)과 우참찬 원경하(元景夏), 좌의정 김약로(金若魯) 등이 모두 동조하면서 폐지에 더욱 무게가 실렸다.[30] 이조판서 김상로(金尙魯)가 권솔을 폐지해도 8도에서 얻는 재정은 23만 냥에 불과하다며 존치를 주장했지만, 영조는 모든 도에서 감사 권솔 규례를 폐지하고, 임기는 8도 모두 2년으로 할 것을 결정하였다.[31] 이 결정 이후 제도(諸道) 병사(兵使)의 권솔도 함께 폐지되었고, 뒤이어 유일하게 권솔 규정이 남아있던 경기와 황해도 수사(水使)의 권솔도 폐지하였다.[32]

한편 영조 26년(1750) 권솔 폐지는 감사의 권솔 비용과 수령 고적 부실 등이 표면적인 이유였지만, 그 속을 들여다보면 같은 해 시행된 균역법에 따른 지방재정 위축이 중요한 원인이 되었을 것으로 추정된다. 기존에 권솔 비용으로 조정에서 획급했던 어염선세가 균역법 이후 급대 비

29 《承政院日記》 655책, 영조 4년 2월 5일.

30 《承政院日記》 1058책, 영조 26년 7월 8일.

31 《承政院日記》 1058책, 영조 26년 7월 9일.

32 《承政院日記》 1058책, 영조 26년 7월 11일.

용에 투입되었고, 각종 지방재정이 다수 급대 비용으로 전용되었다. 여기에는 권솔 폐지 후 사용처가 사라진 영수미(營需米)도 포함되었다는 점을 볼 때 재정확보를 위한 목적이 크게 작용했음을 알 수 있다.

감사 권솔이 폐지된 이후 조정에서는 계속해서 재시행을 위한 논의가 제기되었던 것으로 보인다. 동왕 29년(1753) 감사 권솔에 관한 일을 하교하면서 영조는 균역 이후 권솔을 불허하면서 조정 신하들의 부인들 역시 자신을 원망했을 것이라며 안타까운 속내를 밝히었다. 그는 또 재신들이 축첩(畜妾)하는 것도 반드시 여기서 연유했을 것이고, 제사를 제대로 지내지 못하니 인정(人情)에 어려운 것이 많았을 것이라고 권솔 복구 의지를 표명하였다.[33] 그러나 이후에도 권솔 복구 논의가 계속해서 제기되는 것으로 보아 이때 곧바로 복구되지는 않은 것으로 보인다. 동왕 35년(1759) 영조가 도신들이 모두 이미 권솔을 하고 있다고 언급하는 것으로 볼 때 늦어도 이때에는 권솔이 복구된 것을 알 수 있다.[34]

이로써 감사 권솔이 다시 시행되었지만, 근본적인 문제는 여전히 해소되지 못하였다. 군현에서는 감사 권솔 비용을 계속해서 지원해야 했으며, 감사의 순력과 수령 감찰에 대한 문제도 지속적으로 제기되었다. 군현에서는 1년에 두 차례 고적과 매년 시행되는 재상복심(災傷覆審), 고강(考講) 등을 위해 방문하는 감사(監司)와 도사(都事)를 접대하는 비용도 큰 부담이었다. 이 비용을 줄이기 위해 여러 업무를 한차례 방문으로 처리하는 경우도 있었지만 정해진 규례는 아니었다.[35]

또한 유영제 이후 군현에 대한 감찰 기능이 약화되면서 수령 고적(考績)이 소홀한 경우도 종종 발생하였다. 참찬관 조영로(趙榮魯)는 자신이 수령으로 있을 때 경험을 바탕으로 신구(新舊) 감사가 모두 친한 친구라

33 《承政院日記》1100책, 영조 29년 11월 1일.

34 《承政院日記》1174책, 영조 35년 10월 25일.

35 《承政院日記》1060책, 영조 26년 9월 25일.

서 본인이 고을을 제대로 다스리지 못했으나 포폄 걱정이 없었다고 고백하기도 하였다.[36] 제대로 된 조사 없이 고과를 자의적으로 매기는 경우도 있었으며,[37] 부유한 고을의 수령은 정사를 제대로 돌보지 못해도 좋은 고과를 받고, 잔읍 수령은 제대로 다스려도 중하(中下)를 받는 경우도 비일비재했다.[38] 감사가 시행하는 군현 감찰과 수령 고적은 민생에 직결되는 부분이었기 때문에 반드시 대책이 필요했지만, 지방행정 체계에서 이미 정점에 있는 감사를 견제할 방법이 마땅치 않았기 때문에 거듭 신칙하는 것 외에는 이렇다 할 조치를 취하지 못하는 실정이었다.

지금까지 살펴본 18세기 이후 일련의 사회 · 경제적 변화들은 공통적으로 지방행정의 최고 책임자인 감사에게 더 큰 권한과 임무를 부여하였다. 감사는 왕의 대행자로서 급변하는 부세제도 속에서 백성의 안정을 도모해야했으며 국가의 재정수요를 충족시켜야 하는 어려운 입장에 처해 있었다. 또한 수령을 비롯한 유력자들로부터 백성을 보호해야 하는 임무도 갖고 있었다. 막강한 권한과 책임을 부여받은 감사는 누구보다 공정하고 현명하게 업무에 임해야 했지만 현실은 그렇지만도 않았다. 유영제가 시행된 이후 권솔에 따르는 비용을 충분히 마련하기 위해서는 일정부분 관할 군현 재정에 의지할 수밖에 없었으며, 수령 고과에 대한 절대적인 권한에 힘입어 개인적인 친분과 청탁을 통해 고적이 운영될 소지도 많았다. 또한 각 군현의 부세를 결정하고 수령 고과를 행사하던 감사가 방문하면 군현에서는 접대 부담이 커질 수밖에 없었다. 그럼에도 불구하고 조선의 행정체계에서 사실상 감사를 견제할 방법은 마땅치 않았다. 따라서 감사는 개인의 도덕성이나 행정능력에 따라 지역사회에서 문제를 일으킬 소지를 언제나 안고 있었다.

---

36 《承政院日記》 1001책, 영조 22년 4월 11일.

37 《承政院日記》 1500책, 정조 5년 12월 20일; 《承政院日記》 1638책, 정조 12년 1월 26일.

38 《承政院日記》 1595책, 정조 10년 2월 14일.

3. 다산의 현실인식과 감사제 문제

감사는 순행을 통해 수령을 규찰하는 중앙에서 파견된 감찰관의 역할부터 도 재정 운영·수세 및 상납·시취(試取)·진휼·권농 등을 관장하는 행정적 역할, 지역 방어를 책임지는 군사적 역할, 송사(訟事)를 분별하는 사법적 역할 등을 수행하였다. "열읍 백성을 통솔하고 일로(一路)의 규정을 제정하며 평시에는 임금의 덕을 받들어 백성을 교화하고 위급 시에는 지켜내고 물리친 이후에야 비로소 감사의 직임을 다할 수 있다"는 황해감사 김익(金熤)의 말은 감사의 임무를 잘 대변해 준다.[39] 사실상 지역사회의 모든 것을 통제하고 결정할 수 있는 자리에 있었던 것이다. 감사가 관할 지역에서 위상이 높았던 만큼 각종 문제를 야기할 소지도 많았다. 이번 장에서는 당시 감사로 인해 발생하는 문제들을 정약용의 관점에서 살펴보고자 한다.

정약용은 옛날 현읍(縣邑)을 순행하던 태수(太守)가 우리의 감사라고 규정하면서 규찰을 감사 본연의 업무로 파악하였다.[40] 그는 또 "우리나라 제도에 감사는 본래 일정한 거처가 없고, 가족을 임지에 데려갈 수도 없으며, 여러 고을을 순행하면서 시찰하는 것이니 지금의 위유어사(慰諭御史)와 다를 바가 없다"며 감사의 직책을 풀이하였다.[41] 이처럼 정약용에게 감사는 순행을 통해 수령의 근무실태를 점검하고 고을의 민의를 수렴하는 존재였다. 17세기 초반까지만 해도 감사의 재임 기간 대부분이 순행 업무에 집중돼 있었다. 감사 임기가 2년으로 늘어난 것도 긴 순행에 따른 행정 공백을 막기 위한 이유가 한몫을 차지했다.

18세기 이후 유영제가 정착되면서 감사의 순력 횟수는 줄었지만, 감

39 《承政院日記》1441책, 정조 3년 5월 9일.

40 《譯註牧民心書》I, 赴任六條 治裝, 31쪽.

41 《譯註牧民心書》II, 戶典六條 稅法 下, 248쪽.

사에게 각종 권한이 집중되면서 군현에서 느끼는 부담은 오히려 증가한 측면이 없지 않았다. 정약용이 지적한 감사제의 주된 문제도 바로 순력으로 인한 것들이었다. 정약용은 순행에 대해 매우 부정적인 인식을 가지고 있었는데, 그 내용은 다음 사료에서 가감 없이 드러난다.

> 대저 감사가 순력하는 법은 매우 무의미하다. 감사의 수행원과 양식은 굶주린 자가 먹지 못하고 피로한 자가 쉬지 못하는데도 먹고 마시는 것이 물 흐르듯 하고, 놀기를 좋아하고 주색에 빠져서 여러 고을에 우환이 되고 생민의 큰 병통이 되니 오늘날 크고 심각한 폐막이 이것보다 더한 것이 없다. (…) 지나가는 곳에는 오직 먼지가 치솟고 꽹과리와 피리 소리가 야단스럽게 울리는 것을 볼 뿐이다. 이것이 과연 무슨 일이며, 무슨 뜻이 있으며, 무슨 명분이 있으며, 무슨 이익이 있기에 사방의 사람들을 동원하고 만민의 힘을 다해서 분주하고 허둥지둥하게 만드는 것인가. 아전의 수를 걸러내지 못하는 것도 감사의 순력 때문이요, 계방을 혁파하지 못하는 것도 감사의 순력 때문이요, 전부(田賦)가 날로 증가하는 것도 감사의 순력 때문이요, 연역(烟役)이 달마다 늘어나는 것도 감사의 순력 때문이요, 점촌(店村)이 피폐해 가는 것도 감사의 순력 때문이요, 사찰이 곤궁한 것도 감사의 순력 때문이다. 순력하는 법을 고치지 않고는 목민의 정사는 논의할 것이 없다.[42]

정약용은 당시 순력이 매우 무의미하다고 생각했으며, 그 이유로 순력에 동원되는 많은 수행 인원과 양식을 지목하였다. 지방군현에서는 순력을 수행하기 위해 많은 아전 수를 유지하였고, 재원 마련을 위해 계방을 운영하고, 각종 전부(田賦)와 연역(烟役)이 증가하고 있었다. 또한 부족한 비용을 채우기 위해 점촌과 사찰 등도 적극 침탈하면서 지역사회 전체가 피폐해져 갔다. 이에 정약용은 순력을 고치지 않으면 목민(牧民)의

42 《譯註牧民心書》Ⅲ, 戶典六條 平賦 上, 124쪽.

정사는 논의할 필요도 없다고 보았다. 정약용이 순력에 대해 언급한 것은 이뿐만이 아니었다. 그는《목민심서》여러 항목에서 순력의 폐해를 지적하였는데, 일례로 예전(禮典)에서는 "순력은 천하의 큰 폐단으로 이것을 고치지 않는다면 부세와 요역이 번거롭고 무거워 백성이 모두 못 살게 될 것"이라고 하였다.[43] 그렇다고 해서 정약용이 감사의 순력 업무 자체를 부정한 것은 아니다. 후술하겠지만, 정약용은 감사 본연의 업무가 순력이라고 생각하였고, 이를 정상적으로 회복하는 것이 감사제를 정상화하는 첫 번째 단추라고 보았다.

감사 접대로 인한 문제를 구체적으로 살펴보자. 접대는 감사가 부임하는 날부터 시작되었는데, 이를 '연명(延命)'이라 한다. 수령은 자신의 고과와 군현의 수세액을 결정하는 감사에게 최대한 극진히 대접을 할 수밖에 없었다. 본래 연명이란 지방 수령이 자신의 임지에 순행하는 신하(감사나 어사)가 도착하면 공손히 교서를 받들고 첨하(瞻賀)의 예를 행하는 것이었다. 따라서 감사가 순행하여 본읍에 오지 않으면 수령은 연명하지 않는 것이 옛 도리였다. 이러한 규정은 영조 초까지도 통용되었으나 세상 물정이 속되어지고 상관에게 아첨하는 것이 중시되면서 감사가 도임하면 열흘도 안 돼 수령이 직접 감영으로 달려가 연명하였던 것이다. 정약용은 이것은 연명이 아니라 참알(參謁)이며, 조정을 존중하는 것이 아니라 상관에게 아첨하는 것이니 모두 속된 폐단이라고 일갈하였다. 또한 이때 감사가 조유(詔諭)를 직접 펴지 않고 망령되게 스스로 존대해져 비장(裨將)을 시켜 펴게 하고 대수(代受)라고 말하는 것은 크게 예법이 아니라며 양자 모두를 비판하였다.[44] 감사 영송(迎送)에는 본래 주전(廚傳)이 책정돼 있었지만, 그 비용이 늘어나자 민고를 통해 조달하면서

43 《譯註牧民心書》Ⅲ, 禮典六條 賓客, 259쪽.

44 《譯註牧民心書》Ⅰ, 奉公六條 禮際, 239-240쪽.

군현에 큰 부담을 주고 있었다.[45]

일단 부임한 후 순력이 시작되면 엄청난 인적 · 물적 비용이 소요되었다. 우선 감사 순력에는 많은 인력과 말이 동원되었다. 정약용은 감사가 역마(驛馬)를 타는 것은 법전에 규정되어 있어서 2-3품 봉명사신(奉命使臣)은 모두 대마(大馬) 1필과 태마(駄馬) 12필일 뿐인데도 말을 점고한다는 명분으로 여러 역의 말을 모두 징발하여 그 행렬이 수백 리가 이어진다고 지적하였다. 그에 따르면 대략 한 역참을 지날 적에 말이 수백 필이고, 상중하 등급의 주객(主客)과 한잡인(閑雜人)이 1,000여 명이나 되었는데 매번 해당 군현에서는 그들을 응대해야 했다.[46] 정약용이 저술한 〈감사론(監司論)〉에서는 이에 대한 묘사가 더욱 적나라하다.

> 여기에 큰 도적이 있다. 큰 깃발을 세우고 큰 양산을 받치고 큰 북을 치고 큰 나팔을 불면서 쌍 마의 교자를 타고 옥로(玉鷺)가 달린 모자를 쓰고 있다. 시종하는 사람은 부(府) 2인, 사(史) 2인에다가 서(胥)는 부(府)·사(史)의 수와 같은데 둘을 더하였다. 보졸이 10인, 하인과 심부름꾼과 졸복의 무리가 수십 수백 명이다. 여러 현(縣)과 역(驛)에 안부를 묻고 영접하는 아전이 하인과 마찬가지로 수십 수백 명, 기마(騎馬)가 100필, 복마(卜馬)가 100필, 아름다운 의복을 입고 예쁘게 꾸민 부인이 수십 명, 동개에 넣은 화살을 짊어지고 행렬의 맨 앞에 서서 가는 비장(裨將)이 2인, 맨 뒤에 가는 사람이 3인, 따라가는 역관이 1인, 말 타고 따라가는 향정관(鄕亭官)이 3인, 부신(符信) 주머니를 차고 끈을 늘어뜨린 채 숨을 죽이면서 말 타고 따라가는 사람이 4, 5인, 혹 붉고 혹 흰 항양(桁楊)와 몽둥이를 싣고서 위협적인 사람이 4인, 등에는 횃불을 지고 손에는 청사초롱을 들고 대기하고 있는 사람이 수백 인, 손에는 채찍을 쥐고서 백성들을 호소하지 못하게 하는 사람이 8인, 길가에서 보고 탄식하고 부러워하는 사람이 수천 명이다. 이르는 곳마다 화포를 쏘아 사

---

45 《譯註牧民心書》卷6, 戶典六條 平賦 上, 114쪽.

46 《譯註牧民心書》卷6, 戶典六條 平賦 上, 124쪽.

람들을 놀라게 하며, 태뢰(太牢)를 갖추어 올리는 사람이 엎드린다. 한 번의 식사에 혹시라도 간을 잘못 맞추었거나 음식이 식었거나 하면 담당자를 곤장을 치게 하니, 곤장을 치는 사람이 모두 10여 인이나 된다. 일일이 죄를 들어 다음과 같이 책망한다. "길에 돌이 있어서 내 말이 넘어졌다", "떠드는 것을 금지시키지 않았다", "영접하는 부인이 적었다", "병풍과 대자리와 돗자리가 볼품없었다", "횃불이 밝지 않고 구들이 따뜻하지 않았다."[47]

정약용은 감사를 큰 도적이라 표현하며 부정적인 인식을 여과 없이 드러냈다.[48] 과장된 부분이 있다는 점을 감안하더라도 수십 명의 수행 인원과 수백의 심부름꾼, 수천의 환영 인파, 수백 필의 말은 과도한 것이었다. 뿐만 아니라 순행하는 군현에서 지공하는 것도 아무런 절제 없이 풍성하고 사치스러운 것에만 힘써서 그 변(籩)·두(豆)·형(鉶)·조(俎)의 수가 태뢰(太牢)의 10배나 된다고 하였다. 의례에 따르면 감사는 소뢰(小牢)를 하는 것이 원칙이었으나 크게 넘어서는 대접을 하고 있었던 것이다.[49]

영세한 지방 군현에서 저 정도 규모의 행렬을 지공(支供)하기란 어려웠을 것이 자명하다. 군현에서는 인력과 재원을 마련하기 위해 별도의 대책을 마련해야만 했다. 군현은 영접을 위해 각각의 업무를 담당할 아전을 많이 운용할 수밖에 없었다. 정약용은 아전을 줄이는 것은 아전들 스스로도 원하는 것이지만 감사가 순력할 때 행차를 탐문하고 접대에 파견되는 일이 너무 많아서 수십 명으로도 당하기 어렵기 때문에 줄이지 못하고 있다고 하였다. 그러면서 지금의 감사라는 것은 만 가지 병통의 근본이며 모든 폐단의 근원이라고 강하게 성토하였다. 그는 외읍의 일들에 있어서 그 폐단의 근원을 캐어 보면 모두가 감사에게로 귀착된다며

47 《茶山詩文集》卷12, 監司論.

48 정약용은 감사는 큰 도적, 수령은 작은 도적에 비유했다.

49 《譯註牧民心書》Ⅲ, 禮典六條 賓客, 257쪽.

아전에 관한 일은 그 한 가지 증거일 뿐이라고 주장하였다.[50]

순력에 필요한 인력뿐 아니라 재원을 마련하는 것도 시급한 일이었기 때문에 지방 군현에서는 여러 가지 방안을 모색하였다. 여기에는 민고와 계방촌, 결렴과 호렴, 그리고 점촌과 사찰 등 가능한 모든 곳의 수단이 동원되었다. 하나씩 그 실태를 살펴보자.

민고는 감사의 영송 비용을 지불할 뿐 아니라 순력에서도 중요한 재정원이었다. 정약용은 감사의 춘추 순력은 그 형식이나 치장이 간소해야 함에도 놀고 즐기는 비용을 모두 민고에서 지출한다고 비판하였다.[51] 다음으로 18세기 후반부터 본격적으로 등장하기 시작하는 계방은 마을 단위로 관과 결탁하여 주로 군역을 면제받고 이에 대한 반대급부로 일정액의 재정적 부담을 지는 조직이었다.[52] 계방은 운영과정에서 많은 문제를 일으켰기 때문에 정약용은 계방을 모든 폐단의 근원이고, 농간의 구멍이라며 반드시 혁파해야 한다고 보았다. 그러나 수령들이 계방을 혁파하지 못하는 것도 바로 감사의 순력 때문이라고 주장하였다. 정약용이 제시한 한 지역의 예를 살펴보면, 유천촌(柳川村)에서는 봄 · 가을 순력에 영리(營吏) 지공 비용, 지석촌(支石村)에서는 수행원에 대한 인정(人情)과 잡비, 송우촌(松隅村)에서는 역인(驛人)과 역마(驛馬) 응대 비용, 상곡촌(上谷村)에서는 포진(鋪陳) · 사초롱[燭籠] · 방장(房帳) · 변기[虎子] 등의 물품 값을 지출하는 등 각각의 계방촌은 순력에 소요되는 여러 비용을 철저하게 분담하고 있었다.[53]

숙종 9년(1683) 감사 순력에 따른 비용 부담을 줄이기 위해 유시(諭示)

---

50 《譯註牧民心書》II, 吏典六條 束吏, 88쪽.

51 《譯註牧民心書》III, 戶典六條 平賦 上. 114쪽.

52 조선 후기 계방에 대해서는 김형기, 〈조선후기 계방의 운영과 부세수취〉, 《한국사연구》 82(1993); 송양섭, 〈조선후기 지방재정과 계방의 출현—제역 및 제역촌과 관련하여〉, 《역사와 담론》 59(2011) 참조.

53 《譯註牧民心書》III, 戶典六條 平賦 上, 123쪽.

를 내려 한 필의 말과 한두 명의 수행원만 거느리며 군관을 대동하지 않도록 규제하였지만,[54] 정약용의 판단에는 숙종 때보다도 이미 10배 이상 크게 행해지고 있었다. 그는 민폐를 떠나서 그 예가 왕과 비슷하다면서, 왕이 거동할 때에도 오영(五營)의 행진(行陣)을 제외하면 거마와 호위병, 수행원들이 5리(里)를 뻗지 못했는데 감사의 순력 행차가 이것과 별반 차이가 없다고 주장하였다.[55]

이러한 상황에서 순력의 본래 목적이 제대로 달성될 리 없었다. 정약용은《다산필담》에서 수령이 감사의 순력에 맞춰 기름지고 연한 소를 잡아 접대하니 감사가 크게 칭찬하고 고과를 최고로 매겼다는 사실을 인용하며, 속습(俗習)이 이 지경에 이르렀으니 수령 노릇하기도 어렵다는 조소 섞인 한탄을 하였다.[56] 감사가 사사로운 감정에 빠져 공정한 고과를 수행하지 못하던 현실을 비판한 것이다. 정약용은 백성의 삶은 수령의 좋고 나쁨에 달려 있고, 수령의 좋고 나쁨은 감사의 포폄에 달려 있으므로 고과는 천명과 인심 향배의 기틀이 될 뿐 아니라 나라의 안위를 가르는 것이라고 할 만큼 감사의 고과 업무를 중시하였다.[57]

감사로 인한 재정적 부담은 비단 영송과 순력에서만 발생하는 것이 아니었다. 감사가 감영에서 평시 업무를 보는 중에도 군현에서는 여러 비용을 지불하고 있었다. 우선 상시적인 비용으로 영주인(營主人) 유지를 위한 역가(役價)와 진상가미(進上價米)를 들 수 있다. 영주인은 특별한 관자(關子)가 있으면 사람을 고용하여 고을에 발송하고, 선물할 것이 있으면 감사에게 전달하는 역할을 하는 자였다. 영주인의 직무는 경주인과 비교하면 수고랄 것도 없을 만큼 소략했다. 정약용에 따르면 본래 영

54 《承政院日記》 297책, 숙종 9년 1월 19일.

55 《譯註牧民心書》 Ⅲ, 禮典六條 賓客, 264쪽.

56 《譯註牧民心書》 Ⅲ, 禮典六條 賓客, 263쪽.

57 《譯註牧民心書》 Ⅱ, 吏典六條 考功, 162쪽.

주인은 보잘것없는 자들이 행하는 자리였기 때문에 수십 년 전만 해도 영주인 자리의 매매가도 200냥에 불과했으나, 19세기에는 8,000냥까지 올랐다.[58]

비싼 비용을 들여서라도 영주인이 되려 한 것은 그만큼 많은 경제적 이익을 얻을 수 있기 때문이었다. 영주인은 군현으로부터 역가를 지급받았는데, 강진을 예로 들면 역가로 책정된 금액이 재원이 미(米) 90석에 달하였다. 이것은 업무가 훨씬 많은 경주인에게 지급되는 역가 60석보다도 50% 이상 많은 액수였으며, 강진에서 지급하는 역가 중에서도 가장 높은 것이었다. 게다가 이 역가는 수령이 바뀔 때마다 어렵지 않게 인상되었기 때문에 군현의 재정 운영에 큰 부담이 되었다.[59]

역가 외로 영주인의 업무를 위해 지급되는 진상첨가미(進上添加米)도 90석이나 책정되어 있었다. 첨가미는 감사의 공억(供億)을 마련하기 위한 비용으로 사용되었다. 처음에는 삭선(朔膳)에 쓰이는 물품만을 영주인에게 요구하였는데, 점차 감영에서 필요한 온갖 물품까지 영주인에게 부담 지우면서 그 비용이 크게 늘어난 것이다. 정약용은 대동법 시행 이후 토산물을 진공하던 폐단이 거의 사라져서 감사의 삭선 명목으로 두서너 가지를 바치는 것이 전부였으며 이마저도 저치미로 값을 받았는데, 감사의 요구가 늘면서 진상가미(進上價米) 위에 첨가미(添加米)가 또 생겨났다고 해석하였다.[60]

군현에서 많은 비용을 지불하면서까지 영주인역가와 진상가미를 마련했던 이유는 감사의 염문(廉問)이 두려웠기 때문이었다. 감사는 측근이나 감영의 서리를 군현에 보내 염문을 하였는데, 수령들은 염문으로

---

58 《經世遺表》卷7, 地官修制 田制.

59 《經世遺表》卷7, 地官修制 田制.

60 《經世遺表》卷7, 地官修制 田制.

관직을 잃거나 처벌을 받을까 항상 경계하였다.[61] 일부 감사 중에는 본래 친하던 수령의 문제를 일부러 찾아내 자신이 공정하다는 명성을 얻으려는 경우도 있었다.[62] 이로 인해 수령들은 염문이 오기 전에 미리 감사와의 관계를 원만히 하려 많은 공물을 바칠 수밖에 없었다. 또한 영주인의 미움을 받은 수령은 고과(考課)가 최하로 매겨져서 관직을 잃고 돌아가는 경우가 빈번했기 때문에 영주인에게도 소홀할 수 없었다.[63] 일례로 강진현감 이모(李某)는 영주인에게 밉보여 고과가 하고(下考)로 떨어졌고, 해남현감 장모(張某)는 쫓겨나기까지 하였다. 군현에서는 영주인을 감사보다도 더 두려워해서 그가 말하는 일을 율령같이 받들고 있다는 말이 나올 정도였다.[64] 한편, 과도한 역가와 진상가미는 어사가 적발하더라도 감사가 다시 복구시켰기 때문에 별다른 효과가 없었다.[65]

감사의 공억(供億)이 증가하는 요인에는 감사의 가족들이 함께 임지에서 거주하는 권솔이 크게 작용하였다. 감사 가족의 생활에 필요한 생필품뿐 아니라 진귀한 물품까지도 군현에 바치게 하면서 부담이 커져 갔다. 정약용은 이 제도가 마치 나라의 공물과 같은데 감사에게는 선혜청(宣惠廳)이 없어서 공인(貢人)에게 의지할 수 없기 때문에 영주인이 모든 업무를 책임진다고 하였다. 군현에서는 영주인의 환심을 사기 위해 역가를 올려 주고, 그를 통해 감사에게 아첨하는 형국이었다.[66]

감사 가족에게 소요되는 비용은 한두 가지가 아니었다. 정약용은 감사 가족의 관청 · 저택 · 제반 용구와 좌우의 시중이나 음식 · 거마 · 의복 등 위의(威儀)의 성대함이 임금에 견줄 만하고, 체모의 존귀함이 대신(大

61 《經世遺表》卷7, 地官修制 田制.

62 《譯註牧民心書》I, 奉公六條 禮際, 241쪽.

63 《經世遺表》卷7, 地官修制 田制.

64 《譯註牧民心書》II, 戶典六條 稅法 下, 249쪽.

65 《經世遺表》卷2, 秋官刑曹 刑官之屬.

66 《譯註牧民心書》II, 戶典六條 稅法 下, 248-249쪽.

臣)보다 더하다고 비판하였다. 군현에서 떠받들고 공궤하는 것이 조금이라도 부족할 경우에는 해당 수령을 파출시키기도 하였다. 이에 고을 수령들이 벌벌 떨며 감히 비용을 아끼지 못하다가 일이 지나가고 나서는 사용한 비용을 아깝게 여겨 그 부담을 백성에게 돌리니, 이것이 민고가 생겨난 이유라고 하였다. 또한 감사의 복정(卜定)은 강제 배정이 아닌 것이 없는데, 받는 것은 지나치게 많고, 물건 고르기는 지나치게 까다로워서 수령이 감당할 수 없게 되자 민고를 만들었다고 보았다.[67]

감사의 영송이나 순력, 진상 등에 쓰이는 비용은 그나마 공적인 비용으로 볼 수 있겠으나, 감사가 사사로이 축재하는 문제는 그 성격이 달랐다. 정약용은 백성에게 있어 폐단의 근원을 조정 권력자들이 뇌물을 받는 일 · 감사가 스스로 축재하는 일 · 수령이 이익을 나누는 일 등 세 가지로 규정할 만큼 감사의 축재는 심각한 수준이었다.[68]

감사가 축재하는 방법은 여러 가지가 있었는데, 그중에서도 가장 흔한 것이 증고(增估)였다. 증고는 감사가 중앙에 납부할 곡식을 마련하면서 정부에서 정해준 상정가와 각 군현의 시가 차이를 이용하여 차액을 축재하는 것을 말하였다. 예를 들어, 어떤 아문의 곡식 2,000석을 상정례에 따라 작전(作錢)하면서 상정가가 쌀 1석에 3냥이고, 시가가 1석에 5냥일 경우, 감사는 백성에게는 시가에 따라 징수하고 아문에는 상정례에 따라 작전가를 주면서 약 4,000냥을 축재할 수 있었다.[69] 고을의 물가를 이용한 축재는 이뿐이 아니었다. 다음 인용문을 살펴보자.

감사가 여러 고을에 달마다 물가를 보고하도록 하여 곡가(穀價)의 높고 낮음을 상세히 알고서, 이에 장사치 노릇을 한다. 만약 벼 1석의 시가가 갑현에서는 7전이고

67 《譯註牧民心書》Ⅲ, 戶典六條 平賦, 111쪽.

68 《譯註牧民心書》Ⅱ, 吏典六條 束吏, 91쪽.

69 《譯註牧民心書》Ⅲ, 戶典六條 穀簿, 17쪽.

읍현에서는 1냥 4전(산간 고을과 연해 고을은 그 풍흉이 같지 않다)이면 읍현의 벼 2천 석을 취하여 팔아서 돈 2,800냥을 만들어 그 반(1,400냥)은 자기가 훔쳐 먹고 나머지 반(1,400냥)은 갑현에서 곡식을 사들여 다시 벼 2,000석을 만든다. 이것이 이른바 이무(移貿)요, 이것이 이른바 입본(立本)이요, 이것이 이른바 보속(步粟)이다. 감사의 녹봉이 본디 박한 것이 아닌데도 차마 장사치 노릇을 하여 백성의 기름을 짜내고 나라의 명맥을 상하게 하니 딴 것이야 말할 것이 있겠는가. 한 해에 돈 십만 관 또는 백만 관(貫)을 얻어 스스로 축재하면서도 만족할 줄 모르고, 쌀을 방출하는 고을에서는 비싼 값으로 돈을 거두고 쌀을 수매하는 고을에서는 싼 값으로 돈을 푸니 백성의 피해가 어찌 그치겠는가.[70]

농업사회였던 조선에서는 산간과 연해 고을의 토질과 풍흉이 달랐기 때문에 곡물가의 차이가 심하게 벌어지는 경우가 있었다. 도내 군현에 대한 통솔권을 가지고 있던 감사가 매달 각 군현의 물가 상황을 보고하도록 하고 곡가(穀價)의 고저(高低)에 따라 곡식을 매매해 그 수익을 취하였다. 이러한 방식에는 이무(移貿)·입본(立本)·보속(步粟) 등이 있었는데, 모두 감사가 가진 정보력을 악용한 전형적인 모리(謀利) 행위였다. 정약용은 이러한 감사의 대담한 행태에 대해 일반 도둑은 배우지 못한 오만한 자일뿐이라며 수령은 작은 도적, 감사는 큰 도적이라고 비판하였다. 그러면서 그는 '큰 도적을 제거하지 않으면 백성이 다 죽을 것'이라고 경고하였다.[71] 감사의 이 같은 행동은 농민들의 자발적 교환과 곡물 비축을 모두 저해하면서 민생을 더욱 어렵게 만들고 있었다.

요컨대, 정약용이 진단한 감사의 문제는 크게 영송과 순력에 소요되는 비용, 감사의 공억 비용, 감사와의 원만한 관계를 유지하기 위한 영주인역가와 진상가, 감사의 사사로운 축재 등으로 정리할 수 있다. 정약용

70 《譯註牧民心書》Ⅲ, 戶典六條 穀簿. 13쪽.

71 《茶山詩文集》卷12, 監司論.

이 지적한 문제들은 감사의 고유한 업무 과정에서 발생하는 것들이 아니라, 감사 개인을 위해 소요되는 재정적인 부분에 집중되었다. 달리 말하면, 정약용은 감사의 고유한 기능과 업무를 전적으로 부정한 것이 아니라, 그 운영과정에서 발생하는 불필요한 비용과 부정한 축재를 문제로 보고 이를 단속하고자 했던 것이다.

4. 고제 복구와 상호견제를 통한 감사 역할론

정약용이 현실 문제에 대응하는 방법은 사안에 따라 크게 달라졌다. 국가 차원의 제도 문제에 있어서는 고제(古制), 특히《주례(周禮)》를 모범 삼아 근본적인 개혁을 도모하였고, 지방 차원에서 발생하는 문제에 대해서는 고제(古制)를 준수하면서도 지역사회의 현실에 맞게 변형하여 운용하는 방식으로 해결하려 하였다. 정약용은 감사제의 올바른 정립을 위해 고제(古制) 복구를 통한 방법을 모색하였다. 그는 감사제가 처음 설치되었던 취지에 맞게 회복되어야 한다고 보았다. 이를 위해서는 감사의 본래 역할인 순찰 업무에 집중하게 하는 것이 급선무였다.《경세유표》에서 제시한 정약용의 생각을 들어 보자.

> 살피건대, 감사의 직을 관찰사라 호칭하면서 순찰사를 겸임하고 있으니 대저 관찰이 곧 순찰인데 겹쳐서 일컫는 것은 무슨 뜻인가? 이제부터는 관찰을 버리고, 다만 순찰사라 칭하여 순찰하는 일에 전념하도록 함이 마땅하다. 그리고 별도로 판관을 두는 이유는 감사가 순행하는 것을 직무로 하여 거처를 정하지 않기 때문이다. 나는 또 생각하니, 감사가 솔권(率眷)하기 시작한 이래로 온갖 폐단이 어지럽게 일어나서 한 가지 일도 거행되지 않고, 봄가을 순행도 걸치레뿐이다. 이제부터는 감사가 솔권하는 법을 영원토록 철폐함이 마땅하다.[72]

정약용은 감사의 직(職)을 관찰사와 순찰사로 겸칭하는 것이 이유가 없다며 앞으로는 순찰에 전념하도록 관찰사라는 이름을 버리고 순찰사로만 부를 것을 제안하였다. 감사에게 별도의 판관을 둔 이유도 순행을 직무로 여겨 거처를 정하기 않기 때문이라며 순행에 집중해야 하는 당위성을 강조하였다. 또한 그는 감사가 순행을 형식적으로 하게 된 계기가 가족을 임지로 데려가기 시작한 권솔로 보고, 이를 영원히 철폐할 것을 주장하였다. 앞서 살펴보았듯이 감사의 권솔은 순행뿐 아니라 재정적인 문제도 심각했기 때문에 강력하게 폐지를 주장하였다.

이러한 견해는《목민심서》에서도 그대로 드러난다. 그는 조선의 감사제도가 본래 한(漢)나라 자사(刺史)와 같아서 거주에 일정한 진(鎭)이 없고 두루 순찰하는 것이었다고 밝히면서, 지금 영리(營吏)들이 모두 군현에서 번상(番上)하게 된 것도 이전 감사가 열읍을 순행할 적에 이르는 고을의 아전을 영리(營吏)로 삼던 관행 때문이라고 설명하였다. 또한 근무지에서 어머니를 받들고 아내를 데려와 사는 것이 순찰이 형식화된 원인이라고 보았다. 그런데 주목할 점은 사신(使臣)인 감사가 주목(州牧)[73]을 겸하게 되면서 한곳에 머무르기 시작했다고 밝힌 점이다. 거처가 일정해지면서 도내를 두루 살필 생각을 안 하다가 2년이 지나면 교체되어 가는 것이 문제였다.[74] 감사는 본래 한곳에 머무는 것이 아니라 현실적으로 전국을 직접 순행할 수 없는 왕을 대신하여 도별로 나뉘어 1년간 순행하며 왕의 업무를 대행하는 존재였다. 감사의 거주지를 감영(監營)이라고 하지 않고 순영(巡營)이라 부르던 것도 감사의 업무 형태와 관련되어 있었다. 그런데 어느 순간부터 각 도의 큰 고을 지방관을 겸임하면서 어쩔 수 없이 한곳에 머무르기 시작한 것이다.

---

72 《經世遺表》卷3, 天官修制 郡縣分隸.

73 정약용은 平壤府尹과 公州牧使를 예로 들었다.

74 《譯註牧民心書》II, 吏典六條 察物, 156쪽.

요컨대 정약용은 감사의 순찰 업무를 강화하기 위해 고제(古制)에 따라 일정한 거처가 없는 순영의 형태로 돌아갈 것을 주장하였다. 이렇게 되면 자연스럽게 권솔하는 관행도 사라질 것이며 감영에 머물면서 발생하였던 여러 의례적인 문제도 해소할 수 있었다. 한편, 감사를 한곳에 머무르지 않게 하고 순찰 업무에 집중시킨 것에 반해, 수령의 경우 임기를 6년으로 정하여 오랫동안 한 지역을 다스려야 한다고 보았다. 당시 수령이 길어야 2년 안에 교체되는 바람에 군현에서 오래된 이민(吏民)들에 대한 계책도 없고, 고공도 의미가 없다는 것이 이유였다.[75] 이것은 지방의 실질적인 통치자로서 수령과 왕의 사신으로서 감사를 구분하는 정약용의 인식을 잘 보여 준다.

감사가 순찰 업무에 전념하기 위해서는 감사 접대에 막대한 재원을 지출하던 군현의 부담을 줄여 줄 대책이 반드시 뒤따라야 했다. 감사의 근무 형태가 유영(留營)으로 바뀌면서 순찰 횟수는 줄어들었지만, 접대에 따른 부담은 오히려 늘었다는 사실을 앞서 살펴보았다. 정약용은 군현의 감사 접대를 줄이는 방법으로 의례와 품절을 중시하는 방안을 제시하였다. 그는 "빈(賓)은 오례(五禮) 중 하나로 빈객을 대접하는데 희뢰(餼牢)의 물품이 너무 후하면 재물을 낭비하는 것이고 너무 박하면 환대하는 뜻을 잃는 것"이라며 빈객의 중요성과 더불어 대접에 있어서 중도(中道)를 강조하였다. 그러면서 그는 선왕(先王)이 절도에 맞는 예를 만들어 후한 경우라도 예를 넘을 수 없게 하고 박한 경우라도 예보다 줄일 수 없게 하였음을 밝히면서, 그 예를 제정한 본뜻을 소급하여 문제를 해결하고자 하였다.[76]

정약용은 육경(六經)을 꼼꼼히 검토하여 《제례고정(祭禮考定)》을 집필

---

75 《譯註牧民心書》II, 吏典六條 考功, 161쪽.

76 《譯註牧民心書》III, 禮典六條 賓客, 256쪽.

하면서 각 등급에 따른 음식을 제정하였다.[77] 그는 이 저술에 대해 까마득한 수천 년 동안 분분하게 수백 가지로 변한 예에 대해 앞사람들이 언급하지 못했던 것을 드러냈다며 스스로 자부심을 가지고 있었다.[78] 옛 연향(燕饗)의 찬(饌)에는 다섯 등급이 있어서 위로는 천자부터 아래로 삼사(三士)에 이르기까지 길흉에 사용하는 것이 이것을 벗어날 수 없었다. 5등급은 태뢰(太牢) 2등급과 소뢰(小牢)·특생(特牲)·특돈(特豚)으로 나뉘었는데, 태뢰 상(上)은 천자와 제후의 예, 태뢰 하(下)는 공(公)이 대부(大夫)를 대접하는 예, 소뢰는 대부(大夫), 특생(特牲)은 사(士)의 예였다.[79] 여기서 특돈(特豚)이 누구의 예인지 정확히 명시하지 않았으나 문맥상 사(士) 이하가 나올 차례이고, 《목민심서》 부임육조(赴任六條)에서 수령의 자제나 친척·빈객으로 따라온 사람에게 특돈(特豚) 소품(小品)을 사용한다 한 것으로 보아 일반 백성을 대접하던 예로 보인다.[80]

정약용이 각종 예(禮)를 정리한 된 계기에는 과도한 감사 접대에 대한 현실 인식도 중요하게 작용하였다. 그가 《제례고정(祭禮考定)》을 집필하면서 친형 정약전(丁若銓)에게 보낸 편지에는 강진에서 감사의 순력에 접대하는 음식이 태뢰의 3배가 넘는다는 점을 중요하게 지적하고 있으며[81], 《제례고정(祭禮考定)》을 완성한 후 두 아들에게 보낸 편지에도 예(禮)의 필요성을 설명하는 예시가 감사 접대에 태뢰의 5배가 넘는 비

---

77 《茶山詩文集》 卷16, 墓誌銘 自撰墓誌銘.

78 《茶山詩文集》 卷20, 書 答仲氏.

79 《譯註牧民心書》 III, 禮典六條 賓客, 258-259쪽. 《牧民心書》 赴任六條에서는 5등급을 太牢·小牢·特牲과 함께 特豚을 둘로 나누어 特豚 3鼎과 特豚 1鼎으로 구분하였고(《譯註牧民心書》, I, 赴任六條 上官, 55면), 앞서 제시한 丁若銓에게 보낸 편지에서는 太牢를 12鼎·9鼎·7鼎으로 上中下 3등급으로 나누었다(《茶山詩文集》 卷20, 書 答仲氏). 정약전에게 보낸 편지에서는 스스로 수정이 덜 되었음을 밝히고 있기 때문에 정확한 사실이 아니라고 볼 수도 있지만, 같은 《牧民心書》 내에서 5등급에 대한 분류 기준이 다른 것은 다소 이해할 수 없는 부분이다. 이에 대해서는 추후 정약용의 禮 논의를 종합적으로 검토하여 논의할 필요가 있다고 여겨진다.

80 《譯註牧民心書》 I, 赴任六條 上官, 54-55쪽.

81 《茶山詩文集》 卷20, 書 答仲氏.

용을 지출한다는 것이었다.[82] 10배[83] · 5배 · 3배라는 표현의 차이가 있지만 순력시 감사 접대가 태뢰(太牢), 즉 천자나 제후의 예보다도 많다는 사실은 공통적으로 지적하고 있는 부분이다.

정약용은 《국조오례의(國朝五禮儀)》에서 정한 것이 너무 박하고 검소하여 인정에 가깝지 않았기 때문에 이 지경에 이르게 되었다며, 삼대(三代)의 전장(典章)을 상고하지 않고 경솔하게 법제를 세운 것이 문제의 원인이라고 보았다.[84] 그는 태뢰(太牢)나 소뢰(小牢)의 명칭은 세상이 다 아는 것이지만, 오직 소 한 마리, 양 한 마리, 돼지 한 마리를 태뢰라 하고, 양 한 마리, 돼지 한 마리를 소뢰라 한다는 것만 알고 있을 뿐, 그 변두(籩豆) · 궤형(簋鉶)의 정연함에 대해서는 알지 못한다며,[85] 세부적인 준칙을 복구하는 것을 목표로 삼았다. 〈표 1〉은 정약용이 정리한 고례(古禮)에 따른 연향(燕饗)의 5등급을 도식화한 것이다.

정약용은 고례(古禮)에 천자의 사신이 제후의 나라에 가면 그 향연을 태뢰로 했는데, 우리나라의 의례는 천자에서 한 등급을 낮춘 것이므로 감사가 순행을 위해 관내에 도착하면 원칙상은 소뢰에서 더할 수 없다고 하였다.[86] 정약용의 이러한 인식은 감사를 천자가 제후 나라에 보내는 사신과 같이 여겼다는 점에서 흥미롭다. 그러나 그가 무조건적으로 소뢰만을 고집했던 것은 아니었다. 그는 수령이 소뢰로서 감사를 대접하는 것이 가장 좋은 방법이지만, 만일 그렇지 못할 경우에는 본현(本縣) 등록(謄錄)에서 가장 박한 예를 취용하는 것이 차선이고, 그것도 어렵다면 중간의 예를 쓸 것을 제안하였다. 만일 이마저도 넘는다면 비루하고 아첨하는 사람이니, 음식으로 사람을 섬긴다는 것은 내가 알지 못한다며 일

82 《茶山詩文集》卷21, 書 寄兩兒.

83 《譯註牧民心書》Ⅲ, 禮典六條 賓客, 257쪽.

84 《譯註牧民心書》Ⅲ, 禮典六條 賓客, 257쪽.

85 《茶山詩文集》卷21, 書 寄兩兒.

86 《譯註牧民心書》Ⅲ, 禮典六條 賓客, 258-259쪽.

〈표 1〉 고례(古禮)에 따른 연향(燕饗)의 찬(饌) 5등급

등급	적용대상	품목		
		鼎	爵	食
太牢 上	天子 · 諸侯	9	9 혹은 7 · 5	8簋 · 7鉶 · 9俎 · 8豆 · 8籩
太牢 下	公이 大夫를 대접	7	3	6簋 · 5鉶 · 7俎 · 6豆 · 6籩
小牢	大夫	5	3	4簋 · 3鉶 · 5俎 · 6豆 · 6籩
特牲	士	3	3	2簋 · 3鉶 · 3俎 · 4豆 · 4籩
特豚	일반 백성	1	1	2簋 · 1鉶 · 1俎 · 2豆 · 2籩

* 典據: 《譯註牧民心書》, III, 禮典六條 賓客.

갈하였다.[87] 이것은 그가 고례(古禮)를 중시하면서도 현실적인 상황을 고려하여 융통성 있는 운영을 도모하였음을 보여 준다.

그가 감사에게 적용한 소뢰에 있어서도 본래는 〈표 1〉과 같이 규정돼 있었으나[88] 두(豆)는 이어(酏魚)와 삼육(糝肉) 등과 같은 두 가지 품목에 한해 추가할 수 있었고, 변(籩)도 연이(蓮飴)와 율고(栗餻) 등과 같은 두 가지 품목을 추가할 수 있었다. 이에 대해 정약용은 수령의 녹봉이 경관(京官)보다 후하기 때문에 두(豆)와 변(籩)을 추가할 수도 있다고 설명하였다.[89]

절용을 실현하기 위해서는 제도적 규제뿐 아니라 감사 스스로의 노력도 중요하였다. 정약용은 순행을 하며 화문석에 앉은 일이 없었다는 평안감사 정응두(丁應斗)의 사례와 순행할 적에 반찬을 두 접시만 놓게 하고 어기는 자는 죄를 물었다는 황해감사 정옥(鄭玉)의 사례를 들며 감사의 도덕성도 크게 강조하였다.[90]

정약용이 감사제를 고제(古制)에 따라 복구하려 했던 것은 군현의 실질적인 통치자인 수령을 규찰하여 지방사회의 안정을 도모하려는 의도에서였다. 따라서 비용 문제를 해결하는 것 이상으로 수령을 규찰할 방

87 《譯註牧民心書》 III, 禮典六條 賓客, 258-259쪽.

88 食의 4簋는 1飯 · 1麵 · 2餅으로 구성되었고, 菹 · 醢 등 물기 있는 것은 豆, 脯栗 등 마른 것은 籩으로 마련하였다(《譯註牧民心書》 I, 律己六條 節用, 185-186쪽).

89 《譯註牧民心書》 I, 律己六條 節用, 185-186쪽.

90 《譯註牧民心書》 I, 律己六條 節用, 184쪽.

안도 중요했다. 우선 정약용은 감사가 수령을 염문(廉問)할 때는 감영의 이서에게 절대로 시키지 말 것을 제안하였다. 이서들이 염문할 경우 형식적인 염문에 그칠 뿐 아니라 군현에 큰 재정적 부담만을 가져다준다는 것이 이유였다. 또한 수령 고과를 이서가 좌지우지하면서 수령 업무가 위축되는 것도 중요한 이유였다.[91]

정약용은 《운곡일초(雲谷日鈔)》에서 어사가 군현을 염문하는 방법을 예로 들며 감사의 염문에도 사용할 것을 제안하였는데, 그 내용은 다음과 같다. 어사가 마을에 숨어 다니면 부정을 살필 수 없고, 읍내에 몸소 들어가면 정체를 감출 수 없기 때문에 우선 영리한 수하를 보내 일찍이 수리(首吏)를 지내다가 자리를 잃고 좌절하여 현재의 수리와 앙숙인 자를 찾아내어 200리 밖에 가둔다. 그리고 며칠 후 옥에 찾아서 마패를 보이며 옥 안에서 수령의 허물과 아전들의 농간을 조목조목 적게 하는데, 이때 '네 죄는 죽어 마땅하지만 네가 만약 참된 마음으로 털끝만큼도 숨김과 속임이 없으면 네 죄를 모두 용서해 줄 것이나, 만약 조금이라도 숨김이나 속임 있다면 죽게 될 것'이라 하면 이 아전은 죽음 속에서 삶을 얻고 아울러 원수를 갚을 수 있으니 그 기록한 것이 조금도 틀림이 없을 것이라고 하였다.[92] 이러한 방식은 감사가 직접 군현에 들어가지 않고도 비교적 정확한 정보를 알 수 있는 방법이었지만, 내부에 위와 같은 상황의 아전이 존재해야 가능한 것이기에 모든 염문에 적용하기는 어려웠을 것으로 보인다. 정약용은 행대(行臺)[93]가 물정을 살피는 데에는 한(漢)나라 자사(刺史)의 6가지 조사 항목을 가장 좋은 법으로 보았는데, 그 항목은 다음과 같다.[94]

---

91 《譯註牧民心書》II, 吏典六條 察物, 151-152쪽.

92 《譯註牧民心書》II, 吏典六條 察物, 153?-154쪽.

93 行臺는 군현을 순행하며 수령을 규찰하는 감사를 말한다.

94 《譯註牧民心書》II, 吏典六條 察物, 154쪽.

1조. 강한 씨족과 토호들이 전택(田宅)을 제도에 넘치게 가지며, 강한 힘으로 약한 자를 능멸하고 다수의 힘으로 소수에 대해 횡포를 부리는 것.

2조. 이천석(二千石)[95]이 조서(詔書)를 받들지 않고 전제(典制)를 따르지 않으며, 공(公)을 어기고 사(私)를 도모하며, 부정한 행동을 하고 모리를 하며 백성을 침탈하고 재산을 함부로 거두어들이는 간악함을 행하는 것.

3조. 이천석이 의옥(疑獄)을 돌보지 않고 사나운 기세로 사람을 죽이며, 성나면 마음대로 형벌을 가하고 기분 좋으면 멋대로 상을 주며, 번거롭고 가혹하게 백성을 짜냄으로써 백성들의 증오 대상이 되고, 산이 무너지고 돌이 쪼개지며 요괴한 이변이 생기고 유언비어가 떠도는 것.

4조. 이천석이 관리 임용하는 일을 공평치 못하게 하고 자기 좋아하는 자에게 사정을 쓰며 어진 사람을 막고 나쁜 사람을 총애하는 것.

5조. 이천석 자제들이 세력을 믿고 실무 담당자들에게 청탁을 하는 것.

6조. 이천석이 공도를 어기고 아랫사람과 어울려 나쁜 짓을 하며, 강한 토호에게 아부하며, 뇌물을 통하고 정령(政令)을 훼손하는 것.

위 6항목은 모두 수령이 공적인 업무를 소홀히 했거나 업무의 연장선에서 부도덕한 행위를 했을 경우에만 해당됐으며, 수령의 업무 방식이나 자율성을 제약하지는 않았다. 정약용은 이 6항목은 큰 강령만을 취하였기 때문에 아랫사람을 침해하는 것이 없어서 수령된 자가 마음대로 자신의 뜻을 실현할 수 있을 것이라 하였다. 감사의 규찰도 중요하지만 수령을 지나치게 규제하여 업무를 방해하는 것 역시 지양하고자 한 것이다.[96]

정약용은 수령의 고공(考功)에도 심혈을 기울였다. 고공(考功)은 감사

95 二千石이란 祿俸의 다과에 따라 등급을 나눈 한나라 관직의 하나로서 조선과 비교하면 지방 수령을 의미한다.

96 《譯註牧民心書》II, 吏典六條 察物, 156쪽.

가 수령을 견제하면서 수령의 업무를 독려할 수 있는 가장 중요한 제도적 장치였다. 그는 자신의 저술인 〈고적의(考績議)〉의 내용을 인용하여,[97] "국가의 안위는 인심의 향배에 달려 있고, 인심의 향배는 생민(生民)이 잘살고 못사는 데에 달렸으며, 생민의 잘살고 못사는 것은 수령의 좋고 나쁜 데에 달렸으며, 수령의 좋고 나쁜 것은 감사의 포폄(褒貶)에 달렸으니, 감사의 고과법은 곧 천명과 인심의 향배의 기틀이 되는 것이요, 나라의 안위를 판가름하는 것이다"라고 할 만큼 국가의 안위를 위해 올바른 포폄을 가장 근본적인 출발점으로 인식하였다.[98] 그는 우리나라 고과법이 오직 세 등급으로만 나누어 너무 간략하면서도, 1년에 두 번이나 고과하는 것은 너무 잦다고 보았다. 요순시대에는 3년 이후에 그 공적을 따졌는데 요즘에는 반년 이내에 고과를 하니 옳지 않다는 것이었다. 정약용은 수령 고과를 9등급으로 나누어 연말에 한 번 하는 방안을 제시하였다.[99]

정약용이 제안한 고과(考課) 조례는 크게 율기(律己)・봉공(奉公)・애민(愛民)・육전[六典, 이(吏)・호(戶)・예(禮)・병(兵)・형(刑)・공전(工典)] 등 9가지 강(綱)으로 구분되었다. 그리고 9개의 각 강(綱)마다 6개 조목을 포함하여 모두 54개 조목이 되었다. 조정에서는 54개 조목을 열읍에 반포하여 성실이 준수하도록 하고, 수령은 그것을 시행하여 효과를 거둔 것이 있으면 27개 조목(각 강[綱]마다 3개 조목)을 갖추어서 감사에게 그 공적을 보고한다. 그러면 감사가 고과할 때 그중 9개 조목을 골라 살펴본 후 9등급으로 성적을 매겨 조정에 올리는 것이다. 9개 조목 가운데 잘한 것은 '장(臧)', 못한 것은 '부(否)'로 표기하는데, 9가지 모두 '장(臧)'이 된

---

97 《牧民心書》 吏典六條에서 인용하는 〈考績議〉의 내용은 현재 《與猶堂全書》 第1集, 詩文集 卷9, 議에 실린 〈考績議〉의 내용과는 다르며, 같은 책 疏에 실린 〈玉堂進考課條例箚子〉의 내용으로 구성되었다.

98 《譯註牧民心書》 II, 吏典六條 考功, 162쪽.

99 《與猶堂全書》 第1集, 詩文集 卷9, 疏 玉堂進考課條例箚子; 《譯註牧民心書》, II, 吏典六條 考功, 163쪽.

〈표 2〉 정약용이 구상한 고적계본(考績啟本) 예시

全羅道考績啓本之式 玉果縣監李某. 律己: 아침 일찍 관아에 앉아 치정하는 것이 엄숙하여 吏民들이 공경할 줄 알게 하였다. [臧] 奉公: 門樓에 올라가서 敎書를 반포하여 만백성에게 조정의 덕을 베푼 뜻을 알도록 하였다. [臧] 愛民: 버려진 아이 7명에게 유모를 대주어 양육하도록 했으며 늙은 홀아비 4명을 倉舍에서 부양하였다. [臧] 吏典: 간활한 아전 이모 · 김모가 나라를 좀먹고 백성을 해친 것을, 그 농간을 적발해서 법률에 비추어 처벌하자 모든 아전들이 손을 오므리게 되었다. [臧] 戶典: 동쪽 두 면의 漏田 12결을 조사해내었고 또 新起田 10결 20부를 밝혀냈다. [臧] 禮典: 백성들을 권유해서 冠婚喪祭의 예를 행하며 모두 한결같이 법제를 준수하도록 했다. [臧] 兵典: 스스로 熟銅 3백근을 마련하여 무기고에 저장해서 불의의 병란에 대비하였다. [臧] 刑典: 고을의 백성 박모가 살인을 하고 뇌물을 바쳐 사건이 밝혀지지 않고 해를 넘겼는데 지난 7월에 그 간악함을 들추어 처벌하매 백성들이 그의 밝음을 칭송했다. [臧] 工典: 관에서 田車 20량을 만들어 20개 마을에 나누어 주매 백성들이 모두 그것을 기뻐했다. [臧] 이상 아홉 가지 일이 모두 [臧]에 해당되었으니 〈상상〉으로 매긴다.

자는 '상상(上上)', 9가지 모두 '부(否)'가 된 자는 '하하(下下)' 등급이 되는 방식이었다.[100] 정약용이 구상한 고과 방식은 그 조례가 《목민심서(牧民心書)》의 9개 구성과 일치한다. 수령의 행동강령을 정리한 《목민심서(牧民心書)》의 내용을 토대로 그 평가 항목을 구성했다는 점에서 논의의 일관성을 보여 준다. 뿐만 아니라 수령이 직접 54개 조목에서 자신이 잘한 것을 뽑아 올리도록 한 것은 고과(考課)를 받는 수령의 부담을 줄여 줌으로써 자유로운 업무 활동을 보장하기 위한 방편이었으며, 수령이 감사에 의해 지나치게 제약받지 않도록 배려한 조치였다.

한편, 고적 등급을 정할 때는 각 도마다 군현 수에 따라 등급 정원을 제한하도록 하였다. 예를 들어 경기같이 37고을이면 상상과 하하에 각 1명씩, 상중과 하중에 각 1명씩, 상하와 하상에 각 2명씩, 중상과 중하에 각 4명씩, 중중에 21명을 두는 식이었다.[101] 이는 감사가 고적을 소홀히

100 《譯註牧民心書》Ⅱ, 吏典六條 考功, 164쪽. 정약용의 고과 조례는 《牧民心書》와 《與猶堂全書》의 내용에 다소 차이가 있는데, 이는 정약용이 〈玉堂進考課條例箚子〉를 작성하던 단계에서 생각했던 고과 조례가 이후 공부를 거듭하면서 일부 변하였고, 《牧民心書》를 저술하면서 《牧民心書》의 목차 구성에 맞게 수정되었기 때문으로 보인다.

101 《譯註牧民心書》Ⅱ, 吏典六條 考功, 167쪽.

하여 불성실하게 등급을 매기는 것을 방지하고 공정성을 유지하기 위한 조치였지만, 정약용의 기획대로 돼서 모든 수령이 업무를 잘 한다고 해도 누군가는 나쁜 등급을 받아야 하는 모순적인 상황이 벌어질 수도 있었다. 정약용은 《다산필담(茶山筆談)》을 인용하여 "물(物)이 고르지 못한 것은 물(物)의 이치이니, 한 대열의 사람이 모두 선할 것은 반드시 기필할 수 없어서 비록 대악(大惡)이 아니더라도 최하(最下)자는 있으며, 지선(至善)은 아니더라도 최상(最上)자는 있다"고 말함으로써 사람에게는 언제나 예외가 있음을 전제하였다.[102]

정약용은 감사가 순행과 고적을 통해 수령을 규찰하는 것을 중시하면서도 수령의 업무가 크게 제약을 받는 것은 철저히 경계하였다. 더불어 당시 감사가 강력한 권한에 힘입어 수령뿐 아니라 지방사회에 큰 해악을 끼치고 있다고 생각했기 때문에 그에 대한 견제책도 잊지 않았다.

우선 고공 과정에서 감사의 농단으로 수령이 피해 보는 것을 막기 위한 대책을 제시하였다. 정약용은 감사의 고공계(考功啟)와 함께 수령이 자기 치적을 기재한 주적장(奏績狀)을 모두 조정에 올리고, 이조에도 보내도록 하였다. 수령의 주적 장계는 감영에서 없애지 못하게 하였으며, 비록 9등급의 고과가 주적장(奏績狀)을 따르지 않았더라도 주적장을 반드시 조정에 올리게 하였다. 이렇게 하면 감사가 감히 실제 공적을 은폐하고 수령을 사사로이 깎아내리지 못할 것이라고 보았다.[103]

또한 3년마다 세 차례 고적을 받은 수령은 교체 여부를 물론하고 모두 상경하여 왕에게 직접 자신의 주적장을 보고하게 하였다. 이때 수령은 3년 동안의 주적장과 함께 3년 동안의 고공계(考功啟)도 모두 들고 들어가 임금에게 보고하며 물음에 답해야 했다. 정약용은 이를 요순이 매일 군목(群牧)을 만나던 법이라며 후세의 소활하고 해이한 법과는 다르

---

102 《譯註牧民心書》II, 吏典六條 考功, 168-169쪽.

103 《譯註牧民心書》II, 吏典六條 考功, 169쪽.

다는 점을 강조하였다.[104]

수령이 직접 왕과 대면하여 주적장과 고공계의 내용에 대해 해명하도록 하였지만, 만약 둘의 내용이 다를 경우 대책도 필요했다. 정약용은 이 문제를 해결하기 위해 어사제도를 적극 활용하여 검증할 것을 제안하였다. 암행어사 12인을 8도(道)에 파견하여 수령의 주적장과 감사의 고공계를 가지고 고을을 몰래 다니면서 그 허실을 살펴보고, 수령이 공적을 허위 보고하였는데 감사가 동조한 것이 있으면 탄핵하고, 실제 공적을 보고했는데도 감사가 제외한 것이 있으면 역시 탄핵하는 방안이었다.[105]

어사 파견은 비단 주적장과 고공계의 문제가 아니더라도 감사와 수령이 서로 공모하여 백성에게 피해를 주는 상황을 단속할 수 있는 방법이었다. 본래 어사는 3-4년에 한 번 보내는 것이나, 혹 5-6년 동안 보내지 않다가 7-8년 만에 보내기도 한다며, 이로 인해 수령과 향리가 모두 요행심이 생겨 부정을 저지르고도 드러나지 않기를 기대한다고 보았다. 이에 일정한 법을 정해 3년에 한 번 반드시 어사를 파견한다면 감사·수령·아전을 모두 단속할 수 있다고 확신하였다.[106]

마지막으로 정약용은 감사의 전횡을 견제하고 민의를 원활하게 수렴하기 위해 수령에게도 직계권을 부여하는 방안을 제안하였다. 조선은 수령에게 직계권이 없고, 감사만이 왕에게 직계할 수 있었기 때문에 중앙과 지방간의 연결은 감사를 통해서만 이루어졌다. 따라서 감사의 부정이나 불합리한 행정을 수령이 왕에게 보고하려 해도 절차상 쉽지 않았다. 정약용은 우리나라는 감사를 후원(喉院)으로 삼아 길을 막고 있어서 한 가지 일도 아뢰지 못하게 하니, 오직 삼사시종지신(三司侍從之臣)으로서 수령이 된 자만 상소하여 일을 논하는 것이 허락되고, 무신과 음직 수

104 《譯註牧民心書》Ⅱ, 吏典六條 考功, 169쪽.

105 《譯註牧民心書》Ⅱ, 吏典六條 考功, 169-170쪽.

106 《譯註牧民心書》Ⅱ, 吏典六條 考功, 170-171쪽.

령은 비록 큰 일이 있다 하더라도 스스로 아뢸 수 없으니 진실로 탄식할 일이라고 하였다. 이에 정약용은 중국에서는 주(州)의 판관도 천자에게 직접 상주(上奏)할 수 있다는 점을 근거로 대개 수령이란 옛날 제후이므로 사리에 맞는 일이 있어 주청(奏請)하게 되면 백성의 고통이 제거되고 혈맥이 통하게 될 것이니 수령에게 직계를 허용할 것을 주장하였다.[107]

요컨대, 정약용의 감사제 개선 방안은 고제(古制)를 회복하여 감사의 순찰 기능을 강화하는 것이었다. 순행 과정에서 발생하는 비용을 절감하기 위해 정해진 의례에 따라 접대하도록 하였으며, 더불어 감사의 순행을 저해하고 재정 지출을 늘리는 권솔은 폐지할 것 주장하였다. 감사의 존재 이유인 수령 규찰을 강화하기 위해 고적법을 정교하게 보완했으며, 고적 기준은《목민심서(牧民心書)》의 구성 요소를 그대로 반영함으로써 자신이 제시한 수령의 업무지침이 고적으로 인해 일관성을 잃지 않도록 하였다. 고적권을 가진 감사를 견제하고 수령의 자유로운 업무를 보장하기 위해 수령에게도 주적장을 조정에 올리도록 조치하였으며, 이를 검증하기 위한 어사제도도 강화하였다. 정약용은 당대의 감사제를 매우 부정적으로 인식하고 있었지만, 감사의 순기능은 국가 운영에 반드시 필요한 것으로 인식했기 때문에 제도적 장치를 통해 이를 보완하고자 하였다.《목민심서》를 통해 알 수 있듯이 정약용이 지역사회 안정을 위해 가장 중요하게 여긴 것은 수령이었다. 지역사회에서 유일한 실질적 통치자인 수령을 규찰하여 지역사회를 안정시키면서도, 그 권한을 이용해 수령과 군현에 피해를 끼치지 않도록 상호견제를 가능케 한 것이 정약용 구상한 감사론의 핵심이라 하겠다.

---

107 《譯註牧民心書》, III, 戶典六條 穀簿 下, 62-63쪽.

5. 맺음말

조선의 지방제도는 군현제를 기반으로 하였으며, 각 군현의 효과적인 통치를 위해 상위 행정단위로 8도(道)를 설치하였다. 각 도의 책임자로 임명된 감사는 행정권 · 사법권 · 군사권을 모두 가지면서 지역사회 내에서 막강한 영향력을 행사하였다. 특히 감사는 수령에 대한 감찰과 인사 평정 업무도 수행하고 있었기 때문에 수령은 감사에게 더욱 집중하지 않을 수 없었다.

18세기를 즈음하여 향촌사회에서 재지사족들의 지배력이 약화되고 수령권이 강화되는 일련의 흐름은 감사의 영향력도 함께 강화시켰다. 여기에 전세와 대동, 군역, 노비공 등 부세제도 운영 방식의 변화는 감사의 권한이 더욱 증가하는 계기가 되었다. 이러한 변화들에 조응하여 감사의 원활한 업무 처리를 보장하기 위해 임기가 1년에서 2년으로 연장되었으며, 임지(任地)에 가족을 함께 데려가는 권솔도 허용되었다.

감사의 권한은 점차 강화되었지만, 그에 따른 견제책은 달라진 것이 거의 없었다. 이에 지역사회에서는 감사로 인한 여러 가지 문제가 발생하기에 이르렀다. 정약용이 진단한 감사의 문제는 크게 영송과 순력에 소요되는 비용, 감사의 공억 비용, 감사와의 원만한 관계를 유지하기 위한 영주인역가와 진상가, 감사의 사사로운 축재 등이 있었다. 정약용이 지적한 문제들은 감사의 고유한 업무 처리에 있어서 발생하는 것들이 아니라, 감사 개인을 위해 소요되는 재정적인 부분에 집중되있다. 달리 말하면, 정약용은 감사의 고유한 기능과 업무를 전적으로 부정한 것이 아니라, 그 운영과정에서 발생하는 불필요한 비용과 부정한 축재를 문제로 보고 이를 단속하고자 하였다.

정약용의 감사제 개선 방안은 고제(古制)를 회복하여 감사의 순찰 기능을 강화하는 것이었다. 순행 과정에서 발생하는 비용을 절감하기 위해 정해진 의례에 따라 접대하도록 하였으며, 더불어 감사의 순행을 저해하고 재정 지출을 늘리는 권솔은 폐지할 것 주장하였다. 감사제의 존재 이유인 수령 규찰을 강화하기 위해 고적법을 정교하게 보완하였으며, 고적 기준은《목민심서(牧民心書)》의 구성 요소를 그대로 반영함으로써 자신이 제시한 수령의 업무지침이 고적으로 인해 일관성을 잃지 않도록 하였다. 고적권을 가진 감사를 견제하고 수령의 자유로운 업무를 보장하기 위해 수령에게도 주적장을 조정에 올리도록 조치하였으며, 이를 검증하기 위한 어사제도도 강화하였다. 정약용은 당대의 감사제를 매우 부정적으로 인식하고 있었지만, 감사의 순기능은 국가 운영에 반드시 필요한 것으로 인식했기 때문에 제도적 장치를 통해 이를 보완하고자 하였다.《목민심서》저술을 통해 알 수 있듯이 정약용이 지역사회 안정을 위해 가장 중요하게 여긴 것은 수령이었다. 지역사회에서 유일한 실질적 통치자인 수령을 규찰하여 지역사회를 안정시키면서도, 그 권한을 이용해 수령과 군현에 피해를 끼치지 않도록 상호견제를 가능케 한 것이 정약용 구상한 감사론의 핵심이었다. ■《민족문화연구》(고려대학교 민족문화연구원) 68(2015).

참고문헌

《經世遺表》.

《茶山詩文集》.

《與猶堂全書》.

《譯註牧民心書》.

《經國大典》.

《續大典》.

《承政院日記》.

강석화, 〈조선후기 지방제도의 운영과 정약용의 개혁안〉, 《한국학보》 65(1991).

______, 〈정약용의 지방제개혁안 연구〉, 《국사관논총》 34(1992).

김선경, 〈조선후기의 조세수취와 면리운영〉. 연세대학교 석사학위논문, 1984.

김인걸, 〈조선후기 향촌사회 변동에 관한 연구—18. 19세기 〈향권〉 담당층의 변화를 중심으로〉. 서울대학교 박사학위논문, 1991.

김준형, 〈조선후기 면리제의 성격〉. 서울대학교 석사학위논문, 1982.

김태웅, 〈조선후기 감영 재정체계의 성립과 변화—전라감영 재정을 중심으로〉, 《역사교육》 89(2004).

김형기, 〈조선후기 계방의 운영과 부세수취〉, 《한국사연구》 82(1993).

도주경, 〈18세기 내시노비 비총제의 시행과 운영〉, 《조선시대사학보》 88(2019).

박종수, 〈16 · 17세기 전세의 정액화 과정〉, 《한국사론》 30(1993).

송양섭, 〈19세기 양역수취법의 변화—동포제의 성립과 관련하여〉, 《한국사연구》 89(1995).

______, 〈균역법 시행기 雜役價의 詳定과 지방재정 운영의 변화—충청도 지역을 중심으로〉, 《한국사학보》 38(2010).

______, 〈조선후기 지방재정과 계방의 출현—제역 및 제역촌과 관련하여〉, 《역사와 담론》 59(2011).

______, 《균역법 시행과 균역청의 재정운영〉, 《영조의 국가정책과 정치이념》, 한국학중앙연구원, 2012.

이수건, 《한국중세사회사연구》, 일조각. 1984

이태진, 《한국사회사연구》, 지식산업사, 1986.

이존희, 〈다산 정약용의 지방행정개혁론〉, 《용암차문섭교수화갑기념논총》, 1989.

이진형, 〈다산 정약용의 외관제 개혁론—《경세유표》를 中心으로〉, 《한국사상사학》 48(2014).

이철성, 〈18세기 전세 비총제의 실시와 그 성격〉, 《한국사연구》 81(1993).

______, 《17-18세기 전정 운영론과 전세제도연구》, 선인, 2003.

임성수, 〈《탁지전부고》를 통해 본 호조의 재원 파악방식과 재정구조 변화〉, 《민족문화연구》 59(2013).

전형택, 《조선후기노비신분연구》, 일조각, 1989.

정선남, 〈18 · 19세기 전결세의 수취제도와 그 운영〉, 《한국사론》 22(1990).

정연식, 〈균역법 시행 이후의 지방재정의 변화〉, 《진단학보》 67(1989).

정진영, 〈조선후기 재지사족의 촌락지배와 그 해체과정〉, 영남대학교 박사학위논문, 1993.

조성을, 〈정약용의 지방제도 개혁론〉, 《동방학지》 77 · 78 · 79 합집(1993).

平木實, 《조선후기 노비제 연구》, 지식산업사(1982).

한상권, 〈조선시기 국가의 지방지배 연구현황—군현제 · 외관 연구를 중심으로〉, 《역사와 현실》 18(1995).

한영우, 《조선전기사회사상사연구》, 지식산업사, 1983.

지방행정과 향리관리

이주영

1. 머리말

조선의 지방통치는 국왕의 권위를 대신할 수령을 각 군현에 파견하는 방식으로 이루어졌다. 수령은 수령칠사(守令七事)를 바탕으로 향리의 보좌를 받아 업무를 수행했다. 향리는 수령과 지역민들 간의 소통을 주재하고 각종 실무를 담당했다.[1] 17세기 이후 각종 지방제도의 개편에 따

1 조선 전기의 향리 연구는 신분사, 향촌사회사 분야에서 이루어졌으며 대표적인 연구는 다음과 같다: 이성무, 〈조선초기의 향리〉, 《한국사연구》 5(1970); 한희숙, 〈조선초기의 잡류층에 대한 연구〉, 고려대학교 박사학위논문, 1990; 최이돈, 〈조선초기 향리의 지위와 신분〉, 《진단학보》 110(2010). 조선 후기 향리 연구는 신분제도 관련 서술보다 지방통치구조 내 향리의 존재, 향리의 폐단, 향리가계 등에 주목하였다: 김필동, 〈조선후기 지방이서집단의 조직구조〉, 상 · 하, 《한국학보》 8-3 · 4(1982); 장동표, 〈18 · 19세기 이액증가의 현상에 관한 연구〉, 《부대사학》 9(1985); 장동표, 〈19세기 지방재정운영의 구조에 관한 일연구〉, 《부대사학》 19(1995); 이훈상, 《조선후기의 향리》, 일조각, 1990; 권기중, 《조선시대 향리와 양반사회》, 경인문화사, 2010; 정성학, 〈조선후기 안동 상층 향리의 향직계승과 존재양상〉, 《한국사론》 60(2014); 정성학, 〈조선 후기 향역 이탈자와 그들의 대응—안동 권씨 동정공파 사례〉, 《조선시대사학보》 84(2018).

라 수령권이 강화되면서[2] 수령을 보좌하는 향리의 업무가 많아지고 향직(鄕職)도 함께 증가했다. 특히 부세 운영의 실무를 맡는 향리의 역할이 크게 중요해졌다.

향리는 향역을 세습하며 오랜 시간 지역에 존재해 왔으므로 짧은 임기로 다녀가는 수령이 통제하기 어려운 존재로 여겨졌다. 조정에서는 지방에서 발생하는 폐단의 원인이 향리에게 있다고 보았고, 능력 있는 수령을 파견해서 향리를 단속하고자 했다. 당대 학자들도 경사에 경사(經史)에 기록된 통치술과 자신의 경험을 담아 목민서를 간행하여 수령의 지방통치에 도움이 되고자 했다.[3]

정약용도 《경세유표》·《목민심서》·《흠흠신서》 등을 저술하여 수령의 지방통치와 향리 문제에 대해 논하였다. 특히 《목민심서》에서는 수령이 업무 수행 과정에서 향리를 이용하고 통제하는 방안을 비중 있게 서술하여 당대 지방행정과 향리 문제를 이해하는 데 많은 단서를 제공하였다. 그는 한 읍을 국가로 상정하고 수령과 향리의 관계를 제후와 신하[輔]의 관계로 설정하는가 하면, 지역에서 대대로 살아온 향리와 임기가 짧은 수령의 관계를 주인과 나그네로 묘사하면서 현장의 분위기를 담았다.[4]

정약용의 향리론은 《경세유표》와 《목민심서》를 다룬 여러 연구에서

---

2 김인걸, 〈조선후기 향촌사회 변동에 관한 연구—18, 19세기 '향권' 담당층의 변화를 중심으로〉, 서울대학교 박사학위논문, 1991; 고석규, 《19세기 조선의 향촌사회연구—지배와 저항의 구조》, 서울대학교출판부, 1998; 정진영, 《조선시대 향촌사회사》, 한길사, 1998; 노혜경, 《조선후기 수령 행정의 실제—황윤석의 《이재난고》를 중심으로》, 혜안, 2005.

3 김성준, 《목민심감 연구》, 고려대학교 민족문화연구소, 1990; 정호훈, 〈15-16세기 목민서의 전개와 목민학〉, 《한국사상사학》 36(2010); 김선경, 〈조선후기 목민학의 계보와 《목민심서》〉, 《조선시대사학보》 52(2010); 김용흠, 〈18세기 '목민서'와 지방통치—《목민고(牧民考)를 중심으로》〉, 《한국사상사학》 35(2010); 원재린, 〈《임관정요》에 반영된 향정론 계승양상〉, 《조선의 牧民學 전통과 牧民心書》, 景仁文化社, 2012; 원재린, 순암 안정복의 목민사상과 주요 목민책〉, 《한국실학연구》 25(2013); 원재린, 〈근기 남인계 목민학 전통과 《목민심서》〉, 《다산과 현대》 7(2014).

4 《牧民心書》 권1, 赴任六條 除拜.

간헐적으로 언급되고 있으나, 《목민심서》의 향리론을 집중적으로 분석한 연구는 많지 않다.[5] 이들은 대체로 삼정(三政)의 폐단과 향리와의 연관성을 바탕으로 정약용 향리론의 개혁성을 확인하는 데 집중하였다.[6] 혹은 《목민심서》의 향리론을 토대로 향리집단의 성격을 규명하려는 시도도 있었다. 이는 향리가 일으킨 문제를 신분제적으로 풀어 나가는 방식에서 나아가 향리의 폐단이 발생한 실질적인 원인을 알아보고자 했다는 점에서 의의가 있다.[7]

다만 《목민심서》의 향리론을 개혁의 의지가 없이 보수적이며 봉건적으로 평가하는 것은 재고의 여지가 있다. 이전에는 《경세유표》와 《목민심서》의 저술 의도가 다른 것을 감안하지 않고 같은 층위에서 분석하였기 때문에 《목민심서》에서 주장하는 논의의 핵심이 크게 드러나지 않았다. 향리론이 등장하게 된 사회적 배경을 충분히 설명하지 못했다는 문제도 있다.

이와 관련하여 정약용이 《목민심서》에서 지방사회의 모순을 해결하는 방법으로 무조건적인 원칙을 적용하기보다는 당대의 관례를 존중하여 '인시순속(因時順俗)'적 방법으로 해결하려 했다는 일련의 연구가 진행되었다.[8] 《목민심서》와 《경세유표》의 비교분석을 통해 《목민심서》의 저술 목적이 제도적인 개혁보다는 현실을 진단하고 그 안에서 수령이 취해

---

5 《목민심서》의 향리 관련 내용을 인용한 연구는 다양하다(장동표, 앞의 논문, 1985; 고석규, 앞의 책, 1998; 이진형, 〈다산 정약용의 향촌사회인식과 개혁 구상〉, 연세대학교 박사학위논문, 2017). 《목민심서》의 빈번한 인용은 정약용의 지방행정 경험과 현장 상황에 대한 묘사가 당시 사회를 이해하는 데 도움이 되는 것으로 평가되었음을 보여 준다.

6 김동수, 〈다산의 향리론〉, 《용봉논총》 13(1983); 윤문희, 〈다산의 '향리론' 연구—그의 〈향리작폐론〉을 중심으로〉, 숙명여자대학교 석사학위논문, 1987.

7 오동진, 〈19세기 향리제도의 구조적 모순과 개혁론—다산의 향리제 개혁론을 중심으로〉, 연세대학교 교육대학원 석사학위논문, 2001.

8 송양섭, 〈《목민심서》에 나타난 다산 정약용의 '인시순속'적 지방재정 운영론〉, 《다산과 현대》 7(2014); 송양섭, 〈다산 정약용의 수령 진휼론에 나타난 朱子賑法의 적용과 그 당대적 변용—《목민심서》 진황조의 분석〉, 《민족문화연구》 68(2015); 송양섭, 〈《목민심서》에 나타난 다산 정약용의 수령인식과 지방행정 운영의 방향〉, 《다산학》 28(2016).

야 할 태도를 제시하는 데 집중한 것임을 밝혔다는 점에서 의의가 있다.

《목민심서》 연구는 정약용의 개혁성에 중점을 두기보다, 그가 어떠한 사회적 배경에서 어디에 지향점을 두고 논의를 진행했는지 주목할 필요가 있다. 《목민심서》는 현실의 문제와 해결방안을 다루었고, 《경세유표》는 국가의 큰 틀을 구상하였기 때문에 논의의 층위가 다르지만, 전혀 다른 논의를 전개하고 있는 것은 아니다. 따라서 《경세유표》와 《목민심서》의 관련성에도 주목할 필요가 있다. 이와 더불어 동시대에 유포되었던 각종 목민서와 비교를 통해서도 《목민심서》의 의미를 살펴보아야 한다.

정약용의 향리론에 있어서도 향리 문제의 소재를 파악하고, 그의 지방행정 구상 내에서 향리의 역할과 위상이 검토되어야만 한다. 향리는 수령의 보좌역으로서 지방행정 체계에서 중요한 위치에 있었으며, 지역사회 내에서도 그들의 위상은 결코 무시할 수 없는 수준이었다. 수령과 향리의 적절한 관계 형성과 업무 통제는 지방행정의 성과를 좌우하는 중요한 전제조건이었다. 정약용은 향리의 업무 수행에서 벌어진 관행들을 묵인하는 한편, 이들의 행동을 철저하게 통제할 수 있는 운영 방안을 제시하였다. 본고에서는 18세기 이후 지방사회의 현실과 《목민심서》의 향리론을 면밀히 분석하여 정약용의 지방운영론과 관련한 향리의 역할과 위상, 관리 방안 등을 종합적으로 검토하고자 한다.

이 글은 크게 두 장으로 구성하였다. 첫 장에서는 18세기 지방제도의 변화와 향리 문제의 소재를 파악하고, 정약용의 향리 인식을 살펴보고자 한다. 여기서는 18세기 지방행정에서 향리의 역할과 폐단을 제시할 것이다. 두 번째 장에서는 정약용이 구상한 향리 업무의 개선 방안과 향리 통제책을 검토하려 한다. 정약용은 수령의 효율적인 업무수행을 위해 향리의 역할을 중요하게 인식하면서도 그들을 통제할 방안에 대해서도 심혈을 기울였다. 이 논의를 통해 《목민심서》의 지방운영론에 대한 이해가 보다 더 두터워지기를 바란다.

2. 향리 문제의 소재와 정약용의 향리 인식

1) 지방행정과 향리

조선의 지방통치는 각 군현에 배속된 수령과 각 도의 감사를 거쳐, 국왕으로 이어지는 중앙집권적 체계를 통해 이루어졌다. 수령은 향임과 향리의 보고를 받아 지역 상황을 파악했고, 이들을 관리 · 감독하는 방식으로 군현을 다스렸다. 직접 관리하기 어려운 부분은 재지사족에게 자치를 허용하며 도움을 받았다.[9] 수령은 지방에서 국왕의 권위를 대신했고, 향임 · 향리와의 관계는 국왕과 신하로 비유될 정도였다.[10]

수령의 권한은 17세기 이후 군현제 · 면리제의 정비와 부세수취제도의 변화에 따라 강화되었다. 조정에서는 오가작통제를 시행하여 면리를 재편하고 각 면리마다 면리임을 두어 수취과정에서 발생했던 각종 문제를 원활하게 해결하고자 했다. 이와 함께 관(官)의 영향력이 강화된 향청에 재지사족의 참여를 강제하여 강력한 중앙집권적 통치를 지향했다. 다만 조선 후기 향청이 수령의 지방통치를 보좌하는 하부조직과 같이 역할하면서 재지사족의 참여가 줄고, 주거 지역 공동체를 대변하는 중심처럼 변했다.[11]

조선 후기 지방통치제도의 정비는 부세제도 개편을 통해 구체화되었다. 조정에서는 경자양전을 시행하여 과세 가능한 토지를 확충하는 한편, 대동법과 균역법 시행을 통해 부세제도 전반을 쇄신하였다. 이 과정에서 전세를 비롯한 각종 부세 운영이 총액제적 방식으로 전환되면서 지

9 李樹健,《朝鮮時代 地方行政史》, 民音社, 1989, 333-337쪽.

10 《牧民心書》 권1, 赴任六條, 除拜.

11 정진영,《조선시대 향촌사회사》, 한길사, 1998, 538-540쪽; 오영교,《조선후기 향촌지배정책 연구》, 혜안, 2001, 164쪽.

방관청의 역할이 늘어났고, 수령의 권한은 더욱 강화되었으며, 이를 보좌하는 향리의 역할에도 변화가 생겼다.[12]

향리는 관청 주변에서 대를 이어 살며 각종 문서작성, 계산, 법률 등의 지식을 익히고 향역을 세습하는 집단이었다.[13] 조선 후기 향리 조직은 주로 호장(戶長)을 비롯한 육방(六房)과 여러 색리(色吏)로 구성되었다.[14] 조직의 대표인 삼공형(三公兄)은 호장(戶長)·이방(吏房)과 함께 수형리(首刑吏)나 각 지방별로 중요한 직임을 담당한 향리가 수행하였다. 이들은 향리 조직을 통솔하였지만 육방과 색리의 업무를 결재하는 상관은 아니었다.[15] 향리 업무 수행의 핵심은 이·호·예·병·형·공으로 구성된 육방(六房)이었다. 이방(吏房)은 향역의 차정이나 군현의 제반업무를 감독하였고, 호방(戶房)은 재정출납, 예방(禮房)은 제사와 의례, 병방(兵房)은 군무(軍務) 및 군정(軍丁), 형방(刑房)은 군현 치안, 공방(工房)은 일용잡물(日用雜物)에 관한 일을 담당했다.[16] 색리(色吏)는 대표적으로 대동색·균역색·호적색·민고색 등이 있었고, 모든 지역에 동일하게 설치되지는 않았다.[17]

향리는 군현의 일반 행정부터 상공(上供), 조운(漕運), 영송(迎送)업무까지 담당하였다. 군현의 일반 행정에는 수령의 고유권한인 형벌권과 군

---

12 한영국, 〈대동법의 실시〉, 《한국사》 13(1976); 정연식, 〈균역법 시행 이후의 지방재정의 변화〉, 《진단학보》 67(1989); 김옥근, 1984, 《조선왕조재정사연구》, I · II · III, 일조각; 이철성, 〈18세기 전세 비총제의 실시와 그 성격〉, 《한국사연구》 81(1993); 송양섭, 〈19세기 양역수취법의 변화—동포제의 성립과 관련하여〉, 《한국사연구》 89(1995); 〈조선시대 관권과 사족, 타협과 충돌〉, 《역사비평》 65(2003); 〈조선후기 지방재정과 계방의 출현—제역 및 제역촌과 관련하여〉, 《역사와 담론》 59(2011b); 〈18세기 비총제의 적용과 제민정책의 추진〉, 《한국사학보》 53(2013); 손병규, 《조선왕조 재정시스템의 재발견—17-19세기 지방재정사 연구》, 역사비평사, 2008.

13 《經國大典》 〈吏典〉.

14 권기중, 앞의 책, 2010, 16-24쪽.

15 이훈상, 《향리의 역사서 《掾曹龜鑑》과 그 續篇을 편찬한 상주의 향리 지식인 李明九 가문과 그들의 문서》, 서강대학교 인문과학연구소, 1992, 34쪽.

16 향리 업무 설명은 《牧民考》〈治郡要法〉; 《牧綱》; 《牧民心書》 등을 참고하였다.

17 김필동, 《차별과 연대—조선 사회의 신분과 조직》, 문학과 지성사, 1999, 199-206쪽.

사건을 제외한 다방면의 실무가 포함되었다. 상공은 중앙과 지방기관에 입역(入役)하는 기인(其人), 경주인(京主人), 영주인(營主人) 등의 업무이며, 조운은 징수한 조세와 공물을 서울로 운반하는 것이고, 영송은 교체되는 신구(新舊) 수령이나 경관(京官)의 접대와 관련한 업무이다.[18] 특히 향리의 업무 중에서 각종 부세를 징수하는 일은 민(民)에게 직접적인 영향을 미친다는 점에서 중요하게 여겨졌다.

그런데 조선 후기 향리는 좀[蠹]에 비유되며 부정을 저지르는 집단으로 인식되었다.[19] 조정에서는 특히 삼정(三政)을 비롯한 부세수취 과정에 문제가 있다고 여겨졌다. 전정(田政)의 경우 전세 비총제가 시행되면서 전세수취의 전 과정이 감사와 수령, 향촌의 관행에 따라 이루어지는 부분이 있었다.[20]

이에 따라 수령의 권위는 높아지게 되었고, 실무를 담당하였던 향리의 역할도 더욱 중요해졌으며 부정이 발생될 수 있는 상황이 많아졌다. 예를 들어, 조정에서는 군현에서 결세의 양을 줄이고 지방재정으로 유용할 수 있는 은여결을 마련하기 위해 보다 많은 급재결수를 확보하고자 하는 과정에서 향리의 폐단이 발생한다고 보았다.[21] 정조 18년(1794) 좌의정 김이소(金履素, 1735-1798)는 재결(災結) 분급에 대하여 다음과 같이 언급하였다.

> 재결(災結)을 나누어 주는 것은 실로 조정에서 백성을 유익하게 하는 정사를 함에 있어서 차라리 나라에서 손해를 보자는 뜻에서 나온 것입니다. 그런데 때때로 혜택

18 권기중, 《조선시대 향리와 양반사회》, 경인문화사, 2010.

19 《정조실록》 권15, 정조 7년 6월 8일(무진).

20 전세 비총제가 시행되며 각 군현에서 수령의 지휘에 따라 향리와 면임이 전결을 조사하고, 감사가 분급한 給災 수에 맞추어 實結을 마련하였다(김선경, 〈조선후기의 조세수취와 면·리 운영〉, 연세대학교 석사학위논문, 1984, 7-17쪽).

21 이철성, 앞의 논문, 1993, 85-88쪽.

이 민에 미치지 못한다는 탄식이 있는 것은 전적으로 간사한 향리와 세력 있는 향임이 농간을 부리기 때문입니다.[22]

김이소는 간사한 향리나 향임으로 인해 재결의 조사가 정확하게 이루어지지 않아 민(民)에게 피해가 간다고 판단하였다. 이러한 상황은 각 군현의 향리가 재실을 답험하는 과정에서 임의로 실결을 누락하거나, 수령이 전결 조사의 부정을 단속하지 않는 경우에도 동일했다.[23] 진전(陳田)도 재결과 같이 향리의 거짓 조사가 이루어졌기 때문에 문서상의 기록이 실제와 같다고 보기 어려웠다.[24] 이러한 부정행위로 인해 실결 수가 줄어들면 수취대상을 온전하게 확보할 수 없었고, 급재를 받아야 할 민(民)이 피해를 입는 문제가 있었다.

또한 균역법의 시행으로 인한 감필분의 급대자원을 결역에서 충당하자 각 군현은 재정난에 빠지게 되었고, 이를 보충하기 위하여 신역이나 환곡을 늘리게 되면서 결국 민(民)이 부담을 지게 되었다.[25] 특히 군정(軍政)에서는 향리가 민에게 뇌물을 받고 임의로 군역을 면제하거나 헐역에 배정하는 상황이 전개되었다.[26] 이로 인해 발생한 궐액은 다른 민에게 전가되어 소수의 민이 첩역을 지는 결과로 이어졌다.[27] 더불어 환정도 재정보용적인 목적이 강화되며 폐단과 갈등이 발생했다.[28] 향리들이 환곡의 양을 늘리기 위하여 의도적으로 시행한 분석(分石)이나 포흠은 민에

22 《승정원일기》 92책, 정조 18년 10월 15일.

23 《비변사등록》 78책, 영조 1년 7월 25일.

24 《비변사등록》 188책, 정조 22년 12월 30일.

25 정연식, 앞의 논문, 1989, 41-42쪽.

26 장동표, 앞의 논문, 1985, 445-446쪽.

27 《비변사등록》 176책, 정조 14년 6월 14일; 《비변사등록》 205책, 순조 16년 4월 26일; 《비변사등록》 210책, 순조 22년 11월 2일.

28 오일주, 〈조선후기 재정구조의 변동과 환곡의 부세화〉, 《실학사상연구》 3(1992), 97쪽.

게 부담을 주는 주요 요인 중 하나였다.[29]

> 당초 폐단의 근원은 오로지 간활한 하리들의 농간에서 비롯되었으니 지금 탕감하여 폐단에서 소생시킨 뒤에는 포흠을 진 것이 가장 많은 자를 법에 적용하여 두려움으로 떨게 한 뒤에야 국법을 엄중히 하고 간악하고 교활함을 금할 수 있습니다.[30]

위의 기사는 정조 14년(1790) 경상도 함양의 환곡 폐단에 대한 논의이다. 당시 함양의 환곡은 97,809석 중 10,269석이 이포(吏逋)였으며, 환곡의 질이 떨어지는 것도 큰 문제가 되었다. 정조는 허록(虛錄)을 전부 없애도록 하고, 환곡 총수를 30,000석으로 줄여 주었다.[31] 그러나 대신들은 이러한 조치에 반대하였다. 환곡의 폐단은 '간악한' 향리들에 의해 발생하는 것이기 때문에 허록(虛錄)을 없애거나 포흠을 탕감하는 방법은 일시적인 조치에 불과하다는 이유였다. 조정에서는 탕감과 함께 가장 많은 포흠을 진 향리를 처벌하는 대안을 제시하였다. 그럼에도 불구하고 이후에도 이포(吏逋)를 비롯한 환곡의 폐단은 '포흠 없는 고을이 없다'고 할 정도로 지속적으로 제기되었다.[32] 지방의 부세 운영 과정에서 폐단으로 지적되었던 각종 문제들은 조정의 논의에도 불구하고 크게 개선되지 않았다.

삼정의 폐단과 함께 지적되었던 또 다른 문제는 이액(吏額)의 증가였다. 17세기 이후 향역에 편입하려는 시도가 계속되며 향리의 수는 점차 증가하였다.[33] 이는 향역에 투속하여 군역을 피하거나 부세 부담에서 벗

29 송찬섭, 《조선후기 환곡제개혁연구》, 서울대학교출판부, 2002, 43-56쪽.

30 《비변사등록》 176책, 정조 14년 2월 23일.

31 《일성록》 정조 14년 2월 20일.

32 《비변사등록》 182책, 정조 18년 11월 18일; 《비변사등록》 199책, 순조 9년 4월 2일; 《비변사등록》 200책, 순조 10년 5월 26일; 《비변사등록》 203책, 순조 13년 4월 20일.

33 권기중, 앞의 책, 2010, 181쪽.

어나고자 하는 현상에서 비롯된 것으로 이해된다.[34] 순조 2년(1802) 전라우도 암행어사였던 정내백(鄭來百, 1754-?)은 이액에 관하여 다음과 같이 언급하였다.

> 민들의 폐단은 오로지 이액(吏額)이 많은 데에서 연유하는데, 큰 고을은 거의 300인이고 작은 고을이라도 70-80인이 넘습니다. 비록 경사(京司)로 말하더라도 모두 정해진 인원수가 있는데 유독 외방 고을에 인원수가 정해지지 않은 것은 한갓 폐단만을 끼치니, 도신으로 하여금 인원수를 헤아려 정하게 하여 쓸모없고 잡다한 관원을 없애서 백성들을 위해 피해를 덜어주는 일입니다.[35]

정내백은 향리의 수가 지역에 따라 적게는 70여 명에서 많게는 300여 명에 달하니 직임이 없는 인원을 줄이자고 제안하였다. 지방의 규모에 비해 향리의 수가 과하게 많아서 문제가 발생한다고 판단한 것이다. 그런데 비변사에서는 법에 이액이 이미 정해져 있으므로 향리의 수를 줄이는 일은 영읍에서도 간단하게 시행할 수 있는 일이라고 보았다.[36] 지방에서 필요하다면 법에 의거하여 충분히 이액을 조절할 수 있다고 판단한 것이다.

그러나 향역이 증가하고 투속이 늘어 가는 상황에서 《경국대전》 이후 개정되지 않은 규정만으로는 이액을 효과적으로 관리하기 어려웠을 것으로 보인다. 이후에도 이액 증가와 관련한 폐단은 계속되었지만,[37] 조정에서는 감사와 수령에게 법전에 의거하여 이액을 정비하도록 할 뿐 근

---

34 장동표, 앞의 논문, 1985, 442-444쪽; 《승정원일기》 1654책, 정조 13년 4월 1일; 《비변사등록》 176책, 정조 14년 6월 14일.

35 《비변사등록》 193책, 순조 2년 6월 8일.

36 《비변사등록》 193책, 순조 2년 6월 8일.

37 《승정원일기》 1800책, 정조 22년 11월 15일; 《승정원일기》 1654책, 정조 13년 4월 1일; 《승정원일기》 1950책, 순조 8년 6월 20일; 《비변사등록》 199책, 순조 9년 1월 10일; 《비변사등록》 218책, 순조 30년 2월 1일.

본적인 대안은 제시하지 않는 상황이었다.[38]

이액의 관리와 함께 수령이 향리를 제대로 관리하지 못하는 점도 중요한 문제였다. 조정에서는 수령이 향리를 제어하고 각종 폐단을 해결하기를 바랐으나,[39] 수령은 해당 지역에 대한 이해가 상대적으로 부족했기 때문에 향리를 통제하는 일이 쉽지 않았던 것으로 보인다. 조정은 적절한 인물을 수령으로 선발하고,[40] 어사를 파견하여 수령의 통치능력을 평가하며 향리의 통제여부도 살핀다면 폐단을 해결할 수 있을 것으로 여겼다.[41] 그러나 향리의 폐단이 계속해서 제기되었던 것으로 보아 능력 있는 수령을 선발하거나 어사를 파견하는 조정의 방침은 향리 문제를 해결하는데 큰 도움이 되지는 않았던 것으로 보인다. 지방에서 발생했던 여러 문제를 해소하기 위해서는 운영상의 모순점을 파악하여 근본적인 해결 방안을 논의할 필요가 있었다.

향리는 지방관청의 재정적 권한이 확대되는 과정에서 핵심적인 업무를 수행하는 위치를 이용하여 사적 이익을 추구하는 경우가 빈번하다고 여겨졌다. 조정에서는 지방에서 발생하는 문제가 향리에게 있다고 판단했지만, 그 해결책은 감사나 수령에게 미루는 입장이었다. 향리 문제를 해결하는 것은 단순히 간리를 징벌하는 차원을 넘어서서 지방행정과 민의 안정을 도모하기 위한 전제조건이었다. 정약용이 수령의 지방통치

38 중앙 차원에서 吏額의 관리에 나선 것은 철종 13년(1862)의 일로서 당시 비변사에서는《대전통편》에 따라 吏額을 감축 조정하여 成冊으로 올리도록 제안하였다.《대전통편》의 이액 항목은《경국대전》과 같았기 때문에 기존의 논의와 같지만 중앙에서 향리의 관리를 맡게 되었다는 점이 주목된다. 다만 당시 지방에서 吏案을 만들 때 額外와 額內의 수를 조정하여 실제 吏額의 수를 감추던 상황이었으나 중앙에서 각 邑의 실제적인 吏額을 확인할 수 있는 구체적인 방안에 대해서는 제시하지 않았다(《비변사등록》 249책, 철종 13년 3월 25일).

39 《비변사등록》 193책, 순조 2년 6월 12일;《비변사등록》 199책, 순조 9년 4월 2일;《비변사등록》 205책, 순조 16년 4월 26일.

40 《비변사등록》 115책, 영조 22년 4월 15일;《승정원일기》 79책, 정조 2년 11월 28일.

41 권기중, 〈조선후기 수령의 업무 능력과 부세 수취의 자율권—조선후기 암행어사 서계를 중심으로〉,《역사와 담론》 67(2013), 237-238쪽.

를 구상하면서 향리 문제를 적극적으로 다룬 것도 바로 이 때문이었다.

2) 향리의 업무 수행과 정약용의 향리 인식

조정에서는 기본적으로 향리 문제를 수령이 직접 해결해야 한다는 입장이었다. 따라서 수령은 업무를 익히고 지방의 폐단을 해결할 방안을 스스로 찾아야만 했다. 수령의 지방통치에 관한 여러 식자들의 깊은 고민은 목민서가 본격적으로 간행·유통되는 주요 원인이 되었다.

조선에서 처음으로 널리 읽혔던 목민서는 명나라 주봉길(朱逢吉)의 《목민심감(牧民心鑑)》이다.[42] 《목민심감》은 수령의 도덕성을 강조하였으며 이는 18세기 대표적인 목민서인 《선각(先覺)》에 영향을 주었다. 《선각》은 이원익(李元翼, 1547-1634)의 편지글을 정리하고 필자가 견해를 덧붙여서 작성한 목민서로서 《목민심감》의 내용과 함께 당시의 폐단을 지적하며 현실에 대한 고민을 담았다.[43] 《선각》과 같은 18세기의 또 다른 목민서로는 《목민고(牧民考)》가 있다. 《목민고》는 조선의 현실을 중심으로 작성된 《치군요결(治郡要訣)》과 이광좌(李光佐, 1674-1740)의 편지글 등의 기록으로 구성되어 있다. 특히 수령의 임명에서부터 해유에 이르기까지의 과정을 시간 순서에 따라 정리하고 있기 때문에 수령이 실제로 활용하기 편리했을 것으로 보인다. 이 외에도 《임관정요(臨官政要)》·《목민대방(牧民大方)》·《목강(牧綱)》 등 여러 목민서가 유통되었다.

목민서는 수령이 지방의 상황을 파악하고 업무능력을 기르는 데 많은 정보를 제공하였고, 수령의 부임부터 해유에 이르기까지 업무수행에 필

---

42 김성준, 〈조선수령칠사와 《牧民心鑑》〉, 《牧民心鑑 硏究》, 고려대학교 민족문화연구소, 1990, 17-19쪽.

43 정호훈, 〈《선각》 해제〉, 《선각》, 혜안, 2013, 41쪽.

요한 원칙과 지침을 담았다.[44] 주로 재정 운영과 관련된 내용이 중심이 되었으며 운영 과정에서 향리를 위시한 관속들로 인해 발생하는 문제와 이를 통제하는 방법도 제시되었다. 이 절에서는《목민심서》에 드러난 정약용의 향리 인식에 대하여 살펴보도록 하겠다.

《목민심서》는 기존 목민서를 집대성함과 동시에 정약용의 수령 경험을 바탕으로 지방통치 방식을 제안하고 있다.[45] 각 항목의 내용은《목민고》·《선각》·《임관정요》와 같은 기존 목민서를 바탕으로 구성되었지만, 정약용이 다년간 경험한 내용이 더해지면서 다른 목민서보다 구체적이며 현실적인 측면이 있다.[46]

《목민심서》의 편성은 육전(六典) 체제를 바탕으로 하고, 여기에 수령의 자세나 상관과 민을 대하는 방법을 제시한 부임(赴任) · 율기(律己) · 봉공(奉公) · 애민(愛民) · 진황(賑荒) · 해관(解官) 등 6조를 더해 총 12조로 구성되었다. 수령의 지방통치를 국가 운영의 축소판으로 보아 육전 체제로 편성한 것이다.《목민심서》에서 주목할 점은 수령과 함께 지방행정을 담당하는 집단에 대해서도 구체적으로 서술하였다는 것이다. 육전 중 첫 번째 편목인 이전(吏典)에는 속리(束吏) · 어중(馭衆) · 용인(用人) · 거현(擧賢) · 찰물(察物) · 고공(考功)의 여섯 장을 배치하여 감사 · 재지사족 · 향임 · 향리를 대하는 방법에 대해 자세히 서술하였다. 이것은 법전에서 이전(吏典)을 맨 앞에 두고 관료체제와 관리에 대해 다루고 있는 것과 같은 의미로 이해된다. 특히 첫 장인 속리(束吏)에서 향리에 대한 인식과 통제 방안을 제시하고 있으며, 이는 향리를 수령의 신하로 인식한 것에서 기

44 김선경은 조선 후기 목민서의 유통을 '지방 통치의 이념 및 실천에 관한 지식학술체제'로서 목민학이라는 하나의 학문 영역으로 설정하면서 그 계보를《先覺》류,《牧民考》류, 기타 개인 저술의 목민서로 구분하였다. 이러한 흐름 안에서《목민심서》가 이전 목민서의 전통을 계승함과 함께 18-19세기의 경세학 성과를 풍부하게 담고 있다는 점에 주목하였다(김선경, 앞의 논문, 2010, 169-173쪽). 본 논문의 목민서 분류는 김선경의 논의를 따른다.

45 김선경, 앞의 논문, 2010, 176-177쪽.

46 김선경, 〈《목민심서》연구—통치기술의 관점에서 읽기〉,《역사교육》123(2012), 107쪽.

인한 것으로 보인다.[47]

한편, 정약용은 수령과 향리를 나그네와 주인의 관계로도 비유하였다. 수령은 부임지에 머무르는 기간이 짧지만 향리는 한 지역에서 역을 세습하기 때문에 수령이 향리를 선불리 통제할 수 없다고 보았다.[48] 다음의 인용문은 향리의 위세를 가감 없이 묘사하고 있다.

> 향리는 자벌레처럼 움츠리고 개미처럼 기어 다니며 마치 물 흐르듯 응대한다. 수령은 그들을 마치 벌레처럼 내려다보고, 때로는 작은 재주와 얕은꾀를 가지고 이리저리 마음대로 조종하면서 스스로 마음대로 할 수 있는 듯 생각한다. 그러나 이(吏)의 무리는 마치 여관의 주인처럼 나그네를 상대하는 데 능숙하므로 거짓과 진실을 눈치 빠르게 파악하니 어깨를 나란히 하여 관청 뜰에 엎드려서는 서로 몰래 비웃다가 관문을 나서기만 하면 마냥 비웃는 줄을 수령은 알지 못한다.[49]

정약용은 수령들이 일반적으로 향리가 무조건 명령에 따를 것이라 기대하지만 실제로는 충분한 복종을 얻어 내지 못한다고 보았다. 수령의 기대와 달리 향리는 쉽게 통제할 수 있는 조직이 아니었다. 향리는 수령이 새로 임명되면 신영리(新迎吏)로서 찾아가 해당 군현의 재정현황을 기록한《읍총기(邑總記)》를 제시하고 수령의 반응을 살피며 성향을 파악했다.[50] 업무에 익숙하지 않은 수령이 지시를 내렸을 경우, 향리는 앞에서는 받아들이는 것처럼 응대하지만 뒤에서는 수령의 능력을 평가하며 자신들의 방식대로 일을 처리하였다. 따라서 정약용은 수령이 모르는 일

---

47 《牧民心書》 권1, 赴任六條, 除拜.

48 《牧民心書》 권1, 赴任六條, 除拜.

49 《牧民心書》 권4, 吏典六條, 束吏.

50 《牧民心書》 권1, 赴任六條, 辭朝. 수령의 잦은 교체는 향리와 수령의 결탁 및 향리의 영향력 증가를 초래하였으며 이는 더욱 큰 부정의 계기를 초래하였다(권내현, 〈18·19세기 진주 지방의 향촌세력변동과 임술농민항쟁〉,《한국사연구》 89(1995), 127쪽).

은 향리에게 물어보며 사무를 익히는 것이 아는 척하다가 이후에 봉변을 당하는 일보다는 낫다고 조언하였다.

이러한 정약용의 인식은 기존 목민서에서 향리가 수령의 역량을 살핀 뒤 수령에 대한 태도를 달리하고, 수령이 위엄을 보이면 향리가 저절로 복종하게 될 것으로 바라보는 인식에서 벗어나, 수령이 먼저 지역의 상황을 파악하고 향리 세력을 견제하도록 주문하는 현실적인 시각으로 이해된다.

한편 정약용은 이액(吏額) 증가를 문제로 지적하였다. 다른 신분 계층에서 새로 향역에 편입될 때는 기존 향리가계와의 관계를 이용하는 경우가 많았다.[51] 이들은 '가리(假吏)'라고 불렀는데, 가리는 역을 세습하지 못하여 향리가계의 구성원으로 인정받지 못했다. 기존의 향리집단은 가리가 향역을 수행하는 것을 현실적으로는 받아들였으나 그들이 계속해서 향역을 유지하는 것은 바라지 않았다.[52] 새로운 향리층의 편입으로 인해 향역의 위세가 하락하거나, 내부적으로 향역을 두고 경쟁하는 상황이 발생하는 것을 방지하고자 한 것이다.

정약용은 향리들이 향역을 두고 경쟁하는 상황을 "과거와 벼슬길에 나아가는 듯하다"고 표현했다.[53] 향역 차임의 경쟁이 심화되었던 것은 이액이 증가했기 때문이기도 하지만, 주요 업무를 담당하는 소수의 향역을 차지하고자 하는 이유도 컸다. 향리집단의 대표로 여겨지는 호장과 이방, 재정업무와 관련된 도서원(都書員)·서원(書員)·대동색(大同色)

51 17세기 이후부터는 향리사회에 흡수되어 貢生 등의 향역명을 얻게 되었으나 향역을 맡거나 세습하는 과정에서 차별을 받았다(권기중, 앞의 책, 2010, 147-157쪽).

52 《掾曹龜鑑續編》 吏曹關文 "故如假吏之纘承父役者 必爲來呈 本曺量分限計層拍許施給帖" 향리들이 편찬한《掾曹龜鑑》에 假吏가 향역을 계승하기 위해서는 吏曹의 허가가 필요하다는 단서가 기록된 것은 향리들이 假吏를 기존 향리와 같은 집단으로 인정하고 싶지 않았던 이유로 이해된다. 특히 假吏의 대를 이은 향역 수행은 2대에 그치는 경우가 많았다(권기중, 앞의 책, 2010, 171쪽).

53 《牧民心書》 권4, 吏典六條, 束吏.

과 같은 주요 향역은 일부 소수 성관의 향리가 차지하였으며, 이들은 그 역을 세습하여 향리집단 내에서 주도 가계를 형성하였다.[54] 그러나 주도 가계 향리들은 세습 뿐 아니라 혼맥·인맥을 통해 영향력을 강화하여 향역 계승에 유리한 위치를 이어 가고자 했다. 이들은 지역 내외의 향리층이나 하급 관속층과의 혼인관계를 형성하여 정보교류나 업무장악의 수단으로 삼았다.[55] 그들이 차지하고 있던 독점적인 지위를 이어가고자 했던 것이다.[56]

이와 함께 중앙의 권세가나 전임 수령과도 인맥을 형성하였다. 정약용은 이러한 관계를 '적교(謫交)·궁교(宮交)·유교(由交)'로 표현하였다.[57] 적교는 지역에 유배 온 고위 관료가 해배되어 돌아갔을 때를 염두에 두고 향리가 접근하여 인맥을 형성하는 방법이며, 궁방전 관리와의 관계인 궁교(宮交)도 권세가와 연결된다는 점에서 비슷했다. 유교는 체임되는 수령의 정치적 형세를 살펴 결탁하는 것으로 유리(由吏)와 관계가 있다. 유리는 임기가 끝난 수령의 해유문서를 작성하는 직임을 말하며 주로 수리(首吏)가 맡았다.[58] 수리들은 경직(京職)에 복귀하는 수령의 형세가 좋으면 해유문서를 잘 써서 도움을 주고 이후에도 친밀한 관계를 이어 갔다. 이상의 관계는 향리가 신임 수령의 통제에 따르지 않는 배경으로 작용하였다. 또한 향리들은 감사와의 관계를 통해서도 수령에게 영향력을 행사하였다.

---

54 이훈상은 거창 신씨 족보인《後丁巳譜》의 향리파 세보를 통해 주도 가계 향리의 존재를 증명하였다(이훈상, 앞의 책, 1990, 31-39쪽). 권기중은《상주호적》과《상주목선생안》,《단성호적》을 분석하여 일부 성관 출신들이 세습적으로 상층 향리를 배출했음을 밝힌 바 있다(권기중, 앞의 책, 2010, 178-182쪽).

55 이훈상, 앞의 책, 1990, 38쪽; 권기중, 앞의 책, 2010, 82-100쪽.

56 주도 가계 향리여도 주요 향직을 차지하기 쉽지 않았고, 후손이라도 다 같이 향역을 세습할 수 없었다(정성학, 앞의 논문, 2019; 권기중,〈향리《선생안》을 통해 본 조선후기 강원도 낭천현의 향리 사회—낭천현《선생안》을 중심으로〉,《조선시대사학보》85(2018)).

57 《牧民心書》권4, 吏典六條, 束吏.

58 《掾曹龜鑑》吏職名目解.

감사가 염문할 경우에는 마땅히 가까운 빈객으로서 목숨을 아끼지 않고 헌신할 사람을 써서 몰래 고을을 순행하게 해야 민의 고통과 수령의 허물을 파악할 수 있다. 그런데 지금은 감영리를 심복으로 보아 염문할 때 한결같이 이 무리들을 내보내는데 이들이 본래 각 읍(邑)의 매우 교활한 향리들과 내통·결탁하여 표리로 얽혀 있는 것을 알지 못한다.[59]

정약용은 감사와 향리의 관계에 대해, "심복처럼 믿고 수령을 염탐하게 시킨다"고 설명하였다.[60] 감사의 관속인 영리(營吏)는 각 지역의 주도가계 향리들이 주로 차지했으며 이들은 출신 지역의 향리들과 밀접한 관계를 유지했다.[61]

정약용은 이러한 관계를 이용하여 감사가 직접 나서지 않고도 각 지역 수령들의 정보를 얻을 수 있다고 보았다. 영리(營吏)를 통해 전달된 수령에 대한 평가는 곧 수령의 고과와도 직결되었다.[62] 이 때문에 정약용은 수령이 고과에서 나쁜 평가나 무고를 받는 상황을 방지하기 위해 향리에게 아첨하거나 빌붙기도 한다고 보았다.[63] 향리의 인맥은 그들의 영향력을 유지시켜 주는 중요한 수단이었다.

향리로 인해 발생하는 가장 큰 문제는 전정·군정·환정 등 삼정(三政)으로, 정약용이 《목민심서》 전반에 걸쳐 서술할 정도로 지방 사회의 위기를 초래하는 중대한 문제였다. 먼저 전정(田政)에 대해 살펴보자. 정약용은 전정에서 향리의 업무 수행이 비공개적으로 이루어지고, 실무상의

59 《牧民心書》 권4, 吏典六條, 察物.

60 《牧民心書》 권4, 吏典六條, 束吏.

61 경상감영 營吏의 경우 안동의 특정 향리 가계 출신이 많다(정성학, 앞의 논문, 2014, 302-303쪽).

62 《牧民心書》 권4, 吏典六條, 察物; 수령에 대한 감사의 포폄이 어사의 서계와 정반대여서 문제가 된 경우도 있다(《정조실록》 권4, 정조 1년 7월 16일(기묘)).

63 《牧民心書》 권4, 吏典六條, 束吏.

권한을 이용하여 부정을 저지르는 실태를 지적하였다.[64]

> 남쪽 지방의 어떤 고을에서는 고을 사람들이 서로 전하여 다음과 같이 말하였다. (…) 그 수령은 채를 들어 서원청(書員廳)을 가리키며 말하기를 다른 일은 다 알 수 있으나 저곳의 일은 알 수가 없다고 하였다. 여러 고을에는 모두 이런 이야기가 있다. 향리는 본디 법이 애매하여 농간을 밝힐 수 없는 것을 즐기고 있으니 전정(田政) 또한 어려운 일이 아니겠는가?[65]

서원청은 조선 후기 면리제 정비 이후 갖추어진 독자적인 관청 중 하나로서 서원(書員)이 소속된 곳이다. 서원은 각 면의 전답을 답험(踏驗)·행심(行審)하고 전세를 징수하는 일을 맡았던 향역이다. 본래 하급 관속과 같은 존재였으나,[66] 부세징수와 직결되는 일을 맡았기 때문에 18세기 이후 주요 향역의 하나로 인식되기 시작하였다. 이들의 대표인 도서원(都書員)은 수리(首吏)와 비등한 권력을 지녔던 것으로 이해된다.[67] 서원청의 업무는 비공개적이었고, 정약용은 이 과정에서 서원들이 자신들의 권한과 세력을 이용해 이득을 취했을 것으로 보았다.

각 면의 서원(書員)이 담당했던 진전과 재결 조사는 전정의 중요한 항목 중 하나로서 과세액을 산정하는 중요한 과정이었다. 그러나 서원(書員)의 조사는 수령과 민(民)이 기대하는 대로 투명하게 이루어지지 않았다. 서원(書員)들은 전결의 조사과정에서 재결과 진전을 거짓으로 기록하고, 작부(作夫)장부를 조작하여 징세액을 늘리는 방식으로 이익

---

64 이와 관련한 구체적인 분석은 송양섭, 앞의 논문, 2014 참고.

65 《牧民心書》 권4, 戶典六條, 稅法 上.

66 《經世遺表》 권7, 地官修制, 田制 7.

67 김필동, 〈조선후기 지방이서집단의 조직구조〉(上) 《한국학보》 8-3, 1982, 93쪽. 또한 당해 세액을 대략적으로 산출해 내는 계판의 각 명목인 國納·船給·邑徵의 수취과정에서 각종 수수료를 과하게 징수하여 이익을 얻었다(송양섭, 앞의 논문, 2014, 186-189쪽).

을 챙겼다.[68]

군역 운영 과정에서도 향리의 문제가 지적되었다. 당시 군역은 면리 단위의 공동납으로 행해졌으나, 군역 대상자가 부풀려지거나 피역을 도모하면서 폐단과 갈등이 심했다.[69] 예컨대, 향리들은 군안의 총수와 실제 인원수가 다르다는 점을 이용하여 호적을 작성할 때 각 마을에 증호(增戶)하겠다는 뜻을 내비치면, 각 마을에서는 증호에 따른 과세부담을 막기 위해 뇌물을 바치는 실정이었다. 정약용은 호적을 개수하는 식년이 되면 호적리(戶籍吏)는 대읍의 경우 1만 냥을 넉넉하게 챙기고, 소읍이라도 3,000냥은 얻을 수 있어서 이방에 비교될 만큼 좋은 자리라고 했다.[70]

향리는 향리의 호명에 전결을 이록(移錄)하여 결가를 챙기는 방법인 방결(防結)로 이익을 얻기도 했고, 부호(富戶)와 결탁하여 제역촌을 조성해 사익을 챙기기도 하였다. 제역촌에는 읍내(邑內)·계방촌(契房村)·점촌(店村)·학궁촌(學宮村)·서원촌(書院村)·역촌(驛村)·원촌(院村)·사촌(寺村)·창촌(倉村)·궁전촌(宮田村)·둔전촌(屯田村)·포촌(浦村)·도촌(島村)·영촌(嶺村) 등이 있었는데, 정약용은 이 중 가장 먼저 혁파해야 할 것으로 계방촌을 지적하였다.[71] 계방촌은 풍부한 재력과 세력을 지닌 호민(豪民)이 있는 곳에 주로 형성되었으며, 마을 단위인 이계(里契)와 호를 대상으로 한 호계(戶契)로 구분된다.[72] 계방으로 지정되면 몇백 냥의 돈을 지불하는 것으로 일체의 신역을 면제받을 수 있었기 때문에 부호들이 많은 지역은 계방으로 선정되고자 한 것이다. 향리들은 민결을 제역촌에 옮긴 후 해당 민에게 방납하여 전세·대동을 납부하고 난 뒤의 차익을 차지하였다. 계방은 균세의 원칙에 어긋나는 일로서 민의 부담을

68 《牧民心書》 권4, 戶典六條, 稅法 上.

69 송양섭, 앞의 논문, 1995, 160-161쪽.

70 《牧民心書》 권5, 戶典六條 戶籍.

71 《牧民心書》 권4, 戶典六條 稅法 上;《牧民心書》 권6, 戶典六條, 平賦 上.

72 《牧民心書》 권6, 戶典六條, 平賦 上.

늘리게 되었기 때문에 혁파의 대상이었다.[73]

환곡의 문제도 있었다. 정약용은 환곡의 운영 방식이 번잡하여 향리들이 폐단을 일으키기 쉽다고 여겼다.[74] 그는 향리의 포흠방법을 크게 12항목으로 분류했는데, 각 항목은 대부분 향리가 환곡 성책을 마감하면서 허위로 작성하여 보고하더라도 수령이 세세하게 확인하지 못하거나 묵인하고 넘어가기 때문에 발생하는 문제였다.[75]

이처럼 향리는 다양한 방법으로 수령과 결탁하거나, 수령의 통제를 피해 부정을 저질렀다. 그러나 정약용은 향리를 엄격하게 처벌하는 것과 같은 해결방안을 제시하지는 않았다. 그는 향리가 부정을 저지르는 원인의 이해를 우선시했다. 당시 향역은 국역으로 간주되었으므로 공식적인 급료를 지급받지 못했다. 향리의 부정은 일정 부분 불가피한 측면이 있었기 때문에 당대의 많은 식자들도 향리에게 일정한 급료를 지급할 필요성을 제기하였다. 유형원(柳馨遠, 1622-1673)이 《반계수록》에서 향리에게 녹봉을 지급하자고 주장한 것과 《연조귀감》의 발문을 쓴 홍직필(洪直弼; 1776-1852)이 향리에게 녹봉을 주는 것을 제산(制産)의 방도이자 나라를 위한 방책이라 했던 것이 그 예이다.[76]

---

73 《비변사등록》 210책, 순조 22년 11월 2일; 다만 이러한 평가는 조정의 입장에 기울어져 있는 것으로 보인다. 지방관청에서 재정을 마련하기 위해 호나 마을에 계방을 설치하는 대신 군역을 면제해 주었고, 이로 인한 타격은 조정에서 받게 되었기 때문이다(송양섭, 앞의 논문, 2011b, 21-22쪽).

74 《牧民心書》 권5, 戶典六條, 穀簿 上.

75 정약용이 분류한 환곡의 폐단은 다음과 같다. ① 향리가 포흠을 감추고 기한 내 납부하지 않는 反作(번질), ② 수령과 함께 봄과 가을의 穀價 차액을 횡령하는 立本, ③ 본래 징수분보다 과징하는 加執, ④ 곡가에 따라 곡식을 모으거나 분급하여 이익을 확보하는 暗留, ⑤ 吏逋를 民이 채우게 하는 半白, ⑥ 환곡을 분급하거나 징수할 때 추가분을 요구하여 吏逋를 갚는 私混, ⑦ 묵은 곡식을 나누어 주고 새 곡식을 차지하는 執新, ⑧ 흉년에 정퇴의 명이 내리기 전 곡식을 거두고 吏逋를 갚는 呑停, ⑨ 환곡과 세미를 구분 없이 사용하는 稅轉, ⑩ 민고의 요역을 조로 징수할 때 모곡에 합하여 과징하고 착복하는 徭合, ⑪ 곡식을 착복하고 부족분을 쭉정이로 채우는 分石, ⑫ 私債를 公庫에서 내어주고 환곡과 이자를 시가에 따라 함께 거두어 착복하는 債勒(《牧民心書》 권5, 戶典六條 穀簿 上; 《經世遺表》 권12, 地官修制 倉廩之儲 二를 참고하여 정리하였다.).

76 《掾曹龜鑑》 拔.

정약용도 《경세유표》에서 급료 지급의 타당성을 주장했다. 향리가 불법을 저지르게 두기보다는 토지제도의 개혁을 통해 정세(正稅) 내에서 급료를 지급해야 한다고 본 것이다.[77] 《목민심서》에서도 향리에게 경제적 기반을 제공해야 한다고 서술했으나 구체적인 방안을 제시하지는 않았다. 이는 국가 차원에서 논의되어야 할 문제였기 때문에 수령의 지방 운영 방안에 중점을 둔 《목민심서》에서는 다루지 않은 것으로 이해된다. 대신 향리가 업무를 수행하는 과정에서 발생하는 일정한 여유분을 개인적인 몫으로 차지할 수 있도록 제안하였다. 이는 비공식적으로나마 향리의 이익을 인정하여 향리의 생계를 보장하고, 수령의 통제에 따르도록 유도하는 방안이었다.

향리는 지역에서 오랫동안 세거하여 수령보다 지역 사정에 밝고 업무에 능숙했다. 정약용은 수령이 향리를 강압적으로 통제해서는 문제가 해결되지 않는다고 보았다. 특히 향리가 주관하는 부세업무는 운영 방식이 매우 복잡하여 수령이 일일이 점검하는 데도 한계가 있었다. 여기에는 향리의 생계를 제도적으로 보장해 주지 못하는 현실적인 문제도 감안되었다. 이에 따라 정약용은 향리 문제를 근본적으로 해소하기보다는 운영상의 문제를 보완하는 방향으로 대안을 제시하였다. 또한 향리가 자발적으로 수령에게 복종하고 업무에 충실할 수 있는 방안을 강구했다.

3. 정약용의 향리 처우와 인사 관리

1) 향리 처우 문제와 시속적(時俗的) 규검(糾檢)

정약용은 수령이 도덕적이고 청렴한 자세를 지녀야만 향리 문제를 해결

77 《經世遺表》 권8, 地官修制 田制 10, 井田議 2.

할 수 있다고 보았다. 이는《선각》등의 목민서에서 기본적으로 수령의 위엄을 강조하는 것과 서술적인 부분에서 유사하다.[78] 그러나 정약용이 생각하는 '청렴한 수령상'은 이전 목민서와 차이가 있었다.

> 무릇 이미 규례로 되어 있는 것이라면 비록 명분이 바르지 않더라도 먹고 아직 규례로 되어 있지 않은 것은 자신이 먼저 시작하지 않으며, 향임의 자리를 팔지 않고 재감(災減)을 훔쳐 먹거나 곡식을 농간하지 않으며 송사와 옥사를 팔아먹지 않으며 세를 더 부과하여 남는 것을 착복하지 않는 것이 이른바 오늘날의 염리(廉吏)라는 것이다.[79]

과거의 청렴한 관리는 공식적으로 지급되는 봉급만 취하지만, 당시 현실에서는 뇌물을 받거나 세금을 더 부과하면서까지 착복하지만 않는다면 청렴한 관리라고 인정할 만하다는 입장이었다. 즉, 수령이 관청에서 이루어지는 각종 부정행위에 대하여 민폐가 크지 않다고 판단하면 묵인하고 넘어가도 문제가 없다고 인식했던 것이다. 기존 목민서에서 '청렴한 수령상'에 대해 향리를 통제하고 민폐를 적극적으로 해결해야 한다고 강조했던 것과 대비되는 부분이다.[80]

---

78 《先覺》에서는 향리를 관리하는 방법에 대하여 "간사한 폐단을 끊는 방법은 스스로를 규율하는 점"이라고 하거나 혹은 "아랫사람을 부리는 도리는 廉 · 公 · 明 · 嚴에 있다"고 밝히며 향리의 제어를 위해서는 수령의 도덕적인 태도가 필요함을 강조하였다(《先覺》 上, 〈絶奸獘〉 "絶奸弊之道莫若律己也 處事以廉 決事以公 察事以明 馭下以嚴 凡有號令必以廉公明嚴四字 丁寧敎戒而治下則在下之人不至於大奸"; 〈善馭下〉 "馭下之道 在廉愼公明 不在於嚴刑重罰"). 즉 도덕성을 바탕으로 하여 모든 업무를 수행하는 목민의 적임자와 같은 수령상을 강조하고 있는 것이다. 《臨官政要》에서도 향리를 대함에 있어서 수령의 공정하고 청렴한 태도를 강조하였다(《臨官政要》 〈時措〉 '御吏章' "老奸宿慝 當以誠信待之 若以一毫 虛暇之心待之 則彼之償我必倍矣 古語云 公生明廉生威 公廉二字 亦御吏治民之大綱也"; '御吏章' "御吏之道 專在律己 律己之道 公淸明威而已").

79 《牧民心書》 권2, 律己六條, 淸心.

80 《牧民考》와 《先覺》에서는 지방 관청에서 時俗에 따라 행정을 운영하도록 하면서도, 향리가 각자의 재량에 따라 부세 수취 업무를 수행하는 상황을 통제하고 軍政 · 田結 · 戶役 · 徭役의 大節目을 정밀하게 구별하여 폐단을 바로잡아야 한다고 제안하였다(《先覺》 下, 文狀二十八條 "官長誠能於軍役田戶徭役大節目區別條理各得其宜."; 《牧民考》, 〈居官大要〉 "軍 田政

정약용이 요구하는 수령의 자세는 향리의 부정을 일정 부분 용인하고 업무수행 과정에서 상황에 따라 관행에 따르는 순속적 태도로 이해된다. 향리의 폐단 중 가장 크게 문제가 제기되었던 부세 운영 과정에 대한 해결방안도 순속적이었다. 먼저 전정에 대해서는 향리가 마련하는 은여결을 모두 바로잡기 어렵다고 보았다.[81] 당시 개량(改量)을 통해 부족한 실결을 채우자는 의견도 있었으나[82] 정약용은 다시 양전한다고 해도 법이 바뀌지 않는 한 근본적인 폐단은 없어지지 않는다고 보았다. 따라서 진전과 은결을 조사하되, 큰 문제가 아닌 경우에는 묵인하고 넘어가도록 제안한 것이다.[83] 특히 모든 결세를 중앙으로 보낼 필요가 없고, 몇백 결 정도는 은여결로서 향리가 자신들의 몫으로 이용하게 내어주도록 한 서술에서 구체적인 의도가 드러난다.

> 비록 1만 결의 전지를 가진 읍이라 하더라도 1만 결의 쌀을 모두 왕세로 돌릴 필요는 없다. 그러므로 그중에서 부유한 집 기름진 전지 몇 천 결을 택하여 왕세의 액수에 채우고 (…) 그 다음 몇 백 결로써 여결(餘結)·은결(隱結) 및 하하전가징미(下下田加徵米)와 한전황두조가징미(旱田黃豆條加徵米)에 돌려서 저리(邸吏)·수리(首吏)·전리(田吏)·대동리(大同吏) 등으로 하여금 도둑질해 먹도록 맡겨 두는 것도 또한 좋지 않겠는가.[84]

인용문의 '하하전가징미'와 '한전황두조가징미'는 향리가 하하전(下

戶徭役 還上等大節目 皆有一定規模 則吏奸不期防而自防矣 宜急急整頓大節目 此乃本也.").

81 은여결에 대해서는 임성수, 〈17-18세기 전반 隱結 · 漏結 · 餘結의 존재 양태와 정부의 대응 변화〉, 《역사학보》 234(2017) 참조.

82 《비변사등록》 205책, 순조 16년 4월 26일; 《비변사등록》 208책, 순조 19년 9월 16일.

83 《牧民心書》 권4, 戶典六條 田政. 다만 양전을 하려는 본의는 국가와 民에 손해를 끼치지 않으면서 균등하게 징세하기 위한 것임을 언급하며, 자신의 대안이 제도를 거스르는 것이 아님을 분명히 밝히고 있다(《牧民心書》 권4, 戶典六條, 田政).

84 《牧民心書》 권4, 戶典六條 稅法 上.

下田)과 밭에서 초과적으로 징수하여 사익으로 삼았던 항목이다.[85] 정약용은 위에서 살펴보았던 것과 같이 수령이 작부 장부를 철저히 작성해서 군현의 총 생산량을 파악한 이후라면, 은여결 등으로 행해졌던 착복 행위를 일정 부분 묵인해 주어도 지방재정과 부세 운영에는 큰 문제가 없다고 본 것이다. 이는 향리에게 공식적인 급료를 지급하는 등의 개혁적인 해결 방안은 아니다. 다만 문제의 원인으로 공식적인 향리의 급료가 없는 상황을 지목하고 비공식적인 수익원을 마련해서 향리의 몫을 제공하여 규정을 개혁하지 않고도 현실적으로 실현 가능할 방안을 제시한 것이다. 이러한 판단은 다른 목민서와는 결이 다른 부분이다.[86] 이 같은 조치는 수령이 향리의 처우를 파악하고 그들의 관행을 일정부분 인정하여 향리의 복종을 유도함으로써 원활하게 지방통치를 이루려는 의도로 이해된다.

다만 모든 은여결을 허용하겠다는 것은 아니었다. 정약용은 '지필묵가(紙筆墨價)' 정도를 향리의 몫으로 상정하였고, 나머지는 부족한 실결을 채우거나 업무와 관련된 잡비를 부담하는 공식적인 관청재정으로 이용하도록 했다. 당시 일부 지방에서도 은결의 존재를 묵인하거나 계방촌의 문제를 인식하면서 재정보용의 목적으로 이를 유지하는 경우가 있었다.[87] 즉, 정약용은 순속적 입장에서 이전부터 진행되어 왔던 은여결을

---

85 《牧民心書》 권4, 戶典六條, 稅法 上.

86 《臨官政要》에서도 향리에게 급료를 지급할 필요가 있다고 주장하고 있으나 시행 방법을 제시하지 않았다는 점이 《牧民心書》와 다르다(《臨官政要》, 時措 "近來御下之失有二 一則太尙嚴刻吏不能保 一則一切寬從爲民害均之皆非也 (…) 我朝制法吏奴無廩 自辦衣食日役官門 官屬難支之弊必須變通 其過誤亦須平恕惟"). 또한 이를 통해 기존 연구의 주장처럼(金東洙, 앞의 논문, 1983, 24쪽; 尹文姬, 앞의 논문, 1987, 89쪽) 정약용의 향리론이 향리가 처한 상황을 개선하려는 의지가 없다고만 평가할 수는 없다고 생각한다. 정약용은 폐단으로 지목되어왔던 향리의 은여결 착복 문제를 제한적으로 인정해 주며 향리의 상황과 지방 관청의 재정 상황을 개선하고자 한 것이다.

87 지방 관청에서 은여결을 재정으로 사용하였던 사례로는 정조 17년(1793) 보령현감 吳正根이 대표적이다. 당시 보령현감은 都書員이 은결을 마련하는 상황을 파악하였음에도 감영에 보고하지 않았다. 이에 대해 충청감사는 "紙筆債라는 명목으로 정식 세금 외의 것을 자

통한 지방재정 운영법을 활용하여 해결 방안을 제시한 것이다.

이와 더불어 정약용은 수령이 부세징수와 관련한 정보를 다각적으로 확보하면 향리를 통제할 수 있다고 보았다. 먼저 수령이 작황상태를 확인하기 위하여 외촌(外村)으로 나갔을 때, 논밭을 살피는 것보다 마을의 부로들과 친밀감을 형성하고 은결에 대한 정보를 얻도록 하였다. 이 정보를 이용하여 표재(俵災)에 나서는 서원(書員)에게는 수령이 이미 은결의 존재와 서원청(書員廳)의 잡비를 확보하는 다른 방법이 있는 것을 알고 있다고 말함으로써 은결을 늘리지 못하도록 주의시켰다. 또한 수리(首吏)와 도서원(都書員)을 시켜 위재(僞災)를 찾아내도록 했으며, 이들의 반대세력에게도 같은 명령을 내려 최대한 많은 정보를 확보하도록 했다.

표재(俵災)가 끝나면 재결장부 3부를 작성하여 수령 · 이(吏) · 민(民)이 각각 보관하며 각 면의 명망 있는 사족에게 위재(僞災)의 조사를 맡겨 서원(書員)이 부정을 벌인 흔적을 찾도록 하였다.[88] 재결장부의 배포는 민의 여론과 동의를 확보하여 객관적인 운영을 도모하는 방법이었다. 민은 이 방법을 통해 자신들의 납부내역을 확인하고, 수령은 서원의 동향을 파악할 수 있었다. 이는 수령이 지역 사람들과 관계를 맺고, 향리들의 이해관계를 파악한 후에 시행 가능한 정치적인 방안이었다.

이상의 공개적인 운영 방식은 수령이 지방의 부세 운영 상황을 파악하고 있다는 전제하에 이루어질 수 있는 것이었다. 군정과 관련한 대안에서도 수령의 정보수집은 중요했다. 우선 호적을 파악할 때 지역의

잘하게 모으는 것은 여러 해 묵은 폐단"이라며 장계를 올렸다. 조정에서는 철저한 조사를 명령했으나 지방에서는 지방 관청의 재정난으로 인하여 발생한 일임을 알고 있었기 때문에 이를 가볍게 처리하고자 했던 것으로 보인다. 결국 보령현감은 처벌받지 않았고, 부임지에 복귀하여 시말을 보고하는 방향으로 마무리되었다(《일성록》 정조 17년 6월 30일). 또한 수령이 계방을 폐지하지 못하고 오히려 본받기까지 한다는 보고를 통하여 당시 지방에서 관습적으로 지방 재정의 보충을 위하여 계방을 운영하고 있었음을 알 수 있다(《비변사등록》 210책, 순조 22년 11월 2일).

88 《牧民心書》 권4, 戶典六條 稅法 上

지리적 정보를 담은 지도와 각 호의 재산현황을 담은 가좌책을 작성하도록 했다. 그리고 이를 토대로 각 면리의 호총을 정하여 단자를 들이도록 하였다. 군정의 경우에는 10식년의 군안을 면리별로 분류한 책을 만들도록 했다.[89] 군정의 문제는 호적의 원총과 실총 간에 차이가 존재하면서 발생하였기 때문에 수령이 정확한 상황을 파악해야만 다스릴 수 있었다.

다만 군정의 허록을 조사하거나 부족한 수를 메우는 방법은 향리가 군정을 조사하는 과정에서 민에게 뇌물을 요구하는 폐단을 일으킬 여지가 있었다. 따라서 지역의 호총과 군총을 미리 파악하여 군역을 균등하게 배정하는 것이 가장 효율적인 방안이라 여겼다.[90] 정약용은 수령이 가좌책을 통해 호구수와 재정상황을 파악하고 마을의 재력이나 호총을 반영하여 역을 배분하도록 했다. 이때 균역을 위해서는 역의 불균등을 초래하는 계방이 반드시 혁파되어야 한다고 강조했다.[91] 위와 같은 방법은 가좌책 작성을 통해 얻은 정확한 정보가 바탕이 되었으므로 투명성이 보장되는 운영 방식이었다.

환곡의 경우, 이포(吏逋)를 절대 감면해 주지 않도록 하는 강력한 방식을 권장했다.[92] 다만 그 과정에서 무리하게 거두지 않고, 창청(倉廳)의 청례비(廳禮費)로 충당하도록 했다. 그러고도 부족한 액수는 이포(吏逋)를 만든 당사자, 그를 추천한 수리(首吏), 같이 근무한 창감(倉監), 공모자, 서원(書員), 질청(作廳)의 순서로 부담시켰다.[93] 족징과 인징이 우선되는 것이 아니라 동료의 것을 먼저 거두어 연대책임을 지는 방식으로 이포

89 《牧民心書》 권5, 戶典六條 戶籍; 《牧民心書》 권8, 제8부 兵典六條 僉正.

90 《牧民心書》 권8, 兵典六條 僉正.

91 《牧民心書》 권8, 兵典六條 僉正.

92 《牧民心書》 권5, 戶典六條 穀簿 上.

93 《牧民心書》 권5, 戶典六條, 穀簿 下.

〈표 1〉 포진(鋪陳) 식례(式例) 및 하기(下記)

袷席 下記									面席 下記	8-9目
1	白席 1장	3전	5	장식용 명주 3자	3전	9	장식 테두리 바느질	5푼	單席 下記	8-9目
2	龍鬚草 염색	1전	6	장식용 베 3자	2전	10	袷席 노끈	2전	方席 下記	12目
3	起花	1전	7	장식용 베 붉은 염색	1전	11	工人	2전	地衣 下記	6-7目
4	袷裹草席	2전	8	장식용 베 푸른 염색	1전	12	起花時 燈油	1전	隱囊 下記	8-9目
袷席 총 18전									鋪陳 총 50-60전	

* 자료: 《牧民心書》 권3, 奉公六條, 守法

를 처리한 것이다.[94] 또한 환자를 지급하는 과정에서 향리의 부정을 견제할 방법이 없으므로 수령이 직접 주관할 필요가 있다고 보았다. 향리의 허록을 방지하기 위해 수령이 환곡 출납의 수량과 분류(分留)의 실제를 파악하기 쉽도록 마감성책규식 중 번거롭거나 중복되는 부분을 정리하도록 했다.[95]

문서를 정리하는 방식은 지방관청의 회계 운영 과정에서도 사용되었다. 장부 중에는 물품을 마련하는 주요 목록인 식례(式例)와 목록에 세세한 비용을 적은 하기(下記)가 있었다. 정약용은 이 중에서 식례(式例)는 필요하지만 하기(下記)를 작성하는 과정에서 향리들이 부정을 일으킬 여지가 있으므로 이를 없애고자 했다.[96] 그는 포진(鋪陳)을 마련할 때의 하기(下記)를 예시로 들어 문제를 설명했다.

〈표 1〉은 사신(使臣)이나 수령이 관청에서 사용했던 포진(鋪陳)을 마련하는 식례와 하기를 표시한 것이다. 목록 중 겹석(袷席)·면석(面席)·단석(單席)·방석(方席)·지의(地衣)·은낭(隱囊)은 포진(鋪陳)을 구성하는 물품이며, 이는 곧 포진의 식례로 기재했다. 〈표 1〉에서는 대표적으로 겹

94 吏逋의 무리한 隣徵·族徵은 문제가 되었다(《비변사등록》 77책, 영조 1년 3월17일).

95 《牧民心書》 권5, 戶典六條 穀簿 上

96 《牧民心書》 권3, 奉公六條 守法

석의 하기를 정리하였으며 총 12가지의 목록을 나열하였다. 하기에는 물품을 마련하기 위한 재료비와 인건비 등을 세세하게 기록했다. 정약용은 다른 식례의 경우도 면석(面席)과 단석(單席)은 각각 8-9목록, 방석(方席) 12목록, 지의(地衣) 6-7목록, 은낭(隱囊) 8-9목록으로 된 하기를 기재할 수 있다고 설명했다. 포진 1부를 마련하기 위해 드는 비용의 목록을 거의 54-58가지로 작성할 수 있었던 것이다.

이러한 방식으로 하기에 기록한 각각의 비용은 물가의 변동에 따라 달라질 수 있었다. 《선각》에서는 물가의 변동에 대응하기 위해 성실한 사람을 시장에 보내 물품을 구입하도록 했다.[97] 그러나 수령은 위와 같이 많은 목록을 직접 확인하고 검토하기 어려웠으며, 향리들은 수령에게 재정을 아끼면서도 일을 잘한다는 인상을 남기기 위해 물건을 염가로 구입하여 민에 피해를 입혔다. 또한 하기에 물품 값을 조금씩 올려 적는 방법으로 이익을 취하기도 했다. 정약용은 향리들이 하기를 작성할 경우 사익을 추구하는 방안만 궁리하기 때문에 하기를 반드시 없애야 한다고 주장했다.[98]

또한 불필요한 지출을 방지하기 위해 정기적인 지출내역인 응하(應下)를 두어 내역에 따라 규정된 액수를 지출하도록 했다. 지출이 부정기적이어서 내역을 예상할 수 없는 경우에는 별하(別下)를 두어 하기를 기록하는 대신, 반드시 회계를 행하는 방법을 제안하였다.[99] 정약용은 이상의 방법을 절목으로 만들어서 국전(國典)과 같이 대하고 부본을 각 면에 배부하여 민의 동의를 받아 운영하도록 했다.[100] 즉, 먼저 총 수입을 산정하고 그 안에서 지출하도록 하는 양입위출의 재정 운영 방식을 유념

---

97 《先覺》上, 嚴市直 "必有勤厚之人 從市價買取宜矣."

98 《牧民心書》권3, 奉公六條 守法.

99 《牧民心書》권3, 奉公六條 守法.

100 《牧民心書》권3, 奉公六條 守法.

하며 불필요한 지출을 방지했다. 이후 수령이 전체적인 회계를 파악하고 민(民)이 지출내역을 확인할 수 있는 규칙을 하나의 읍례와 같이 정리하여, 관청의 운영 방식을 투명하게 공개하고 향리의 부정을 예방하려한 것이다.[101]

정리하자면, 정약용은 수령이 여러 경로를 통해 정보를 파악하고 운영 과정과 결과를 민에 제공하는 공개적이며 투명한 지방통치 방식을 구상했다. 이와 동시에 향리에게는 일정한 이익을 보장하는 현실적인 모습을 보였다. 이는 지방의 폐단을 해결하기 위한 제도의 개혁을 시도할 수 없는 상황에서 수령이 지방의 관행에 따르면서도 조정과 민의 피해를 최소화하고자 하는 방안이라고 할 수 있다.

2) 향리에 대한 인사 관리와 염찰 강화

정약용은 조정에서 문제로 지적하였던 일부 수령의 미숙한 향리 통제 능력과 이액(吏額) 증가 현상에 대해서도 대안을 제시하였다. 우선 수령의 경우, 관청 운영에 필요한 이두와 법률 지식 등의 전문적인 능력을 갖추도록 했다. 수령이 부임 전에 이두를 배워서 문서의 독해 수준을 높이고 《대명률》과 《대전통편》을 통해 제도를 이해하며 읍례를 참고할 수 있다면 각 지방의 특수한 상황에서도 충분히 대응할 수 있다고 본 것이다.[102] 이처럼 전문적인 능력을 갖춘다면 수령이 부임한 후에 긴 적응기간을 거치지 않고도 운영 상황을 빠르게 파악할 수 있었을 것이다. 수령은 향리에게 적절한 명령을 하달할 수 있고, 향리에게는 수령이 업무에 능숙하

101 송양섭, 앞의 논문, 2016, 94-95쪽.

102 《牧民心書》 권3, 奉公六條 文報; 《牧民心書》 권10, 刑典六條 斷獄; 《牧民心書》 권3, 奉公六條 守法.

다는 인상을 주게 되어, 향리가 수령의 지시를 의심하는 상황을 방지할 수도 있었다. 달리 말해, 정약용이 수령의 자질로서 중요하게 여긴 부분은 정치적이며 실무에 밝은 행정가로서의 면모로 볼 수 있다. 다음으로 이액(吏額)의 경우에는 토지의 면적과 호구의 수에 따라 정할 것을 제안하였다. 이액에 대해서는《경세유표》에서도 다룬 바가 있다.

> 전지(田地)와 민수(民數)를 헤아린 후 정원에 차등을 두어 큰 읍이라도 30명을 넘지 않도록 하고, 향리는 세습하지 못하고 현손(玄孫) 대에 이른 다음이라야 이에 구애됨이 없게 하며, 한 가족이 전적으로 하지 못하도록 하니 친형제끼리 함께 될 수 없고 8촌 안에는 3명을 넘지 않도록 한다. 이방(吏房)·창리(倉吏)·도서원(都書員)·균역리(均役吏)·대동리(大同吏) 등 돈과 곡식을 출납하는 권한이 있는 향역은 옆 지역의 향리에게 맡겨서 지금 영리(營吏)와 같게 한다. 이방(吏房)은 매년 교체하고 재임은 12년이 지난 이후에 할 수 있도록 한다.[103]

《경세유표》에서는 장서원(掌胥院)이라는 중앙관청을 통해 향리를 직접적으로 관리하자고 주장하였다. 이와 함께 특정 가문이 주요 향역을 독차지하고 향역을 세습하는 상황에 문제를 제기하며 몇 가지의 대안을 제시하고 있다. 부세 운영과 관련한 특정 향역의 경우 향리들이 지역 내에서 영향력을 행사하기 좋으며 사익을 취할 여지가 있으므로 다른 지역의 향리에게 맡기도록 했다. 이방(吏房)의 경우 지역에서 유력한 향리가 주로 차지했는데, 연임을 제한하고 긴 시간이 지난 이후에 재임이 가능하도록 했다. 마지막으로, 이안(吏案)을 활용하도록 했다. 지역 내 모든 향리의 직임이나 특이사항 등을 이안에 기록하여 매년 장서원에 제출하고, 문제가 있을 때에는 어사를 파견하여 바로잡도록

---

103 《經世遺表》권2, 秋官刑曹 제5 掌胥院.

한 것이다. 이러한 방안들은 향리가 지역에서 세력을 형성하거나 부정을 저지르는 상황을 방지하기 위한 의도로 보인다. 특히 수령이나 감사의 통제가 아니라 조정에서 직접 향리를 관리하는 것에서 수령의 업무를 돕는 전문 행정 인력으로서의 역할을 강화하고자 한 것으로 생각해 볼 수 있다.

《경세유표》에서는 이액을 군현의 크기와 민호의 수에 따라 제한하도록 했는데, 우선 군현제도의 재편을 이루어야만 적용할 수 있었다. 군현제도는 군현의 크기와 민호의 수를 합산하여 4,000 미만인 곳은 합병하고 4,000 이상부터 25,000 이상까지 되는 곳을 소현(小縣)부터 대주(大州)까지 7등급으로 나누었으며 각 도의 상황에 따라 차등을 두었다. 그리고 군현 등급에 따라 소현에 향리 20인을 두는 것을 기준으로 하고 대주에 80인, 그리고 대주 중에서도 규모가 큰 곳에는 최대 100인을 배치하는 방안을 제시하였다.[104]

《목민심서》에서도 《경세유표》의 논의와 유사한 방식으로 향리의 배치를 제안하였다. 토지 크기를 기준으로 1,000결마다 5인씩, 10,000결 되는 지역에서는 50인을 두는 방식이었다. 인구가 많지만 토지가 좁은 지역은 호수에 따라 정하도록 하였다.[105] 그러나 정약용은 이러한 방법으로 향리의 수를 줄이는 것은 수령이 할 수 있는 일이 아님을 강조하면서 섣불리 감액을 시도하지 않도록 했다. 철저히 국가 전체적인 구상과 현실적인 대안을 구분하고 있는 것이다. 현실에서는 향리를 배치할 때 너무 나이가 많거나 어린 향리들을 임용하는 대신 업무능력을 시험하여 직임을 맡기도록 하였다.[106] 능력 있는 사람을 우선적으로 배치한다면, 어

104 《經世遺表》 권4, 天官修制 郡縣分等. 각주 102번에 제시된 吏額과 그 수가 다른 이유는 《經世遺表》가 미완성된 저술이기 때문에 발견되는 오류로 보인다.

105 《牧民心書》 권4, 吏典六條 束吏.

106 《牧民心書》 권4, 吏典六條 束吏.

는 정도 이액의 증가를 조절할 수 있다고 보았다.

다만 이 방안으로 이액을 조절하는 효과가 있었을지는 의문이 들며, 이액의 무분별한 증가를 관리하는 정도로 이해된다.《목민심서》의 제안은 정약용이 이상적인 것으로 판단한 향리의 배치와 인원수일 뿐이고, 이를 참고하여 각 지역의 상황에 맞게 적용하라는 조언이었다.[107] 이러한 대안은 현실의 규칙을 바탕으로 하면서도 능력과 연령에 따라 향역의 차임을 제한하여 자연적으로 이액을 줄일 수 있는 방법을 강구했다는 점에 의의가 있다.[108]

아울러, 향리의 폐단을 최소화하고 투명한 지방행정 운영 방식을 지속적으로 유지하기 위해서는 구체적인 향리 관리방안이 필요했다. 정약용은 강압적인 통제 방식보다는 향리가 자발적으로 업무에 충실할 수 있는 세 가지 방안을 제시하였다.

첫 번째 방안은 향리 이력표를 작성하는 것이었다. 이력표를 이용하여 각 향리들의 경력에 따라 직임을 분배하고 인사관리에 활용하도록 하였다.[109] 정약용은 이력표를 정식으로 만든다면 향리 20인의 20년간 이력을 다루어야 한다고 당부했다. 〈표 2〉의 이력표는 정약용이 예시로 든 가상 향리 10인의 10년 이력을 정리한 것이다.

〈표 2〉의 가상 향리 10인 중 가장 눈에 띄는 이력의 주인공은 이수담이다. 이수담은 삼공형인 호장과 이방을 8번이나 거쳤으며 부세 운영을

---

107 토지와 인구 수를 비교하여 향리를 배치한다는 것은《경세유표》의 방안과 유사한 것으로서 현실적으로 적용하기 어려운 방안이었다. 그럼에도 불구하고《목민심서》에서도 이를 제시하고 있는 것은《목민심서》와《경세유표》의 논의가 서로 연관되어 있기 때문이다. 다만 지방과 중앙이라는 각기 다른 층위에서 운영 방안을 제안하고 있기 때문에 현실에 적용할 수 있는 조치와 제도개혁론이라는 차이가 존재하는 것이다.

108 기존 연구에서는《목민심서》와《경세유표》의 이액논의를 함께 분석하며 정약용의 이액감축논의에 일관성이 없다고 비판하였다(오동진, 앞의 논문, 46-48쪽). 논의만 비교한다면 이 의견에도 일리가 있지만, 두 저서의 저술 목적이 다르고《경세유표》는 미완성된 저술이라는 점을 염두에 두고 각 논의를 살펴볼 필요가 있다.

109 《牧民心書》 권4, 吏典六條 束吏.

〈표 2〉 향리 이력표

	甲 子	乙 丑	丙 寅	丁 卯	戊 辰	己 巳	庚 午	辛 未	壬 申	癸 酉
李壽聃	都倉色	吏 房	吏 房	戶 長	吏 房	吏 房	都書員	戶 長	戶 長	戶 長
柳宗永	工 房		戶 房			紙所色		公事色		兵 房
盧景植	刑 房	均役色	刑 房	大同色	北倉色	戶籍色	刑 房	都書員	吏 房	吏 房
李膺福	入 仕		禮 房			軍器色		戶 房	兵 房	
崔斗一		入 仕	刑 房	南倉色	官廳色	兵 房	都書員	歲抄色	戶籍色	都倉色
尹啓萬			入 仕		工 房			客舍色		
金宗仁				入 仕	刑 房	御營色	西倉色	禮 房		都書員
鄭有年					入 仕	工 房	公事色		禮 房	
朴在臣						入 仕	刑 房	禁衛色		東倉色
安得春							入 仕	工 房		禮 房

* 자료: 《牧民心書》 권4, 吏典六條, 東吏.

담당하는 주요 향역인 도창색이나 도서원을 역임한 것으로 보아 지역에서 가장 유력한 향리인 설정이다. 그다음으로는 노경식의 이력을 주목할 수 있다. 노경식은 이수담의 경력만큼 호장과 이방을 역임하지는 않았지만 균역색이나 대동색처럼 부세 운영과 관련되었거나 호적색과 같이 민과 대면하는 일이 많은 향역을 맡아 왔다. 이수담이 호장을 맡은 이후로 도서원에 차임되었고 임신년 이후에 이수담과 함께 공형을 맡은 것으로 보아 노경식도 역시 유력한 향리로 짐작할 수 있다. 노경식의 이력에서 특이한 점은 형방을 3번 맡은 부분이다. 이력표상의 향리 10인 가운데 지역의 대표향리인 호장이나 이방을 제외하고 하나의 향역에 3번 이상 차임된 이력은 찾아볼 수 없기 때문이다. 형방의 업무는 특히 전문적이어서 반복되는 차임이 가능하도록 설정한 것으로 보이며, 이는 업무의 특성에 따라 융통성 있게 배치하라는 의미로 보인다. 마지막으로 이력표의 중간에 있는 빈칸은 해당 연도에 차임되지 못한 경우를 비워 둔 것이다. 향리 중 주요 향역을 차지하거나 끊임없이 향역을 유지할 수 있는 가계가 제한적이었다는 점으로 미루어 볼 때 이력표 상의 이수담 · 노경식 · 최두일은 주도 가계 출신이거나 뛰어난 능력을 지닌 향리로 이해된다.

이처럼 이력표를 이용한다면 누가 중요한 자리에 있었고, 누가 한가한 자리에 있었는지, 그리고 누가 연임하지 못했는지 살펴볼 수 있었다.[110] 향리의 향역 차임 현황은 영향력이 크고 주요 향역에 있었던 향리를 견제하는 단서가 되기도 했다. 중요한 자리를 거친 향리는 간사한 자로 간주하고, 연임하지 못한 향리에게 이듬해 좋은 직임을 챙겨 주도록 했는데, 이를 통해 수령의 세력을 확보하도록 한 것으로 이해된다.

수령은 재임 기간이 1년 내외에 불과했기 때문에 향리 개개인의 이력을 쉽게 파악하기 어려웠다. 그러나 이력표를 활용한다면 향역을 차정하는 시기에 정보를 파악하는 데 유용할 것이었다. 또한 전문성이 요구되는 향역에 경력자를 배치하기 수월하며, 특정 가계 출신 향리의 향역 독점을 방지할 수 있었다. 다만 이력표는 정확한 자료를 바탕으로 정리하며 잘못된 정보를 기입하지 않도록 주의를 기울일 필요가 있었다.

두 번째로, 수령이 향리의 업무를 평가하고 이를 바탕으로 향역을 배정하도록 하였다.[111] 다만 이 방안은 수령의 재임기간을 6년으로 하는 수령구임법의 시행을 전제로 하였다.[112] 향리를 관리하는 여러 가지 방안들은 결국 수령의 임기가 보장되어야만 지속적으로 유지할 수 있었다.

〈표 3〉은 정약용이 고안한 향리 고공 방식을 표로 옮긴 것이다. 향리 고공은 수령이 이력표를 바탕으로 각 향리의 정보를 파악하고, 연말에 업무 평가를 진행하는 방식이었다. 향리만 업무 평가 대상으로 삼은 것

110 《牧民心書》 권4, 吏典六條 束吏,

111 《선각》과 《임관정요》에서는 향청의 의견에 따라 향리를 차임하는 방법을 제시하였으며, 실제로 향역을 배분할 때 향청의 의견이나 질청의 결정을 따르도록 조언하였다(《先覺》 上, 〈審任使〉; 《臨官政要》, 〈時措〉 御吏章). 한편 정약용의 향리고공은 《목민고》에서 향리의 명부를 마련하여 해당인의 업무태도를 기록한 뒤 적합한 자를 향직에 차임하도록 제시하였던 방식과 유사하다(《牧民考》, 〈政要〉 '得人'). 《목민심서》의 향리고공법은 《목민고》의 영향을 받았다고 유추해 볼 수 있다.

112 《牧民心書》 권4, 吏典六條, 考功.

〈표 3〉 향리고공표

등급	上上	上中	上下	中上	中中	中下	下上	下中	下下
인원	1	2	2	3	14	3	2	2	1

* 자료: 《牧民心書》 권4, 吏典六條, 考功

은 아니었다. 정약용은 하나의 책자를 마련하여 모든 관속의 공과를 기록하게 하였다. 다만 향리의 인원이 많고, 업무도 다른 관속에 비해 많았기 때문에 향리 고공에 중점을 두어 설명한 것으로 이해된다. 향리의 평가 항목은 관청 업무에서 필수적인 문서 기록 및 계산 방법으로 구성되었다.[113] 정약용은 향리 업무 중 문제가 발생하면 즉시 징계하고, 공적은 모두 취합하도록 했다. 각 향리를 1년 동안 평가한 공과는 향역을 차정하는 연말에 다시 검토하고, 상상부터 하하까지 총 9단계의 등급을 매겼다.

〈표 3〉에 따르면 상상부터 중상의 평가를 받은 8명은 순서대로 선호도가 높은 향역에 배정했다. 향리들은 대부분 호장과 이방과 같은 대표 향역, 그리고 도서원과 같은 각종 부세 운영을 담당하는 향역 등 명예가 있고 중요한 역할을 하는 향역에 차임되기를 원했다.[114] 중중은 그 외의 직임에 차정하였다. 중하는 향역 차임을 반년 동안 금지하였고, 하상부터 하하로 평가된 5명은 1년간 임명되지 못했으며, 하하는 가장 고된 역에 징발하도록 구상했다.[115] 한편 중중 등급의 향역은 이방에게 배분을 맡겼다. 이는 향역의 배분에 영향력을 행사하였던 주도 가계 향리들의 지위와 영향력을 일정 부분 보장함으로써 수령에 대한 반감이 심해지지 않도록 만드는 정치적인 장치였다고 생각해 볼 수 있는 부분이다.

113 《牧民心書》 권4, 吏典六條 考功.

114 《與猶堂全書》 권12, 〈詩文集〉, '奸吏論'.

115 《牧民心書》 권4, 吏典六條 考功.

향리 고공으로 등급을 매기는 상대평가 방식은 향리들이 수령에게 좋은 성적을 받기 위하여 실무에 집중하고 명령에 복종하게 되는 상황을 유도하는 것이었다. 이를 통해 결과적으로 향리의 업무 능력이 향상되거나 수령이 원활하게 향리를 통제하는 효과를 기대해 볼 수 있었다.[116] 수령은 이력표의 작성과 향리 고공을 통하여 향리 인사관리를 공정하게 처리할 수 있었다.

세 번째로, 수령이 향리를 염찰(廉察)하는 방법을 제시하였다. 기존 목민서는 수령이 향리집단 중 특정한 세력에 의지한다면 향전(鄕戰)과 이전(吏戰)이 발생할 것이라며 경계하도록 조언했다.[117] 《목민심서》에서도 향리의 세력에 대해 설명하고 있다.

> 시임이방(時任吏房)에게는 반드시 서로 좋아하지 않는 자가 함께 향리의 반열에 끼어 있기 마련이니, 부임해 가서 시일이 좀 오래 되면 이것은 저절로 알게 된다. 이방의 간악함을 깊숙이 듣는 데는 이 사람만 한 사람이 없다. 그러나 수령의 좌우에는 이방의 이목이 아닌 사람이 없으므로 넌지시 수령에게 알려 주려고 해도 그럴 수가 없을 것이다.[118]

이방은 수령을 가장 가까운 거리에서 보필하며 친밀감을 쌓고 동시에 수령의 동태를 살피기 쉬운 직임이었다. 갓 부임한 수령들은 향리집단의 세력 편제를 잘 모르기 때문에 이방과 가깝게 지내면서 점차 외부와 차단되고 낭패를 보기도 하는 경우가 있었다.[118] 특정 세력에 의해 제한되

---

116 이러한 방안은《牧民心書》의 수령고공과 같은 방식으로 이루어지는 것이었다. 정약용은 수령고공을 9등급으로 나누고 연말에 한차례 시행하도록 하였다(《牧民心書》 권4, 제5부 吏典六條 考功). 그는 수령고공의 상대평가를 통하여 전반적인 지방 운영 능력의 향상을 기대하였다(《牧民心書》 권4, 제5부 吏典六條 考功).

117 《先覺》 上, 〈克偏見〉. "吏鄕皆有其黨 若偏用一过 則鄕戰吏戰不可禁耶也."

118 《牧民心書》 권4, 吏典六條 察物.

거나 왜곡된 정보를 접하게 되며 점차 지방 운영에 영향을 받았던 것이다. 결국 향리들이 일으키는 폐단을 파악하지 못하거나 수령에 대한 민의 원망이 커지는 상황으로 이어질 수 있었다.

따라서 우선, 정약용은 향리집단의 특정 세력과 반목하는 세력을 이용하여 일종의 정보수집관계를 형성하도록 제안하였다.[119] 수령이 업무에 익숙해질 즈음이 되면 향리집단 내에 이방과 반목하는 세력도 존재한다는 것을 알게 될 것이니, 그 세력을 이용하라고 한 것이다. 다만 그는 수령이 다른 집단과 돈독한 관계를 형성했다는 사실을 이방과 같은 특정 세력이 알지 못하도록 조심해야 한다고 조언하였다. 이방 세력이 그들을 대상으로 하는 수령의 염찰을 눈치채거나 관계를 형성한 세력이 이방 세력을 의식하며 정보를 주지 않는 상황이 발생할 수 있다고 보았던 것이다.

또 다른 염찰방법은 지방 내의 다양한 의견을 수렴하는 것이었다. 이는 이미 안정복(安鼎福, 1721-1791)이 《임관정요》에서 제안한 바 있다. 안정복은 일종의 익명 투서함을 이용하는 '항통법(缿筩法)'을 통해 여러 사람들의 의견을 모아서 지역의 상황을 파악하고 문제를 해결하도록 했다.[120] 항통법을 시행한다면 어떤 사람이 적은 불만인지 확인이 어렵기 때문에 향리들이 민을 두려워하게 만드는 효과를 기대하였던 것으로 보인다. 그러나 정약용은 항통법이 '사람들을 불안하게 만드는 속임수와 같다'며 부정적으로 평가했다.[121] 익명의 투서는 진위 여부를 확인할 수 없기 때문에 신뢰성이 떨어지며, 이로 인해 민심에 혼란이 발생할 수도 있음을 고려한 결과였다.

정약용이 염찰의 통로로 선택한 곳은 향교였다. 향교를 통한다면 발

119 《牧民心書》 권4, 吏典六條 察物.

120 《臨官政要》, 〈缿筩法〉.

121 《牧民心書》 권4, 吏典六條 察物.

언의 출처를 확인할 수 있다는 판단이었다.[122] 다른 목민서에서는 향청을 통해 정보를 수집하도록 조언한 바 있다. 그러나 정약용은 향청 역시 세력을 바탕으로 뇌물을 받거나 정보를 차단하는 경우가 있으므로 염찰의 통로로 삼기 적절하지 않다고 보았다.[123] 향교는 본래 정치를 논하고 민(民)의 폐단을 물어보던 곳이라는 근거를 들며 염찰(廉察)의 통로로 적절하다고 강조한 것이다.[124]

향교를 통한 염찰 방법은 다음과 같다. 우선 향교의 추천을 받아 각 면마다 나이가 많고 지방의 일을 잘 아는 사람을 4명씩 골라서 향로(鄕老)로 삼는다. 향로에게는 따로 차첩(差帖)이나 부표(付標)를 내리지 않았는데, 이는 향로의 존재가 드러나지 않게 하려는 의도였다. 이후 향교를 통해 향로에게 민에 대한 부정이나 폐단의 존재 여부에 대한 보고를 부탁하는 첩문(帖文)을 내렸다. 만약 향로가 제출한 보고서에 문제를 은폐하거나 모함을 한 정황이 발견될 경우 문책하여 바로잡도록 했다.

이 방식은 수령과 사회적 위치가 같은 사족들의 여론을 들을 수 있어서 보다 더 신뢰할 만했다. 특히 발언의 출처를 확인할 수 있기 때문에 거짓 정보를 가려내어 처벌하기 수월하였다. 수령의 권위를 드러내기에도 효과적이었다. 다만 향로의 선정이 공정하게 이루어지지 않거나 향로 간에 모의하여 거짓 정보를 전달하는 위험이 있기 때문에 완벽하게 여론을 파악할 수 있는 방법은 아니었다.

염찰의 마지막 수단은, 감사가 영리(營吏)에게 수령의 염찰을 맡기는 상황을 바꾸자는 것이었다.[125] 정약용에 따르면 본래 영리는 감사가 순행에 나서는 지역의 향리를 지명했던 것에서 비롯되었다.[126] 즉, 영리는

---

122 《牧民心書》 권4, 吏典六條 察物.

123 《牧民心書》 권4, 吏典六條 用人.

124 《牧民心書》 권4, 吏典六條 察物.

125 관련 논의는 임성수, 〈다산 정약용의 監司論〉, 《민족문화연구》 68(2015) 참조.

126 《牧民心書》 권4, 吏典六條 察物.

지역의 향리와 연결되어 수령과 감사의 소통을 돕기 위한 집단이었다. 그러나 앞서 언급한 바와 같이 감사는 영리와 주도 가계 향리의 교류를 통하여 수령의 평판을 조사하였다. 따라서 수령은 이들의 평가가 수령의 고과에 영향을 미칠 수 있음을 염려하며 향리를 효과적으로 통제하지 못하기도 하였다.

정약용은 어사가 지역을 염문(廉問)하는 방법을 예로 들며, 감사가 영리를 통해 수령을 염찰하지 않아도 지역의 상황을 파악할 수 있는 방법을 제안하였다.[127] 어사의 염문 방식은, 어사가 지역에 들어가기 전에 해당 지역 수리(首吏)와 그들의 반대세력인 향리를 200리 밖에 가두고, 수하를 대신 보내서 마패를 보이며 발언에 거짓이 있을 경우 처벌하겠다고 엄포를 내린 후 수령과 향리의 행실을 조사하는 방식이었다. 다만 이 방식을 감사가 차용할 경우, 감사의 수하가 해당 지역과 관계가 있거나 수리와 반목하는 세력을 가려낼 수 없다면 불가능했다. 그러나 해당 지역과 관계가 없는 수하를 파견하고, 향리 세력의 구도를 파악한 이후에 시행한다면 감사와 수령이 향리 통제를 강화할 수 있다는 점에서 효과적인 방법이었다. 더불어 수령이 통제할 수 있게 된 영리와 향리의 관계는 감사와 수령의 소통 수단으로 이용되어 지방행정 운영에 도움이 될 수 있었다.

염찰은 수령이 향리 세력을 가까이에 두면서 견제할 수 있는 방법이었다. 염찰을 통해 수령의 눈에 닿지 않는 범위에서 은밀하게 이루어졌던 향리집단의 비리를 발각하고 지역의 상황을 생생하게 파악할 수 있었다. 정약용은 수령이 시야를 넓히고, 위에서 제시한 각종 인사관리 방안을 안정적으로 시행하여 향리를 관리할 수 있기를 기대하였다.

정약용은 수령이 지방행정에서의 업무능력을 기르고 이를 바탕으로

127 《牧民心書》 권4, 吏典六條, 察物.

향리에게 영향력을 미칠 수 있기를 바랐다. 수령이 향리의 이력을 관리하고 고과를 시행하여 직임을 배정하는 방안은 향리들의 충실한 업무수행과 수령에 대한 복종을 이끌어 내고, 업무의 전문성과 운영의 질을 높일 수 있는 것이었다. 또한 염찰은 수령의 눈이 닿지 않는 향리집단 내부의 권력다툼이나 지역 외부에서 발생하는 각종 상황에 대한 정보를 확보하는 방법이었다. 정약용은 위의 방법들을 통해 수령이 안정적으로 향리를 통제해서 민에 가해지는 폐단을 줄이고 지방관청을 효과적으로 운영하기를 바랐다.

4. 맺음말

17세기 이후 지방제도의 변화로 인해 지방관청의 역할이 강화되면서 수령의 위상이 높아졌으며 이에 따라 실질적인 행정업무를 담당하였던 향리의 역할도 더욱 중요해졌다. 향리는 지방관청의 핵심 중 하나인 재정업무를 수행하는 과정에서 사적 이익을 추구하여 폐단의 원인으로 지목되었다. 조정에서는 향리 문제의 심각성을 인지하고 있었지만 감사와 수령에게 해결을 촉구할 뿐이었다. 향리의 폐단으로 인한 문제는 점차 심화되었고, 그 피해는 고스란히 민에게 돌아가면서 지역사회 전반에 위기를 초래하였다. 향리 문제의 해결은 단순히 문제가 되는 향리를 징벌하는 차원을 넘어서서 지방행정과 민의 안정을 도모하기 위한 전제조건이었다. 정약용이 수령의 지방통치를 구상하면서 향리 문제를 적극적으로 다룬 것도 바로 이 때문이었다.

정약용도 조정의 의견과 마찬가지로 수령이 향리를 통제해야 한다는 입장이었다. 그러나 강압적인 통제 방식으로는 향리 문제를 효과적으로 해결할 수 없다고 보았다. 향리는 수령보다 지역 사정에 밝았으며 업무에도 능숙하였기 때문에 강압적인 방법으로는 이들을 제어하기 어려웠다. 더구나 향리가 주관하는 부세업무는 운영 방식이 매우 복잡하여 수령이 일일이 점검하는 데도 한계가 있었다. 여기에는 향리의 생계를 제도적으로 보장해 주지 못하는 현실적인 문제도 감안되었다.

정약용은 제도 개편과 같은 근본적인 차원의 대안이 필요하다고 보았다. 다만 현실적으로 불가능한 일이었기 때문에, 향리 문제를 근본적으로 해소하기보다는 운영상의 문제를 보완하는 방향으로 방안을 전개했다. 먼저, 수령이 여러 경로를 통해 정보를 파악하고 운영 과정과 결과를 민(民)에 제공하는 공개적이며 투명한 지방통치 방식을 구상했다. 이와 동시에 향리에게는 일정한 이익을 보장하여 수령과 향리의 관계를 원활하게 하는 현실적인 대안을 제시했다.

다음으로, 수령의 공적인 지방행정 운영을 위해 향리 통제방안을 모색하였다. 그는 수령이 지방행정 업무능력을 기르고, 향리 인사 운영 방식을 조정할 필요가 있다고 보았다. 수령이 이력표를 작성하고 이를 바탕으로 고과를 진행하는 방안은 향리들의 충실한 업무 수행과 복종을 이끌어 내고, 향리 업무의 전문성과 운영 과정의 질을 높일 수 있었다. 또 다른 대안인 염찰은 수령의 눈이 닿지 않는 향리집단 내부의 권력다툼이나 지역 외부에서 발생하는 각종 상황에 대한 정보를 확보할 수 있었다. 정약용은 위의 방법들을 통해 수령이 공정하고 안정적으로 향리를 통제해서 민(民)에 가해지는 폐단을 줄이고 지방관청을 효과적으로 운영하기를 바랐다.

정약용이《목민심서》에서 제시한 대안들은 개혁적인 성격이 아니었다. 그는 당시 각 지방의 다양한 운영 방식들과 기존 목민서의 주장들을 정리하고 이상적인 제도와 조합하였다. 그리고 현실에서 수령이 적용할 수 있을 만한 대안들을 구상하였다.《목민심서》의 향리 관리 방안은 수령이 국가 제도를 개혁하기 어려운 상황에서 지방의 폐단을 해결하기 위해 각 지역의 시속에 따르면서도 조정과 민의 피해를 최소화할 수 있도록 마련했다. 정약용이 엄격한 원칙주의자이기보다는 정치적인 역량을 갖춘 행정 전문가로서의 면모를 지니고 있음을 보여 주는 부분이다. ■ 고려대학교 대학원 한국사학과 석사학위논문, 2017.

참고문헌

《經世遺表》.
《牧民心書》.
《與猶堂全書》.

《經國大典》.
《牧綱》.
《牧民考》.
《備邊司謄錄》.
《先覺》.
《承政院日記》.
《掾曹龜鑑》.
《掾曹龜鑑續編》.
《日省錄》.
《臨官政要》.
《正祖實錄》.

고석규, 《19세기 조선의 향촌사회연구—지배와 저항의 구조》, 서울대학교출판부, 1998.
권기중, 《조선시대 향리와 양반사회》, 경인문화사, 2010.
______, 〈조선후기 수령의 업무 능력과 부세 수취의 자율권—조선후기 암행어사 서계를 중심으로〉, 《역사와 담론》 67(2013).
______, 〈향리 《선생안》을 통해 본 조선후기 강원도 낭천현의 향리 사회—낭천현 《선생안》을 중심으로〉, 《조선시대사학보》 85(2018).
권내현, 〈18-19세기 진주지방의 향촌세력변동과 임술농민항쟁〉, 《한국사연구》 89(1995).
김동수, 〈다산의 향리론〉, 《용봉논총》 13(1983).
김선경, 〈조선후기의 조세수취와 면리 운영〉, 연세대학교 석사학위논문, 1984.
______, 〈조선후기 목민학의 계보와 《목민심서》〉, 《조선시대사학보》 52(2010).
______, 〈《목민심서》연구—통치기술의 관점에서 읽기〉, 《역사교육》 123(2012).
김성준, 《목민심감 연구》, 고려대학교 민족문화연구소, 1990.

김옥근, 《조선왕조재정사연구》, I · II · III, 일조각, 1984.

김용흠, 〈18세기 '목민서'와 지방통치—《목민고(牧民考)를 중심으로》〉, 《한국사상사학》 35(2010).

김인걸, 〈조선후기 향촌사회 변동에 관한 연구—18. 19세기 '향권' 담당층의 변화를 중심으로〉, 서울대학교 박사학위논문, 1991.

김필동, 〈조선후기 지방이서집단의 조직구조〉, 상 · 하, 《한국학보》 8-3 · 4(198).

______, 《차별과 연대—조선 사회의 신분과 조직》, 문학과 지성사, 1999.

노혜경, 《조선후기 수령 행정의 실제—황윤석의 《이재난고》를 중심으로》, 혜안, 2005.

손병규, 《조선왕조 재정시스템의 재발견—17-19세기 지방재정사 연구》, 역사비평사, 2008.

송양섭, 〈19세기 양역수취법의 변화—동포제의 성립과 관련하여〉, 《한국사연구》 89(1995).

______, 〈조선시대 관권과 사족. 타협과 충돌〉, 《역사비평》 65(2003).

______, 〈조선후기 지방재정과 계방의 출현—제역 및 제역촌과 관련하여〉, 《역사와 담론》 59(2011).

______, 〈18세기 비총제의 적용과 제민정책의 추진〉, 《한국사학보》 53(2013).

______, 〈《목민심서》에 나타난 다산 정약용의 '인시순속'적 지방재정 운영론〉, 《다산과 현대》 7(2014).

______, 〈다산 정약용의 수령 진휼론에 나타난 朱子賑法의 적용과 그 당대적 변용—《목민심서》 진황조의 분석〉, 《민족문화연구》 68(2015).

______, 〈《목민심서》에 나타난 다산 정약용의 수령인식과 지방행정 운영의 방향〉, 《다산학》 28(2016).

송찬섭, 《조선후기 환곡제개혁연구》, 서울대학교출판부, 2002.

오동진, 〈19세기 향리제도의 구조적 모순과 개혁론—다산의 향리제 개혁론을 중심으로〉, 연세대학교 교육대학원 석사학위논문, 2001.

오영교, 《조선후기 향촌지배정책 연구》, 혜안, 2001.

오일주, 〈조선후기 재정구조의 변동과 환곡의 부세화〉, 《실학사상연구》 3(1992).

원재린, 〈《임관정요》에 반영된 향정론 계승양상〉, 《조선의 牧民學 전통과 牧民心書》, 景仁文化社, 2012.

______, 〈순암 안정복의 목민사상과 주요 목민책〉, 《한국실학연구》 25(2013).

______, 〈근기 남인계 목민학 전통과 《목민심서》〉, 《다산과 현대》 7(2014).

윤문희, 〈다산의 '향리론' 연구—그의 〈향리작폐론〉을 중심으로〉, 숙명여자대학교 석사학위논문, 1987.

이성무, 〈조선초기의 향리〉, 《한국사연구》 5(1970).

李樹健, 《朝鮮時代 地方行政史》, 民音社, 1989.

이진형, 〈다산 정약용의 향촌사회인식과 개혁 구상〉, 연세대학교 박사학위논문, 2017.

이철성, 〈18세기 전세 비총제의 실시와 그 성격〉, 《한국사연구》 81(1993).

이훈상, 《조선후기의 향리》, 일조각, 1990.

______, 《향리의 역사서 《掾曹龜鑑》과 그 續篇을 편찬한 상주의 향리 지식인 李明九 가문과 그들의 문서》, 서강대학교 인문과학연구소, 1992.

임성수, 〈다산 정약용의 監司論〉, 《민족문화연구》 68(2015).

______, 〈17-18세기 전반 隱結·漏結·餘結의 존재 양태와 정부의 대응 변화〉, 《역사학보》 234(2017).

장동표, 〈18·19세기 이액증가의 현상에 관한 연구〉, 《부대사학》 9(1985).

______, 〈19세기 지방재정운영의 구조에 관한 일연구〉, 《부대사학》 19(1995).

정성학, 〈조선후기 안동 상층 향리의 향직계승과 존재양상〉, 《한국사론》 60(2014).

______, 〈조선 후기 향역 이탈자와 그들의 대응—안동 권씨 동정공파 사례〉, 《조선시대사학보》 84(2018).

정연식, 〈균역법 시행 이후의 지방재정의 변화〉, 《진단학보》 67(1989).

정진영, 《조선시대 향촌사회사》, 한길사, 1998.

정호훈, 〈15-16세기 목민서의 전개와 목민학〉, 《한국사상사학》 36(2010).

______, 〈《선각》 해제〉, 《선각》, 혜안, 2013.

최이돈, 〈조선초기 향리의 지위와 신분〉, 《진단학보》 110(2010).

한영국, 〈대동법의 실시〉, 《한국사》 13(1976).

한희숙, 〈조선초기의 잡류층에 대한 연구〉, 고려대학교 박사학위논문, 1990.

군현의례의 실상과 체계정비의 필요성

신진혜

1. 머리말

수령은 군현을 통치하기 위해 국왕이 임명한 관리로, 왕권을 대행하는 존재였다. 정약용은 수령이 백성들을 다스리는 일이 "천하 국가를 다스리는 자와 비록 대소는 다르지만 처지는 비슷한 것이며, 벼슬 이름은 비록 다르지만 수령의 직책이 옛날의 제후에 비견되는 것'이라 보았다.[1] 18-19세기에는 목민관의 지침서인 목민서가 광범위하게 저술되고 유통되었는데 조선 후기 목민서의 특징을 잘 보여 주는 것이 정약용의 《목민심서》이다.[2] 정약용은 《목민심서》에서 1799년 자신이 곡산부사로 2년 동안 경험한 내용, 어사로 활동했던 경험[3]과 현감 · 군수 · 도

---

1 《牧民心書》 卷1, 赴任六條 除拜.

2 김선경, 〈조선후기 목민학의 계보와 《목민심서》〉, 《조선시대사학보》 52(2010), 177-178쪽.

3 《與猶堂全書》, 〈詩文集〉 卷16, 自撰墓誌銘 集中本; 《正祖實錄》 卷41, 正祖 18年 11月 16일 庚子.

호부사 · 목사를 지낸 선친을 좇아 배운 바를 정리하였다.[4] 그리고 사서오경과 23사를 중심으로 사목(司牧)과 관련된 부분을 발췌하여 수록함과 동시에 조선의 실상, 정약용 자신의 경험 · 제안을 덧붙인 형식을 갖추고 있다.[5]

수령이 가지는 중요한 임무 중 하나가 삼단일묘(三壇一廟; 社稷壇 · 厲壇 · 城隍壇 · 文廟)로 대표되는 군현의 의례를 관장하는 일이었다. 다른 목민서에서는 대체로 수령의 의례적 업무를 깊게 다루지 않았던 반면에 정약용은 이를《목민심서》〈예전육조〉를 중심으로 세밀하게 다루고 있다. 〈예전육조〉뿐만 아니라《목민심서》전반에서 정약용은 수령이 가례(家禮)와 군현의 의례에 어떠한 태도로 임해야 하는가에 대한 의견을 드러내고 있다. 정약용의 학문 체계 내에서 예학이 주요한 부분을 차지하며,[6] 그가 가례와 국가의례 전반에 걸쳐 저술을 남긴 예학자였다는 사실에 비추어 본다면《목민심서》에서 목민관의 의례적 업무로 관심이 확장되었다는 것은 어찌 보면 자연스러운 일일 것이다.

군현의례에 대한 연구는 향촌 지역과 관련된 주제이기 때문에 주로 민속학 · 건축학 계열에서 집중적으로 다루어져 왔다.[7] 수령과 향리의 관계에 주목하여 읍치 사회의 제의는 수령으로 대표되는 중앙 정부 주도

---

4 《牧民心書》卷1, 自序.

5 기존 연구에서는《목민심서》가 6전 체제를 따른 것은 현행 제도를 따라 업무를 논하고, 구체적인 실태를 분석하여 문제점을 파악하기 위함이었다고 정리한 바 있다. 또한《목민심서》외에 육전 체계로 서술한 다른 목민서로는 홍양호의《목민대방》이 있는데 양적인 부분에서《목민심서》에 비해 소략하다(임형택, 〈《목민심서》의 이해—다산 정치학과 관련하여〉,《한국실학연구》13(2007), 28-29쪽).

6 《與猶堂全書》,〈詩文集〉卷18, '家誡' 示二子家誡.

7 각 연구 성과를 구분하면 다음과 같다: 성황제에 관한 연구(윤동환, 〈삼척 읍치성황제의 지속과 변화〉,《실천민속학》16(2010); 김도현, 〈강원도지역 읍치 성황사 고찰〉,《조선사연구》14, 2005)); 무속과 무당에 관한 연구(손태도, 〈조선 후기의 무속〉,《한국무속학》17(2008)); 여제에 관한 연구(이욱, 〈조선시대 국가 祀典과 厲祭〉,《종교연구》19(2000); B. 왈라번, 〈조선시대 여제의 기능과 의식〉,《동양학》31(2001)); 주현 사직에 관한 연구(유훈조, 〈조선시대 주현 사직단의 시설 및 부속 건축물 설치에 관한 연구〉,《동양예술》20(2012); 〈조선후기 주현사직단의 입지와 조영방식에 관한 연구〉, 성균관대학교 건축학과 박사학위논문, 2013).

의 유교적 의례와 향리가 주도하는 민간 신앙적인 제의로 구분되어 공존했으며, 그중 향리가 주도하는 제의가 민간에 더욱 친숙하게 다가갈 수 있었다는 연구에서 조선 후기 향촌사회의 의례가 어떠한 양상을 가지는가에 대한 정리가 이루어진 바 있다.[8] 하지만 기존 연구에서는 군현의례에서 수령이 어떠한 역할을 가지고 있었는가에 대해서는 주목하지 못하였다.

뿐만 아니라 《목민심서》의 예제 혹은 예학적 성격 역시 아직 크게 주목받지 못하였다. 다만 《목민심서》 〈예전〉 '제사'조를 중심으로 정약용의 제사관이 왕도정치의 추구라는 전통 유교적 정치론을 보여 주면서 인지종교학적 특성을 가진다는 논의가 제시된 바 있다.[9] 이 연구에서는 정약용이 제사의 대상을 분명하게 인지하는 것을 중요시하였고, 미신적이거나 주술적인 의례를 경건주의적인 예론을 통해 비판했다는 분석을 제시하였다.

따라서 이 연구에서는 기존 연구 성과를 바탕으로 《목민심서》를 통해 유추할 수 있는 조선 후기 의례 주체로서의 수령이 가지는 위상과 더불어 당대 군현의례가 가지는 문제점과 특징을 검토하고자 한다. 그리고 정약용의 의례 연구가 어떠한 형태로 군현의례로 확장되었는가를 정리하면서 정약용이 제시한 군현의례에 대한 문제의식과 해결책이 그가 경험했던 18-19세기의 사회적 분위기에서 어떤 영향을 받았는가도 아울러 분석하고자 한다. 이를 통해 조선 후기의 수령이 의례 주도자로서 어떠한 역할과 의무를 가지고 있었는가에 관하여 정리될 수 있을 것이라 기대한다.

---

8 이훈상, 〈조선후기의 향리집단과 탈춤의 연행〉, 《동아연구》 17(1989); 〈조선후기 읍치 사회의 구조와 제의〉, 《역사학보》 147(1995).

9 박종천, 〈다산의 제사관—《牧民心書》 〈禮典〉 '祭祀'조를 중심으로〉, 《다산학》 9(2006).

2. 조선 군현의례의 실상과 인식

1) 국가의례와 군현의례

조선왕조는 성립 이후 유교적 질서에 따라 국가의 체제를 확립해 가는 과정에서 국가의례를 정비하였다. 이 과정에서 국가 전체를 유교적 상징 질서에 포괄하기 위한 군현의 의례 역시 체계화되었다.[10] 군현을 통치하는 수령은 군현의 의례를 주관해야 하는 의무를 가졌는데, 군현의례는 3단 1묘, 이른바 사직단 · 성황단 · 여단과 문묘에 대한 제사가 그것이었다. 사직제는 토지신인 사(社)와 곡식신인 직(稷)에 대한 제사이고,[11] 성황제는 일종의 방어시설인 성(城)의 신인 성황에 대한 제사를 드리는 것으로 고을의 수호를 비는 마음에서 비롯된 제사였다. 여제는 후손이 없는 귀신들을 위한 제사였고, 문묘 제사는 문선왕(文宣王)에 대한 제사를 말한다.

태조 원년(1392) 8월에 "모부(某府) 모주(某州) 모현(某縣)의 성황지신"으로 칭하며 각 주군에 성황 제사를 시행하게 하되, 수령으로 하여금 매 봄과 가을에 제사하도록 규정하였다.[12] 그리고 문묘 제사에 대해서 역시 태조 원년(1392) 9월 관찰사와 수령이 제물을 풍성하고 깨끗하게 준비하여 때에 따라 거행하도록 하였다.[13] 군현의 사직제와 여제의 시행이 적극적으로 거론된 것은 태종 연간이었다. 태종 4년(1404) 6월에 예조에서 경중과 외방 각관에서 여제를 지내도록 〈여제의(厲祭儀)〉를 상정하였는

10 《국조오례의》의 지방 의례 관련 의주에서는 州縣이라 표현하였고, 《목민심서》에서는 지방의 제례를 郡縣의 제사라 표현하였다. 이 글에서는 《목민심서》를 중심으로 서술하고 있으므로 군현의례라 통칭하고자 한다.

11 조선 군현사직단에 대한 연구는 다음을 일부 참조하였다: 유훈조, 〈조선시대 주현 사직단의 시설 및 부속 건축물 설치에 관한 연구〉, 《동양예술》 20(2012).

12 《太祖實錄》 卷1, 太祖 元年 8月 11日 庚申.

13 《太祖實錄》 卷2, 太祖 元年 9月 24日 壬寅.

데 제사의 주제관(主祭官)을 경중(京中)에서는 개성유후사(開城留後司) 당상관(堂上官)이나 한성부(漢城府) 당상관이 하고, 외방(外方)에서는 각 고을의 수령이 하도록 하였다.[14] 그리고 태종 6년(1406) 6월에《홍무예제(洪武禮制)》에 따라 부주군현(府州郡縣)에 모두 사직단을 세워서 봄·가을에 제사를 행하도록 정하였다.[15] 이러한 3단 1묘의 의례뿐만 아니라 기우제나 악독(嶽瀆)·산천(山川)에 대한 제사 역시 기내(畿內)는 조관(朝官)을 차견(差遣)하고 기외(畿外)는 소재지의 감사와 각 고을의 수령이 제사하도록 정하였기에, 수령은 관할하는 지역에 따라 추가적인 국가 제사를 주도해야 했다.[16] 이러한 군현의 3단 1묘 및 제반 제사의례에 관한 절차는 이후《국조오례의》에 수록되었다.[17]

이러한 군현의 제사 의례에 관한 체계적인 정비는 대체로 명나라에서 들여온《홍무예제(洪武禮制)》에 바탕을 두고 있었다. 명이 고려에 대해 요구했던 산천, 성황신의 신호 개정이나 음사의 규제와 같은 사항들은 조선에 이르러 중시되었던 바 있다.[18] 조선 초기에 고례(古禮)와 명례(明禮)를 중심으로 한 유교적 의례의 시행을 왕실은 물론이고 군현 단위로까지 확장시켰던 것은 국가의 제반 제사 의례를 관 주도로, 더 나아가 국왕을 정점으로 하는 체계적이고 일원적인 지배 체계를 확립하고자 하는 목적이 강하였다. 의례의 유교적 일원화라는 중앙정부의 목적이 달성되기 위해서는 민간의 음사를 혁파해야 했다.

---

14 《太宗實錄》卷7, 太宗 4年 6月 9일 戊寅.

15 《太宗實錄》卷11, 太宗 6年 6月 5일 癸亥.

16 《太宗實錄》卷32, 太宗 16年 9月 3일 辛卯.

17 《國朝五禮儀》에 포함된 군현 제례 관련 의주는 총 일곱 가지이다(《國朝五禮儀》卷1, 吉禮〈州縣春秋祭社稷儀〉〈祭州縣名山大川儀〉; 卷2,〈州縣釋奠文宣王儀〉〈州縣文宣王先告事由及移還安祭儀〉〈州縣酺祭儀〉〈久雨州縣禜祭城門儀〉〈州縣厲祭儀〉). 그 외에도 양로연 및 향음주례(《國朝五禮儀》卷4, 嘉禮〈開城府及州縣養老宴儀〉〈鄉飮酒儀〉), 향사례(《國朝五禮儀》卷6, 軍禮〈鄉射儀〉)가 수록되어 있다.

18 김해영,《조선초기 제사전례 연구》, 집문당, 1997, 53쪽.

음사 혁파가 시도되었던 역대 조선의 몇몇 사례를 정약용이 《목민심서》에 대략 정리한 바 있다.[19] 김효원(金孝元, 1532-1590)은 안동부사로 있을 때 안동부 사람들이 고려 때부터 믿어 온 괴이한 신라공주(新羅公主) 오금잠신(烏金簪神)의 사당을 불태워 버렸다. 하지만 그 뒤에 안동부에서는 다시 아전과 백성들이 존숭하여 해마다 5월 5일이면 무당과 재인(才人), 관리(官吏)가 배행하며 지경 안을 두루 돌아다니며 이를 단오사(端午使)라 불렀다. 백성들 역시 따라다니다가 파산하거나 실업하면서도 이를 그치지 않았다. 그 전후에 왔던 부사들이 아무도 금하지를 못하다가 정언황(丁彦璜, 1597-1672)이 안동부사가 되었을 때 유림을 모아 놓고 이를 불태워 버림으로써 미신을 그치게 하였던 바 있다.[20] 그리고 제주목사(濟州牧使)를 지낸 이형상(李衡祥)(1653-1733)이 고을에 광양당(廣壤堂)에서 기도하는 풍습이 있어 명을 내려 불태워 버리니 사람들이 시원하게 여기며 김치(金緻, 1577-1625)가 영남관찰사로 있을 때 태백산 신사(神祠)를 허문 일과 비견할 만하다고 여겼다. 연안부사였던 이정악(李挺岳, 1610-1674)이 연안부에 기도하는 백성들이 매일같이 재화를 탕진하는 음사(淫祠)가 있어 이를 헐어 버렸다.

이렇듯 군현의 여러 음사를 혁파하려는 유학자들의 지속적인 노력이 있었고 국가에서도 관 주도의 유교적 의례를 시행하고자 하였으나, 조선 초기는 물론 후기에 이르기까지 유교적 의례가 지역사회를 완전히 장악하지는 못하였다. 그 이유는 먼저 수령의 임기가 의례적 업무를 체계적으로 구성할 만큼 길지 않았다는 것이나,[21] 지역의 특징에 따라 무관 수

19 《牧民心書》 卷7, 禮典六條 祭祀.

20 《牧民心書》 卷7, 禮典六條 祭祀. 이 내용은 다음 자료에서도 보인다(許穆, 《眉叟記言》 卷37, 〈陟州記事〉).

21 《경국대전》에 규정된 수령의 임기는 5년이지만, 실제로는 임기가 차기 전에 遷轉하는 경우가 많았다. 수령이 15개월 만에 돌아오는 것은 잘못된 일이라고 상소한 경우나(《正祖實錄》 卷13, 正祖 6年 4月 25日 辛卯), 수령이 임기가 차기 전에 遷轉하지 말아야 한다는 상소가 있었던 것에서 그러한 상황을 대략 짐작할 수 있다(《正祖實錄》 卷16, 正祖 7年 7月 4日 癸巳).

령이 파견되는 경우도 있었기 때문에 수령들 개인에 따라 의례에 크게 관심을 가지지 않았을 가능성 역시 짐작할 수 있다.[22] 그리고 지방사회는 사대부 · 향리 · 민의 문화가 공존하고 있다는 특징도 이유가 될 수 있을 것이다. 사대부는 유교적 소양을 바탕으로 제사를 존중할 수 있으나, 민의 경우는 민간의례나, 관에서 말하는 이른바 음사에 훨씬 의존적인 성향을 가지고 있었다. 그리고 이들의 사이에 놓인 향리는 양측의 입장을 복합적으로 수용하는 방향으로 제의를 주도하였다.[23]

국가에서 수령 중심의 군현 제사를 제정한 후에도 지역의 자연신 중심의 제의가 중단되지 않았고 다양한 의례 행위가 지속되었는데 이는 대부분 호장(戶長)에 의해 주도되었다.[24] 향리들은 군현 행정 운영에 있어 사족들과 일정한 거리를 유지했고, 사족들이 지방 행정에 관여하는 범위는 모호하였다.[25] 또한 파견된 수령들 역시 해당 지역의 업무에 대해 향리나 향임들에게 일정정도 의존해야 하는 것이 현실이었기 때문에 그들은 군현 행정에 있어서 중요한 역할을 하고 있었다. 그러한 역할은 지역의 의례에 있어서도 마찬가지였다. 수령 중심의 제의는 국가 규정에 따라 행해졌으나, 이와 더불어 향리 주도의 읍치 제의도 병행되었다. 예를 들어 성황당 제사의 경우는, 경건하게 배례(拜禮)하는 수령 주재의 성황당 제사에 비하여, 무격(巫覡)을 거느리고 풍악을 울리며 농한기에 시행했던 향리 주도의 읍치 성황당 제의에는 많은 지역민들이 참

22 국방이 긴요한 沿邊地域은 이조와 병조에서 상의하여 수령을 임명하였다(除授, 〈吏典〉, 《經國大典》). 양계나 연변 지역의 수령에게는 군사적 능력이 특별히 요구되었기 때문에 무반 출신의 수령을 파견하였다(임용한, 《조선전기 수령제와 지방통치》, 혜안, 2002, 174-175쪽).

23 이에 대해서는 다음 연구를 참조하였다: 이훈상, 〈조선후기의 향리집단과 탈춤의 연행〉, 《동아연구》 17(1989); 이훈상, 〈조선후기 읍치 사회의 구조와 제의〉, 《역사학보》 147(1995); 윤동환, 〈삼척 읍치성황제의 지속과 변화〉, 《실천민속학》 16(2010); 김도현, 〈강원도지역 읍치 성황사 고찰〉, 《조선사연구》 14(2005); 손태도, 〈조선 후기의 무속〉, 《한국무속학》 17(2008).

24 이훈상, 〈조선후기의 향리집단과 탈춤의 연행〉, 《동아연구》 17(1989), 488-489쪽.

25 이훈상, 〈조선후기 읍치 사회의 구조와 제의〉, 《역사학보》 147(1995), 73-74쪽.

여했기 때문에 규모 면에서 더욱 컸다. 때문에 기존 연구에서는 군현민들의 동원과 참여를 적극적으로 유발한 것은 향리들이 주도하는 제의에 있었다고 보았다.[26]

기존 연구에서 중앙 정부는 군현의 제례를 정비한 이후 그 이상의 적극적인 역할을 기대하지 않았으므로, 성황사 등에 대한 지방관의 제례 의무는 관행 이상의 의미를 갖지 못했다고 평가했던 바 있다. 이 때문에 수령이 주도하는 유교적이고 경건한 제의는 향리들이 주도하는 다양한 형태의 지역 제의와 병존하게 되었다는 것이다.[27] 하지만 중앙 정부에서 군현의례에 대해 지속적으로 방관하는 태도만을 가졌던 것은 아니었다고 본다. 정조 연간에 이르러서는 다시 군현의 유교적 제사를 정중히 받들 것을 강조하였다. 다음은 정조 9년(1785)에 군현의 사직단을 보수하도록 하교한 사례이다.

> 우리나라의 단향(壇享)은 곧 옛날의 방구단(方丘壇) 제사이다. 질그릇과 표주박에 하찮것없는 제물을 담아 놓고 땅을 쓸어 내고 제사를 지내지만, 밝은 신령은 세상에 가득 차서 물처럼 모여드니, 주·부·군·현에서 사직단을 모실 책임이 없지도 않다. 일찍이 선왕조에서 지방 고을들의 사직단을 깨끗하게 하지 못한다고 하여 여러 번 신칙하는 하교를 내렸다. 근래 들으니, 여러 도에서 사직단을 보수하지 않은 것이 많아서 제단을 둘러싼 담은 떨어져 나가고 홍살문은 허물어졌으나, 수령들이 여러 성황당의 제단같이 여기므로 너무나 중요한 제사를 지내는 땅으로 하여금 나무하고 소 먹이는 장소로 만들었다고 하니, 사체(事體)를 소홀히 여기는 것이 이보다 더 심한 것은 없다. 심지어 제사 예절을 의식대로 따르지 않고 제품(祭品)을 능히 정결하게 하지 못하는 것과 같은 따위는 이것으로써 미루어 알 수 있다. 대저 수령의 직책은 백성들과 사직을 중하게 여기는 것인데, 이렇게 정성을 다하지 않으

26 이훈상, 앞의 논문, 1995, 76-78쪽.

27 이훈상, 앞의 논문, 1995, 77쪽.

니, 그 밖의 나머지 일은 넉넉히 알 수 있다. 해당 조로 하여금 거듭 각 고을에 관문(關文)으로 신칙하게 하여, 사직단을 보수하여야 마땅할 데는 즉시 수리하게 하고, 각각 지키는 군사를 두고 경계 표식을 세워 잡인들을 특별히 금지하도록 하라. 매달 월말에는 사직단에 제사가 있는지, 없는지를 영문에 통보하고, 영문에서 예조에 전보(轉報)하여 근만(勤慢) 상황을 상고하게 하라. 이 밖에 제사 지내는 예절이나 제품 같은 것은 판당(判堂)이 기록하여 한 통의 비밀 관문을 제출하도록 하라. 이것에 의해 준행하게 하여, 제사를 지내지 않는 것과 같은 한탄이 없도록 하겠다.[28]

정조는 선왕조부터 군현의 사직단을 깨끗하게 하라고 여러 번 신칙하였음에도 여러 도에서 사직단을 보수하지 않았음을 비판하고, 또한 제사 의절을 의식대로 따르지 않고 있음을 질책하였다. 이에 군현의 사직단을 보수하게 하고 매달 말 제사 유무를 보고하게 함과 동시에 이러한 사실을 《사직서의궤(社稷署儀軌)》에 기록할 것을 명하였다. 이렇듯 엄밀하게 명한 것에 비추어 본다면 당대까지 군현의 사직제사가 대체로 잘 이루어지지 않았음을 짐작할 수 있다.

이뿐만 아니라 정조 17년(1793)에는 도내 각 고을의 절제(節祭)를 고을의 유생과 편비(偏裨)에게 대신하게 했던 영광군수 김재익(金載翼)과 전라도 병마절도사 이수붕(李壽鵬), 관찰사 이서구(李書九)를 파직시키고 잡아들이게 하였는데 이 역시 지역의 제사를 중요하게 여긴 태도를 엿볼 수 있는 부분이다.[29] 그리고 정조 23년(1799)에 수령이 몸소 행해야만 하는 기우제를 향소(鄕所)가 대신 시행하는 일을 금지한 바 있다. 이전에는 수령이 병고가 있어 기우제를 거행하지 못할 경우 향소가 대신 거행하는 경우가 있었으나 앞으로는 제사를 물려야 하더라도 향소가 대신하는

---

28 《正祖實錄》卷19, 正祖 9年(1785) 1月 3日 壬子.

29 《正祖實錄》卷38, 正祖 17年(1793) 11月 6日 乙未.

일이 없도록 조치하였다.[30] 수령은 백성과 사직을 책임지는 자로서 정성을 다해야 하는 것이며, 이것이 조정의 기강을 높이는 도리이기 때문이었다. 이처럼 수령은 왕을 정점으로 하는 중앙에서의 요구와 향리 · 지방사족 · 민인의 토착 지역에서의 상황에 모두 부응해야 하는 책임이 있었다. 특히 정약용이 경험했던 시기의 중앙정부에서는 정조가 군현의 제사에 대해 엄격히 다스릴 것을 거듭 당부하였고, 이를 이행하지 않을 경우 처벌이 엄격히 가해지는 시기였다.

2) 수령의 위상과 군현의례의 실상

조선 후기 유학자들은 일반적으로 가례(家禮)를 심도 있게 연구했던 경향이 보이는데 정약용은 가례 연구에서 그치지 않고 국가 · 왕실 의례와 군현의례로까지 그 관심을 확장하였던 바 있다. 지금까지의 정약용 예학 연구에서는 정약용이 가례와 왕실 의례를 중점적으로 연구했다고 정의해 왔으나, 그 안에서 《목민심서》〈예전육조〉 '제사'조로 대표되는 군현의례에 대한 정약용의 분석이 어떠한 위상을 가지는가에 대해서는 주목하지 못하였다. 때문에 이 글에서는 《목민심서》가 가지는 예학적 · 예제적 특징에 주목하여 정약용의 예학 체계를 확장시키고자 한다. 정약용의 의례 관련 저술을 국가 · 왕실 의례, 군현의례, 가례의 성격으로 분류하면 〈표 1〉과 같은 구성이 가능하다.

정약용이 가례와 관련해서는 관혼상제를 두루 다루면서 특히 상례 연구에 집중했던 반면, 국가의례와 군현의례와 관련해서는 제례에 관심이 집중되어 있었다. 이는 국가와 군현 단위의 제례가 가지는 중요성과 더

30 《正祖實錄》卷51, 正祖 23年(1799) 5月 26日 癸未.

〈표 1〉 정약용 예서의 제사 주체에 따른 분류

단위	저술 분류	정약용 저술	성립연대	구성
國家·王室	經集	《春秋考徵》	순조 12년(1812)	《周禮》의 吉禮·凶禮 고증
國家·王室	政法集	《經世遺表》	순조 17년(1817)	예조 업무에 대한 개정안
州·郡·縣	政法集	《牧民心書》	순조 18년(1818)	社稷壇·厲壇·城隍壇·文廟, 書院, 鄕禮
家門	禮集	《喪禮四箋》	순조 3년(1803)-순조 11년(1811)	喪禮의 이론서
		《喪禮外篇》	순조 3년(1803)-순조 18년(1818)	喪禮에 관련한 담론
		《喪儀節要》	순조 17년(1817)	喪禮의 실용서
		《祭禮考定》	순조 8년(1808)	祭禮에 관련한 담론
		《嘉禮酌儀》	순조 5년(1805)-순조 10년(1810)	冠禮·婚禮
		《禮疑問答》	미상	의례 전반에 관한 문답
		《風水集議》	미상	風水에 관한 비판

불어 제례에 대한 정약용의 관심과도 관련된다.[31] 정약용은 제례가 예(禮)의 원형이기에 오례 가운데 제례에 속하는 길례(吉禮)를 먼저 분석한다면 나머지 의례는 충분히 이치를 알 수 있다고 보았다.[32] 정약용은 《춘추고징(春秋考徵)》에서 국왕 중심으로 거행되는 오례의 하나인 길례를 정리하였고, 《목민심서》 〈예전육조〉 '제사'조에서는 조선 후기 지방관이 관할 구역 내에서 주관하는 사직단, 여단, 성황단, 문묘 등의 제사와 관내 각종 사묘(祠廟)의 제의에 대해 분석하였으며, 《제례고정》에서는 사대부가에서 시행되는 제례를 다루었다.[33] 이렇듯 국왕(王室)→지방관(府·州·郡·縣)→사대부(家門)의 모든 제사에 대해 관심을 가지고 연구를 지속하였고, 군현이나 가문의 제례에 대해서는 조선 후기의 제사 대상에

31 《與猶堂全書》, 〈詩文集〉 卷19, 答李汝弘 [載毅].

32 정약용은 儀節에서 祭禮와 다른 禮들이 비슷하다는 점을 주목했다. 실제로 제사의 儀節은 다른 禮의 儀節과 형태적으로 비슷하며 이렇듯 각종 의례들 사이에서 보이는 유사성은 유교 의례의 특징이기도 하다(박종천, 《예, 3천년 동양을 지배하다》, 글항아리, 2011, 70쪽).

33 《牧民心書》 〈禮典〉과 《祭禮考定》에 관한 연구는 다음 연구를 참조하였다: 박종천, 〈다산의 제사관—《목민심서》 〈예전〉 '제사'조를 중심으로〉, 《다산학》 9(2006); 유권종, 〈다산 정약용의 《祭禮考定》 연구〉, 《공자학》 8(2001).

대한 무지함으로 제사문화의 변질을 초래했음을 지적하였다.[34]

정약용의 예학체계에서 큰 비중을 차지하는 가례서는 경전바탕의 이론적 연구와 더불어 실용 가능성을 고찰하면서 조선의 시의(時宜)를 감안했지만, 《춘추고징》에서 다룬 국가 · 왕실 의례에서는 시의보다는 경전적 고증을 바탕으로 삼대(三代) 의례의 원형을 복원하는 데 초점을 두었다. 정약용은 국가의례에 관련해서 구체적인 개정안을 제시하는 태도가 가례에 비해 제한적이었다. 예를 들어, 《춘추고징》도 대부분 의례 대상에 대한 실증과 삼대의 의례 고증에 초점을 맞추었을 뿐이고, 개정안을 제시한 것이라고는 〈길례〉 '시향'편에서 종묘 제사에서 사시향을 맹월이 아닌 중월에 행해야 한다는 의견과 납향을 없애야 한다는 의견을 일부 내세운 것이 전부였다.[35] 이는 정약용이 가례에 대해서는 《주자가례(朱子家禮)》와 삼례서(三禮書)를 중심으로 가문과 학통을 드러내는 의례체계를 구상할 수 있다고 생각했던 반면, 국가의례에 관련해서는 삼대 의례 복원을 위한 경전고증을 지향하면서 의례의 근본적 측면에 접근했던 태도와 무관하지 않다고 생각한다.

반면에 군현의례를 다룬 《목민심서》 〈예전육조〉 '제사'에서는 가례 연구에서 드러났던 시의성을 반영한 실용성과 국가의례 연구에서 드러난 경전 고증의 성격이 중첩적으로 드러난다. 이는 《목민심서》가 실용적 용도를 목적으로 저술되었기 때문이다. 전체적으로 《국조오례의》에 제정된 큰 틀에서 벗어나지 않으면서 문제점을 제시하고 해결방법을 제안하는 태도를 보였다.

《목민심서》는 의례만을 목적으로 쓰인 저술이 아니지만, 〈예전육조〉 편은 정약용 예서의 축약적 형태를 갖추고 있다는 점에서 주목할 만하

34 박종천, 앞의 논문, 2006, 98쪽.

35 《與猶堂全書》, 〈春秋考徵〉 卷2, 時享6. 이에 관해서는 신진혜, 〈정약용의 종묘 四時 · 臘享 고증과 그 의미〉, 《역사와 현실》 97(2015).

다. 연대상으로 정약용의 예학 관련 저술의 대부분이 완성된 후에《목민심서》〈예전육조〉가 저술되었기 때문에 정약용 예학 전반이 가지는 특징이 그대로 포함되어 있다. 신분에 따른 차등적 의례 수행, 절검과 정성의 강조와 같은 정약용의 입장이 그대로 드러난다. 다만《목민심서》가 수령을 위한 지침서인 만큼 의례 주관자로서의 수령에 대한 입장을 고려하여 그들이 참고할 만한 내용들을 제시하고 있다는 것이《목민심서》'제사'조의 특징이다. 정약용 예서 전반에서와 같이 경전 고증을 통해 의례 대상을 정의하는 것을 중심으로, 역대(歷代)의 사례 가운데 참고할 만한 모범적인 사례를 나열하여 제시하면서 자신이 목민관으로 재직할 당시에 당면했던 문제점에 대한 해결방안을 제시하는 것이 내용의 대부분을 차지한다.

앞서 서술한 바와 같이 조선의 군현의례는 매우 다층적이었기에 지방관이 통제할 수 있는 부분과 없는 부분이 혼재되어 있는 것이 현실이었다.《목민심서》전반에서 정약용은 수령이 취해야 할 다양한 입장을 제시한 바 있으나, '의례 주관자로서의 수령'에 대해서는 철저한 왕권의 대행자로 자리해야 함을 강조하였다. 그러한 내용은 〈예전육조〉 외에 각 편에 부분적으로 제시되어 있는데 그 내용을 크게 세 가지로 정리할 수 있다. 첫째, 공사(公私)의 구분을 명확하게 해야 한다는 것, 둘째, 의례의 물품 등급은 자신의 신분에 맞게 준비하고 절검해야 한다는 것, 셋째, 미신을 배격해야 한다는 것이 대표적이다.

첫째로, 공적 의례와 사적 의례의 구분에 관한 것이다. 정약용은《목민심서》〈부임육조〉'상관'조에서 수령은 '모든 귀신의 주관자'라 단언하였다.[36] 수령이 군현에서 주관하는 3단 1묘 제사는 좁게는 군현의 제사이지만 넓게는 국가 제사에 속한다. 이 외에도 수령은 사액서원이나

---

36 《牧民心書》卷1, 赴任六條 上官.

사묘(祠廟)의 제사, 일월식, 기우제 등에도 관심을 기울여야 하였는데 이것이 수령이 주관하는 공적 성격의 의례라 할 수 있겠다. 그리고 수령은 나라의 관리이면서 한편으로는 사대부 개인이기도 하였기에 가례로 대표되는 집안의 여러 제사에 대한 의무를 가지고 있었다. 이러한 부분은 사적 성격의 의례이다.

정약용은 목민관이 의례에 관여할 때 공적 측면과 사적 측면을 엄밀하게 구분하여야 한다고 보았다.[37] 《목민심서(牧民心書)》 〈율기육조(律己六條)〉 '절용(節用)'조에서 공적인 제사에는 공적인 법식이 있으며, 수령의 사가(私家) 제사는 마땅히 고례(古禮)를 준수해야 함을 강조하였다.[38] 가례를 구성함에 있어서는 시의적 입장을 존중하되 고례(古禮)를 근본으로 해야 한다는 정약용의 입장이 그대로 투영되어 있다. 그리고 정약용이 직접 사가(私家) 제례(祭禮) 법식의 안(案)을 만들어 제시해 두기도 하였지만, 집집마다 각기 예(禮)가 있다면 각기 그 가문의 법식을 따르라 하였는데 이는 가례에 관련에서는 가문의 입장을 존중한 것이다.

둘째로 의례의 물품 등급은 자신의 신분과 형편에 맞게 준비하되 가급적 절검할 것을 강조하였다. 절용을 강조하는 것은 성호 이익의 영향을 받은 정약용 예학 전반에서 드러나는 특징이기도 하다.[39] 《주례》 〈천관총재(天官冢宰)〉에 의하면 아홉 가지 법식으로 재용(財用)을 절제하였는데, 목민관 역시 법식을 반드시 정해야 하며, 고을의 대소와 봉록(俸祿)의

37 이러한 공사 구분의 특징은 《춘추고징》 〈길례〉 '시향'조와 《제례고정》에서도 드러난다. 정약용은 국가와 개인의 제사 가운데 공통성을 가지는 제사, 이를테면 종묘와 가묘와 같은 제사에 대해서 의례적 절차와 물품의 차등을 엄격히 해야 함을 강조하였다. 신진혜, 앞의 논문., 2015

38 《牧民心書》 卷2, 律己六條 節用.

39 정약용의 예적 절검에 대한 인식은 이익의 영향을 받은 것으로 보인다. 이익과 정약용 예학의 상관성에 관한 연구는 다음을 참조하였다: 이봉규, 〈조선후기 성리학과 실학의 관계성: 실학의 예론—성호학파의 예론을 중심으로〉, 《한국사상사학》 24(2005); 장동우, 〈조선후기 가례 담론의 등장 배경과 지역적 특색—《주자가례》에 대한 주석서를 중심으로〉, 《국학연구》 13(2008); 전성건, 〈성호학파의 예학과 다산예학의 정위—《가례》 이해를 중심으로〉, 《한국실학연구》 24(2012).

후박(厚薄)을 감안하여 항식(恒式)을 정해야 한다고 보았다.[40] 제사에 관해 수령은 사가(私家) 제례에 있어서 대부 이상은 소뢰의 찬[少牢之饌]을 써야 하고 당하관은 특생의 찬[特牲之饌]을 써야 한다는 원칙을 중심으로 형편에 따른 가감이 가능하다고 보았다.[41] 이러한 입장은 빈객에 대한 예에서도 동일하게 적용할 것을 제안하였다.[42] 전반적으로 고례의 준칙을 중심으로 하되 자신의 형편에 따라 가감할 수 있다는 이른바 시의적 측면을 적용한 것이 특징이라 볼 수 있겠다.

셋째로 수령은 고을의 미신을 배격해야 한다는 입장을 밝혔다.[43] 이러한 정약용의 태도는 의례적인 측면뿐만 아니라 재정적 측면이나, 풍속 교화에 대한 서술에 전반적으로 드러나 있다. 정약용은 수령이 부임하는 길에 아전이 미신을 핑계로 정로(正路)를 버리고 둘러가는 경우가 있다면 반드시 정로를 좇아감으로써 미신을 혁파해야 하며, 혹여 관청 건물에 귀신과 요괴가 있다며 아전들이 기피하라 하여도 구애받지 말고 현혹된 습속을 진정시킬 것을 당부하였다.[44]

또한 정약용은 백성에게 사특한 말을 하여 혹세무민하거나 귀신붙이의 재앙을 불러들이는 무당과 그 신당(神堂)을 목민관이 나서서 제거해야 한다고 보았다.[45] 미신과 무속에 대한 정약용의 부정적인 태도는 부세와 관련한 문제에서도 드러난다. 《목민심서》〈호전육조〉 '평부 하'에서

---

40 《牧民心書》卷2, 律己六條 節用

41 《牧民心書》卷2, 律己六條 節用.

42 《牧民心書》卷2, 律己六條 節用.

43 일부 연구에서는 정약용이 미신을 완벽하게 배격한 것으로 보이지만 실은 일부 귀신[鬼物]의 존재 자체를 인정하였고, 실제적으로 정약용이 미신을 배격할 만한 타당한 근거를 제시하지 못했다는 의견을 제시하기도 하였다(김영식, 〈다산의 과학사상과 기술관—미신과 술수에 대한 정약용의 태도〉, 《다산학》 10(2007)). 하지만 《목민심서》에서 정약용은 미신적 행위를 반대하였고, 무당의 존재를 부정적으로 여기는 태도를 두드러지게 드러내었다. 이 글에서는 《목민심서》에 근거하여 정약용의 미신 배격에 대한 태도를 중점적으로 서술하고자 한다.

44 《牧民心書》卷1, 赴任六條 啓行.

45 《牧民心書》卷11, 刑典六條 除害.

무녀포(巫女布)는 형조에서 잡신의 제(祭)를 지내는 것을 금하기 위해 제정한 것이므로 다른 요역은 모두 줄이는 것이 좋지만 무녀포만은 증가하는 것이 마땅하다고 보았다.[46] 무녀포는 원액(原額)[47] 외에 그 액수를 증가하고, 큰 고을은 200필로 한정하고 중간 고을은 100필로 한정하여 이를 바탕으로 해마다 무녀포를 징수한다면 무당의 풍습이 줄어들 것이라 보았다. 정약용은 무녀포로 취한 재물을 '불결한 재물[不潔之物]'이라 표현하였는데, 이를 통해 그가 극단적으로 미신을 혐오했음을 알 수 있다.

이렇듯 정약용은 목민관이 의례에 임함에 있어서 철저하게 국가의 입장을 대변해야 한다고 보았다. 공사의 구분을 명확하게 하고, 의례의 물품 등급은 자신의 신분에 맞게 준비해야 하며, 상황에 알맞게 절검을 해야 한다는 것을 강조하였다. 또 한편으로는 유교적인 의례 사상과 어긋나는 미신을 배격해야 한다고 주장하였다. 이러한 마음가짐을 바탕으로 군현에서 행해지는 의례를 어떻게 주관해야 하는가에 대해 서술한 것이 〈예전육조〉 '제사'조이다.

3. 지방통치와 군현의례의 정비

1) 의례 고증과 의례적 질서의 정비

《목민심서》에서 정약용은 각 업무별로 적절한 시행원칙들을 제시하고 있는데 그 특징은 크게 세 가지로 정리될 수 있다. 첫째는 조선 당대의 국

46 《牧民心書》 卷6, 戶典六條 平賦下.

47 巫女에 대한 身布로서 경기 · 삼남 · 강원도 무녀의 경우, 稅를 징수하되 每人에 綿布 1필로 하고 돈으로 대납하면 3냥 5전이었고, 함경도의 南關은 영조 17년 이후 1냥을 줄여 2냥 5전으로 하였고 北關은 州倉에 會錄하고 兩西는 管餉에 會錄하였다(《牧民心書》 卷6, 戶典六條 平賦下).

가제도를 철저히 존중하는 태도이고, 둘째는 해당 지역의 습속을 존중하면서 시의성을 반영한다는 태도이고,[48] 셋째는 삼대의 법을 회복해서 군현 통치에 반영해야 한다는 고례(古禮) 복구의 태도이다.[49] 수령의 군현의례 시행에 관해서도 이 세 가지 원칙을 두루 드러내고 있다.

앞서 서술한 바와 같이 각 군현에는 다양한 층위의 의례가 공존하고 있었다. 이에 대해 정약용은 무당을 필두로 한 민간의 신앙은 타파할 것을《목민심서》전반에서 강조하고 있으며, 향리들이나 무당이 주도하는 제의는 일절 언급하지 않았다. 강조하고 있는 것은《국조오례의》에 제정되어 있는, 지역 사대부들과 수령이 주관하는 유교적인 제의뿐이었다. 이는 철저한 국가 제도 중심의 태도라 볼 수 있다. 실제로 정약용이 지은 여제에 대한 제문인〈곡산여제단위제문(谷山厲祭壇慰祭文)〉에서도 정약용이 수령으로서 제사에 임하는 태도를 어떻게 설정했는가를 짐작할 수 있다.[50]

> 오직 하늘이 재앙을 내려 백성들이 병들어 죽어 가네. 따뜻한 봄이나 얼음 어는 겨울철에 배 속이 결리고 코가 막히네. 음산한 기운[陰沴]이 서쪽에서 오니 그 빠르기가 역말과 같은데, 괴상한 올빼미는 낮에 울고 수리부엉이[訓狐]는 밤에 울었네. 우리 노인과 소아를 죽게 하여 들것이 길가에 깔려 있네. 슬프다! 이 약자[罷癃]들은 걸리면 다시 소생하기를 바라지 못하네. 어떤 아낙 머리를 풀어 헤치고 한밤에 목놓아 울부짖고 누렇게 죽어 가는 어린아이들이 마구 울었네. 목민관(牧民官)으로

48 정약용은 백성을 다스림에 있어 치밀하게 규모를 정하고 時宜에 알맞도록 다스려야 함을 강조하였다(《牧民心書》卷1, 赴任六條 上官).

49 정약용은 賓客을 대접하는 것에 대해 고대 燕饗의 餼은 5등급을 두어 天子로부터 三士에 이르기까지 吉凶間에 사용되는 것이 이에 벗어나지 않았음을 예로 들며 고대의 연향등급을 준수할 것을 강조하였다(《牧民心書》卷7, 禮典六條 賓客).

50 《與猶堂全書》,〈詩文集〉卷17, 谷山厲祭壇慰祭文. 기존 연구에서는〈谷山厲祭壇慰祭文〉에 대해 정약용이 여귀의 존재를 인정하면서도 이에 대해 祈禳求福적인 관심을 가졌던 것이 아니라, 수덕적 측면에서 목민관인 자신을 반성함과 동시에 여귀가 된 백성들의 억울함을 풀어 주는 왕도 정치적 측면을 부각시켰다고 보았다(박종천, 앞의 논문, 2006, 100쪽).

서 자애롭지 못해서 구원의 손길 뻗지 못하니 나는 부끄러워 옷에 때가 낀 것 같도다. 왕께서 "아, 그대여! 나의 강토를 네가 지키니 빨리 물 뿌리고 소제하여 신께서 배부르도록 하라" 하셨네. 살진 희생(犧牲)을 드리고 향기로운 술을 올리오니 신이시여! 길게 구불구불 무리들을 이끌고 와서 노닐며 마음껏 음식을 드시고 기뻐 뛰면서, 연회를 즐기소서. 신이시여, 분명히 들으소서. 나는 왕명을 삼가 받들어 그대의 시체를 묻어 주고 그대의 자손을 돌보니 그대는 억울함을 푸시고 이 재앙을 거두어 영원히 우리나라를 도우시어 모든 일이 순탄하게 하소서.

위 제문에서 정약용은 목민관으로서의 책임감을 강조함과 동시에 이 제사를 명한 것이 왕이라는 사실을 강조하였다. 수령은 의례적 절차를 갖추어 군현 제사를 수행할 의무를 가지고 있었는데, 이러한 제사를 통해 신을 감명시켜 가뭄 가운데 비를 내리고, 유행하는 질병과 재앙을 막을 수 있다고 믿었다. 특히 기근이 심하고 역병이 유행했던 18세기에 있어서는 그러한 요구가 더욱 간절했다.[51] 그렇지만 당대에는 수령이 의례적 의무를 다소 소홀히 하는 경향이 있었다. 지역과 부임 수령의 성실성에 따라 차이가 있었겠으나 정약용은 《목민심서》 〈부임육조〉 '상관' 조에서 당시 수령들의 의례적 경건성의 부족에 대해 다음과 같이 지적하였다.

사직단으로 가서 조복(朝服)을 입고 봉심하고, 예감(禮監; 官廳別監)을 여단(厲壇)·성황단(城隍壇)으로 보내서 봉심하고 오도록 한다. 한 고을의 귀신으로는 사직의 귀신이 가장 비중이 크다. 그런데, 근래 수령들이 전혀 정성을 들이지 않으니 매우 옳지 못한 일이다. 여단이나 성황단도 비록 몸소 갈 것까지는 없지만 수

51 정조 8년(1784)의 기근과 질병이 만연한 상황과 국가 차원에서의 처리 과정은 《京畿監營啓錄》에 자세히 기재되어 있다. 그리고 조선 후기 기근과 질병, 그와 관련한 의례에 관해서는 다음 연구를 참조할 수 있다(이욱, 《조선시대 재난과 국가의례》, 창비, 2009).

령은 모든 귀신의 주관자이니 취임한 처음에 마땅히 예를 차려 사람을 보내 봉심하는 것이 옳다.

《목민심서》가 순조 18년(1818)에 저술된 것을 감안하면 그 시기까지도 수령의 유교 의례적인 경건성이 부족했다는 것을 알 수 있다. 정약용뿐만 아니라 정조 역시 수령의 의례적 책임을 강조한 바 있다. 정조 9년(1785)에 정조는 특별히 군현의 사직단을 보수하도록 하교하면서 매달 말 제사 유무를 보고하게 하였다.[52] 그리고 성황단과 여단에 대해서도 신경 쓸 것을 당부하며 어사가 암행할 때에 열읍(列邑)의 사전(祀典)에 대한 근만(勤慢)으로 출척(黜陟)하는 것을 절목에 기재하도록 명하였다.[53]

또한 연암 박지원(朴趾源, 1737-1805)의 〈안의현여단신우기(安義縣厲壇神宇記)〉를 통해 군현 여단의 관리상태가 좋지 않았음을 확인할 수 있다. 이는 안의현(安義縣)에 부임한 박지원이 주현(州縣)에서 여러 제사를 집행하는 수령과 유생들의 정성을 강조하면서 예의 근본을 논하고 수령들의 경계를 두고자 작성한 것이다. 박지원은 정조 16년(1792)에 경향 각지의 제사 의식들이 경건하게 거행되지 못하고 의식에 쓰는 기물들이 훼손되어서 나라에서 수리하라는 명을 내렸기에 안의현(安義縣)의 여단(厲壇)을 수리했음을 밝혔다.[54] 이처럼 정조가 수령의 제례 의무를 강조하였기에 그러한 영향을 받은 박지원과 같은 일부 지방관들은 군현의 사직단, 여단, 성황단의 보수를 시행하였다.

정약용 또한 문묘 · 사직단 · 여단 등의 제단(祭壇)이 허물어졌거나, 제복(祭服)이 좋지 못하거나, 제기(祭器)가 깨끗하지 못하면 모두 마땅히 수리할 것을 강조하는 것으로 보아 이러한 분위기의 영향을 받았던 것으

52 《正祖實錄》 卷19, 正祖 9年 1月 2日 壬子.

53 《正祖實錄》 卷35, 正祖 16年 6月 24日 辛卯.

54 《燕巖集》 卷1, 〈安義縣厲壇神宇記〉, 煙湘閣選本.

로 보인다. 그리고 정약용은 의례의 시행 절차에 대해 언급하기에 앞서 《주례》·《예기》·《의례》를 중심으로 3단과 1묘 제사의 원류를 고증하고 자신의 의견을 제시하는데 이는 정약용 예학의 전형적 특징이다. 먼저 사직단, 여단, 성황단의 문헌 고증 과정을 통해 정약용이 각 제사 대상에 대해 어떠한 의견을 제시하였는가를 정리해보고자 한다.

정약용은 군현의 사직에 대해서, 고대 중국에는 가읍(家邑)에도 사직이 있었고 그 유래가 오래되었기 때문에[55] 중국의 제도를 본뜬 조선의 군현에 사직이 있는 것은 합당함을 정리하였다. 제사 방식에 있어서 인귀(人鬼)를 대상으로 하는 종묘 제향시에 사용하는 제기를 사용하는 오류를 범하고 있음을 지적하기는 하였으나 전반적으로 사직 제사의 당위성을 인정하였다.

여제에 대해서는, 본시 고대에는 후손 없는 귀신을 제사하는 것이었지만 후세에는 불행하게 죽은 여러 귀신들을 제사하는 방식으로 변화해 갔음을 지적하며 이것이 불교의 수륙재와 보청에서 영향을 받은 것은 아닌가에 대해 의구심을 드러냈다. 그리고 성황단 제사에 대해서 이는 팔사(八蜡)에 포함되어 있지 않으며, 성(城)이 없는 군현에서 성황에 제사 지내는 것은 아무런 의미가 없다고 지적하며 비판하였으나, 이를 폐지하라는 주장은 제시하지 않았다. 다만《국조오례의》에 여제(厲祭) 때에는 먼저 발고제(發告祭)를 성황단(城隍壇)에 행하는 것이나, 여제 때에 성황위판(城隍位版)을 받들어 여단에서 제사를 행하는 것으로 보아 성황신으로 하여금 여귀(厲鬼)를 불러 모으게 하는 상호간의 관계를 가지고 있음을 해석하였다.

실제 조선에서 여제를 행해 왔던 이유는 억울한 자의 원기가 질병을 발생시키고 화기를 손상시켜 변괴를 불러들인다고 여겼기 때문이

55 《牧民心書》卷7, 禮典六條 祭祀.

다. 여(厲)에 대한 제사는 《대당개원례》에서부터 보이며, 조선이 예제 정비에서 가장 많이 참고했던 명대의 《홍무예제》에서도 존재를 확인할 수 있다. 이들은 모두 국가 제사에 포함되어 있었으며, 조선에서도 세종 22년 〈여제의주(厲祭儀注)〉가 제정되었고,[56] 성종 대에 《국조오례의》가 성립되면서 길례 중 소사(小祀)로 인정받았다. 성황신 역시 마찬가지로 명대(明代)부터 여제를 올릴 때 중요한 대상으로 자리하였다. 또한 인조 15년에서 영조 3년까지의 여제 설행을 기록한 《여제등록》에서 가뭄시 여제를 지냈던 사실을 확인할 수 있는데 가뭄 시에 죽은 영혼들을 위로하여야 해를 막을 수 있다고 여겼기 때문이다. 이렇듯 성황제나 여제는 비록 근본적으로 유교적인 의례는 아니었지만 기복적 차원에서 그 중요성이 결코 가볍지 않았으며 이러한 특징은 중국 당대(唐代)나 명대(明代)에도 마찬가지였다.[57]

정약용은 사직과 여단, 성황단 제사의 원류를 고증하면서 유교적으로 오류가 있는 부분을 지적하였다. 이 세 제사 가운데 유학적 근거의 오류가 적은 것은 사직이었고, 여제는 불교와의 융합 가능성, 성황단은 제사 대상의 부재라는 오류를 가지고 있음을 지적하였다. 하지만 고증 결과에 대한 자신의 의견을 제시하였을 뿐 제사 자체의 치폐는 감히 논하지 않았다. 오히려 제사 지낼 대상을 알아야 마음에 향념(向念)이 있게 되고, 마음에 향념이 있어야 이에 재계(齋戒)가 되고 경건하게 될 것이라 하며 경건히 제사할 것을 당부하였다.[58]

정약용은 가례 연구에 있어서는 고증 결과를 실제 의례에 반영하였

---

56 《世宗實錄》 卷89, 世宗 22年 6月 29日 己亥.

57 이욱, 〈조선시대 국가 祀典과 厲祭〉, 《종교연구》 19(2000), 151-154쪽.

58 기존 연구에서는 정약용이 〈예전육조〉 '제사'조에서 이러한 고증을 제시한 것은 제사 대상에 대한 명확한 인지가 부족하면 제사의 성격이 변질되는 문제가 발생한다고 생각했기 때문에 목민관이 제사 대상을 명확히 인지하고 제사하기 위함이라고 분석한 바 있다(박종천, 앞의 논문, 2006, 99쪽).

으나 군현의례에 대해서는 고증 결과를 적극적으로 반영하지 않았다. 그 이유는 먼저, 이 모든 제사가《국조오례의》에 기재되어 있는 명백한 국가 제사로서의 위격을 가지고 있었기 때문이다. 실용적 참고서로서의 목민서인《목민심서》가 실용성을 가지기 위해서는 큰 틀을 벗어날 수 없었다. 수령은 군현 제사의 적극적 주체가 아니라 왕으로부터 의례적 역할을 이임받은 대행자였기 때문에 왕이 세운 의례적 준칙[國朝五禮儀] 안에서 의례를 행할 때만이 그 위엄을 온전히 보전할 수 있었다. 왕이 의례의 법을 바꾸지 않는 한 수령은 그대로 따라야 했다. 그리고 다른 이유는 앞서 서술한 바와 같이 3단 1묘 의례는 조선 초기에 정비가 이루어졌지만 지역사회의 유교화라는 목표는 조선 후기에 이르기까지 달성되지 못하였기 때문이다.[59] 아직 기본적인 유교화도 제대로 이루어지지 못한 가운데 새로운 고증 결과를 적용하는 것은 무리가 있었다. 때문에 정약용은 고례 중심의 고증 결과를 제의에 반영하는 것보다는 이미 유포되어 있는 국가의 군현의례를 공고히 세우는 것이 먼저라고 생각했을 것이라 본다.

이렇듯 삼단 의례에 대해 정약용이 비록 적극적 의례 절차의 개정을 도모하지는 않았지만 제사에서 정성을 다하는 방법에 대해서는 구체적인 의견을 제시하였다. 수령이 입을 제복은 경관(京官)으로 있을 때의 제복을 사용하고, 헌관이 입을 제복은 수령이 제사 기일에 앞서 단정하게 만들고, 제기가 깨끗하지 못하다면 수리해서 신에게 모독이 되지 않아야 한다고 보았다.[60] 그리고 특히 제사에 사용할 희생(犧牲)이 여위지 않게 하고, 자성(粢盛)은 미리 저장해 두어야 함을 강조하였다.[61]

그리고 〈예전〉에 앞서 〈호전〉에서 희생으로 사용하는 양이 병들거나

59 이훈상, 〈조선후기 읍치 사회의 구조와 제의〉,《역사학보》147(1995), 76-78쪽.

60 《牧民心書》卷7, 禮典六條 祭祀.

61 《牧民心書》卷7, 禮典六條 祭祀.

상하지 않게 기르는 방법에 대해 상세하게 기술하였는데,[62] 〈예전〉에서 다시 희생으로 사용할 양을 효과적으로 기르는 방법에 대해 언급하였다. 이는 자신이 유년기에 부친을 따라 한 현(縣)에 머무를 때의 경험을 바탕으로 한 것이다. 군현에는 비록 염소[羖䍽]이기는 하나 모두 공양(公羊)이 있었고 어느 정도 번식이 되었는데 예전에 비해 줄어들어 남아 있는 것이 매우 드물다는 현실을 지적하였다. 그리고 저자에서 사 온 술과 포(脯)로써는 제사를 지낼 수 없음에도 불구하고 염소와 돼지를 사서 희생에 충당하고 있었는데, 그 원인이 공양을 기르는 사람에게 보수가 주어지지 않았기 때문이라고 보았다. 공양을 기르는 창노(倉奴)는 1년간 일하여 수십 석의 곡식밖에 얻을 수 없는데 이것으로 채소를 관에 바치면서 분양마까지 먹이기 때문에 희생을 기를 여유가 없다는 것이다. 또한 창노(倉奴)를 목부(牧夫)로 삼아서 공양을 기르게 하는 것에도 문제가 있음을 지적하였는데, 군현에 대해서는 전문 목부를 둘 것에 대해 제안하지 않았지만 중앙 정부에 대해서는 목축을 맡은 관서를 설치하고 목인을 증원하여 근교에 보내 양치는 데에 전념하게 해야 한다고 보았다.[63]

이처럼 정약용은 군현의 제사에 대해 철저히 국가에서 지정한 유교적 의례 시행을 고수해야 한다는 입장을 견지하였다. 뿐만 아니라 수령이 유교적 의례를 통해 관권을 대변함과 동시에 제례의 엄숙함을 세울 것을 강조하였다. 여기에서 정약용은 제사의 경건성 자체만을 강조한 것이 아니라 제사 행위를 통해 수령과 제관들 사이의 질서 체계를 수립하고자 하였는데, 향교 임원들과의 관계를 중요하게 여겼기 때문이다. 이들은 고을을 통치함에 있어 중요한 조력자들이었고, 앞서 언급한 제반 유교적 의례의 제관들이었다.

정약용은 고을에 수령으로 부임한 이튿날 향교에 나아가 공자의 사당

---

62 《牧民心書》卷7, 戶典六條 勸農.

63 《經世遺表》卷1, 敎官之屬 司畜署, 地官戶曹 2.

에 알현하고, 사직단에 가서 봉심할 것을 당부하였다. 이는 수령 자신의 의례적 입지를 분명히 밝힐 것을 제안한 것이다.《목민심서》〈부임육조〉'상관'조에 부임 이튿날에 의례 주관자로서 행해야 할 절차를 상세하게 적고 있는데 내용은 다음과 같다.

이날은 동트기 전에 일어나 횃불을 들고 향교에 가서 촛불을 켜고 배례를 행한다. 배례가 끝나면 전상(殿上)에 올라가 봉심하고, 다시 동무(東廡)와 서무(西廡)로 가서 봉심한다. 나와서는 명륜당(明倫堂)에 앉아서 배례에 참례한 유생들을 불러 상견하고 담배한다(비록 서북[西北] 지방일지라도 이날 담배하지 않으면 안 된다). 유생들과 약속한다. '현직 향교 임원들은 아무래도 서로 만나게 되겠지만, 사철 첫달의 분향은 내가 몸소 거행할 것이요, 봄·가을의 석채(釋菜)도 내가 몸소 거행할 것이니, 그날에는 서로 만나 볼 수 있을 것이다. 또 때때로 백일장을 열어 선비들을 시험할 적에 향교 임원은 의례상 압반(押班)할 것이니 그날은 상견할 것이요, 또 민사(民事)나 지방 내의 폐단에 대해서 여론을 듣고자 하는 경우 내가 응당 부를 것이니 그날 상견할 수 있을 것이다. 제군들은 관문에 이르러 청탁하는 일이 없도록 해야 할 것이다.' 돌아와서 예방(禮房)을 불러 이렇게 경계한다. '이와 같이 약속을 하였으니 너는 그것을 알아서 면회를 받아들이는 일이 없도록 하라.'

이 과정에서 정약용은 수령이 향교→사직단→(禮監 대행) 여단(厲壇)·성황단(城隍壇) 순으로 방문할 것을 제안하였다. 사직신이 가장 비중이 크다는 것을 스스로 언급하면서도 향교에 먼저 방문하라고 한 것은 향교가 수령칠사 가운데 '흥학교(興學校)'와 관련될 뿐 아니라 수령이 향교 임원들과 유생들에게 앞으로의 일에 협조를 구해야 하는 실무적 중요성을 가지기 때문이었다. 정약용은 수령으로서 그들에게 민사의 폐단을 듣고 의견을 구할 경우 협조해 줄 것을 당부하면서도 한편으로는 사적인 청탁을 하지 말 것을 경고하라 하였다.

앞서 정리한 3단 의례에 대해서는 역대 사례나 경전 고증을 하는 내용이 대부분이었던 것에 비해, 문묘 의례에 대해서는 적극적인 태도로 서술을 전개하고 있다. 문묘 제례는 수령, 유생뿐만 아니라 지방의 명망 있는 사족들이 대거 참여했기 때문에 다른 제사에 비해 참여자가 많았고 이를 통해 그들은 권위를 얻고 영향력을 행사할 수 있었다.[64] 뿐만 아니라 교임이나 예방아전 등의 농간으로 부정이 일어나기 쉬운 제사였다. 그들 사이에서 수령은 우위를 점하고 통치 질서를 바로잡아야 할 필요가 있었기 때문에 특별히 더 많은 경계를 제시한 것이라고 생각된다. 《경국대전》에는 "무릇 제사를 수령이 몸소 행하지 않거나, 더러운 그릇을 쓰거나 남은 찌꺼기로 제수를 쓴 자, 향교를 수리하지 않는 자는 죄를 준다"는 규정이 있는데[65] 정약용도 《목민심서》에서 이 규정을 제시하며 의무의 중요성을 강조하였다.

정약용은 수령이 직접 재계하고 경건하게 문묘의 제사를 행함으로써 선비들의 모범을 보일 것을 강조하였다.[66] 제사의 주관자인 수령은 제사 지내기 하루 전에 일찍 나가 희생과 기물의 진열 · 청소상태를 점검하고, 저녁에 목욕하고 당일 시간이 되면 위의를 갖추어 제례를 거행했다. 수령이 매달 시행하는 삭망분향(朔望焚香)을 모두 직접 행하지는 못하더라도 사맹(四孟) 초하룻날의 분향은 직접 시행해야 한다고 보았다.

그리고 행례 과정에서 경건성을 해치지 않기 위해 참여자들을 엄히 단속하게 하였다. 다른 제사에 비해 참여자가 많은 향교의 석전(釋奠)에는 헌관과 집사들 외에 한산인(閑散人)으로서 제사에 참여하는 자가 100명을 넘는 경우도 있었다. 뿐만 아니라 제사에 비천한 무리들이 섞여

64 최선혜, 〈조선 전기 재지품관의 제사와 기복 민속의식〉, 《조선시대사학보》 29(2004), 20-23쪽.

65 《經國大典》 卷3 禮典, 雜令條.

66 《牧民心書》 卷7, 禮典六條 祭祀.

들어 법도를 어지럽힐 뿐 아니라 제사를 마친 뒤에도 향교에서 싸움질을 해대는 현실을 비판하며 단속을 엄격히 해야 한다고 보았다. 이러한 정약용의 서술을 통해 당시 군현의례의 실상을 짐작할 수 있다.

제관을 선별함에 있어 교임(校任)이 뇌물을 받아 집사를 뽑고 남의 집 고용살이하던 천인들도 모두 제관의 반열에 끼게 하는 일이나 정해진 수의 정원이 있는데 교임과 예방아전이 부정하게 정원 외의 차첩을 받아 관인을 찍는 일을 수령이 단속해야 한다고 보았다. 정약용은 이러한 부정을 막기 위해 석채(釋菜)를 행하기 열흘 전에 향교에 공문을 내려 헌관과 여러 집사를 모두 본고장의 손꼽히는 양반을 선발하고, 이를 바탕으로 수령이 후보자를 며칠간 검토하고 난 뒤에 차첩을 받아 관인을 찍도록 허락하라고 당부하였다.

집사 외에 한산인으로 제사에 참여할 사람도 또한 20명을 뽑아 제관의 반열에 참여하게 하고, 선발된 사람 이외의 사람은 홍문(紅門) 안에 함부로 들어오지 못하게 하여 이를 범하는 자는 벌하라 하였다. 참여자를 제한하고 잡인의 출입을 금하는 것은 향음례(鄕飮禮)에서도 마찬가지였다.[67] 그리고 제사 시행 이틀 전에 수령이 말단 아전이나 시동(侍童)을 보내어 향교의 회중(會中)을 살펴보게 해서 술, 마늘을 먹었거나 옷차림새를 정결하게 하지 않는 자가 있으면 모두 이름을 적어 정도에 따라 벌을 논하라 하였고, 회중에 있지 않고 향교에서 나와 읍내 거리를 드나드는 자는 제사에 참여하지 못하게 하라 하였다.

이렇듯 정약용은 문묘 제사에 있어서는 수령 자신의 재계뿐만 아니라 특히 헌관과 집사를 선발하는 일을 엄중히 단속할 것을 강조하고 있다. 의례 과정을 적극적으로 통제하는 것은 지배자의 지위와 위엄을 강화함과 동시에 추종자의 행동을 통제할 수 있는 강력한 수단이었다.[68] 즉, 의

---

67 《牧民心書》 卷7, 禮典六條 興學.

68 하워드 J. 휘슬러, 《비단같고 주옥같은 정치》, 임대희 옮김, 고즈윈, 2005, 84쪽(Howard J.

례를 통제함으로 수령과 지역 사대부들 사이의 격차를 강조하며 그들을 장악하려는 것이었다. 그리고 한편으로는 이들이 앞으로 수령이 행하는 모든 제례와 군현 행정 업무를 함께 주관해 나가야 할 사람들이기 때문에 관계를 공고히 하려는 것이었다.

특히 제례에 있어서는 그들과 모든 것을 함께해야 했다. 예를 들어, 문묘 제향에서 아헌관(亞獻官), 종헌관(終獻官), 집례(執禮) 등을 맡았던 향교 임원이나 유생들이 곧 사직제를 수행할 참여자들이기도 하였던 것이다. 그러한 사례는 오횡묵(吳宖默; 1834-?)이 고성부사(固城府使)로 있으면서 자신이 수행했던 직무를 상세하게 기록한《고성총쇄록(固城叢瑣錄)》에서 확인할 수 있었다. 그는 제사를 수행했던 기록도 상세하게 남겼는데, 여기에서 문묘제례와 사직제에 참여했던 제관이 중복되는 경우가 확인되었다.[69] 뿐만 아니라 오횡묵의《함안총쇄록(咸安叢瑣錄)》에서 기우제를 행할 때 전례에 따라 향교의 일을 맡아보던 유생 임원이 석전례 의식에 의거하여 집례하도록 명하는 것을 확인할 수 있다.[70] 이는 지방의 유생들이 수령의 의례를 총괄적으로 준비하고 진행하도록 돕는 중요한 역할을 했음을 알 수 있는 부분이다.

향교 임원이나 유생들의 본거지인 문묘에서 질서 체계를 잡고 문묘 제향의 제관을 엄격하게 선발하는 것은 곧 모든 군현 제사의 질서를 유지하는 것과 동일한 효과를 가질 수 있었다. 때문에 정약용은 수령으로 부임하고 문묘에 먼저 방문하여 그들의 협력을 구하고 제관 선발이

Wechsler, *Offerings of Jade and Silk-Ritual and Symbol in the Legitimation of the T'ang Dynasty*, Yale University Press, 1985).

69 1893년 8월 7일 향교 제사의 제관 일부(東從享獻官 李泰奎, 謁者 具仁伯, 東廡獻官 許在性 등)가 8월 8일에 행한 사직 제사에서도 제관(初獻 李泰奎, 亞獻 許在性, 謁者 具仁伯 등)으로 참여하고 있음을 확인하였다(《固城叢瑣錄》 癸巳年 8月 7日-8日, 고성문화원, 2007).

70 뿐만 아니라 관 주도의 제의 양식을 기록한 홀기나 축문식 등이 향교에서 발견되는 것으로 보아 향교는 군현의례에 대단히 중요한 역할을 했음을 알 수 있다(오용원, 〈기우제의를 통해 본 영남 지방관의 일상과 대민의식〉, 《영남학》 16(2009). 137-138쪽).

나 제복 정리에 있어서도 문묘 제향을 중심으로 체계를 갖출 것을 신칙한 것이다.

정약용이 사액서원을 관리하는 일을 강조한 것도 그러한 연장선이라고 해석할 수 있을 것이다. 관할 지역 안에 관에서 제수를 공급하는 서원이 있으면 경건하고 정결하게 하여 사림의 기대를 잃지 말 것을 당부하였다.[71] 사액서원은 제물을 관에서 공급하고 모두 공곡(公穀)으로 회감하게 되어 있는데 매번 주리(廚吏)가 정성스럽지 못하여 좋은 과일과 반찬 대신에 천한 과일과 야채로 쓰는 것이 문제였다. 때문에 이런 일을 신칙해서 본래의 격식에 따르도록 하며, 되도록이면 제수를 풍부하게 하고 잘못된 점이 없도록 해야 한다고 당부하였다.

또한 사액하지 않은 사사(私祠)에 수령이 사적인 관계로 제수를 공급하는 것은 불변의 관례가 되기 때문에 경계해야 한다고 지적하였다. 정약용은 당시 사사의 폐단이 날마다 새로 나타나고 달마다 심해져 100리 되는 고을에 사사가 수십에 이르기도 하고, 한 가문 안에 부자 형제간에 효행이나 전망(戰亡), 연치(年齒)로 서열을 삼아 한 사원(祠院)에 위패를 늘어놓고 향사하는 자가 때로는 12-13인에 이르는 현실을 지적하였다. 이렇듯 외방 유생들이 마음대로 현자나 향당의 숙유(宿儒)들을 추배하여 서원 제향의 존엄성이 사라지고 향토 풍습도 비하되어 간다는 문제에 대해서는 정조 24년(1800) 심환지가 정조에게 진언한 바 있었다.[72] 《속대전》에 따르면 "외방사원(外方祠院)을 법을 어기고 창설하는 경우에는 관찰사는 나처하고, 수령은 고신삼등을 빼앗고, 솔선 발기한 유생은 먼 곳에 유배를 보낸다. 사액서원에 조정에 품의하지 않고 배향하는 경우에는 그 지방관을 파직시킨다"는 규정이 있다.[73] 정약용은 사사(私祠)

---

71 《牧民心書》卷7, 禮典六條 祭祀.

72 《正祖實錄》卷53, 正祖 24年 3月 27日 己卯.

73 《續大典》卷3 禮典, 雜令條.

가 이렇듯 국법에서 금하는 바이니 수령은 이를 돕거나 권장해서는 안 된다고 보았다.

하지만 정약용은 이렇게 전래해 온 관례를 당장에 폐지하면 원망이 있을 것을 염려하였다. 때문에 사적으로 공급하는 제수는 향(香)·촉(燭)으로 후의를 표하는 정도로 그치고, 이로 인해 비방이 심해지더라도 더 많은 물품들을 제공하며 그들과 영합해서는 안 됨을 강조한다. 국법을 준수하고 관례를 따르는 방향이라면 마땅히 당장에 금압하는 것이 원칙이었다. 하지만 이렇듯 최소한의 예를 표하는 중립적인 태도를 취할 것을 당부한 것은 수령으로서 통치 동료인 유생과 향교 임원들과의 관계를 해치지 않는 선에서 해당 고을을 효과적으로 통치하기 위한 조치를 제시한 것으로 보인다.

이러한 부분에서 정약용이 일종의 시의성을 반영했다는 것을 엿볼 수 있다. 정약용은 이미 경험을 통해 군현 통치의 부정한 면모를 알고 있었고 그것이 단시간 안에 개혁되는 것은 무리임을 알고 있었다. 때문에 적절한 회유와 변칙을 허용하면서 다스리는 통치술을 제시한 것이다.

2) 군현의례 시행의 대민 교화적 함의

정약용은 유교적 기반의 제의에 대해서만 언급했을 뿐, 향리나 민인들의 제의에 대해서는 의견을 제시하지 않았다. 민인의 경우는 앞서 언급한 유교적 경건성에 바탕을 둔 3단 1묘 제의에 관련될 소지가 없었다. 다만 앞서 언급된 제의 이외에 교화를 위해 시행되는 몇 가지의 의례에서는 부분적으로나마 수령과 백성들이 접하는 지점이 있었다.

백성들의 교화에 힘쓰는 것도 수령의 중요한 역할이었다. 교화를 위해 시행되었던 대표적인 의례로는 향음주례(鄕飮酒禮)나 향사례(鄕射禮)를 들 수 있는데 이는 조선 초부터 시행이 장려되었고, 정조 역시 향음주례를 특별히 강조했던 바 있다.[74] 향음주례는 정약용이《목민심서》에서 제시한 바와 같이 수령이 주(主)가 되어 처사 중에 어진 사람을 빈(賓)으로 삼아 행하거나, 사족이 개인적으로 친목을 도모하기 위해 행하였다.[75] 또한 수령이 지역의 노인들을 대접하는 '양로(養老)의 예'[76] 역시 백성들의 교화를 이루기 위해 시행되었던 의례라 볼 수 있다. 이는 모두《국조오례의》에 의주로 수록되어 있으며,[77] 정조 21년(1797)에 특별히《향례합편(鄕禮合編)》을 정리하여 반포하기도 하였다.[78] 정약용 역시《목민심서》에서 향음주례나 향사례를 시행할 때 적절하게《향례합편》을 참조할 것을 제안하였다.

정약용은 이렇듯 조선에서 이미 장려되고 시행되었던 의례 외에도,《예기(禮記)》〈교특생(郊特牲)〉에서 "봄에는 고자(孤子)를 접대하고, 가을에는 기로(耆老)를 접대한다"고 언급한 부분을 바탕으로 향고(饗孤)의 예를 복원하여 시행할 것을 제안하였다.[79] 정약용은 고자(孤子)가 '나라를 위해 죽은 충신의 후손'을 뜻한다고 정리하였고, 수령은 관내의 고자(孤子)를 찾아 대접해야 한다고 보았다. 정약용이 고례를 바탕으로 고증하여《목민심서》에 제시한 향고례의 절차는〈표 2〉와 같다.

정약용은 향고(饗孤)의 예를 중춘(仲春)에 명륜당에서 행할 것을 제안하였는데, 이는《예기(禮記)》〈문왕세자(文王世子)〉와《모시정의(毛詩正義)》〈영대(靈臺)〉에서 벽옹(辟雍)이 고아를 기르는 곳이라 언급한 부분

---

74 《正祖實錄》卷46, 正祖 21年 1月 1日 壬寅. 이와 관련해서는 다음 연구를 참조하였다(고영진,〈조선 중기 향례에 대한 인식〉,《조선시대 사상사를 어떻게 볼 것인가》풀빛, 1999).

75 고영진, 위의 논문, 362-364쪽.

76 《牧民心書》卷3, 愛民六條 養老.

77 《國朝五禮儀》嘉禮 卷4,〈開城府及州縣養老宴儀〉〈鄕飮酒儀〉;《國朝五禮儀》軍禮 卷6,〈鄕射儀〉.

78 《正祖實錄》卷46, 正祖 21年 6月 2日 辛未.

79 《牧民心書》卷7, 禮典六條 興學.

〈표 2〉《목민심서》에 제시한 향고례(饗孤禮)의 순서와 내용

시일	절차	내용
3일 전	① 준비	期日에 앞서 明倫堂에 자리를 마련하되, 수령의 자리는 북쪽 벽 밑에 남향하여 설치하고, 賓의 자리는 서쪽 벽 밑에 동향하여 설치한다. 기타는 다른 예와 같이 한다. 仲春에 행하는 것이 좋다. 3일 전에 齋長을 시켜 빈에게 아뢰게 한다.
당일		그날이 되면 수령은 일찍 일어나 명륜당으로 가서 정해진 자리에 앉는다.
	② 배례	찬자가 빈이 이르렀음을 아뢰면 수령은 나아가서 문 안에서 서향하고 선다. 빈이 문의 서쪽으로 들어와 동향하고 서면 수령이 절을 하고 빈도 답배한다. 階에 이르러서는 서로 읍하고 수령은 東階로 오르고 빈은 서계로 오르는데, 중빈도 빈의 뒤를 따라 올라 각각 제자리로 가서 선다. 빈이 再拜하면 주인도 답배한다.
	③ 饗應	자리에 앉으면 饌을 올리는데, 賓과 主는 1鉶 6豆이고, 衆賓은 1형 4두이다. 술을 올리는데, 먼저 빈에게 올리고 다음에 수령에게 올리며, 그 다음에 중빈에게 올린다. 찬자가 주인의 왼쪽에 서서 다음과 같이 고한다. "그대들의 先人을 생각하면 내 마음이 아프고 슬프다. 맛난 술과 좋은 안주로 선조에 대한 그대들의 효성을 위로하노라." 빈은 엎드렸다가 일어나서 다음과 같이 대답한다. "우리 선인들을 생각하시어 좋은 음식을 대접해 주시니, 감히 그 은혜 받들어 돌아가서 선인께 고하지 않겠나이까."
	④ 전송	찬을 거두고, 찬자는 예가 끝났음을 고한다. 빈이 나가면 수령은 그를 문 안에서 전송하는데, 빈이 절하면 수령은 답배한다.

을 바탕으로 고증한 것이다.[80] 수령은 관내에서 찾은 충신의 자손 가운데 나이가 들고 덕이 있는 사람을 택하여 빈(賓)으로 세우고 3-9명의 사람을 중빈(衆賓)으로 세워 초청하여 음식을 대접하도록 하였다.[81] 《주례(周禮)》〈천관(天官)〉의 외옹(外饔)·주정(酒正)과, 〈지관(地官)〉의 유인(遺人)·고인(槀人)·사문(司門)·나씨(羅氏) 등이 향고례에 음식물을 공급한다는 말이 실려 있으므로 이는 삼대(三代)의 법이라 보았다. 향고례는 정약용이 고례 고증을 바탕으로 백성의 교화를 위해 제시한 의례인데, 당장에 시행하라기보다는 수령이 학교의 정사를 다듬은 후에 시행할 것을 제안하였다.[82]

이 외에도 정약용은 의례적 형식에 기반하여 사족·유생·향리에서

80 《牧民心書》卷7, 禮典六條 興學.

81 《牧民心書》卷7, 禮典六條 興學.

82 《牧民心書》卷7, 禮典六條 興學.

민인까지 접하는 경우를 설정하였는데, 그것은 기근의 상황에서 희미(餼米)를 배급하는 의식이었다. 이는 정식 국가의례라고 보기는 어렵지만 일부 유교 제의적인 절차를 통해 민인과 수령이 만나는 지점을 설정했다는 점에서 주목할 만하다.

농업을 근본으로 생각했던 조선에서 기우제는 대단히 중요한 의례였다. 군현에서 행해지는 기우제는 수령이 행하는 의례 가운데 가장 민들의 삶에 가깝고 절실한 것이었다. 큰 기근이 있었던 18-19세기의 상황에 비추어 본다면 기우제는 군현의례 가운데 중요한 위치를 차지했을 것이라 볼 수 있다. 오횡묵이 함안부수(咸安府守)로 재임할 당시 가뭄이 계속되자 한 달 동안 15차에 걸쳐 기우제를 설행하였던 사실에서도 그 무게를 짐작할 수 있다.[83]

정약용 역시《목민심서》에서 기우제에 관해 언급하고 있다. 당시의 기우제가 성의 없이 난잡하게 이루어지고 있으며,[84] 기우제의 제문 또한 매번 새로 써야 하는데 전에 쓰던 것을 그대로 쓰고 있음을 비판하였다.[85] 정약용이 말하는 난잡함은 유교적이지 못한 것은 물론이고, 얼굴이 항상 위로 들려있는 앞곱사를 햇볕 아래에 내세워 비를 비는 일[暴尫]이나, 무당을 윽박질러 비를 비는 일[暴巫], 토룡(土龍)이나 석우(石牛)의 등에 진흙을 바름으로써 비를 비는 전통과 같은 것들이 예전부터 내려오면서 기우(祈雨)의 방법이 성의 없어졌다는 것이다. 수령들조차도 가뭄을 당하면 짚으로 용을 만들고 붉은 흙을 칠하여 아이들로 하여금 욕을 보이게 하거나, 또는 도랑 바닥을 파서 뻘내를 나게 하거나, 뼈를 묻어 놓고 주문을 외게 하는 등 기괴하게 기우를 행하였는데 정약용은 이러한 행위 전반에 대해 비판적이었다. 이러한 부정적 태도는 정약용이 미신적 행위

83 이에 관해서는 다음의 연구를 참조할 수 있다: 오용원, 앞의 논문, 2009.

84 《牧民心書》卷7, 禮典六條 祭祀.

85 《牧民心書》卷7, 禮典六條 祭祀.

를 배격했던 태도와 상통하는 부분이다.

정약용은 이러한 기우 행위가 근거 없고 부당함을 지적하며 수령은 경건히 목욕재계하고 신(神)의 도움을 구하며, 상스러운 풍속은 모두 엄금해야 한다고 강조하였다. 그리고 이러한 기우 의식과 더불어 선정을 베푸는 것이 중요하다고 보았는데 이러한 논지는 성호 이익의 영향을 받은 것으로 보인다. 《목민심서》에서 정약용이 인용한 《성호사설유선(星湖僿說類選)》의 내용은 다음과 같다.[86]

> 성호 선생은 다음과 같이 말하였다. '우제(雩祭)는 원래 단비[膏雨]를 비는 것을 말하지만 한재(旱災)가 있을 때에 비를 비는 것도 우제라 한다. 옛날의 기우제에는 상림육사(桑林六事)를 감응의 성사(盛事)로 여겼거늘 후세에 용의 모양을 만들고 돼지를 불에 태우는 일 따위가 하늘을 감동시키는 데 무슨 소용이 있겠는가. 소량(蕭梁) 때 비를 비는 데는 반드시 일곱 가지 일을 행했으니, 첫째는 억울한 옥사를 밝히고 실직자(失職者)를 구제하는 것이고, 둘째는 환과고독을 구휼하는 것이고, 셋째는 요역을 덜고 부세를 가볍게 하는 것이고, 넷째는 어진 인재를 등용하는 것이고, 다섯째는 탐관오리를 물리치는 것이고, 여섯째는 과년(過年)한 남녀를 결혼시키고 젊은 과부와 홀아비를 결합시키는 것이고, 일곱째는 수라상의 반찬을 줄이고 악기(樂器)를 간직해 두고 연주하지 않는 것이다. 그런데 오늘날 거행하는 것은 다만 수라상의 반찬을 줄이고 억울한 옥사를 심리(審理)하는 것뿐이고 그밖에 것은 모두 시행하지 않으니 옛날에 미치지 못함이 멀다.'

성호 이익은 상스러운 풍속으로 하늘을 감동시키려 하는 것보다 옥사를 바르게 다루고 환과고독을 구휼하고 역과 부세를 가볍게 하는 등 백성들의 삶을 보살피는 일에 힘쓰는 것이 중요하다고 말하였다. 정약용

---

86 《星湖僿說》 卷11, 〈人事門〉 水旱報祭.

의 논지 또한 이와 크게 다르지 않았다. 의례를 통해 기우하는 것도 중요하지만 백성들을 안정시키는 것이 목민관의 가장 큰 임무임을 강조한 것이다. 이러한 정약용의 태도는 《목민심서》 〈진황육조〉편에서 더욱 잘 드러난다. 정약용은 진장(賑場)에서 백성들에게 죽을 먹일 때 주자의 〈진장사건(賑場事件)〉을 바탕으로 질서체계를 세우되, 일부 절차상에 의례적 형식을 사용할 것을 제안하였다.[87] 이를 통해 기우제 자체는 그 지역이나 국가에서 제정된 형식을 따르는 것으로 두되 훨씬 현실적인 방법으로 백성을 구휼하는 부분에 더욱 집중했던 것이라 해석할 수 있다. 정약용은 《목민심서》 〈진황육조〉 설시(設施)편에서 주자의 〈진장사건〉을 바탕으로 진제(賑濟)에 필요한 시설(施設)과 구체적인 시행방법을 제시하였다. 소한(小寒)날에 미리 설치해 둔 진장에서 백성들에게 죽을 먹였는데 그 시행 과정에 있어 의례적 장치를 일부 사용하였다.[88] 정약용이 제시한 의식은 〈표 3〉과 같다.[89]

정조 8년(1784) 3월에 읍진에서 분진(分賑)할 때 한결같이 식례(式例)에 따라 행하였다고 적고 있는 것으로 보아 조선에 이러한 설진(設賑)과 진휼에 식례가 있었던 것으로 보이지만[90] 《목민심서》에 제시한 것과 같은 형식은 아니었다. 정약용이 백성들에게 죽을 나누어 주는 절차에 있어서 수령이 직접 향을 피우고 사배례를 행하는 장치를 둔 것은(〈표 3〉의 ②에 해당하는 절차) 수령 자신의 정성을 더함과 동시에 자신이 왕을 대행하고 있다는 상징성을 강조하기 위해서라고 본다. 이러한 의식을 행하면서 문무군교(文武軍校)와 아전을 불러 백성들에게 죽과 희미를 배급하는 과정에서 만약

---

87 정약용의 수령 진휼에 관한 연구는 다음을 참조하였다: 송양섭, 〈다산 정약용의 수령 진휼론에 나타난 朱子賑法의 적용과 그 당대적 변용—《목민심서》 진황조의 분석〉, 《민족문화연구》 68(2015).

88 《牧民心書》 卷13, 賑荒六條 設施.

89 《牧民心書》 卷13, 賑荒六條 設施.

90 《京畿監營啓錄》, 甲辰年 閏3月 21日, 承政院開坼.

〈표 3〉《목민심서(牧民心書)》에 제시한 진장(賑場) 식례(式例)의 순서와 내용

<table>
<tr><th>시일</th><th>절차</th><th>내용</th></tr>
<tr><td>小寒
3일 전</td><td>①
준비</td><td>수령이 창고에 나가서 그 배치되어 있는 것을 살펴보고 만약 잘못된 것이 있으면 이를 고쳐서 온전하게 한다.
(1) 담장에 가시 두른 것이 혹 무너진 곳이 있으면 의당 온전하게 해야 하고, 문짝이 파손된 곳이 있으면 의당 고치도록 해야 한다.
(2) 가마솥을 죽 벌여 거는 것은 의당 정연해야 하며, 나무뚜껑과 짚뚜껑도(가마솥의 뚜껑) 의당 청결해야 한다. 초가 5칸에 각각 가마솥 하나씩 걸되 밑에는 모두 흙으로 쌓아서 화재를 방지하고, 위에도 또한 흙을 쌓아 올려서 바람과 추위를 방지한다. 지붕은 의당 두터워야 하고 항아리와 그릇들도 전례를 살펴 갖추어 진열해 놓아야 한다.</td></tr>
<tr><td rowspan="6">小寒</td><td>②
상향과 배례</td><td>이날 패전에 나아가 향을 피워 네 번 절하고 엎드려 얼마 동안 잠자코 스스로 마음속으로 이렇게 아뢴다.
'小臣은 재주가 부족하여 이런 큰일을 당함에 오직 충성과 지혜를 다하여 우리 임금께서 맡겨 주신 수많은 赤子들의 목숨을 보존하려 합니다. 하늘이 굽어 살피고 있으니 소신이 어찌 감히 마음을 다하지 않겠습니까.'</td></tr>
<tr><td>③
文武軍校와
아전 신칙</td><td>禮가 끝나면 패전의 섬돌에 올라가 앉아서 文武의 軍校와 아전을 불러서 모두 패전의 뜰에 엎드리게 하고 다음과 같이 타이른다.
"만백성은 우리 임금의 赤子요, 기민은 그 적자 중에서 역경에 처한 이들이다. 문무의 군교와 아전은 그 적자들의 兄長이니, 우리 아우들이 역경에 처하여 죽어 가는데 나와 너희들이 어찌 감히 힘을 다하여 구제하지 않겠는가. 너희들 문무의 군교와 아전들은 의당 이 뜻을 알아야 하고, 무릇 진휼하는 일에 속한 것은 의당 충성과 지혜를 다하여 깨끗하게 한마음으로 이 큰일을 이루어 나가야 할 것이다. 만약 그 속이고 충성스럽지 못함이 있으면 임금의 위엄이 바로 눈앞에 있고 천지 귀신이 밝게 둘러 있으니, 아! 두려워할 만한 일이다. 각각 삼가라."</td></tr>
<tr><td rowspan="4">④
죽과 희미
배급</td><td>드디어 倉廳에 나아가서 參謁을 받고 나서는 곧 闌牌를 나누어 주고, 패가 없는 자는 모두 나가게 한다. 다 나가고 나면 首丞으로 하여금 사방의 담장 안을 살펴보게 하여 으슥하고 어두운 곳에 한 사람이라도 혼패 없이 잠복한 자가 있으면 곧 처벌을 할 것이다.</td></tr>
<tr><td>섬돌 앞에 令旗 한 쌍을 세운다. 신호하는 砲聲이 한번 나면 곧 號笛을 불고 門卒 한 사람이 영기를 가지고 나와서 창고의 문 앞에 이르러 청기의 旗總을 인도하여 문으로 들어간다. 이에 진패를 조사하여 진인을 찍고, 죽을 먹이고 餼米와 소금을 지급해 줌은 위에 서술한 바와 같다.</td></tr>
<tr><td>가마솥마다 죽 한 사발씩을 떠서 수령이 먼저 맛보며, 몇 모금 마셔 본 뒤에 물러나 좌우 사람들에게 준다. 죽이 묽고 된 것과 간이 짜고 싱거운 것과 미역이 많고 적은 것과 새우가 있고 없는 것을 마땅히 솥마다 살펴보아서 잘한 자는 칭찬하고 잘못한 자는 징계한다.</td></tr>
<tr><td>寒士가 노비가 없어 몸소 희미를 받으러 온 경우에는 따로 섬돌 아래에 앉히어 예의를 차려 죽을 준다. 士族의 부녀자는 남을 고용하여 희미를 받도록 하고, 혹 몸소 온 경우에는 따로 한구석에 앉혀서 죽을 준다.</td></tr>
</table>

속이거나 충성스럽지 못함이 있으면 임금의 위엄이 눈앞에 있고 천지 귀신이 밝게 둘러 있으니 삼갈 것을 당부하도록 하였는데(위 표의 ③에 해당하는 절차) 이는 종교적인 권위를 빌어 농간을 막은 것이다.

뿐만 아니라 이렇듯 정성을 다하여 진장(賑場)에서 백성들에게 죽을 먹

이고 희미(餼米)를 배급하는 모습은 백성들의 마음에 감화를 주기에 충분했을 것이다. 정약용은 이 의절과 함께 선조(宣祖) 때 최계옥(崔啓沃)이 정시(庭試)에 급제하고 어사화를 꽂고 진청(賑廳)에 나아가 죽을 먹어 사람들의 주목을 받은 사례와 사족의 과부로서 몸소 걸식할 수 없는 자에게는 쌀을 그 집에 지급하도록 명령했던 경우를 제시하여 백성들의 구휼에 힘씀으로써 감화를 주는 것이 중요함을 강조하였다.

이처럼 정약용은 일반적으로 수령이 행하는 군현의 기우제 그 자체에 대해서는 정성을 다해 시행하되 미신이나 주술에 근거한 기우 행위는 금하도록 조치하였다. 그리고 기근이 들었을 때는 기우제도 중요하지만 죄인석방, 현량의 등용, 부세를 낮추는 일 등 현실적으로 백성들에게 도움이 될 만한 일에 집중할 것을 당부하였다는 것이 특징이다. 기우제를 15차례나 지내거나, 암매장한 무덤을 파내는 폭로(暴露)를 행하거나, 무당이 토룡을 빚어 징과 북을 울리면서 기우를 하는 모습을 금지하지 않았던 오횡묵과는 다른 모습이었다.[91] 정약용은 기민들을 효과적으로 돕고 진휼에 수령의 진정성을 보여 주고 진휼 과정에서 농간이 없게 하는 일에 더욱 초점을 두었다. 이로써 정약용이 수령이 행하는 군현의례를 통해 상징적인 통치질서를 정립하고 민심의 안정을 추구함으로써 공동체의 안정적 통치를 구현하고자 했음을 확인할 수 있다.

앞서 언급한 3단 1묘의 제의에 대해서는《국조오례의》에 수록되어 있는 근본적인 틀을 움직이지 않는 선에서 철저하게 제사에 정성을 다하고 참여자들 사이의 질서를 마련하는 데 중점을 두었다. 반면에 향고례와 같이 민인들까지 아우르며 교화를 추구하는 의례에 대해서는 고대 의례에 대한 고증을 바탕으로 당시에 적합한 의례를 고안하거나, 진휼에 있어서는 부분적인 의례절차를 첨입함으로써 나름의 장치들을 마련하여 제시한

91 《固城叢瑣錄》, 甲午年 7月 16日, 고성문화원, 2007.

것이 특징적이다. 다시 말해, 정약용은 군현의 제반 제사와 제의에 관련하여, 국가 제도를 준수하는 태도와 지역의 시의성을 반영하는 태도, 고례를 복구하여 적용하려는 태도를 균형 있게 보여 주었다고 정리할 수 있을 것이다.

4. 맺음말

이렇듯《목민심서》에 담긴 수령의 의례에 대한 정약용의 주장은 목민관이 가져야 할 통치술의 연장이었다고 정리할 수 있다. 정약용은 왕명을 받고 파견된 수령으로서 의례를 주관할 때 온전히 중앙 정부의 유교적 의례 질서를 구현해야 한다는 입장이었다. 유교적 의례뿐만 아니라 여러 민간 신앙이 공존하고 있었던 지방고을의 현실에 대해 정약용은 이를 배격해야 한다는 태도를 견지하였다. 그리고 정약용이 유교적 의례 시행에 대해 조력자로 지목한 것은 향교의 임원들이었다. 이들과의 관계를 공고히 해야함을 강조하면서 이들을 제관으로 차정할 때에는 엄중해야 한다고 보았다. 그들을 고을 통치의 조력자로 인정하면서도 그 안에서 질서 체계를 세워야 함을 강조한 것이다.

정약용은 목민관이 유교 사상에 기반을 둔 의례를 준수할 것을 당부하였다. 의례에 임함에 있어서 공사의 구분을 명확하게 해야 하고, 의례의 물품 등급은 자신의 신분에 맞게 준비해야 하며, 상황에 알맞게 절검을 해야 한다는 것을 강조하면서 한편으로는 유교적인 의례 사상과 어긋나는 미신적인 부분을 배격해야 한다고 주장하였다. 비록 유교적이지 못한 부분이 섞여 있는 사직단(社稷壇) · 여단(厲壇) · 성황단(城隍壇) 의례에 관해서 치폐를 논하지는 않았으나 경전 고증을 통해 해당 의례가 가지는 의미를 분명히 알고 정성을 다함으로서 유교적 질서에 다가서고자 노력하였다는 것을 알 수 있다.

그리고 군현에서 당시에 만연해 있는 사액(賜額)하지 않은 사사(私祠)에 수령이 사적(私的)으로 제수를 공급하는 문제에 대해서 경계해야 한다고 지적하면서도 하루아침에 제수 공급을 중단하면 유생들의 원망이 높아짐을 염려하였다. 때문에 향촉을 건네는 정도의 중도적인 관계를 유지하면서 차차 개정해 나가는, 즉 일정한 시의성을 용인하는 태도를 보여 주었다. 이는 수령이 군현을 통치함에 있어 함께해야 할 향교 임원 · 유생들과의 현실적인 관계를 생각한 것이다. 또한 고례에 근거하여 향고례를 시행할 것을 주장하거나, 진휼 과정에서 의례적 상징성을 장치로 사용함으로써 백성들을 포용하고 교화하기 위한 통치 질서를 마련하였다.

이처럼 수령이 가지고 있는 의례적인 권한을 통해 한 군현에 질서를 세우고 올바른 통치를 유도하려 했던 것이 정약용이 《목민심서》를 통해 구상했던 군현의례라고 볼 수 있겠다. 이를 통해 정약용의 총체적인 의례 인식이 가례(사적 의례)가 아닌 국가 군현의례(공적 의례)에서는 어떻게 실용성과 접목될 수 있었는가를 파악할 수 있었다. 다시 말해, 《목민심서》〈예전〉은 정약용이 구상한 국가의례의 실용 가능성을 보여 주는 사례인 것이다. ■《민족문화연구》(고려대학교 민족문화연구원) 68(2015).

참고문헌

《牧民心書》.
《與猶堂全書》.

《經國大典》.
《京畿監營啓錄》.
《固城叢瑣錄》.
《國朝五禮儀》.
《眉叟記言》.
《星湖僿說》.
《世宗實錄》.
《續大典》.
《燕巖集》.
《正祖實錄》.
《太祖實錄》.
《太宗實錄》.

B. 왈라번, 〈조선시대 여제의 기능과 의식〉, 《동양학》 31(2001).
하워드 J. 웨슬러, 《비단같고 주옥같은 정치》, 임대희 옮김, 고즈윈, 2005.
고영진, 〈조선 중기 향례에 대한 인식〉, 《조선시대 사상사를 어떻게 볼 것인가》, 풀빛, 1999.
김도현, 〈강원도지역 읍치 성황사 고찰〉, 《조선사연구》 14(2005).
김선경, 〈조선후기 목민학의 계보와 《목민심서》〉, 《조선시대사학보》 52(2010).
김영식, 〈다산의 과학사상과 기술관—미신과 술수에 대한 정약용의 태도〉, 《다산학》 10(2007).
김해영, 《조선초기 제사전례 연구》, 집문당, 1997.
박종천, 〈다산의 제사관—《牧民心書》 〈禮典〉 '祭祀'조를 중심으로〉, 《다산학》 9(2006).
______, 《예. 3천년 동양을 지배하다》, 글항아리, 2011.
손태도, 〈조선 후기의 무속〉, 《한국무속학》 17(2008).

송양섭, 〈다산 정약용의 수령 진휼론에 나타난 朱子賑法의 적용과 그 당대적 변용—《목민심서》 진황조의 분석〉, 《민족문화연구》 68(2015).

신진혜, 〈정약용의 종묘 四時 · 臘享 고증과 그 의미〉, 《역사와 현실》 97(2015).

오용원, 〈기우제의를 통해 본 영남 지방관의 일상과 대민의식〉, 《영남학》 16(2009).

유권종, 〈다산 정약용의 《祭禮考定》 연구〉, 《공자학》 8(2001).

유훈조, 〈조선시대 주현 사직단의 시설 및 부속 건축물 설치에 관한 연구〉, 《동양예술》 20(2012).

______, 〈조선후기 주현사직단의 입지와 조영방식에 관한 연구〉, 성균관대학교 건축학과 박사학위논문, 2013.

윤동환, 〈삼척 읍치성황제의 지속과 변화〉, 《실천민속학》 16(2010).

이봉규, 〈조선후기 성리학과 실학의 관계성: 실학의 예론—성호학파의 예론을 중심으로〉, 《한국사상사학》 24(2005).

이욱, 〈조선시대 국가 祀典과 厲祭〉, 《종교연구》 19(2000).

______, 《조선시대 재난과 국가의례》, 창비, 2009.

이훈상, 〈조선후기의 향리집단과 탈춤의 연행〉, 《동아연구》 17(1989).

______, 〈조선후기 읍치 사회의 구조와 제의〉, 《역사학보》 147(1995).

임용한, 《조선전기 수령제와 지방통치》, 혜안, 2002.

임형택, 〈《목민심서》의 이해—다산 정치학과 관련하여〉, 《한국실학연구》 13(2007).

장동우, 〈조선후기 가례 담론의 등장 배경과 지역적 특색—《주자가례》에 대한 주석서를 중심으로〉, 《국학연구》 13(2008).

전성건, 〈성호학파의 예학과 다산예학의 정위—《가례》 이해를 중심으로〉, 《한국실학연구》 24(2012).

최선혜, 〈조선 전기 재지품관의 제사와 기복 민속의식〉, 《조선시대사학보》 29(2004).

Howard J. Wechsler, *Offerings of Jade and Silk-Ritual and Symbol in the Legitimation of the T'ang Dynasty*, Yale University Press, 1985.

도주경 都周慶 **경기대학교 사학과 강사**

고려대학교 한국사학과를 졸업하고 같은 학교 대학원 역사학과에서 문학박사 학위를 받았다. 현재 경기대학교 사학과 강사로 재직 중이다. 주요 논저로 〈18세기 내시노비 비총제의 시행과 운영〉(2019), 〈정약용의 향촌통치구상과 사족 위상 강화론—목민심서 변등절을 중심으로〉(2020), 〈조선후기 노비의 계 조직과 운영—18세기 진주 마진촌 한글 노비계 문서를 중심으로〉(2023) 등이 있다.

송기중 宋基重 **해군사관학교 인문학과 조교수**

충남대학교 국사학과를 졸업하고 충남대학교 대학원 국사학과에서 문학박사 학위를 받았다. 해군사관학교 해양연구소 충무공 연구담당을 역임했다. 주요 논저로《조선 후기 수군연구》(역사비평사, 2019) 등이 있다.

송양섭 宋亮燮 **고려대학교 한국사학과 교수**

고려대학교 역사교육과를 졸업하고 같은 학교 대학원 사학과에서 문학박사 학위를 받았다. 성균관대학교 동아시아학술원 연구교수, 충남대학교 국사학과 교수, 조선시대사학회 회장, 역사학회 부회장, 도쿄대학 방문연구원을 지냈다. 주요 논저로《18세기 조선의 공공성과 민본이념—손상익하의 정치학, 그 이상과 현실》(2015),《동아시아의 근대 장기지속으로 읽는다》(2021, 공저), 〈19세기 부세 운영과 '향중공론'의 대두〉(2016), 〈19세기-20세기 초 거제 구조라리의 동중과 동전의 운영〉(2021), 〈대동법 실시와 '삼정체제'의 성립—역에 의한 지배에서 재정에 의한 지배로〉(2023) 등이 있다.

신진혜 申眞惠 **광주과학기술원 인문사회과학부 조교수**

고려대학교 한국사학과를 졸업하고 같은 학교 대학원 한국사학과에서 문학박사학위를 받았다. 태동고전연구소(지곡서당) 한학 과정을 수료했으며, 스탠퍼드대학교 역사학과 방문연구자, 고려대학교 강사, 건양대학교 연구교수를 지냈다. 주요 논저로《조선시대 의례 연구의 현황과 지평의 확장》(2022, 공저),《외규장각 의궤 연구 6—공신녹훈》(2022, 공저),《종묘와 종묘제례》(2024, 공저), 〈임진전쟁기 종묘의 소실과 재건 과정 연구〉(2018), 〈정조 2년(1778) 영조 · 진종의 부묘(祔廟)와 체(禘)의 기록〉(2023), 〈조선후기 각도(各道)의 천신진상(薦新進上)과 그 예헌(禮獻)의 의미〉(2024) 등이 있다.

엄기석 嚴基碩 **공주교육대학교 사회교육과 조교수**

동국대학교 사학과를 졸업하고 같은 학교 대학원 사학과에서 문학박사 학위를 받았다. 서울대학교 규장각한국학연구원 연구원 · 조선대학교 인문학연구원 학술연구교수를 역임하였고, 경인교육대학교 · 덕성여자대학교 · 서울대학교 등에서 강의하였다. 주요 논저로《조선시대 경기 연구》(2019, 공저),《전쟁 미시사—일기를 통해 본 조선시대 전쟁의 이면》(2024, 공저),〈역사지리정보시스템(HGIS)을 활용한 조선후기 군현도로 복원〉(2023), 〈조선후기 도서 지역에 대한 행정 편제 변화〉(2024), 〈《부역실총(賦役實摠)》에 나타난 황해도 지방재정의 운영 구조와 특징〉(2024) 등이 있다.

이주영 李珠煐 **성남시 학예연구사**

국민대학교 국사학과를 졸업하고 고려대학교 대학원 한국사학과에서 석사학위를 받았다. 성남시 학예연구사로 재직 중이다.

임성수 林成洙 **평택대학교 피어선칼리지 조교수**

충남대학교 국사학과를 졸업하고 고려대학교 대학원 한국사학과에서 문학박사 학위를 받았다. 한성대학교 인문과학연구원 학술연구원과 고려대학교, 충남대학교 등에서 강사를 지냈다. 주요 논저로《통계로 보는 조선후기 국가경제》(2013, 공저),《조선시대 한성판윤 연구》(2017, 공저),《경복궁중건 천일의 기록》(2019, 공저),《사방의 근본, 경기관찰사의 성분과 역할》(2020, 공저),《광화문 앞길 이야기》(2021, 공저),《홍범연의》(2023, 공저), 〈19세기 전반 전세(田稅) 수입 감소와 양전(量田) 추진〉(2023), 〈19세기 중반 환곡(還穀)의 감소와 충완(充完) 시도〉(2024), 〈균역법의 논의 과정과 한계점〉(2024) 등이 있다.

전상욱 全相郁 **아주대학교 인문과학연구소 연구조교수**

충남대학교 사학과를 졸업하고, 고려대학교 한국사학과 대학원에서 문학박사 학위를 받았다. 현재 아주대학교 인문과학연구소 연구조교수로 재임 중이다. 주요 논문은 〈조선후기 강원도지역의 공납제 개혁과 대동 · 상정법 시행〉(박사학위논문, 2022), 〈17세기 전반 강원도 대동법의 시행과 운영〉, 〈가와이문고(河合文庫) 소장《춘천읍사례(春川邑事例)》를 통해서 본 19세기 춘천의 재정 운영〉, 〈조선후기 삼척지방의 인삼 수취와 火蔘田 운영〉, 〈17세기 제주도 주민 김태황 일행의 안남국(安南國) 표류와 체험〉 등이 있다.

최주희 崔妵姬 **덕성여대 글로벌융합대학 사학전공 조교수**

이화여자대학교 사회과교육과(역사전공)를 졸업하고 고려대학교 대학원 한국사학과에서 문학박사 학위를 받았다. UCLA Center for Korean Studies 방문학자, 한국학중앙연구원 전임연구원, 한국국학진흥원 책임연구위원을 지냈다. 주요 논저로《통계로 보는 조선후기 국가경제—18-19세기 재정자료의 기초적 분석》(2013, 공저), 《공폐—조선후기 공물 제도 운영의 병폐》(2019, 공역), 《한양의 여성공간》(2021, 공저), 《서울과 지방의 매개체, 경주인》(2024), 《영 · 정조 대 국가운영과 왕실재정》(2025) 등이 있다.

정약용의 눈으로 본 지방사회

초판 발행 1쇄 2025년 2월 28일

지은이 송양섭 · 도주경 · 송기중 · 신진혜
엄기석 · 이주영 · 임성수 · 전상욱
최주희

펴낸곳 고려대학교출판문화원
www.kupress.com
kupress@korea.ac.kr
(02841) 서울특별시 성북구 안암로 145
Tel 02-3290-4230, 4232
Fax 02-923-6311

찍은곳 네오프린텍(주)

ISBN 979-11-6956-096-2 93910

값 25,000원